南宋及南宋都城临安研究系列丛书

杭州市社会科学院 编

博士文库

何强 著

宋朝陪都及其经济研究

浙江省哲学社会科学重点研究基地南宋史研究中心项目

《南宋及南宋都城临安研究系列丛书》
编辑委员会

主　　编　王国平

执行主编　周国如　何忠礼

执行副主编（以姓氏笔画为序）

　　　　　　朱学路　杨　毅　范立舟　周小忠

　　　　　　徐吉军　章　琪　楼大为

编撰办公室工作人员（以姓氏笔画为序）

　　　　　　尹晓宁　李　辉　魏　峰

序　言

徐　规

　　靖康之变，北宋灭亡。建炎元年(1127)五月初一日，宋徽宗第九子、钦宗之弟赵构在应天府(河南商丘)即帝位，重建宋政权。不久，宋高宗在金兵的追击下一路南逃，最终在杭州站稳了脚跟，并将此地称为行在所，成为实际上的南宋都城。

　　南宋自立国起，到最终为元朝灭亡(1279)，国祚长达一百五十三年之久。对于南宋社会，历来评价甚低，以为它国力至弱，君臣腐败，偏安一隅，一无作为。但是近代以来，一些具有远见卓识的史学家却有不同看法，如著名史学大师陈寅恪先生在二十世纪四十年代初指出：

　　　　华夏民族之文化，历数千载之演进，造极于赵宋之世。[1]

著名宋史专家邓广铭先生更认为：

　　　　宋代是我国封建社会发展的最高阶段，两宋期内的物质文明和精神文明所达到的高度，在中国整个封建社会历史时期之内，可以说是空

---

[1] 陈寅恪：《金明馆丛稿二编》，生活·读书·新知三联书店2001年出版。

前绝后的。①

很显然,对宋代的这种高度评价,无论是陈寅恪还是邓广铭先生,都没有将南宋社会排斥在外。我以为,一些人所以对南宋贬抑至深,在很大程度上是出于对患有"恐金病"的宋高宗和权相秦桧一伙倒行逆施的义愤,同时从南宋对金人和蒙元步步妥协,国土日蹙月削,直至灭亡的历史中,似乎也看到了它的懦弱和不振。当然,缺乏对南宋史的深入研究,恐怕也是其中的一个原因。

众所周知,南宋历史悠久,国土虽只及北宋的五分之三,但人口少说也有五千万左右,经济之繁荣,文化之辉煌,人才之众多,政权之稳定,是历史上任何一个偏安政权所不能比拟的。因此,对南宋社会的认识,不仅要看到它的统治集团,更要看到它的广大人民群众;不仅要看到它的军事力量,更要看到它的经济、文化和科学技术等各个方面,看到它的人心之所向。特别是由于南宋的建立,才使汉唐以来的中华文明在这里得到较好的传承和发展,不至于产生大的倒退。对于这一点,人们更加不应该忽视。

北宋灭亡以后,由于在淮河、秦岭以南存在着南宋政权,才出现了北方人口的大量南移,再一次给中国南方带来了充足的劳动力、先进的技术和丰富的生产经验,从而推动了南宋农业、手工业、商业和海外贸易的显著的进步。

与此同时,南宋又是中国古代文化最为光辉灿烂的时期。它具体表现为:

一是理学的形成和儒学各派的互争雄长。

南宋时候,程朱理学最终形成,出现了以朱熹为代表的主流派道学,以胡安国、胡宏、张栻为代表的湖湘学,以谯定、李焘、李石为代表的蜀学,以陆九渊为代表的心学。此外,浙东事功学派也在尖锐复杂的民族矛盾和阶级矛盾的形势下崛起,他们中有以陈傅良、叶适为代表的永嘉学派,以陈亮、唐

---

① 邓广铭:《关于宋史研究的几个问题》,载《社会科学战线》1986年第2期。

仲友为代表的永康学派,以吕祖谦为代表的金华学派。理宗朝以前,各学派之间互争雄长,呈现出一派欣欣向荣的景象。

二是学校教育的大发展,推动了文化的普及。

南宋学校教育分中央官学、地方官学、书院和私塾村校,它们在南宋都获得了较大发展。如南宋嘉泰二年(1202),仅参加中央太学补试的士人就达三万七千余人,约为北宋熙宁初的二百五十倍。[①] 州县学在北宋虽多次获得倡导,但只有到南宋才真正得以普及。两宋共有书院三百九十七所,其中南宋占三百十所,[②] 比北宋的三倍还多,著名的白鹿洞、象山、丽泽等书院,都是各派学者讲学的重要场所。为了适应科举的需要,私塾村校更是遍及城乡。学校教育的大发展,有力地推动了南宋文化的普及,不仅应举的读书人较北宋为多,就是一般识字的人,其比例之大也达到了有史以来的高峰。

三是史学的空前繁荣。

通观整个南宋,除了权相秦桧执政时期,总的说来,文禁不密,士大夫熟识政治和本朝故事,对国家和民族有很强的责任感,不少人希望借助于史学研究,总结历史上的经验和教训,以供统治集团作为参考。另一方面,南宋重视文治,读书应举的人比以前任何时候都多,对史书的需要量极大,许多人通过著书立说来宣扬自己的政治主张,许多人将刻书卖书作为谋生的手段。这样就推动了南宋史学的空前繁荣,流传下来的史学著作,尤其是本朝史,大大超过了北宋一代,南宋史家辈出,他们治史态度之严肃,考辨之详赡,一直为后人所称道。四川、两浙东路、江南西路和福建路都是重要的史学中心。四川以李焘、李心传、王称等人为代表。浙东以陈傅良、王应麟、黄震、胡三省等人为代表。江南西路以徐梦莘、洪皓、洪迈、吴曾等人为代表,福建路以郑樵、陈均、熊克、袁枢等人为代表。他们既为后世留下了宝贵的史料,也创立了新的史学体例,史书中反映的爱国思想也对后世史家产生了

[①] 徐松辑:《宋会要辑稿》崇儒一之三九,中华书局1987年影印本。
[②] 参见曹松叶《宋元明清书院概况》,载《中山大学语言历史研究所周刊》第十集,第111—115期,1929年12月至1930年出版。

重大影响。

四是公私藏书十分丰富。

南宋官方十分重视书籍的搜访整理，重建具有国家图书馆性质的秘书省，规模之宏大，藏书之丰富，远远超过以前各个朝代。私家藏书更是随着雕板印刷业的进步和重文精神的倡导而获得了空前发展。两宋时期，藏书数千卷且事迹可考的藏书家达到五百余人，生活于南宋的藏书家有近三百人，[1]又以浙江为最盛，其中最大的藏书家有郑樵、陆宰、叶梦得、晁公武、陈振孙、尤袤、周密等人，他们藏书的数量多达数万卷至十数万卷，有的甚至可与秘府、三馆等相匹敌。

五是文学、艺术的繁荣。

南宋是中国古代文学、艺术繁荣昌盛的时代。词是两宋最具代表性的文学形式，据唐圭璋先生所辑《全宋词》统计，在所收作家籍贯和时代可考的八百七十三人中，北宋二百二十七人，占百分之二十六；南宋六百四十六人，占百分之七十四，李清照、辛弃疾、陆游、姜夔、刘克庄等都是南宋杰出词家。宋诗的地位虽不及唐代，但南宋诗就其数量和作者来说，却大大超过了北宋。由北方南移的诗人曾几、陈与义；有"中兴四大诗人"之称的陆游、杨万里、范成大、尤袤；有同为永嘉（浙江温州）人的徐照、徐玑、翁卷、赵师秀；有作为江湖派代表的戴复古、刘克庄；有南宋灭亡后作"遗民诗"的代表文天祥、谢翱、方凤、林景熙、汪元量、谢枋得等人。此外，南宋的绘画、书法、雕塑、音乐舞蹈以及戏曲等，都在中国文化史上占有一定的地位。

在日常生活中，南宋的民俗风情，宗教思想，乃至衣、食、住、行等方面，对今天的中国也有着深刻影响。

南宋亦是我国古代科学技术发展史上最为辉煌的时期，正如英国学者李约瑟所说："对于科技史家来说，唐代不如宋代那样有意义，这两个朝代的气氛是不同的。唐代是人文主义的，而宋代较着重科学技术方面……每当

---

[1] 参见《中国藏书通史》第五编第三章《宋代士大夫的私家藏书》，宁波出版社2001年出版。

人们在中国的文献中查找一种具体的科技史料时,往往会发现它的焦点在宋代,不管在应用科学方面或纯粹科学方面都是如此。"①此话当然一点不假,不过如果将南宋与北宋相比较,李约瑟上面所说的话,恐怕用在南宋会更加恰当一些。

首先,中国四大发明中的三大发明,即指南针、火药和印刷术而言,在南宋都获得了比北宋更大的进步和更广泛的应用。别的暂且不说,仅就将指南针应用于航海上,并制成为罗盘针使用这一点来看,它就为中国由陆上国家向海洋国家的转变创造了技术上的条件,意义十分巨大。再如,对人类文明有重大贡献的活字印刷术虽然发明于北宋,但这项技术的成熟与正式运用却是在南宋。其次,在农业、数学、医药、纺织、制瓷、造船、冶金、造纸、酿酒、地学、水利、天文历法、军器制造等方面的技术水平都比过去有很大进步。可以这样说:在西方自然科学东传之前,南宋的科学技术在很大程度上代表了中国封建社会科学技术的最高水平。

南宋军事力量虽然弱小,但军民的斗争意志却异常强大。公元1234年,金朝为宋蒙联军灭亡以后,宋蒙战争随即展开。蒙古铁骑是当时世界上最为强大的军队,它通过短短的二十余年时间,就灭亡了西夏和金,在此前后又发动三次大规模的西征,横扫了中亚、西亚和俄罗斯等大片土地,前锋一直打到中欧的多瑙河流域。但面对如此劲敌,南宋竟顽强地抵抗了四十五年之久,这不能不说是世界战争史上的一个奇迹。从中涌现出了大量可歌可泣的英雄人物,反映了南宋军民不畏强暴的大无畏战斗精神,他们与前期的岳飞精神一样,成为中华民族宝贵的精神财富。

古人有言:"以古为镜,可以知兴替。"近人有言:"古为今用,推陈出新。"前者是说,认真研究历史,可为后人提供历史上的经验和教训,以少犯错误;后者是说,应该吸取历史上一切有益的东西,通过去粗取精,改造、发展,以造福人民,总之,认真研究历史,有利于加强精神文明的建设,也有利于将我国建设成为一个和谐的、幸福的社会。我觉得南宋可供我们借鉴反

---

① 《中国科学技术史·导论》中译本,科学出版社、上海古籍出版社1990年出版。

思和保护利用的东西实为不少。

以前,南宋史研究与北宋史研究相比,显得比较薄弱,但随着杭州市社会科学院主持的50卷《南宋史研究丛书》编撰出版工作的基本完成,这一情况发生了一些令人欣喜的改变。但历史研究没有穷尽,关于南宋和南宋都城临安的研究,尚有许多问题值得进一步探讨,也还有一些空白需要填补。近日,欣闻杭州市社会科学院南宋史研究中心拟进一步深化和扩大南宋史研究,同时出版"博士文库",加强对南宋史研究后备人才的培养,对杭州凤凰山皇城遗址综保工程,也正从学术上予以充分配合和参与,此外还正在点校和整理部分南宋史的重要典籍。组织编撰《南宋及南宋都城临安研究系列丛书》,对于开展以上一系列的研究,我认为很有意义。我相信,在汲取编撰《南宋史研究丛书》成功经验的基础上,新的系列丛书一定会进一步推动我国南宋史研究的深入开展,对杭州乃至全国的精神文明建设都有莫大的贡献,故乐为之序。

2010年11月于杭州市道古桥寓所

目　录

序　言 ……………………………………………… 徐　规（1）

绪　论 ……………………………………………………（1）
 第一节　意义、概念与方法 ………………………………（1）
  一、选题意义 …………………………………………（1）
  二、相关概念辨析 ……………………………………（3）
  三、研究方法与视域 …………………………………（5）
 第二节　相关研究综述 ……………………………………（6）
 第三节　主要观点及创新 …………………………………（12）
第一章　唐宋都城体系的变迁 …………………………（16）
 第一节　唐五代都城体制概述 ……………………………（16）
  一、唐朝都城体系及其变迁 …………………………（17）
  二、五代的"多都"体制 ……………………………（20）
  三、唐五代都城体制的影响 …………………………（23）
 第二节　中唐五代开封地位的变迁 ………………………（28）
  一、"安史之乱"后开封地位的变迁 ………………（28）
  二、五代时期开封的地位变迁
    ——以洛阳、开封首都之争为中心 ……………（30）

第三节 宋都开封及其地缘格局……………………………（33）
　　一、五代格局与宋都开封……………………………（33）
　　二、从"侍兵"到"以城"：宋都开封守御之策的转变………（41）
　　三、"德守"与士大夫道德……………………………（47）

第二章 北宋陪都的建立与发展……………………………（56）
　第一节 宋朝陪都的设立原因及经过……………………（56）
　　一、宋承周制与西京洛阳……………………………（56）
　　二、"兴王之地"观念下的隐秘：陪都南京之设…………（57）
　　三、"无限恐惧"与"有限理性"：北京大名府的设置……（62）
　第二节 陪都"京都意象"的构建…………………………（73）
　　一、府制变迁与唐宋"立都意识"……………………（73）
　　二、陪都实体的营建…………………………………（79）
　　三、京都意象的构建…………………………………（81）
　第三节 北宋都城功能体系的形成与演变………………（95）
　　一、如何理解首都与陪都的关系……………………（96）
　　二、陪都与首都安全体系的建构与演变……………（97）
　　三、"分邦政务"：陪都与首都的政务………………（117）

第三章 "空间"视域下的陪都经济（上）……………………（128）
　第一节 中国古代城市的本质与特点……………………（128）
　　一、古代城市的权力起源……………………………（128）
　　二、西欧中世纪城市的重新起源……………………（130）
　　三、"城"：中国古代城市的"本质"……………………（134）
　第二节 城墙与城市经济的空间界域……………………（141）
　第三节 陪都的城市空间结构……………………………（147）
　　一、西京洛阳的城阙与坊市…………………………（148）
　　二、南京与北京城市空间结构比较…………………（152）
　　三、陪都所见唐宋城市空间的"常"与"变"…………（168）

第四节　陪都的城市经济——以城市空间结构为重心………（171）
　　　一、在城空间的经济发展………………………………（172）
　　　二、城外空间的经济……………………………………（181）
　　　三、陪都城市经济发展水平及其地位…………………（186）
第四章　"空间"视域下的陪都经济（下）………………………（192）
　　第一节　陪都区域财经中心的形成与发展……………（192）
　　　一、地方财经体系………………………………………（193）
　　　二、原额主义财政与"市场"经济的发展……………（221）
　　　三、陪都地方经济与财赋调配…………………………（223）
　　第二节　陪都诸镇与路分经济……………………………（224）
　　第三节　陪都与"全国市场"的形成与发展……………（243）
　　　一、"全国市场"概念及"开封模式"…………………（243）
　　　二、开封城市经济发展的动力机制……………………（250）
　　　三、"经济力量"与全国市场——以果品流动为例……（254）
　　　四、多核支撑：陪都与全国市场………………………（267）
第五章　宋室南渡与陪都建康……………………………………（270）
　　第一节　宋室南渡与高宗驻跸之所………………………（270）
　　　一、南渡维扬……………………………………………（270）
　　　二、临安与建康之间……………………………………（277）
　　　三、从温州到临安府……………………………………（285）
　　　四、驻跸地中的建康府与临安府………………………（289）
　　第二节　"直把杭州作汴州"：定都临安过程中的亲征之行……（292）
　　　一、高宗再驻临安与宋金和战…………………………（292）
　　　二、高宗平江总师抗金、齐……………………………（297）
　　　三、张浚北伐刘豫与高宗驻跸建康……………………（302）
　　　四、淮西兵变与高宗回銮定都临安……………………（308）
　　　五、临安"行在所"的意义：从现实政治到观念史……（312）

第三节　建康府的"陪都建制"与"陪都叙述" …………………（316）
　　　一、建康府的"别都"之议及陪都建设 ………………………（316）
　　　二、皇帝诏、敕等文书中建康府的"陪都叙述" ………………（320）
　　　三、其他官、私文献中建康府的陪都书写 ……………………（322）
　　第四节　建康府的权力配置与经济发展………………………（327）
　　　一、建康府的政军机构与军、民人口结构 ……………………（327）
　　　二、建康府城的城市经济发展…………………………………（330）
　　　三、建康府的财经政策与府域经济发展………………………（334）

结语……………………………………………………………………（349）

主要参考文献………………………………………………………（367）
后记……………………………………………………………………（407）

绪　　论

第一节　意义、概念与方法

一、选题意义

唐宋城市在我国古代城市发展史中无疑有重要的历史地位。自20世纪三四十年代日本学者加藤繁和我国学者全汉昇以来，研习者不绝如缕，且已取得相当的成绩。对此，吴松弟、杨贞莉、宁欣、陈涛等都从不同的视角作了详细的综述。① 近来包伟民《唐宋城市研究学术史批判》②一文更是立足于学术史，对唐宋城市史研究尤其是20世纪80年代以来唐宋城市史研究中的突出成绩与存在的主要问题作了深刻总结。就成绩而言，包伟民指出主要有以下几点：第一，讨论对象的地域视野大为扩展，从前期聚焦

---

① 详见吴松弟：《大陆中国における宋代都市史研究回顾》，《大阪市立大学东洋史论丛》第14号，2005年3月，第19—50页；杨贞莉：《近二十五年来宋代城市史研究回顾（1980～2005）》，载《台湾师大历史学报》第35卷，2006年，第221—250页；宁欣、陈涛：《唐宋城市社会变革研究的缘起与历程》，收入李华瑞主编：《"唐宋变革"论的由来与发展》，天津：天津古籍出版社，2010年，第293—357页。

② 载《人文杂志》2013年第1期。后收入氏著《宋代城市研究》（北京：中华书局，2014年）作为《绪论》。

于都城与少数区域中心城市,扩大到一般州县城市,尤其是从行政都邑延伸到农村地区的草市镇;第二,讨论对象从早先的基本局限于个体城市,局限于城市作为一个聚落的本身,拓展到城市的群体,即拓展到对不同层级、不同区位的城市的综合研究;第三,个体城市的研究有明显的进步。包伟民在充分肯定已取得重要成绩的基础上,集中批判了唐宋城市史研究中的研究思路,指出了仍存在的一些问题,文中说道:"迄今为止,我们关于唐宋时期城市发展的印象,主要来自一些全局性的讨论,其中当时全国等级最高、同时也是经济最为繁荣的城市——都城的影响尤其明显。区域性的城市研究虽已取得一定成就,总体看仍相当粗浅。这既有存世历史文献不平衡因素的制约,更为重要的原因,还在于大一统传统影响着我们的思路。"此外,还指明了日后的研究路径与期待,曰:"如果能够做到在各个区域,对不同类型的城市都选取典型展开充分的个案研究,然后再在这些个案研究基础之上,作实证式的归纳,我们对唐宋城市全局的认识,必然会有实质性的提高。"无疑,包伟民《宋代城市研究》一书就是立足于学术史批判,集中回应了以往研究中的主要问题及"发展模式"下的研究观念,这在很大程度上深化了宋代的城市史研究。笔者之所以选择宋朝陪都作为研究对象,固然可以认为是沿着包伟民所指方向的有益尝试,但更重要的是基于以下几点理由:

首先,"都城史"的角度。宋代的京、都常被置于城市史的研究框架之中,然而都城不仅仅是城市,还有其独特的意义与理路,对此下文会进行专门的辨析。就都城史而言,宋都开封是从"黄河时代向运河时代"转换的开始阶段,面临着一系列新的挑战与变化,而各陪都则深刻地反映了这种时代变化。在"陪都史"上,宋朝亦是历史上典型的多都时代,这些都值得去深入思考。

其次,就"城市史"而言,陪都亦可称得上是个案研究及比较研究的典型。宋朝陪都在当时就是一种典型的存在,研究陪都就可避免研究者在城市个案选取上的个人倾向,能更加尊重历史事实。又因为陪都之间及其与首都的特殊关系,亦可更好地进行比较城市史的研究。

最后，就陪都与首都的关系而言，二者在反映国家政府权力上有着天然的相似性。从宋陪都出发，亦可更好地观察以宋代首都开封为代表的城市繁荣发展及其最终走向，从而更深入地探讨其发展的内在本质。

二、相关概念辨析

（一）首都与陪都

古代的都城包括首都与陪都，常被冠以"京""都"之名。"京"，《说文·京部》曰："人所为绝高丘也。"①本义为依靠人力所作的高丘，后又引申为"大"，如"京师"，《春秋公羊传》曰："京师者何？天子之居也。京者何？大也；师者何？众也。天子之居必以众大之辞言之。"②"都"，《说文·邑部》曰"有先君之旧宗庙曰都。从邑，者声"③；《释名》曰"国城曰都者，国君所居，人所都会也"④。而随着秦汉以降皇帝制度的确立及中央集权的进一步发展，皇帝（天子）成为天下唯一的主宰，亦即"天无二日，民无二主"⑤局面的形成。因此，"京""都"都成为皇帝抑或天子之居地，二者本质上并无太大的区别了。为统治广大的疆域，我国古代一般都实行多都制，但是皇帝毕竟"分身乏术"，不可能同时居于数地，因此便有了"皇帝所居"之地与"都而不居"之地的区分，由此形成了事实上的首都与陪都。但是，我国古代的京都远非首都与陪都二词就可概括，我国古代似无"首都"一词，"首都"乃"Capital"之中文译词，指一个国家的政治中心和中央政府所在地，这种以"首都"之名来指称政治中心和中央政府所在地的情况最早出现在民国时

---

① ［汉］许慎撰，［清］段玉裁注：《说文解字注》卷一〇《五篇下·京部》，上海：上海古籍出版社，1981年，第229页上。
② ［汉］何休解诂，［唐］徐彦疏：《春秋公羊传注疏》卷五《桓公九年》，载［清］阮元校刻：《十三经注疏》，北京：中华书局，1980年，第2219页中。
③ ［汉］许慎撰，［清］段玉裁注：《说文解字注》卷一二《六篇下·邑部》，第283页下。
④ ［汉］刘熙：《释名》卷二《释州国第七》，《丛书集成初编》本，北京：中华书局，1985年，第25页。
⑤ 此成语的最早出处见《礼记·坊记》，曰："天无二日，土无二王，家无二主，尊无二上。"详见［汉］郑玄注，［唐］孔颖达疏：《礼记注疏》卷五一《坊记》，载［清］阮元校刻：《十三经注疏》，第1619页。

期。但是,中国古代帝制时期皇帝所居之地无疑是国家的政治中心所在,也即具有首都之实,本书即以首都称之。至于"陪都",倒确也有如现今所指之实,据相关学者考证唐代即有"陪都"之名①。就"陪都"之实,早在商朝就有了确切的陪都建制②,而且我国古代陪都之同义词就有别都、陪京、留都、下都、行都、副都等多种称呼③。总而言之,尽管古代京都的名、实等问题非常复杂,但以皇帝(天子)"所居"之地为首都,以"都而不居"之地为陪都的区分无疑符合历史的实际与现今的习惯。

(二) 京都与城市

京都与城市无疑有非常重要的联系,但对于其本质与区别则少有学者进行专门区分。就宋史学界研究京都的几部重要著作如周宝珠《宋代东京研究》、久保田和男《宋代开封研究》、张祥云《北宋西京河南府研究》、林正秋《南宋都城临安》以及徐吉军《南宋都城临安》等,尽管对属县都有所涉及,但都无一例外地以城市为中心,属于典型的城市史的写法,在书籍的命名上却表现出了很大的差异。因此,就有必要厘清宋代京都的本质及其与城市的区别,这对于笔者从"空间"的视角研究陪都及其经济尤为必要。诚然,学界对于城市的概念仍存在相当大的争议,但就中国古代城市而言,无论是"实体"还是"文化"意义上,城墙无疑是最为重要的城市景观。但是城墙也毕竟还是一道隔离墙,以一道由围墙围住的有别于乡村景观的一个特殊景观组成的特定的地理空间,显然并不能说明中国古代城市的本质。如下文所论,中国古代城市的本质就是以政治军事等为代表的权力景观促成并发展着的,因此,城市又无疑是一个基于政府权力,应政府城市管理需要而由不同功能系统组成的动态的开放概念体系。但不论是从"静态"景观还是从"动态"功能看,城市本身的"空间结构"无疑都是以城墙为基础的,不可能扩展到广大的乡村之中,这点宋

---

① 参见吴立友:《"陪都"词考》,《西南民族大学学报》(人文社科版)2009年第8期。
② 至于夏朝有无陪都,学界尚有争议,主张夏朝有陪都者如张国硕等,详见氏著《夏商时代都城制度研究》,郑州:河南人民出版社,2001年。
③ 可参见陈桥驿主编:《中国都城辞典》(南昌:江西教育出版社,1999年)的相关论述。

人亦有明确的认识,如杨侃《皇畿赋》就是专门描写东京属县的风物①。而从下文关于唐宋府制与京都关系的深入研究来看,唐宋京都的地位界定反而是以属县的级别为最主要标志的,尤其是晚唐以来随着府制的扩大,在府与京都地位严格对应关系崩溃后尤为重要。从这个角度看,台湾学者郑寿彭《宋代开封府研究》一书至少在"规模"与"内容"上更像是完全意义上的"宋代东京研究"。其实,就历史文献而言,"京都"与"京城"似可以清晰地区别京都与城市的纠葛,本书便以此为准,从"空间"的视域分层次考察宋代的陪都及其经济。

三、研究方法与视域

就研究方法与视域而言,主要有以下几点:

1. 比较城市史的研究。北宋首都开封的研究可谓已经非常深入,取得了一系列重要的成果。而在我国皇权专制体制下,陪都的建设都或多或少地体现了所谓的"京都意象"。研究"京都意象"是剖析皇权专制社会权力扩散的关键。而各陪都间的地方特色与差异则深刻反映着皇权影响力的限度等。

2. 经济与行政等综合的方法。中国古代的城市与中世纪以来的西欧城市有本质上的区别,一直是行政、军事等权力所主导的。而自19世纪末20世纪初以来城市研究即解析城市最有效的方法受西方的影响一直是"经济式"的。因此,笔者在陪都的研究中,始终坚持以"城"为代表的政治军事的核心作用,和以"市"为代表的市场等经济辅助作用,并以二者的互动关系为主线展开。

3. 空间的视角。将"空间"视角运用到城市史的研究中是20世纪90年代以来的新方法,"空间"视角的引入极大丰富了城市研究的内涵与外延,赋予城市一种更加动态、多样、宏观的观感。城市研究中,"城市的空间"及其

---

① [宋]杨侃:《皇畿赋》,收入[宋]吕祖谦编,齐治平点校:《宋文鉴》卷二,北京:中华书局,1992年,第19—25页。

"空间中的城市"等已经成为非常常见且有概括力的视角。陪都研究中,空间视角的运用可以更好地观察其在地方区域中的作用及其与首都间的互动等。

第二节 相关研究综述

宋初承五代以开封、洛阳为东西二都的格局。真宗、仁宗时期又先后建立南京应天府和北京大名府,形成"四京"格局。靖康之变后,宋室南渡临安,仍以开封为首都,临安仅称"行在"。但随着宋金对峙局面的形成及和议的达成,临安的首都性及首都相关功能越来越强,与此相应,不论是官方文书还是地方叙事,将建康府称作"陪京""陪都"等也越来越普遍。因此,本书以北宋的西京洛阳府、南京应天府、北京大名府以及南宋的建康府为主要研究对象展开论述。

就古代陪都的综合性研究,丁海斌《中国古代陪都史》(北京:中国社会科学出版社,2012 年)一书无疑是该领域的集大成之作,不得不提。丁著在概述古代陪都的概念与特征、陪都现象的产生并长期存在的原因、古代陪都的类型与功能等的基础上,历时性地考察了各王朝陪都的建制与发展情况。另,妹尾达彦《陪京的诞生——6—12 世纪东亚复都史再析》(《唐宋历史评论》第 5 辑,北京:社会科学文献出版社,2018 年)一文是近些年引起广泛关注的一篇论文,该文在观察古代复都制演变发展的基础上,聚焦"陪京"这一概念,指出与此前复都制不同,具有辅助中心之都含义的"陪京""陪都",是到了唐宋时期才被广泛使用,周汉至隋唐初两京制下不存在陪京、陪都。由于与笔者关注时代相同,这里先在此作一集中回应。首先,妹尾达彦在陪都的众多同义词中提取"陪京"一词展开论述,简单化了中国古代陪都的名、实问题,立意可能有失偏颇,而且文章对复都制与陪京的核心要义与关系定义不清。宋人虽言陪京、陪都,但如唐以前之典型的两京、三京乃至四京的集合概念也颇为常见。故此妹尾达彦可能有较强的理论预设,有为所谓的"唐宋变革"寻找新证据之嫌。其实,宋代的陪都与首都都是"天子之宅",唯一的区别就是天子是否留居而已,这也是历代通说。当然,妹尾达彦此论还贯穿着宏大的"东亚"视角,然其"东亚"视角,往往是伴随着西方典型的"内亚史观"以及日韩立场,其还有隋唐时期才开启了"东亚的都城时代"之论,若此又将传统中国这一最能代表东亚且拥有悠久建都史的中国置于何地?颇匪夷所思。有关陪都的其他众多论著,笔者不再赘言,有参考时都会随文引注。

目前有关宋代陪都的研究情况,多为专题性研究。因此,特将有关研究以问题点为导引综述如下:

第一,陪都的建立、地位及作用研究。首先是宋朝西京洛阳,久保田和男《五代宋初的洛阳和国都问题》(《中国历史地理论丛》2001年第3辑)一文检讨了前贤关于五代时期国都问题的定论,从洛阳和开封诸多首都机能的动态发展的角度出发,认为五代时期洛阳居优的方面偏多,后周太祖晚年最终统一于开封一地,从而奠定了宋都开封的基础。张祥云《北宋西京河南府研究》(郑州:河南大学出版社,2012年)一书论述了洛阳在宋代陪都地位的确立与发展,认为太祖开宝九年(976)的西京郊祀活动,以诏旨的形式正式明确了西京洛阳的陪都地位。关于其地位与特色,程民生《宋代洛阳的特点与魅力》[《河南大学学报》(社会科学版)1994年第5期]一文认为宋代的洛阳政治失落,文化崛起;朝廷迁走,园林发展;权力削弱,魅力突出了。宋代洛阳是典型的陪都,可称为古都史上典型的"洛阳现象"。周宝珠《北宋时期的西京洛阳》(《史学月刊》2001年第4期)一文从唐末破坏和五代初步恢复、三城垣墙与皇宫、园林、官僚势力、城市经济五个方面全面论述了北宋时期洛阳城市的具体面貌和特征,认为北宋的洛阳,在政治上保持着陪都的地位,在宋廷拥有较多的发言权,园林建设特点突出,经济、文化也有相当实力,在宋代城市中仍有其典型意义。

南京和北京的设立原因较为明确,相关研究的重点主要在其地位与作用上。郭文佳《试论商丘在宋代的历史地位》(《商丘师范学院学报》2010年第10期)一文从政治、经济和文化等方面探讨了商丘在宋代的历史地位,认为商丘是宋代的政治中心、经济重心和文化教育的中心,具有独特的地位。厘清宋州在唐代的地位变迁,对认识其在宋代的历史地位亦有所裨益。白茹冰《宋州在唐代中后期的地位与作用》(《商丘师范学院学报》2011 年第 7 期)一文集中讨论了宋州在唐代"安史之乱"中及其后的作用,认为"安史之乱"中,宋州有效阻击了叛军南下,"安史之乱"后,宋州则凭其战略要地、富庶的经济数次平叛,稳定宣武重镇,巩固了唐王朝的统治。韩桂华《宋代的发祥地:南京应天府研究——以建制为中心》(《史学汇刊》2015 年第 34 期)一文则从"建制"的角度出发,探讨了宋代南京的地理沿革、设置原因和历史地位等,认为南京之设一方面是因为宋州乃太祖肇基之地,由此而应天得统;另一方面也与真宗造圣像迎奉的"大中祥符"策略密切相关。

关于北京大名府陪都的设立及意义,李亚《大名府故城之陪都历史探析——大名府故城考略之一》(《文物春秋》2005 年第 3 期)一文对大名府陪都的历史及其形成原因作了简单勾勒,认为地理位置特殊优越、政治重要、经济基础好、文化发展是其陪都形成的重要原因。任敬《宋代北京大名府的建立及其意义》(《邯郸职业技术学院学报》2010 年第 4 期)一文就宋代设置北京的背景、北京大名府的建筑特点与规模、社会经济等三方面进行了讨论。梁洪、蔚芝炳《北京大名府的历史沿革及其价值所在》(《中国名城》2011 年第 6 期)一文集中讨论了大名府城的历史沿革并从故城遗址的视角出发探讨了其特色及价值。龙坡涛《北宋大名府历史地位论析》(《商丘师范学院学报》2013 年第 11 期)一文从军事、政治、经济和文化等四方面对大名府的历史地位进行了简要的论析。大名府的军事地位与国防也是研究的重点,艾蓉《宋朝大名府军事地位研究》(河北大学硕士学位论文,2009 年)一文对大名府的历史地理和大名府在宋辽、宋金战争中的地位进行了动态分析,认为大名府虽然在军事防御等方面的作用突出,但战争中"人"是更为关键的因素。弓守奇《大名府与北宋国防》(《丝绸之路》2012 年第 10 期)一文较为深入地讨论了大名府对于巩固北宋国防的作用,认为五代后晋割幽云十六州于辽,使北宋河北地区成为御辽前线,大名府由于地理和交通等上的优势,在宋初的对辽军事行动和防御中就扮演了重要作用,陪都的建立进一步巩固了大名府在北宋国防安全中的作用。齐子通《如影随形：唐宋之际都城东移与北都转换》(《中国史研究》2020年第2期)一文从首都与陪都的关系入手，探讨了唐宋时期随着首都东移，北都亦从太原迁移到大名府的历史过程，认为北都的转换存在一个与首都"如影随形"的关系。

南宋由于临安作为名义上的"行在"和事实上的"首都"的特殊性，建康府陪都地位的确立，也并未有专门的诏书确认，因此学界尚未有将建康府作为陪都来讨论其建立问题。建康府陪都地位的建立，事实上是处于一种隐形的叙述之中的，这里面有朝廷诏书的确认、陪都制度的实际建制以及文人士大夫的书写等诸多方面的体现。然关于其地位与作用，母敬民《宋代建康府研究》(河南大学硕士学位论文，2014年)一文从建康府的行政管理、军事等诸多方面对这一问题进行了专门探究。马杰《南宋建康府军事防御若干问题研究》(河北大学硕士学位论文，2014年)一文专门就建康府的军事地位及作用进行了专门的论述。

第二，城阙建设与城市形态。宋代西京洛阳的城阙建设与形态，则要上溯至唐末五代时期的恢复，周宝珠《北宋时期的西京洛阳》(《史学月刊》2001年第4期)一文从唐末破坏和五代初步恢复等方面详细论述了三城垣墙与皇宫的建设。久保田和男《五代宋初的洛阳和国都问题》(《中国历史地理论丛》2001年第3辑)一文认为五代时的洛阳城，已不能再现唐前半期严格的坊市制度形成的空间，后唐等对其修整，更多地体现在首都机能的创建上，尤其是以房屋建设来取缔城市中的农田，以维护都城空间形态。张祥云《北宋西京河南府研究》一书结合历史文献和考古资料对洛阳的城阙、大内宫殿、城内诸坊建设及布局作了详尽的研究。此外，如杨焕新《略论北宋西京洛阳宫的几座殿址》(《中原文物》1994年第4期)和萧默《五凤楼名实考：兼谈宫阙形制的历史演变》(《故宫博物院院刊》1984年第1期)等文还对洛阳城内的具体宫殿作了探讨。

关于南京的城阙建设等，韩桂华《宋代的发祥地：南京应天府研究——以建制为中心》(《史学汇刊》2015年第34期)一文作了详细的研究，认为南京的宫殿城阙虽经规划，但实所未具，常处于颓败荒芜的景象。张涵《明清商丘古城营建史》(华南理工大学博士学位论文,2014年)一文从营建史的角度,对宋代商丘的城池布局与规划、主要建筑及景观群、礼制建筑鸿庆宫等也有较详细的说明。

大名府城市形态的研究,桂士辉《北宋大名府城市形态探析》(《中国古都研究》第27辑,西安:三秦出版社,2014年)一文对大名府的城市形态和影响因素作了初步分析,认为大名府城有宫城、子城和外城三重城墙,大运河的拉力、军事防御、政治因素和堪舆学对大名府的城市形态有重要影响。河北省文物保护中心《河北大名府故城宫殿遗址调查》(《文物春秋》2015年第5期)一文对大名府宫殿遗址进行了细致的文物调查,认为大名府故城始建于前燕,鼎盛于宋代,出土的宋代建筑构件主要有鸱吻、脊兽、瓦当等,均为泥质红陶,外施绿琉璃。

南宋陪都建康府的城阙及城市形态,是学界重点关注的对象,王志高《南宋建康府城考》(《金陵科技学院学报》2007年第9期),毛敏《南宋建康城护城壕及城垣初探》(《福建省博物馆月刊》2009年第5期)及其《南宋建康城居住空间布局研究》(《东南文化》2012年第1期),袁琳、王贵祥《南宋建康府府廨建筑复原研究及基质规模探讨》(《中国建筑史论会刊》第2辑,北京:清华大学出版社,2009年),熊瑞迪《南宋马光祖知府建康时期的城市风景营建研究》(重庆大学硕士学位论文,2019年),梁斐斐、熊瑞笛、毛华松《宋代官吏城市风景营建研究——以马光祖知建康府时期营建活动为例》(《园林艺术》2019年第5期)等文都多有论述。

第三,陪都经济研究。陪都的经济发展是以上论证陪都设置原因、地位与作用等的重要基础,然并无专题研究,相关研究多散见于其他研究,现择要述之。关于西京的经济,周宝珠《北宋时期的西京洛阳》(《史学月刊》2001年第4期)一文对洛阳城市经济专门论述,认为五代恢复以来,坊市分离旧制已被抛弃,变为敞开型的坊市合一制度;洛阳坊郭户较早地单独列籍定等,认为洛阳坊郭上户的比例相当大;对洛阳的商税和酒曲税亦作了简要分析,认为洛阳是一个典型的消费城市;对洛阳园林和花市行业、造墨、制瓷等亦有论述。周宝珠对洛阳城市经济的论述,虽然简略,但已奠定了基本规模。程民生《河南经济简史》(北京:中国社会科学出版社,2005年)一书对西京桑蚕、纺织、园林业、制瓷、酿酒、文具制造等做了较为详细的研究。张祥云《北宋西京河南府研究》一书是目前对西京的经济最全面深入的论著,其对西京的交通、农牧业、林木业、商业、手工业和财政等都做了较为系统的说明。李橙《北宋洛阳工商业发展探析》(华中师范大学硕士学位论文,2015年)一文从西京工商业发展的自然与人文基础,各手工业行业及其管理与发展和商业繁荣等三方面论述了北宋洛阳工商业的状况,并在此基础上对洛阳工商业发展的特点进行了纵向与横向的比较研究。艾蓉《宋朝大名府军事地位研究》(河北大学硕士学位论文,2009年)一文在"军事经济"中也对大名府的土地开发、仓储、商税、纺织业等进行了较为详细的论述。关于建康府的经济发展,母敬民《宋代建康府研究》(河南大学硕士学位论文,2014年)一文亦从农业、人口、商税及经济发展的制约因素等诸多方面进行了有益的探索。

  第四,文化教育研究。陪都的文化教育研究多集中在南京,尤其以应天书院为主。郭文佳《北宋时期应天府文化繁盛论》(《商丘师范学院学报》2003年第3期)一文指出应天府名人俊士数量多,文化成果显著,并探讨了原因,认为南京是地理交通陪都所在地,经济和重教风气等起了很大作用。郭文佳《北宋南京应天府士人及文化成就》(《河南社会科学》2004年第1期)一文所论与前文相同。范艳敏《应天府书院研究》(河南大学硕士学位论文,2013年)一文就书院的背景、布局与规格、组织管理、教学活动、著名师生和地位等作了详细论述。郭晓岚《范仲淹与应天府书院》(辽宁大学硕士学位论文,2013年)一文就书院的发展、书院对范仲淹求学的影响和范仲淹主持下书院的发展等作了较详细的论述。贾光、徐泽源《陪都南京对应天书院建立发展的作用及影响》(《商丘职业技术学院学报》2016年第3期)一文主要从陪都的资源优势角度论述了南京对应天书院的发展与影响。对大名府的文学也有一定研究,如王秀红《北宋大名府文学研究》(沈阳师范大学硕士学位论文,2014年)一文提出"大名府文学"这一学术概念,并从本土文学、个案研究和仕宦文人文学等方面进行了论述,认为其积极参与了宋初文学的建设,使宋初文学逐渐摆脱了唐五代的奢靡之风,后由于大名府政治军事地位的提升限制了文学的发展。建康府学也是学界较为关注的对象,郑雪《宋朝建康府学研究》(华东师范大学硕士学位论文,2006年)和《宋朝建康府学经费问题研究》(《金陵科技学院学报》2008年第4期)两文分别就建康府学的人员、经费、规模及影响等作了较为充分的论述。母敬民《宋代建康府研究》(河南大学硕士学位论文,2014年)一文亦对建康府的教育及人文环境进行了论述。

第五,相关研究状况。以上大致梳理了有关宋朝陪都的研究成果,可清楚地看到直接的研究成果尚不是很多,但就本书的视角与旨趣而言,相关的研究如宋代城市史、水利交通、商业物流、救荒仓储、军事战争等都可谓是宋史学界深耕多年且取得重要成果的领域,相关的研究成果也难以遍举,对本书写作有重要参考价值的相关论著,笔者都会尽量列于参考文献中。

以上以问题为导引,简要梳理了有关宋朝陪都的相关研究,不难发现,现有的研究主要集中在某些专题研究上,如城市形态、地位兴衰等,且基本都是泛泛而言,缺乏系统深入的分析。就研究者而言,多是当地院校的一些研究人员,也就是说,关于宋朝的陪都问题尚未引起广泛的关注。当然,西京洛阳作为典型的古都,其关注度自然较高,也取得了相当的成绩,这为本书的研究奠定了颇为坚实的基础,但就宋朝陪都这一整体而言,尚少见到系统的比较研究。而陪都作为宋朝就存在的一个特殊城市群体,其无疑是比较城市史研究的一个很好的视角。而随着研究视域的扩展,陪都无疑能为透视区域经济乃至全国经济的发展状况提供一个很好的观察维度。

第三节　主要观点及创新

秦汉以降作为天子之宅的"京都"无疑是诸帝制王朝统治秩序中的一种重要存在。以现今"首都—陪都"理论看,可以皇帝常居者为首都,以都而不居者为陪都。就唐宋时期来讲,其至少发生了两点重要的变化:其一为东北亚少数民族政权中"京都"现象的确立及五京制的发展，其二为中原王朝首都东移及多都制的稳定发展。就此问题进行系统、全面而深入的研究，似还有足够的空间与必要。本书就在努力厘清唐、五代都城体系发展演变的基础上，集中讨论宋朝首都的鼎定、陪都的建立及其经济发展等诸多问题，现将主要观点摘要如下：

第一，承秦汉以降之势，唐前期仍以洛阳、长安东西两京为主要的都城体系。"安史之乱"中，玄宗与肃宗的权力斗争逐渐形成了五京制，而此前作为"京都"建制的府制也随即扩大，并成为设都立制的重要标准。唐后期频繁的都城置废尤其是"都废府存"现象的发展，造成了府制的扩大。为示区隔，也为了进一步突显有京都之号府的地位，遂将有京都之号府的附属县级别定为赤县与畿县，无京都之号的府属县定为次赤与次畿，府为次赤府。五代后唐时期，有京都之号的府制亦进一步分化，在邺都兴唐府和北京太原府出现了"次府"之称，以示与京兆、河南二府的区别。若用贯通的视角看，北宋景德三年升宋州为应天府之举实与京都问题无涉，属县级别亦清楚地标示着其与唐代的次赤府处于一个级别，这也可进一步说明大中祥符七年真宗崇道与设立南京的直接关系。而庆历年间，为应对辽朝威胁设立的北京，其府属县的地位直到神宗熙宁时期还处于次赤与次畿的级别。南宋虽以临安为"行在"，但事实上临安即首都，其属县亦循"安史之乱"以来故事称"赤县"。建康府作为陪都，其附郭县地位亦为次赤县与次畿县。宋朝设都立制与府制关系的疏离，无疑是府制进一步扩大的结果，而宋人在设都立制上更强调所谓的"浩荡皇恩"，这集中说明了宋立都环境尤其是政治环境的变化，提升府及其属县级别是一种"低成本"的运作。

第二，五代时期开封在与洛阳首都地位的竞争中最终胜出，与唐末五代激烈的政治军事斗争及其斗争重心东移有密切的关系。宋承周制，继续定鼎开封，"因节以建号"，随着统一形势的发展，宋进一步发展了"藩镇为国"的体制，这一格局深刻影响了宋朝的发展。为守御处于四战之地的开封，宋朝在开封"以兵为险"，在全国构建了以首都为核心的防御体系。西京、南京是京西与京东重要的战略支点，而随着北京的建立，以及在河北的政治军事地位的发展,西京、南京等在首都战略安全上的作用有所降低。与此同时,这也很大程度上改变了此前聚兵于唐河防线的格局,新建立起的四路安抚使制度,进一步稳固了首都在黄河北岸的防线。随着北宋中后期改革浪潮中禁兵的自我瓦解,北宋末腐朽政治及开封"德守"思想的发展,在金人第二次南下攻破开封外城后,北宋君臣的心理防线最终崩溃,北宋投降。而此时作为"屏蔽河南"的河北政治军事指挥中心的北京依然坚守,这深刻揭露了严密的带状防御体系,与北宋"城守"之策的根本冲突。

第三,南宋的首都临安及陪都建康的确立是极其特殊的。南宋首都临安的确立,是在绍兴八年高宗幸临安,不复移跸后形成的。陪都建康府的建立亦无相关诏书,然而其作为南宋陪都则无疑义。不论在皇帝诏敕还是文人士大夫的书写中,都有称其为"陪京""陪都"及"留都"者,更为重要的是其在系列制度上亦多有陪都建制。而从临安与建康的关系方面看,高宗都临安而称"行在"的行为,心存北归开封之意,自然不假,但从更为现实的角度而言,堵住南渡臣僚中建都建康府的呼声或为重要考量。因为从高宗即位开始,"建都论"一直是一个臣僚们颇为关注的话题,也提出过诸多方案。也就是说,高宗南渡以后,建都问题在臣僚中是一个并不讳言的话题,像宗泽坚定主张回銮开封的人在南渡臣僚中几乎没有。而在众多呼声中,建康府无疑是最为臣僚所认同的,绍兴七年高宗在伪齐兵退、战争胜利后还移跸建康府就是一众臣僚不断催促的结果。高宗移跸建康府后,还曾下令修缮宫城、建太庙等,这使得主建都建康府之大臣喜出望外。然而,高宗终究还是返回了临安,故此称"行在"的行为,显然是为了堵住建都建康府臣僚的悠悠众口。若从建炎以来"建都论"的角度而言,称"行在"则更多是搁浅了这一颇具争议的话题。这也显示了南宋初年高宗应对颇为复杂政治局面的权谋与政治妥协。

第四,宋代设都立制时遵循"实用至上"原则,因此并无标准而统一的"京都之制"。但是宋人也确实在设立陪都后曾致力于京都意象的构建。这种构建很大程度上结合了地方特色,从而形成颇具特色的京都意象,也遵循着"实用至上"原则。这种原则精神也决定了宋朝在各陪都城市空间层面上的因循主义,南京还严格实行如唐朝般典型的坊制。从国家权力施为的角度看,北京是国家重点的关照对象,在城防及城市管理上都倾注了大量的心血,其经济也得到了很大的发展,与河北整体的发展趋势一致处于高位运行的状态。西京、南京虽都是一方政治经济中心,但发展格局却也不尽相同。由于国家层面的关注,西京在京西经济整体落寞的境遇中仍保持了相当高的比重,南京的经济发展在发达的京东地区并不突出,与京东的区域联系反而不如与首都开封紧密,也因与首都太近,其经济发展的光辉被首都开封所遮蔽,属于首都经济圈的范畴,是典型的"孔道经济"。南宋首都临安与陪都建康的形成亦是实用至上这一原则的集中体现。

第五,政治军事权力是陪都经济发展的最根本因素。府及其属县的建制与地位是唐宋设都立制的重要标准,也即府属空间是"京都"的基本规模,也是一级完整的财税核算单位。而宋代财政属于典型的"原额主义",在两税法体系之外,大量依靠征榷、和籴、和买等。用"财经"的视角看,这些措施都直接或间接地控制并利用了"市场",从而刺激并带动了"市场"经济的发展。无论是政治军事还是经济层面上,首都开封的发展无疑是最为耀眼的。在以其为核心的市场整合中,出现了全国范围的财政性与市场性物流,但这种流通的动力机制无疑都是以政治军事为代表的权力促成的。彻底摒弃"西方中心"的看法,以政治军事为代表的权力因素无疑是我国古代城市产生与发展的本质,宋都开封的城市及其经济发展可以说既典型又通常。为摆脱这种脆弱的单一结构的发展模式,作为国家第二权力中心的陪都无疑能够为此提供多核支撑,在北宋末期确实也有类似的发展趋势,但是这一趋势随着北宋的灭亡戛然而止。南宋时期,最大的特点即政治中心与经济中心的合一,政治军事力量的加入极大整合并促进了江南经济的发展,而与临安相近,且被称为其"北门留钥"的建康府亦多有受益,其与江南区域经济的发展逐渐形成了一种休戚与共的关系。

第一章　唐宋都城体系的变迁

本章首先概述唐五代的都城体制及其变迁。接着集中考察中唐以来开封地位的变迁,及五代时洛阳与开封首都关系之争。最后,在明确中唐五代以来开封地位上升原因的基础上,探讨其作为北宋首都在地缘安全格局中的缺陷,并从整个国家体制尤其是军事体制及士大夫道德等宏观视域和多重视角,详细论述宋统治者在着力弥补这一缺陷时所作的各种努力。

第一节　唐五代都城体制概述

南宋人章如愚《三都论》论历来都城变迁道:"自古帝王之作莫不更都三河之间,而周秦以降,继宅两京,五季而下,又都大梁,何帝居之不常也? 然考其所以定都改卜之意,则有由矣。大抵长安便于守,洛阳便于利,大梁便于战,三京利害各有一偏,故前王因其便利而都之也。"① 此论非常深刻,高屋建瓴。"周秦以降,继宅两京",此中"两京"当指长安与洛阳,其中又以长安为中心,东方洛阳一则为控制东方的军事重镇,二则为东方的财赋集聚地,此在大运河开通以后更加明显。众所周知,我国自古以来常行首都+陪都的"多都制"模式,但仅从首都的地域变迁来讲,五代及其稍前的中唐也无

---

① 参见[清]陈梦雷编纂:《古今图书集成·方舆汇编·坤舆典》卷一一三《建都部》,北京:中华书局、成都:巴蜀书社,1985年,第7403页。

疑是一个重要的转折时期。

一、唐朝都城体系及其变迁

隋末天下大乱,群雄并起,617 年唐国公李渊在晋阳发动兵变,次年在长安称帝,唐朝建立。从武德元年(618)开始,至贞观二年(628)唐太宗攻灭割据朔方的梁师都为止,唐朝在全国的统治地位最终完全确立。至于隋朝东都洛阳,在唐初则屡有废置。隋末东都落入王世充之手,唐高祖武德四年(621)五月,王世充举东都投降,由是河南平,废东都,十一月又复东都。武德六年(623)降东都为洛州。贞观四年到六年(631—633),在隋东都的基础上基本修复了宫城部分,称洛阳宫。① 高宗显庆二年(657)十二月,"改洛阳宫为东都,上栋下宇,彼劳昔以难前;广厦高台,我名今而改后。仍兹旧贯,式表宸居"②。至此唐东都的建置才趋于稳定。开元元年(713)玄宗改"雍州为京兆府,洛州为河南府,长史为尹,司马为少尹","录事参军为司录参军,余司改司为曹",以"长史为尹,从三品,专总府事"。③ 这无疑是玄宗为提高二都政治地位之举,同时行政区划意义上的府制正式创立,由此确立的府制及其官称等成为唐朝设都立制的"标杆"与"标配"。

并州是唐朝的龙兴之地,太宗有很深的太原情结,贞观十九年(645)太宗征高丽返回途中曾驻留并州,"回銮游福地",在并州过春节。同时,又是武则天的家乡,最终于长寿元年(692)被改"置北都"④。神龙元年(705)"神都依旧为东都,北都为并州大都督府"⑤,废北都为并州。开元十一年

---

① 以上参见[宋]王溥:《唐会要》卷六八《河南尹》,上海:上海古籍出版社,1991 年,第 1407 页。
② [清]董诰等编:《全唐文》卷一二《高宗皇帝·建东都诏》,北京:中华书局影印,1983 年,第 147 页下;[宋]司马光编著,[元]胡三省音注:《资治通鉴》卷二〇〇,显庆二年十二月丁卯,北京:中华书局,1956 年,第 6421 页。
③ 以上参见《旧唐书》卷八《玄宗纪上》、卷四二《职官志一》,北京:中华书局,1975 年,第 172、1790 页;[宋]司马光编著,[元]胡三省音注:《资治通鉴》卷二一〇,开元元年十二月庚寅,第 6810 页。
④ [唐]杜佑撰,王文锦等点校:《通典》卷一七九《州郡九·并州》,北京:中华书局,1988 年,第 4738 页;《旧唐书》卷六《则天皇后》,第 123 页。按:《元和郡县图志》卷一三《太原府》则曰"天授元年(690)为北都",疑误。
⑤ 《旧唐书》卷七《中宗纪》,第 136 页。

(723)玄宗行幸并州,以其"王业所兴,宫观犹在,列于边郡,情所未安",又"置北都","改州为太原府,刺史为尹,司马为少尹,太原、晋阳为赤县,诸县为畿县,官吏品第,视京洛两府条理"。① 天宝元年(742)改北都为"北京"。可以说,北都太原府与此前设立的京兆府、河南府共同构成了唐代最为稳定的"三都(京)"模式。

玄宗天宝十四载(755)爆发的"安史之乱"则从根本上打破了"三都"格局。"安史之乱"后玄宗避乱入蜀,太子李亨北上灵武抗敌,擅自称帝,是为肃宗,事实上形成了两个权力中心。② 肃宗至德二年(757)九月收复长安,遂遣使奉迎玄宗返京,"以就孝养"。玄宗于十二月丙午(初三日)到达长安,肃宗于十五日便改玄宗曾驻留的蜀郡为南京,以示"尊崇"与"孝道"。但同时又以平叛时期自己曾驻守的岐州为凤翔府,号西京,改西京(长安)为中京。③ 可见,肃宗也着意显示自己的权威,且还特意规定凤翔府官僚"并同三京名号"④,亦即凤翔府及其属县的官称及其级别都要比拟京兆府、河南府和太原府。而南京成都府则无此待遇,这在以后肃宗设都甚至整个唐代的设都立制中都属于极少的特例,对此下文详论,可以说肃宗对玄宗进行了刻意压制。这点在肃宗上元元年(760)南京成都府的废止问题上显得更加明显,上元元年(760)九月初七日,肃宗改荆州为"江陵府,称南都",同日去成都府"南京之号,复置蜀郡"。⑤ 这无疑是七月"移宫事件"后,肃宗与玄宗矛盾激化后进一步发展的结果。⑥ 诚然,上述都城的改易,很大程度上是"安史之乱"后特殊政治形势下,玄宗与肃宗父子复杂权力斗争的结果。但

---

① [宋]李昉等编:《文苑英华》卷四六四《翰林制诏·制北都制》,北京:中华书局,1966年,第2368页。
② 参见任士英:《唐肃宗时期中央政治的二元格局》,《中国史研究》1996年第4期。
③ 《旧唐书》卷一〇《肃宗纪》,第250页;[宋]司马光编著,[元]胡三省音注:《资治通鉴》卷二二〇,至德二年十二月戊午,第7164页;[宋]王溥:《唐会要》卷六八《诸府尹》,第1409页。
④ 《旧唐书》卷一〇《肃宗纪》,第250页;[宋]王钦若等编:《册府元龟》(以下简称《册府元龟》)卷一四《帝王部·都邑二》,北京:中华书局影印,1960年,第159页上。
⑤ [宋]王溥:《唐会要》卷六八《诸府尹》,第1411、1409页;《旧唐书》卷一〇《肃宗纪》,第259页。
⑥ 可详参齐子通:《孝道与悖逆之间:唐肃宗设立南京与南京改置》,《中华文史论丛》2015年第2期。

这却对唐代都城体制的整体变化产生了深远的影响,西京、中京、南京加之此前所置的东都和北都,共同构成了"五京"格局。

上元二年(761)九月壬寅(二十一),肃宗诏"停京兆、河南、太原、凤翔四京及江陵南都之号"①。不过又很快恢复旧制,肃宗宝应元年(762)二月辛亥(初一日)的赦文曰:"五都之号,其来自久。宜以京兆府为上都,河南府为东都,凤翔府为西都,江陵府为南都,太原府为北都。"②肃宗重建了"五都"体制,不过在当月,肃宗又以河中府置中都,③中都之号直到元和三年(808)方废,"复为河中府"④,因此还曾一度出现过六都。四月,肃宗去世,西都、南都之号停废,实际上有四都。元和三年停中都号之后,唐朝一直保有京兆府、河南府和太原府组成的三都格局。

综上可见,唐朝的都城体系以"安史之乱"为界前后发生了剧烈的变化,前期经历了从二都到三都的变化,后期以五都制影响最大。"安史之乱"前唐朝的都城体系,很多学者认为应以东西两京制为主,这无疑是有充分理由的,但笔者认为应以三都为典型。从唐朝初年东都的屡次废置,并最终定型为东西二京的过程看,这主要还是延续隋朝的都城格局。而北都之置,才最终打破隋朝以来这一旧的都城体系,加之由东西二京与北都组成的"三都"模式在"安史之乱"后建置的稳定性,因此也有充分理由说明前期三都模式在唐代的典型意义。"安史之乱"后,唐朝的都城设置很大程度上是由肃宗

---

① [宋]司马光编著,[元]胡三省音注:《资治通鉴》卷二二二,上元二年九月壬寅,第7234页。

② [清]董诰等编:《全唐文》卷四五《肃宗皇帝·元年建卯月南郊赦文》,第499—500页;[宋]司马光编著,[元]胡三省音注:《资治通鉴》卷二二二,宝应元年建卯月辛亥,第7238页。

③ 参见《旧唐书》卷三九《地理志二》,第1470页。按:神龙元年废北都为并州后,玄宗曾于开元九年(721)正月"改蒲州为河中府","置中都",不过在大臣的反对下,于七月"罢中都,依旧为蒲州"。以上详见《旧唐书》卷八《玄宗纪上》,第181、182页。不过,乾元三年(760),肃宗再次升蒲州为河中府,"州县官吏所置,同京兆、河南二府",可说是有京都之实却无京都之名,详参《旧唐书》卷一〇《肃宗纪》,第258页。

④ 《旧唐书》卷三九《地理志二》,第1470页。按:《唐会要》卷七〇《州县改置上·河东道》载"元和三年三月,改蒲州为河中府",与《旧唐书》所载相抵牾。对此,有学者从官称的角度研究认为,从乾元三年到元和三年,其历任长官均授河中尹和河中节度使,无一称蒲州刺史者,因此成书更晚的《唐会要》所载当误。详见任颖卮:《唐代蒲州研究》,山东大学博士学位论文,2014年,第31页。

与玄宗复杂的权力斗争及肃宗塑造正统之努力所主导,形成了典型的五都之制,肃宗以后又逐渐过渡到前期的三都模式。唐朝虽然保有典型的三都模式不假,但北都太原在"配置"上还是不能完全与东、西二京相比,对此详见下文论述。因此,还是不能否认上引章如愚高屋建瓴之论。

二、五代的"多都"体制

907年宣武节度使朱温代唐而立,中国历史正式进入了"五代十国"时期。五代是指中原地区先后出现的梁唐晋汉周五个政权。十国是指南方地区先后或同时并立的十个政权(包括北方的北汉)。由于中原各政权承唐接宋,加之又是传统上认为的具有"正统"性质的王朝,故此仅以五代中原地区先后出现的五个王朝的都城体系为论。开平元年(907)四月戊辰(初四日)朱全忠在汴州称帝,"升汴州为开封府,建名东都。其东都改为西都,仍废京兆府为雍州佑国军节度使"①,实行开封、洛阳东西"两都"体制。开平三年(909)正月西京南郊祭祀后,此后常驻"西都"。乾化二年(912)朱全忠被儿子朱友珪弑杀于病榻,朱友珪后又败于东京都指挥使朱友贞。后朱友贞于东京开封即位,是为后梁末帝。

乾化三年(913)后梁末帝即位时,李存勖的势力已从河东伸向河北。乾化四年(914)又得燕、沧之地,贞明元年(915)又取魏博。此后,着力经营魏州,把魏州作为灭梁的大本营。同光元年(923)四月己巳(二十五日),李存勖于魏州即位,诏升"魏州为东京兴唐府,改元城县为兴唐县,贵乡县为广晋县,以太原为西京,以镇州为北都"②。同年十月灭后梁,这时其统治区域进一步扩大,此前按方位色彩形成的都城名称已不合时宜,遂于十一月"复北都为镇州,太原为北都",十二月正式迁都洛阳,称洛京,并恢复西京京兆府及其属县的建置,③同时复降开封府为宣武军节度。由于兴唐府为庄宗李

---

① 《旧五代史》卷三《梁书三·太祖纪第三》,北京:中华书局,1976年,第48页。
② 《旧五代史》卷二九《唐书五·庄宗纪第三》,第404页;《新五代史》卷五《唐本纪第五·庄宗下》,北京:中华书局,1974年,第46页。
③ [宋]王溥:《五代会要》(以下简称《五代会要》)卷一九《京兆府》,上海:上海古籍出版社,2006年,第309页。

存勖兴王即位之地,其东京之号直至同光三年(925)三月才给洛京,兴唐府则以邺都称之。① 继立的明宗又对汴州彻底去都城化,天成四年(929)五月敕令"汴州宫殿,并去鸱吻,赐本道节度使为治所,其衙署诸门园亭名额并废"②。同汴州的命运类似,邺都的"王城使及宫殿诸门园亭名额"也于天成四年(929)五月并废。③

后晋系石敬瑭建立,太原是后唐的北都,石敬瑭曾长期任北京留守、太原尹、河东节度使,亦是其起家之地。在石敬瑭受契丹册命,即将入主洛阳之际,即留其子石重贵为"北京留守,授金紫光禄大夫、检校司徒,行太原尹,知河东管内节度观察事"。④ 后唐末帝清泰三年(936),后唐北京太原府留守、河东节度使石敬瑭攻入洛阳,灭后唐,建立后晋,仍以洛阳为都。天福二年(937)石敬瑭东巡汴州。天福三年(938)十月,敕改后唐"东都为西京"⑤,与此同时,开封也就自然而然由汴州成为东京了,史曰:"晋天福三年十月敕:汴州宜升为东京,置开封府,以开封、浚仪两县复为赤县,其余属县为畿县。"⑥天福三年(938)十一月,"升广晋府为邺都,置留守,升广晋、元城两县为赤县,属府诸县升为畿县"⑦。 天福七年(942)十月敕改"西京为晋昌军,留守为节度观察使,仍依旧为京兆府",正式废止了京兆府的京都地位。⑧

天福十二年(947)正月丁亥(初一日),契丹皇帝耶律德光入主开封,二月丁巳(初一日)在崇元殿接受朝贺,"改晋国为大辽国"⑨,改元大同,晋少帝石

---

① 参见《册府元龟》卷一四《帝王部·都邑二》,第163页下;《五代会要》卷一九《河南府》,第308页。
② 《五代会要》卷一九《开封府》,第307页。
③ 《五代会要》卷一九《大名府》,第310页。
④ 《旧五代史》卷八一《晋书七·少帝纪第一》,第1067页。
⑤ 《五代会要》卷一九《河南府》,第309页。
⑥ 《五代会要》卷一九《开封府》,第307—308页。
⑦ 《旧五代史》卷七七《晋书三·高祖纪第三》,第1021—1022页。后晋天福元年(936)九月"改兴唐府为广晋府",以上并见《五代会要》卷一九《大名府》,第310页。
⑧ 《五代会要》卷一九《京兆府》,第309页。
⑨ 刘浦江指出与《辽史·太宗纪》"建国号大辽,大赦,改元大同"等不同,"改晋国为大辽国"多为中原文献所载,详见刘浦江:《辽朝国号考释》,《松漠之间——辽金契丹女真史研究》,北京:中华书局,2008年,第31—36页。又可见林鹄《南望:辽前期政治史》(北京:生活·读书·新知三联书店,2018年,第91页)的相关梳理。

重贵被迁往北方,后晋亡。关于耶律德光"改晋国为大辽国"的理解,学界多有分歧,近期林鹄《南望:辽前期政治史》一书在继承总结学界已有研究的基础上,进一步论证发挥,认为大辽应为契丹族在灭晋后在中原汉地建立的新国家,不通行于契丹本部。①笔者认同这一看法,就大辽这一新国家的都城变化而言,其完全继承了后晋的西京洛阳、北京太原与河北的邺都,新建河北"镇州为中京"②,与此同时"降东京为防御州,寻复为宣武军"③,废止了后晋的东京开封。耶律德光改晋国为大辽国后,原晋河东节度使、北平王刘知远虽料定契丹统治必不得人心,伺机而动,但开始亦表示臣服。二月辛未(十五日),刘知远在太原即皇帝位,但未改国号,改晋开运四年为天福十二年,仍用后晋年号。果然,契丹统治不得人心,反抗不断,原被迫投降的汉人节帅赵晖、王守恩等亦归附刘知远。耶律德光决议北撤,只留少数军队留守洛阳、汴州等地,耶律德光自己也已于同年五月病逝于河北栾城杀胡林(今河北石家庄市栾城区西北)。刘知远很快便占领洛阳、开封等地。六月,入主开封以后,便正式定都开封,称东京,以汉为号。同时全面继承了后晋的都城体系,唯一不同的是,乾祐元年(948)三月,诏改邺都广晋府为大名府,广晋县被改为大名县。④

刘知远死后,隐帝承祐即位,契丹仍"横行河北",遂以枢密使郭威为"邺都留守、天雄军节度","督诸将以备契丹"。⑤ 隐帝三年除丧之后,欲亲政,"压为大臣所制",故于乾祐三年(950)十一月十三日杀杨邠、史弘肇、王章、郭威、王殷五家后,又遣使带密旨至邺都杀郭威,至澶州杀王殷。十四日郭威知全家被杀,随即统军南下,至澶州与王殷合,二十一日城破,隐帝逃至赵村,为乱兵所杀。广顺元年(951)正月,郭威即位于大梁,国号周,史称后周。承后汉制度,仍以河南府为西京,大名府为邺都。同年六月,郭威以"大名府元城县为赤县"⑥,进一步加强了邺都的京都建置。不过,显德元年

---

① 以上参见林鹄:《南望:辽前期政治史》,第92—100页。
② 《辽史》卷四《太宗纪下》,北京:中华书局,1974年,第60页。
③ 《旧五代史》卷一三七《外国列传一·契丹》,第1835页。
④ 《五代会要》卷一九《大名府》,第310页。
⑤ [宋]司马光编著,[元]胡三省音注:《资治通鉴》卷二八九,乾祐三年四月戊辰,第9551页。
⑥ 《五代会要》卷一九《大名府》,第310页。

(954)正月戊寅(初八日)太祖郭威废除了邺都之号,《旧五代史》曰"诏废邺都依旧为天雄军,大名府在京兆府之下"①,《五代会要》亦载"废邺都留守,依旧为天雄军大名府,在京兆府之下,其属县地望、官吏品秩,并同京兆府"②。太祖郭威于病重之际去邺都之号是与借郊祀之名诛杀邺都留守、侍卫亲军都指挥使王殷于北郊等联系在一起的,这很可能是考虑到周世宗柴荣即位后难以驾驭之故③。是月壬辰(二十二日)即位的周世宗亦再无复置。至于后汉北都太原,则一直为刘知远弟北汉主刘崇及其子孙占据,直至宋太宗太平兴国四年(979)北汉亡国。

总体来看,五代的都城以开封、河南、太原和大名等组成的"四都体制"最为典型。其中,洛阳除在五代初期曾一度为首都外,大多数时间里一直作为最重要的陪都存在,其中很重要的一个原因就如久保田和男所言,其主要发挥了传统礼仪上的作用。而开封之所以在大多数时间里保有首都之地位,最主要的还在于其为四战之地,在命将出师等方面的便利。而山西的北都太原和河北的邺都,则是各王朝除首都外最主要的军事重镇,也因此成为其兴王起家之地,是为典型的"军镇制陪都"④。首都开封及北都太原、河北的邺都的京都建置,也突出说明了五代是一个战乱频仍的时代。

三、唐五代都城体制的影响

前揭,"安史之乱"以后唐朝的都城体制发生了由三都向多都制的巨大变化,其中五都体制最为典型且影响尤剧。其中渤海国的五都体制,学界一般认为是直接承袭唐制。⑤ 渤海国(698—926),是以我国东北粟末靺鞨为主体建立的民族政权。698 年粟末首领大祚荣建立靺鞨国,自称震国王。

---

① 《旧五代史》卷一一三《周书四·太祖纪第四》,第 1501 页。
② 《五代会要》卷一九《大名府》,第 310 页。
③ 可详见《旧五代史》卷一一三《周书四·太祖纪四》,第 1500 页。
④ 关于"军镇制陪都",可参丁海斌:《中国古代陪都史》,北京:中国社会科学出版社,2012年,第 21 页。
⑤ 对此韩国学者李万杰、韩圭哲等曾提出过异议,但中国学者宋玉祥、晓辰等都进行了有力的反驳。详见杨雨舒、蒋戎:《唐代渤海国五京研究》附录一《唐代渤海国五京研究综述》,香港:香港亚洲出版社,2008 年,第 175 页。

713年玄宗册封大祚荣为渤海郡王,从此粟末靺鞨以渤海为号,成为唐的羁縻州。762年唐廷诏令渤海为国。渤海国积极吸收唐文化,史载"其(渤海国)王数遣诸生诣京师太学,习识古今制度"。① 774年渤海国王大钦茂改元"宝历",建立渤海五京,史曰:"以肃慎故地为上京,曰龙泉府,领龙、湖、渤三州。其南为中京,曰显德府,领庐、显、铁、汤、荣、兴六州。濊貊故地为东京,曰龙原府,亦曰栅城府,领庆、盐、穆、贺四州。沃沮故地为南京,曰南海府,领沃、睛、椒三州。高丽故地为西京,曰鸭渌府,领神、桓、丰、正四州;曰长岭府,领瑕、河二州。"② 以上整齐划一的五京及其管理体系的形成其实是有一个过程的,中京、上京与东京的形成是在大钦茂统治早期的三次迁都过程中逐渐形成的,与王国初期的特定政治形势密切相关。西京、南京的设置则稍晚,可能也不会超出大钦茂统治时期,在渤海国政治、军事及外交上发挥着重要作用。正是由于五京设置的不同时,且府、州名等称呼亦新旧名共存,不相统一,因此继任者宣王大仁秀才重新厘定各京、府、州、县之名,从而最终形成了以五京为中心、较为完善的统治体系。③

不过值得注意的是,经宣王大仁秀厘定后的五京,已与此前的都城很不相同,其将全国分为以各京为首的五大区域,这无疑适应了大仁秀"开大境宇"后国家分区而治的需要,从这个角度上看,渤海五京事实上与唐朝的五京是很不一样的。可见,渤海五京体制只是学习唐朝的精神,渤海国不可能也无法将唐王朝的治理模式"复制"过去,必然要结合其渔猎民族的实际情况,从五京之"实"到五京之"名",中间必定也要经历一个很长的过程。就知识的传播与接受角度而言,渤海国的五京体制很可能也与传统的"五行思想"和"五方观念"分不开的。④ 因此,渤海国五京体制的最终形成无疑是复杂而多元的。

渤海国之后,与北宋并立的辽朝的五京体制亦是绕不开的一个话题,有

---

① 《新唐书》卷二一九《北狄·渤海传》,北京:中华书局,1975年,第6182页。
② 《新唐书》卷二一九《北狄·渤海传》,第6182页。
③ 以上主要参见杨雨舒、蒋戎:《唐代渤海国五京研究》,第18—27页。
④ 如魏国忠:《唐代渤海五京制度考》,《博物馆研究》1984年第3期;宋玉祥:《略谈渤海五京制的渊源》,《渤海上京文荟》2002年12月26日,第4版。

必要继续讨论。传统的观点认为"五京之制,始于渤海,而后来之辽金皆仿之"①。但近些年随着研究的深入,此观点越来越受到质疑。辽朝是契丹族建立的一个强大的王朝,与渤海靺鞨渔猎经济形态不同的是,契丹族的经济形态较为单一,以游牧为业,捺钵一直是实际的中心,"行国"是其最本质的特征。② 康鹏指出"因俗而治""随宜设官"是其一以贯之的最大特点。从神册三年(918)太祖建立"皇都"开始,到会同元年(938)并立上京、南京、东京三京,再到圣宗统和二十五年(1007)中京的建立,最后到兴宗重熙十三年(1044)西京的建立,辽朝五京建置的最终完成前后经历了百余年,并无统一规划。辽朝五京更多的是因应其国内外政治形势和民族关系变化而建立的,是分区而治的现实需要,是其"因俗而治""随宜设官"统治的最好注脚之一。而辽朝"行国"的本质则决定了其五京体制很可能并无"京都之实",以五京为核心建立起来的五京道,其作用可能更多地体现在军事与财政意义上,也并未真正形成一级完整的地方行政区划。③

笔者同意上引诸学者之论述,所不同的主要在于其立论的出发点。无疑,"行国"是契丹的本质特征,但是"城国"在辽的历史上尤其是太祖、太宗之世亦扮演了相当重要的角色,林鹄指出太祖心目中的大契丹国应是一个汉式国家,称帝、建元、立皇都是重要表现。太宗德光继承太祖遗志,对中原亦保有强烈的兴趣,并亦曾问鼎中原。德光之后的世宗在位时间很短,继立的穆宗对中原政策趋于保守,中止向中原扩张,但契丹的汉化仍在持续深入,圣宗时期达到高峰。④ 笔者亦认同林鹄对于契丹本位与汉化问题关系的阐释,认为国家在发展汉化的同时,不必然全然摒弃契丹本色,二者绝非截然对立的。因此,对上引康鹏所论辽朝五京的设置及其地位、作用等体现

---

① 如金毓黻:《东北通史》,长春:社会科学战线杂志社,1982年,第289页。
② 可参见陈晓伟:《捺钵与行国政治中心论——辽初"四楼"问题真相发覆》,《历史研究》2016年第6期。
③ 以上参见康鹏:《辽代五京体制研究》,北京:中国社会科学出版社,2023年,第252、258页。
④ 以上参见林鹄:《南望:辽前期政治史》,第21、192—214页。按:作者认为穆宗朝契丹在对中原关系上趋于保守,主要是与穆宗中期以后周、宋以来中原日强,重趋统一,以及穆宗个人悲剧有关,并非出于草原本位等战略文化上的巨大转变。

出来的辽朝"因俗而治""随宜设官"的特征,应从国家汉化、皇权逐渐发展的进程中去把握,相信"因俗而治""随宜设官"绝非契丹诸皇帝心中所愿。

下面再回到契丹五京设置的具体问题上,契丹五京中最早出现的即太祖时的皇都,关于皇都的营建燕人发挥了重要作用,《辽史·太祖纪》曰:"城皇都,以礼部尚书康默记充版筑使。"①康默记本传亦曰:"神册三年,始建都,默记董役,人咸劝趋,百日而讫事。"②对此学界基本无异议。太宗德光时期是辽五京形成过程中的关键时期,对此《辽史·太宗纪》有曰:"是月,晋复遣赵莹奉表来贺,以幽、蓟、瀛、莫、涿、檀、顺、妫、儒、新、武、云、应、朔、寰、蔚十六州并图籍来献。于是诏以皇都为上京,府曰临潢。升幽州为南京,南京为东京。改新州为奉圣州,武州为归化州。"③可见,辽朝上京、南京与东京的设立与幽云十六州的取得有直接关系,引文"南京为东京"中之南京则为东丹国的首都南京,而此次改东丹国南京为东京,也就意味着废除了东丹国。④ 因此,德光设三京,很大程度上具有消弭割据、混一国家之举,是进行"汉制改革"的一部分。⑤ 关于都城与汉制改革可从皇都改上京的过程中得到更清楚的证明,《辽史·地理志》"上京"条曰:"太宗诏蕃部并依汉制,御开皇殿,辟承天门受礼,因改皇都为上京。"⑥而且,就原东丹国的南京而言,其本身就是以国都的形式加入到辽的三京体制中的。

总之,太祖、太宗朝辽朝形成的都城体制应是确定无疑的,至于中京与西京的设立可详见康鹏的论述,兹不赘言。前揭,康鹏对辽五京的地位与作用的判断与其文章立意有很大的关系,其主要目的是重新检讨《辽史·地理志》的五京道的问题,可以说其出发点与结论都不脱辽朝的地方行政统治机构的窠臼。不过其从政治运作实践中得出的结论亦无疑是非常有见地的,五京的作用主要更多地体现在军事与财政意义上,并未真正形成

---

① 《辽史》卷一《太祖纪上》,第12页。
② 《辽史》卷七四《康默记传》,第1230页。
③ 《辽史》卷四《太宗纪下》,第44—45页。
④ 参见康鹏:《东丹国废罢时间新探》,《北方文物》2010年第2期。
⑤ 对此林鹄称为"会同改制",可详见氏著《南望:辽前期政治史》,第149—161页。
⑥ 《辽史》卷三七《地理志一》,第440页。

一级完整的地方行政区划。按照本书的理解,这主要体现了国家汉化、皇权逐渐发展强化的艰难进程。有学者借由契丹皇帝不居京城,也很少临幸于此,五京京城徒具国家象征意义,用"有名无实"来否认辽的五京都城体制。① 那么,名者何?实者何?宋朝的西京、南京与北京,皇帝又曾居留过多少时日呢?辽朝五京建立的历程经百余年,无统一规划,而宋朝四京的建立又何尝不是经年累月而成,亦无统一规划。在历史发展的进程中有时"名"存在的意义要远远大于"实"的存在。的确,从加强皇权、混一国家的角度而言,由于辽朝形成发展过程中的多元格局,因此建立在其上的五京就不可避免地具有分区而治的色彩,但对此的强调不应建立在否认其都城体制的基础上。若将辽朝与渤海的都城体系相比较,便可发现二者有非常相似的地方,其多都制的形成都经过了"两步走"的进程,而迈开第二步的同时,也即意味着在国家疆域扩大的情况下不得不实行以京都为首的"分区而治"的模式。②

综上可见,渤海的五京体制虽有取法于唐的因子,但其最终形成无疑是复杂而多元的。辽朝的五京也是经过百有余年的发展才最终形成,除可能受唐五代及渤海京都观念的影响外,更多的是因应其国内外政治形势和民族关系变化而建立的。渤海与辽朝五京模式的形成都是伴随着国家疆域日广的发展而最终形成的,这也就决定了其与唐五代府制基础上的京都之制的极大不同,渤海与辽的五京都辖有数州,一定程度上具有高层政区的含义,而唐五代的府实与州无异,仅有"崇名"而已。但是因此而否认渤海与辽朝五都体制与唐无太多关联,似也有失客观,就行政区划意义上府制的建立,府制与京都的关联而言,最初无疑都来自唐朝,这是毋庸置疑的。

就"安史之乱"以后,唐五代都城体制对以后中原王朝的影响而言,其最

---

① 参见杨若薇:《契丹王朝政治军事制度研究》,北京:中国社会科学出版社,1991年,第195页。

② 按:从五京的整个形成过程而言,渤海五京可分为两大步,亦即大钦茂五京设置完成和宣王大仁秀重新厘定;契丹五京可分为三步走,第一步为皇都之立,第二步为太宗德光援立三京,第三步为圣宗和兴宗分别建立的中京和西京。虽然契丹五京的最终成型较晚,但其最基本的格局在德光立三京时业已奠定。

大的变化莫过于都城地域空间上的东移,它们基本都是应政治形势发展需要因时因地建立的。五代时期的开封、太原和大名等长期以来都是诸叛将的大本营,因而也往往成为其"兴王"之地而保有京都之号。宋朝直接继承后周东西二京都城体系,真宗、仁宗朝又设南京与北京,若从唐五代都城体制的影响与趋势而言,无疑是五代都城体制的"复活",只不过宋朝的兴王之地改在了宋州,叛将变成了外敌,此前叛将的大本营变成了抵御外敌的基地。定都于开封的宋朝毕竟也仅有一个"小天下",也是仅从五代发展而来的一个扩大版的藩镇国家而已,对此下文有详论。

第二节　中唐五代开封地位的变迁

一、"安史之乱"后开封地位的变迁

开封,春秋时名浚,战国时称大梁,为魏国都城,非常繁华。秦国水攻大梁,大梁陷落,沦为废墟,仅留下一座小小的浚仪县城,属陈留郡(郡治在大梁东南50里左右)。汉初文帝分其子刘武为梁王,都大梁,以地卑湿,乃东徙睢阳(今河南商丘),被睢阳所取代。南北朝时期,其行政地位有所提高,陈留郡治迁往浚仪县城,东魏时为梁州治,北周时更名为汴州。隋朝统一,城市经济有所发展,隋文帝东封泰山,还京路过汴州时曾"恶其殷盛",遂令"禁游食,抑工商"。① 炀帝大业元年(605)通济渠开通,但在大业二年(606)时取消了开封州的建置,改隶郑州。隋亡后,王世充一度占领中原,置汴州总管府,辖汴、洧、杞、陈四州,成为其控制东方的重镇。唐武德四年(621),恢复汴州。从以上简单的梳理可看出,开封在魏国大梁时曾一度非常繁华外,此后相当长时期内仅为一般的治所城市。隋朝大运河其实也没有给开封带来经济和政治地位的提升,反而取消了州的建制。其实,开封地位的真正提高,就是"安史之乱"以后的事,是政治军事因素催生的,战国时

---

① 《隋书》卷五六《令狐熙传》,北京:中华书局,1973年,第1386页。

期魏国大梁的繁荣亦首先是其为国都的地位使然,其次才是鸿沟水运的方便等。隋末战争中王世充置汴州总管府,辖汴、洧、杞、陈四州,成为其控制东方的重镇,开封"利于战"地缘优势开始显露,政治军事地位显著提高。而"安史之乱"则从根本上改变了唐王朝的军事政治格局,"安史之乱"后,节度使体制开始在内地推行,中原内地军事化进程加速。开封地处中原腹地,四战之地的地缘优势得到进一步发挥,周宝珠曾表列了"安史之乱"后至德元年(756)至兴元元年(784)近20年里汴州节镇的废置情况,说明此时汴州已成为各地军阀争夺的重要对象,同时由于汴州成为节镇治所而使其成为黄淮之间的一个军事重镇和地区性行政中心。①

随着"安史之乱"以后,汴州政治军事地位的日益提高,为适应新形势,汴州的城池等亦逐渐成为建设的重点。建中二年(781)唐廷任永平节度使李勉重筑"罗城",建成后的罗城周回20里155步,规模很大,对东方藩镇起到了一定的震慑作用,史载:"(李)正己俱,发兵万人屯曹州;田悦亦完聚为备,与梁崇义、李惟岳遥相应助,河南士民骚然惊骇。"②这次"筑城"无疑对开封的城市建设起到了重要的作用,但对其后来政治地位的提升更为关键的则是前揭"安史之乱"后汴州日益稳定的节镇体制,正是在节度使体制之下,开封已俨然成为一个地区性的行政军事中心。兴元元年(784)宣武军节度使从宋州徙治汴州,以十万大军镇守于此,成为唐廷一支重要的政治军事力量,唐王朝亦最终被朱全忠的宣武节镇取代。"安史之乱"后的政治军事形势,也使得开封在大运河交通运输中的地位重要起来了,"安史之乱"后,藩镇割据局面形成,唐王朝的赋税来源主要依靠江南,汴河成为唐王朝的生命线,代宗广德二年(764)汴河除了承担漕粮运输外,自扬州来的钱、帛等"轻货"亦自开封转运。建中三年(782)唐王朝以汴州为中心,设置汴州东、西两个水陆发运盐铁租庸使,并借由宣武军牢牢控制汴河这一交通要道,时人称:"大梁当天下之要,总舟车之繁,控河朔之咽喉,通淮湖之运漕。"③"梁

---

① 参见周宝珠:《宋代东京研究》,开封:河南大学出版社,1992年,第6—7页。
② [宋]司马光编著,[元]胡三省音注:《资治通鉴》卷二二六,建中二年正月戊辰,第7413—7414页。
③ [清]董诰等编:《全唐文》卷七四〇《刘宽夫·汴州纠曹厅壁记》,第7649页上。

宋之地,水陆要冲,运路咽喉,王室藩屏。"①与此同时,开封的城市经济亦逐渐发展起来了,王建有诗曰"草市迎江货,津桥税海商"②,"水门向晚茶商闹,桥市通宵酒客行"③。

总之,"安史之乱"以后,开封逐渐成为一个区域政治、军事和经济中心,刘禹锡有汴州"四面诸侯瞻节制,八方通货溢河渠"④之论。这一切无疑都是由"安史之乱"后战乱频仍的时势及开封独特的地缘格局共同作用的结果,都是政治军事因素促成的,而这亦为开封日后的发展奠定了基础。

二、五代时期开封的地位变迁——以洛阳、开封首都之争为中心

开平元年(907)四月,宣武节度使朱全忠篡唐,建国后梁,升其根据地汴州为开封府,定为东都,洛阳则为西都,正式拉开了五代的序幕,也奠定了开封的京都地位。上文已就五代各中原王朝的多都体制作了简要梳理,可以发现开封一直保有京都地位,但要明确开封的地位变迁,那么就不得不涉及其与其他京都尤其是洛阳的比较问题,也即多都制下"首都"之争。从"功能论"的角度来看,五代"首都"有一个突出的特点,也即政治军事因素和国家礼仪因素分离的问题,20世纪80年代张其凡发现这一问题,并撰文指出应以实际的政治军事职能为主来判断首都的归属。⑤ 张其凡之后,对此问题用力最深者莫若日本学者久保田和男,其从"首都功能"的角度将首都功能分为"权威"与"权力"两种模式,表现在"首都设施"上则又相对出现了"神圣"与"世俗"两大类。据此,久保田和男认为五代时期,中原王朝的首都有洛阳和开封。后周太祖之前,首都功能一直处于"分离"状态,

---

① [唐]白居易著,顾学颉点校:《白居易集》卷五七《翰林制诰四·与韩弘诏》,北京:中华书局,1999年,第1216页。
② [清]彭定求等编:《全唐诗》卷二九九《王建三·汴路即事》,北京:中华书局,1960年,第3391页。
③ [清]彭定求等编:《全唐诗》卷三〇〇《王建四·寄汴州令狐相公》,第3406页。
④ [清]彭定求等编:《全唐诗》卷三六〇《刘禹锡七·令狐相公见示河中杨少尹赠答兼命继之》,第4068页。
⑤ 参见张其凡:《五代都城的变迁》,《暨南学报》(哲学社会科学版)1985年第4期。

认为开封在五代的历史中,更多的是政治军事意义上的首都,是"世俗"与"权力"的首都,相较于洛阳而言,开封的政治与军事功能更加突出,开封"完全意义"上的首都定位应从后周太祖晚年开始,因为此时"郊祀在洛阳"也即洛阳"神圣"首都功能的共识已经消失。① 久保田和男"首都功能"的分析视角,相较于只列出判定标准而并未进行深入研究的张其凡之论,确实令人耳目一新,给笔者很大启发。但必须承认的是,"首都功能"无疑是现代研究者的一个分析视角,其能在多大程度上反映"古人"的认识,还有待进一步探讨。

前揭,古代的都城常被冠以"京""都"之名。《周礼·考工记》的"营国制度"也一直是中国古代都城营建的宇宙论基础,"王宫""左祖右社"都是不可或缺的核心要素。② 可见,古代都城确如张其凡与久保田和男等所言具有神圣权威与世俗权力二者合二为一之典型特征。诚然,这种合二为一的状态是中国古代都城发展史中的重要模式,但却并不是唯一的模式。先秦时期就有所谓先朝宗庙所在之"圣都"与世俗权力中心"俗都"分离之制,③因此,我们也大可不必过分迷信久保田和男所言的分离,我们应该关注什么可以分离,什么不可以分离;什么经常分,什么不经常分。古代的陪都也常有"京""都"之号,换句话说,这一名号从来都是可以分离的。而且古代的陪都营建,皇帝最为关注的往往是行宫等的营建,以表此乃"天子之居",这也本是历代通制。这都深刻地说明,首都、陪都都是以"活"的天子为中心,围绕其动而动。再者说,首都的神圣权威亦可随着天子所居而逐渐"附加"与"建构",诚如后周太祖时执政所言,"天子所都,则可以祀百神,何必洛阳?"④因此,若一定要在首都的世俗与神圣之间有所侧重选择的

---

① 详见[日]久保田和男著,赵望秦、黄新华译:《五代宋初的洛阳和国都问题》,《中国历史地理论丛》2001年第3辑。
② [汉]郑玄注,[唐]贾公彦疏:《周礼注疏》卷四一《冬官考工记·匠人》,载[清]阮元校刻:《十三经注疏》,第927页中、下。
③ 先秦圣都问题,可参见董作宾:《夏商周三代都制与三代异同》,《大陆杂志》1935年第1期;[美]张光直:《考古学专题六讲》,北京:文物出版社,1986年,第110页。
④ [宋]司马光编著,[元]胡三省音注:《资治通鉴》卷二九一,广顺三年九月癸亥,第9628页。

话,那么首都的天平则无疑更加偏向世俗权力这边。我们其实也大可不必过分惊奇其思想认识上带来的"变化",而更应该看到其内在的继承性与实质。再比如,五代各王朝常有"迁都"之争论,这应是最真实反映当时人们思想认识的言论了。既然实行"多都制",那么"迁都"何谓? 这只能理解为如何选择"首都"的问题。后梁朱全忠于洛阳被其子朱有珪所杀,朱有珪后又被朱有贞突袭,自杀身亡,于是有臣僚"请帝即位于洛阳",朱有贞便言"若都洛下,非良图也",显然其是以东京开封为首都。同光元年(923)四月,李存勖于魏州继位,升魏州为东京,以太原为西京,镇州为北都。① 十月李存勖灭后梁,十一月张全义便"请帝迁都洛阳"②,十二月正式定洛阳为洛京,称东都,长安为西都,同时降开封府为宣武军节度,庄宗所居的洛阳实系首都无疑。

宋人距五代为近,常有"五季而下,又都大梁""朱梁而下以迄于宋,仍都大梁"之论,③其所谓之"都",便指首都。当然,此说亦有不妥之处,洛阳在朱全忠和后唐时期亦曾做过首都,这点上文已有所论。因此,张其凡说的可能更加切合中国的实际。五代时期,开封在与洛阳的首都争夺战中最终能够胜出,最根本的原因则是五代的"时势",及开封利于战的地缘格局。从具体层面而言,五代时真正角逐天下的起初为河东、河南军事集团,朱梁以后主要是河东以及由其扩展而来的河北军事势力的圈内竞争,而且随着时间的推移,河北优势逐渐形成。政治军事斗争的重心逐渐东移。④ 五代前期,河南、河东集团相持对立的时期,处于枢纽且颇具实力的魏博藩镇都是各方争相拉拢,往往成为左右胜负的关键势力。⑤ 五代中原的中央政权

---

① [宋]司马光编著,[元]胡三省音注:《资治通鉴》卷二七二,同光元年四月,第9006页。
② [宋]司马光编著,[元]胡三省音注:《资治通鉴》卷二七二,同光元年十一月癸卯,第9028页。
③ 详见[清]陈梦雷编纂:《古今图书集成·方舆汇编·坤舆典》卷一一三《建都部》,第7403页。
④ 参见毛汉光:《五代之政治延续与政权转移》,原刊于《"史语所"集刊》第51本第2分,1980年,后收入氏著《中国中古政治史论》,上海:上海书店出版社,2002年,第418—474页。
⑤ 详参毛汉光:《魏博二百年史论》,原刊《"史语所"集刊》第50本第2分,1979年,后收入氏著《中国中古政治史论》,第349—417页。

其实就是由大藩镇发展而来,皇帝就是禁军首领,禁军就是天子近卫。换句话说,藩镇体制下天子与禁军军队决不可分离,五代十四帝说明中央对各反叛势力并没有绝对的优势,在不战则亡的时势下,不太容易出现远离斗争核心地域,形成以形胜之地洛阳为首都,以开封为东方军事重镇的"自固"战略格局。朱温迁都洛阳被其子朱友珪弑杀,但政权最终还是被实力强大的东京都指挥使朱友贞所夺取。而且随着朱梁以后河东、河北集团中河北优势的逐渐形成,开封作为首都之地亦最终定型。因此可以说,战乱纷繁的五代,及募兵制体制下成长起来的首都开封,在某种程度上可视为天子守都的结果。① 当然,从现实权力的角度对五代时期开封首都地位的强调,并不否认洛阳作为首都从而对统治者思想认识上的吸引力,但思想上的吸引力终究抵不过现实中生死存亡的斗争。

第三节　宋都开封及其地缘格局

一、五代格局与宋都开封

宋因后周之制,以首都开封为东京,洛阳为陪都称西京。在这一格局最终定型之前,有必要厘清太祖开宝九年(976)迁都洛阳事。关于此事,日本学者久保田和男从首都功能的角度较早进行了系统的论述,指出后周太祖晚年代表首都神圣功能的郊祀稳定在开封,开封从而实现了世俗与神圣功能的最终统一。而太祖即位后分别于乾德元年(963)、开宝元年(968)、开宝四年(971)先后在开封举行过三次南郊祭祀。而太祖开宝九年(976)在

---

① 按:五代时期,在藩镇为国模式影响下,强藩的军队随即成为中央禁军,后梁以后禁军日强,成为左右五代政权更替的关键性力量,此其一。其二,由于禁军势力压倒藩镇兵,成为出征行营及屯驻行营的基本力量,后晋以后出征行营已基本看不到有藩镇兵加入的迹象,由此造成首都空虚,往往给对手及反叛者以可乘之机,五代中原王朝莫不如此。以上及藩镇为国问题可详见张其凡《五代禁军初探》(广州:暨南大学出版社,1993年)、翁建道《五代行营初探》(《高应科大人文社会科学学报》2008年第5期)和闫建飞《方镇为国:后梁建国史研究》[《中山大学学报》(社会科学版)2019年第6期]等的相关论述。可见,皇帝与禁军不可分离的统一体主要可概括为"军心向背"与"空间地理"两个互相作用的方面。

洛阳的郊祀行为,久保田和男认为无疑是一次"特例",很可能是循五代时期后梁太祖和后唐庄宗在洛阳举行郊祀进而迁都洛阳之事的"先例",实施其迁都洛阳的计划。当然,久保田和男对《长编》记载的迁都洛阳的史料,从史源方面亦进行了详细的辩证,而且还另换视角,引用已有研究成果从太宗与河南府长官焦继勋及太祖权力斗争的角度进行了进一步论证,最终认为李焘《长编》采取"信其可信"的态度载录《建隆遗事》中晋王(即后来的太宗)与太祖之间关于迁都洛阳的争论是正确的,某种程度上反映了真实的情况。①

此后,学界对此事的专门讨论,主要有王永太的《宋初迁都洛阳的考辨及其意义》②和李大旗的《宋太祖迁都洛阳之议新探》③两篇文章。王永太在对上引《长编》的相关史料的史源分析后,集中批驳了久保田和男关于太宗与太祖权力斗争的问题,认为太宗没有图谋篡位的动机,从而阻止太祖迁都洛阳的动机也不存在,最终未迁都洛阳主要是采信李怀忠的见解,尤其是漕粮供应不足的担忧,最终认为定都汴梁是对中国经济中心东南移动规律的确认。李大旗一文认为宋太祖借郊祀之名迁都洛阳是一种有计划的安排,《长编》中所载晋王劝谏迁都的史料是值得信赖的,宋太祖欲迁都的真正原因并不是与晋王的权力斗争,而是为了应对北宋立国环境的焦虑。王永太与李大旗的文献考辨的范围与深度都未超过久保田和男,而且相对于久保田和男的多重视角,二者都走向了极端,就王永太所述经济中心东南移的问题固然不假,但是东南漕运在开封与洛阳之间并非绝对的不可逆转,而且开宝九年郊祀前太祖还曾大力整治洛阳附近漕运,《洛阳搢绅旧闻记》曰:"太祖皇帝将西幸于洛,命修大内,督工役甚急,兼开凿漕河,从嘉猷坊东出,穿掘民田,通于巩,入黄河,欲大通舟楫之利,辇运军食于洛下。"④《长编》

---

① 参见[日]久保田和男著,郭万平译,董科校译:《宋代开封研究》,上海:上海古籍出版社,2010年,第41—47页。
② 王永太:《宋初迁都洛阳的考辨及其意义》,《中国史研究》2005年第2期。
③ 李大旗:《宋太祖迁都洛阳之议新探》,《史志学刊》2018年第2期。
④ [宋]张齐贤撰,俞钢整理:《洛阳搢绅旧闻记》卷五《石中获小龟条附录》,收入朱易安等主编:《全宋笔记》第一编第二册,郑州:大象出版社,2003年,第200页。

《宋会要辑稿》亦有载:"诏发卒五千,自洛城菜市桥凿渠抵漕口二十五里,馈运便之。"①

以上可见,对于太祖迁都洛阳最大的争论主要集中在迁都的原因上,至于太祖欲迁都洛阳这一事实则并无太多争论。关于太祖迁都洛阳的问题,笔者试作补充。其实,从太祖"常有迁都之意"到"迁都计划"的实施还是有很大差别的,久保田和男对此并未做相关说明。笔者认为这无疑与宋初统一形势的发展有密切关系②。960年后周殿前都点检赵匡胤"黄袍加身",代周而立,建立宋朝。此时,五代分裂割据的形势依然严峻。随后,太祖按"先南后北"的方略"命将出师",于建隆三年(962)到开宝七年(974)先后攻取荆湖、后蜀、南汉、南唐等南方割据势力。南方只剩下了俯首帖耳的吴越,北方的北汉乃至幽云太祖虽念兹于心,但却终无成算③。而且开宝七年(974)宋辽便已建立正式的外交关系④。因此在开宝七年(974)攻灭南唐后,国家的"长治久安"就成为太祖的核心关切之一,这便是开宝九年(976)太祖实施"迁都洛阳计划"的最重要的背景,太祖西幸洛阳郊祀诏书中的"削平江表,底定南方"⑤亦可为重要史证。

其实,太祖就是借郊祀之名,想用实际行动来"坐实"迁都洛阳的计划,开宝九年(976)三月辛巳(十四日)至西京洛阳,到四月甲辰(初八日)"下诏东归"⑥前,居留洛阳的这二十余日中实际上已经实现了迁都计划,因为此

---

① [宋]李焘:《续资治通鉴长编》(以下简称《长编》)卷一七,开宝九年三月辛卯,北京:中华书局,2004年,第368页;[清]徐松辑:《宋会要辑稿》(以下简称《宋会要辑稿》)方域一七之一,北京:中华书局影印,1957年,第7597页上。按:对此《宋史·河渠志》亦有载,不过其所记里程为"三十五里",疑误。详见《宋史》卷九四《河渠志四》,北京:中华书局,1977年,第2336页。

② 对于这点,前引李大旗《宋太祖迁都洛阳之议新探》一文在论述立国焦虑时亦有所涉及,但并未提供"史证",而且主要是从《长编》所载"欲据山河之胜而去冗兵,循周、汉故事,以安天下也"句逆推而来。

③ 参见李华瑞:《关于宋初先南后北统一方针讨论中的几个问题》,《河北大学学报》(哲学社会科学版)1997年第4期。后收入氏著《宋史论集》,保定:河北大学出版社,2001年,第57页。

④ 可参见陶晋升:《宋辽关系史研究》,台北:联经出版事业公司,1984年,第19页。

⑤ [宋]佚名编,司义祖整理:《宋大诏令集》(以下简称《宋大诏令集》)卷一一八《典礼三·南郊一·开宝九年有事南郊诏》,北京:中华书局,1962年,第400页。

⑥ 《长编》卷一七,开宝九年四月甲辰,第370页。按:郊祀完成于是月庚子(初四日)。在郊祀"及期始晴"前,"雨弥月不止"。

时西京洛阳本身成为事实上的首都没有任何的障碍,一切都显得顺理成章。因为在时人眼中,太祖于开宝八年(975)遣王仁珪、焦继勋同修洛阳宫室的行动就已经是"谋西幸"亦即迁都的开始,①而且当开宝九年(976)三月辛巳(十四日)太祖刚至西京,"见洛阳宫室壮丽,甚悦,召知河南府、右武卫上将军焦继勋面奖之"②。由此,太祖的心思群臣当然看得明白,因此才有李符、太宗等的不断劝谏。

　　洛阳对于古代王朝定都的吸引力无外乎两点:一则表现在"天下之中"的思想上;二则表现在山河"形势"之胜上。从宋初统一形势发展的角度看,太祖开宝九年迁都洛阳"以安天下"的计划则显得更加顺理成章。尽管终未成行,但仍值得我们进一步去思考。太祖在攻灭南唐"削平江表,底定南方"后就迁都洛阳,亦是其"不勤远略"的有力注脚。"削平江表,底定南方"就迁都洛阳,加之与辽"雄州合议"外交关系的正式达成,我们似亦有足够的理由怀疑若此计划实现,宋朝是否真的会有现今所见的太宗开创的格局。

　　太祖的迁都计划在太宗等的强烈反对下并未实现,对此久保田和男认为是太宗最终"确立了一个必须将首都置于开封的体制"③,此论可谓确当。前揭,五代时期开封首都地位的奠定,主要就是藩镇体制下天子与禁军(禁军即国家军队)结成的密不可分的统一体,这也大概就是"国家藩镇"走向"藩镇国家"最主要的特点。这要从五代以来聚兵于首都,实行募兵、养兵的"藩镇国家"体制的高度去理解。④ 上文从"军心向背"与"空间地理"两个

---

① [元]佚名撰,汪圣铎点校:《宋史全文》卷二《宋太祖二》,北京:中华书局,2016年,第88页;[宋]张方平撰,郑涵点校:《张方平集》卷二一《论京师卫兵事》,郑州:中州古籍出版社,2000年,第302页。
② 《长编》卷一七,开宝九年三月辛巳,第367页;《宋史》卷三《太祖纪三》,第47页。
③ [日]久保田和男著,郭万平译,董科校译:《宋代开封研究》,第47页。
④ 太祖朝禁军数量有347指挥,约173500人,而首都及其府界就有258指挥,约129000人,占到全国总数的74.4%,这一比例甚至远高于太宗朝的62.7%。太宗朝首都及府界的禁军占比等可详见下文。按:久保田和男关于太祖朝禁军的估计可能趋于保守,《文献通考·兵考四》明言太祖开宝时期有"禁军马步十九万三千",但其间的差异似乎并不会影响本书的结论,故为方便起见,此处以及下文太宗时期境内外的禁军比例的计算,均采用久保田和男《各地方禁军指挥数变迁》表格中的数据,表格详见氏著《宋代开封研究》,第61—62页。

互相作用的方面揭示了五代时期藩镇体制下天子与禁军结成了密不可分的统一体,并很大程度上决定了首都开封的定位。久保田和男说太宗最终"确立了一个必须将首都置于开封的体制",但并未作进一步的申说,显然这一体制就是天子与禁军也即国家军队结成的不可分离的统一体,此也即宋朝"藩镇国家"的核心要义。前揭,北宋都城体制直接继承自后周,而中期以后南京与北京之设,很大程度上可认为是五代典型的都城体制的"复活"。可以看出,只要北宋首都置于开封,其就无法真正走出五代藩镇国家体制,而且随着宋朝基本结束五代的分裂格局,这种体制显然得到了进一步的发展壮大,对此马端临《文献通考》有言:"太祖、太宗,躬擐甲胄,力战而取之,既降其君而籍其疆土矣。然其故基余孽犹有存者,上之人见天下之难合而恐其复发也,于是出禁兵以戍之。大自藩府,而小至于县镇,往往皆有京师之兵。由此观之,则是天下之地,一尺一寸,皆天子自为守也。"①

可见,不仅首都开封延续五代以来"天子守都"的传统,而且发展成了真正的前所未有的"天子守国"的格局。宋人"以兵为险""以兵立国"都是以"天子之兵"的名义进行的。而且,在宋初人们的视野中,似乎并不否认藩镇体制对其的影响,这也就是宋"因节以建号"之缘由。太宗"藩镇国家"的建立,也就意味着必须取缔"国家藩镇"(即国家的地方藩镇),这二者好似一个辩证关系。藩镇问题自"安史之乱"以来,能存续二百余年,自有支持其存在的政治、军事及经济条件②,要想结束这种局面,就必须由最强大的藩镇去解决,这点五代以来由强藩相继发展而来的强有力的中央政权,及其统一因素的孕育就逐渐显现。闫建飞从五代"方镇为国"的视角出发,梳理了"藩镇州郡化"诸项措施的源流演变,借此呈现了宋初"走出五代"的历史过程。③ 诚然,从"藩镇州郡化"以及宋代的地方行政制度等具体"形式"上看,北宋确实"走出五代"了,但是从"精神实质"上看,确立了高度中央集权的

---

① [宋]马端临:《文献通考·兵考四》,北京:中华书局,2011年,第4562页。
② 相关成果可参见张国刚:《唐代藩镇研究(增订版)》,北京:中国人民大学出版社,2010年;李碧妍:《危机与重构:唐帝国及其地方诸侯》,北京:北京师范大学出版社,2015年。
③ 闫建飞:《走出五代:十世纪藩镇研究》,成都:四川人民出版社,2023年。

北宋政府却比五代更加五代了,这也是笔者为何要突出北宋"藩镇国家"的重要原因。而且,若从更加宽广的视域看,唐五代以来的藩镇问题始终是北宋政府挥之不去的梦魇,从唐五代以来的历史发展看,也许太宗削藩的意义要远超960年太祖"一纸诏书"立号建国的意义,而且正是由于其削藩失策,才导致了西夏的崛起并直接影响了11—13世纪中国历史的进程。宋辽关系虽很难直接与上述西夏类比,但从宋朝对幽云汉地的求取看,其核心很大程度上也基本就是唐五代以来藩镇等历史遗留问题,而且这一过程也是与太宗的统一计划密不可分的。

前揭,从开宝九年(976)太祖"削平江表,底定南方"就迁都洛阳的计划看,后虽由于太宗等人的反对东归洛阳,但其与太宗在"一统"这一问题上显然有很大的不同。太祖关于"一统"问题的认识,学界常引开宝九年(976)群臣"请加尊号曰一统太平"时,太祖"燕、晋未复,遽可谓一统太平乎"来论说。① 的确,太祖对燕、晋之地尤其是燕地念兹在兹不假,在行动上"自始至终却没有收复的成算与行动"②,《渑水燕谈录》所载太祖置封桩库"俟所蓄满五百万缗,遣使北虏,以赎山后诸郡"③的"赎买政策"亦只不过是其畏惧心态的表征罢了,对此李华瑞有曰:"那只不过是太祖对契丹怀有畏葸情绪,而又无奈的心境的一种反映。"④且如前揭,宋与契丹早在开宝七年(974)就建立了正式的平等的外交关系。而太宗则不同,也许是因得位不正,急于立军功树立权威,太宗在收复吴越,攻灭北汉后,便紧接着挥师北上直至幽燕,失败后又于雍熙三年(986)发动了第二次北伐战争。

黄纯艳从朝贡体系这一角度出发,认为宋初有建立"华夷一统"的秩序追求,太宗君臣甚至还曾想恢复幽燕旧疆、吞并契丹。⑤ 当然,有雄心壮志

---

① 《长编》卷一七,开宝九年二月己亥,第364页。
② 参见李华瑞:《关于宋初先南后北统一方针讨论中的几个问题》,《河北大学学报》(哲学社会科学版)1997年第4期。后收入氏著《宋史论集》,第57页。
③ [宋]王辟之撰,吕友仁点校:《渑水燕谈录》卷一《帝德》,北京:中华书局,1981年,第3页。
④ 参见李华瑞:《关于宋初先南后北统一方针讨论中的几个问题》,《河北大学学报》(哲学社会科学版)1997年第4期。后收入氏著《宋史论集》,第63页。
⑤ 参见黄纯艳:《宋代朝贡体系研究》,北京:商务印书馆,2014年,第320—327页。

固善,但就太宗朝的北伐实践看,主要还在于"汉唐旧疆"范围内的幽燕故地,太宗计划三路大军"会兵以进,直抵幽州,共力驱攘,俾契丹之党远遁沙漠,然后控扼险固,恢复旧疆,此朕之志也"①。黄纯艳同时指出,雍熙北伐失败前,虽然"华夷一统"是占据主导的政治话语,但"汉唐旧疆"作为从属与辅助的话语一直存在,真宗、仁宗、英宗朝虽搁置了"恢复"目标,但"汉唐旧疆"仍是经制边疆及处理对外关系的主要话语,神宗及后来的徽宗都是在这一旗帜下进行"恢复"努力的。② 这当然是至论,不过从本书的角度看,神宗及其后继者这种"恢复"所追求及带来的更多的则是"藩镇国家"体制的转型。前揭,仁宗时与元昊的战争在宋统治者看来就是国家与藩镇的斗争,这种斗争带来的便是首都及其附近的禁军被大量外派陕西。王安石变法,大量裁减首都开封的禁军,确立了"永额",且实行有阙不补的政策,以省下的钱粮编练保甲。③

可以说此前太宗创立的"藩镇国家"的体制业已解体。但究竟要到何处去,转型成为一个什么样的国家,却实难论说。"回向三代"也许太过理想,但迈向汉唐却亦可期。神宗"恢复"行动下的"汉唐旧疆"话语与"汉唐国家"榜样亦存在某种联系,叶坦认为神宗改革的目标就是恢复汉唐的创业体制④。的确,在宋朝国家军事体制和首都防御等问题上,倒也确实表现出了某些与汉唐相似的特征。在整个国家军事体制上,王安石推行保甲法"寓兵于农",部分甚至全部取代募兵制,以期彻底改变被动挨打的局面⑤。在首都的防御上,神宗则大举修城,从"以兵为险"逐渐走向"以城为险",开始依靠开封城池"形势"制胜。但转型的结果却不尽如人意,神宗及其后继者在"汉唐旧疆"话语下的"恢复"努力最终失败⑥,国家军事体制的转型亦难有

---

① [宋]彭百川:《太平治迹统类》卷三《太宗经制契丹》,文渊阁《四库全书》第408册,上海:上海古籍出版社,1987年,第51页b。
② 参见黄纯艳:《"汉唐旧疆"话语下的宋神宗开边》,《历史研究》2016年第1期。
③ 详见[日]久保田和男著,郭万平译,董科校译:《宋代开封研究》,第71—75页。
④ 参见叶坦:《评宋神宗的改革理想与实践》,《晋阳学刊》1991年第2期。
⑤ 关于学界对保甲法的改革与评价,可参见李华瑞《王安石变法研究史》(北京:人民出版社,2004年,第460—463页)一书的相关总结。
⑥ 详参黄纯艳:《宋代朝贡体系研究》,第330—351页。

成效①。唯一成功的则是首都"高城深池"的修建,而开封的"高城深池"虽然在北宋末战争中发挥了巨大的作用,但也成了宋统治者"坐以待毙""逃无可逃"的樊笼。

最后,笔者拟结合上述太祖、太宗围绕迁都问题的争论,对太祖与太宗对辽战略略作申说,因为这与迁都及其所引起的国家战略走向密切相关。曾瑞龙曾对宋初太祖、太宗对辽大战略列出了四种可能性:第一,非暴力,以外交途径解决冲突的取向;第二,使用武力维持既得利益,但排除进攻手段的取向;第三,使用武力进行攻略,但维持较低烈度冲突,分时段和地段逐次进取的取向;第四,在条件许可的情况下,以短促而迅猛的军事行动结束对抗。曾瑞龙指出太祖的战略取向是外交优先,但也作两手准备,必要时使用武力,然由于太祖的猝死及太宗的继位最终导致了诉诸第四种战略取向,而第三种战略取向则由于太宗君臣秉承的五代偏重野战及与脆弱本质影响下的快速突击的战略文化相左而无用武之地。②

笔者认同曾瑞龙对宋太宗对辽战略的判断,然对其所论的宋太宗对外政策及其失败的机会主义判断持保留态度,从上引黄纯艳等的论述可见,恢复幽燕旧疆、吞并契丹,构建华夷一统秩序,无疑是太宗志向所在。其关于战争时机的抉择,应属战略战术等军事层面。对于太祖对辽战略取向的分析上,曾瑞龙似对契丹的汉化及燕云地区之于契丹的重要性,以及穆宗以后辽朝南疆大战略转变等的估计不足③,因而对于太祖的赎买政策等抱有期待,对辽朝反馈给宋朝的非攻势战略的理性基础持怀疑态度;就宋朝而言,并未关注到开宝末年太祖欲迁都洛阳,宋辽建立外交关系等系列问题背后

---

① 王曾瑜认为北宋神宗锐意整军后禁军存在一个自我瓦解的过程,意欲部分恢复征兵之制的保甲军训亦不成功,可详参氏著《宋朝军制初探(增订本)》,北京:中华书局,2011年,第105—157页。
② 以上参见曾瑞龙:《经略幽燕:宋辽战争军事灾难的战略分析》,北京:北京大学出版社,2013年,第334—348页。
③ 相关研究参见林鹄:《南望:辽前期政治史》,第24—53、179—219页。关于辽朝南疆政策的转变,曾瑞龙本人亦从军事战略层面发挥,详见氏著《经略幽燕:宋辽战争军事灾难的战略分析》,第77—112页。

的战略意愿的转向，因而过度采信了太祖"燕、晋未复，遽可谓一统太平乎"等表述，过高估计了太祖对于收复燕、晋地区的"执念"，至少在太祖猝死之前是如此表现的。

二、从"恃兵"到"以城"：宋都开封守御之策的转变

诚如前揭章如愚《三都论》中所言"长安便于守，洛阳便于利，大梁便于战"，唐末尤其是五代以来开封首都地位的奠定与五代时期频繁的战乱及藩镇体制有很大的关系。而随着北宋的建立与统一进程的发展，开封在军事上"利于战"的局面逐渐退居其次，太祖更加关心王朝首都安危以及国家长治久安，也就是说开封进入了如何"便于守"的新阶段。但是开封在防守上亦有很大的劣势，顾祖禹引宋人语曰："汴都背倚燕赵，面控江淮，泰岳镇其左，温洛萦其右，为天下奥区。然形势涣散，防维为难。"①太祖觉得开封无山河之固，故欲迁都西洛据形势以去冗兵，但最后在太宗等人的规劝下仍东归东京。太祖"不出百年，天下民力殚矣"的感叹，深刻揭露了对这种养兵体制的无奈与担忧。

其实，若从太宗"藩镇国家"的建立到仁宗时期都城禁军开始逐渐离散也就五六十年，当然这种离散是宋夏冲突中被动发生的，但能够离散说明了宋人意识形态领域尤其是"德"观念的某种重要发展。这种观念最引人注目的便是太宗劝太祖不要迁都洛阳时所言的"在德不在险"。但待到太宗继位后，在"修德"问题上并未有太多的建树，反而事实上扩大养兵规模。太宗朝在京及府界的禁军指挥数分别由太祖时期的 217 指挥和 41 指挥，增加到了 425 指挥和 141 指挥，增速分别达到了 95.8% 和 244%，《文献通考》引《两朝国史志》曰："太祖、太宗平一海内，惩累朝藩镇跋扈，尽收天下劲兵，列营京畿，以备藩卫。"②当然，要说明此论，仅就东京京城与府界的禁军数增加还似不够。太宗朝东京京城与府界的禁军占全国禁军总数的比例比太祖时还略有下降，具体从 74.4% 下降到了 62.7%，但是从更广阔的视域看，黄河以

---

① ［清］顾祖禹撰，贺次君、施和金点校：《读史方舆纪要》卷四七《河南二·开封府》，北京：中华书局，2005 年，第 2137 页。
② ［宋］马端临：《文献通考》卷一五二《兵考四》，第 4554 页。

南的京西、京东都是以首都开封为中心的"U"形守御结构的组成部分,对此详见下文论述。太宗时期的禁军增加最多的就是京西与京东,京西从26指挥增加到了100指挥,京东则从8指挥增加到了56指挥。对首都开封,宋人张方平有"以兵为险"之论,此乃道出了这一体制及首都守御的精髓。其实,就太宗即位初期而言,其还有翦灭北汉,试图收复燕云十六州两次北伐的进攻行动,在国家体制上并未一味地精心于以首都为核心的守御。太宗转向内在主要是两次北伐幽云失利以后的事。

太宗北伐失利,太祖时期宋辽微妙的和平局面被彻底打破,此后宋辽一直处于战争状态,辽兵不时南下。真宗景德年间契丹大举南下,真宗亲征,最终双方签订"澶渊之盟",从此开启了宋辽之间的和平局面。宋辽战争常在河北进行,但是对首都开封的影响却是深刻的。真宗景德时,契丹大举南下,宋廷参知政事王钦若与签书枢密院事陈尧叟甚至提出了"幸金陵"与"幸成都"的逃跑计划。澶渊之盟后,宋辽修好。但宋朝的"危机感"远未消除,宋朝实施积极防御的政策,不得不在河北常年屯驻二十余万的军队。河北当宋辽前线,首当其冲,但更重要的作用还在于屏蔽首都开封,对此南宋人章如愚看得很深刻:"大梁之制以河南为畿辅,而屏蔽实在河北。"① 河北与首都开封的防卫亦可见下文论述。

此外,从历代中原王朝和北方游牧民族政权较量的过程看,山西(宋河东之地)无疑是另一处战略要地,民风强悍。北汉政权之所以撑到最后,就是内有能战之人,外结契丹。太宗攻灭北汉以后,毁太原城,移其民于京西等地,在边疆防御上固守雁门一线。尽管河东是宋辽、宋夏的交织之地,但河东的战略地位远不可与河北相比。西夏虽对宋造成很大的困扰,但在宋人的意识里始终不能构成腹心之患。② 前揭,澶渊之盟后,河北一直是北宋御辽战略的支撑点,河东并无太多压力,对此宋人富弼指出"契丹自得燕、蓟,不复由河东入寇者","契丹异日之祸必在河朔,河东只为牵制之地",并对此结论进行

---

① [清]陈梦雷编纂:《古今图书集成·方舆汇编·坤舆典》卷一一三《建都部》,第7403页。
② 详见李华瑞:《宋夏关系史》第十章第一节《北宋朝野对辽、西夏看法的异同》,第344—360页。

了精辟的分析,主要有以下几个方面:第一,河北平坦,可以长驱;河东险阻,易入而难出。第二,河北富实,河东虚乏。第三,河北无备,河东有备。第四,燕地契丹心腹,兵出河东,有捣燕冀虚之忧。① 皇祐五年(1053)宋祁则针对陕西、河东与河北的地缘安全言道:"西戎兵锐士寡,能略边不能深入;河东天险,虏惮为寇;唯河北不然,失长城之防,自蓟而南,直视千里,贼鼓而前,如席衽上行,故曰谋契丹必先河北。"② 上引富弼之论主要是针对庆历四年(1044)兴宗"云州受礼"事件,直接目的是打消仁宗恐契丹"河东作过"的疑虑,但从宋辽关系整体的发展脉络看,富弼之论亦颇符合宋辽双方角力的政治实践,因此可以说富弼之论无疑反映了宋辽双方对河北与河东战略地位的一般看法。但时移世易,与辽穆宗以后辽朝南疆战略转向及对中原"有限战争"战略不一样,金朝两次侵宋都是以亡宋为目标,故常倾全国之力分河北与河东两路南下,河北的东路军两次都没有遭到太多抵抗便直到开封城下,反而是河东太原保卫战双方打得相当惨烈,几乎耗尽宋军精锐。

  北宋末年宋金战争格局及表现与北宋中期以来的军事防卫体系等都有密切的联系。北宋中后期,西夏的崛起及宋经略西北的战略态势,常年保持战备及有丰富作战经验的"西兵"成为北宋最有战斗力的军队,上述太原保卫战打得可圈可点就是因为"西兵"的顽强抵抗。而河北则基本无兵可用,徽宗初"最为河北屯兵之处"的定州,"尽数不及六七千人"。③ 前揭北宋的战兵基本以禁军为主,北宋末河北的禁军结构无疑与首都开封的情况具有很大的一致性。现回看首都开封的相关情况。如前所述,宋初太宗实行"禁军扩大政策",至仁宗时达到巅峰,东京京城及府界就分别达到了451指挥和207指挥。仁宗时期,宋夏战争爆发,首都及其附近的禁军被大量派往陕

---

① [宋]富弼:《上仁宗论契丹不寇河东》,载[宋]赵汝愚编:《宋朝诸臣奏议》卷一三五,上海:上海古籍出版社,1999年,第1510页。按:富弼"河北无备"之论,主要是因其欲于河北"守一要郡自行",至于河北守御,富弼下文亦曰:"河朔二三年来,虽名为设备,其实未堪御寇,乃是张豫备之虚声。"联想到庆历二年北京之设的前前后后,富弼所言亦有一定的道理。

② [宋]宋祁:《景文集》卷二九《上便宜札子》,《丛书集成初编》本,北京:中华书局,1985年,第374页;又见[宋]赵汝愚编:《宋朝诸臣奏议》卷一三六《上仁宗论河北根本在镇定》,第1519页。

③ [宋]张舜民:《上徽宗论河北备边五事》,载[宋]赵汝愚编:《宋朝诸臣奏议》卷一四〇,第1586—1587页。

西前线,数量有所减少,但禁军在战场的糟糕表现"一石激起千层浪",引起了诸多士大夫的激烈批评,称之为"不战之卒",将其与当时财政危机联系起来,士大夫更是义愤填膺,曰"竭民赋租以养不战之卒,縻国帑廪以优坐食之校"①。宋夏和议后,每一指挥在定员不足的情况下不进行补充,禁军阙额的情况越来越普遍。神宗朝对在京禁军实施了削减,制定在京禁军以10万人为准的"永额"。王安石将禁军缺额省下来的钱编练保甲,最终目标是要以保甲民兵取代募兵制,但保甲民兵的编练亦相当不成功。经历了新法时期改革后的禁军,在京禁军在制度上降为278指挥(11万人),不过从实际情况看,禁军人数可能更少,熙宁九年(1076)有诏书曰"京师兵马,比元拟留十万人数已甚减少",且谓"自今应差四方屯戍,元籴名不在京者,更不得差拨"。②北宋末年具体不清楚,南宋初人李心传《建炎以来朝野杂记》曰:"国朝旧制,殿前、侍卫、马军三衙禁旅合十余万人。宣和年间,仅存三万而已。"③元丰以后府界的兵力配比为147指挥,基本与太宗时期持平,但与仁宗时207指挥相比,仍有大幅的下降。但从全国的情况看禁军军额并没有大幅的下降,而且还保持着相当数量的土兵与蕃兵。土兵与蕃兵的战斗力强,结构上有很大的改变,但仅仅从在京及其府界禁军指挥数量的变化看,宋初以来"守内虚外"的国策可以说在北宋后期亦发生了根本性变化。这便是北宋末年金朝发动侵宋战争,地方上尤其是河北没有太多抵抗,首都开封无多少能战之兵,只能指望天下"勤王之师"救危扶难。

以上以"兵"的角度对首都开封的守御进行了较为全面的论述,但是以"城"为守备设施亦从未消失,太祖、真宗、仁宗等都曾下令修葺过开封外城墙④。换句话说,"侍兵"与"以城"是并行不悖同时发展的两条守御路线。但是,二者有主次之分,以神宗朝为界,之前主要以"侍兵"为主,之后则以

---

① [宋]马端临:《文献通考》卷一五二《兵考四》,第4556页。
② 《长编》卷二七八,熙宁九年十月乙未,第6799页。
③ [宋]李心传撰,徐规点校:《建炎以来朝野杂记》甲集卷一八《兵马·三衙废复》,北京:中华书局,2007年,第401页。
④ 可参周宝珠和久保田和男的梳理,详见周宝珠:《宋代东京研究》,第45页;[日]久保田和男著,郭万平译,董科校译:《宋代开封研究》,第204页。

"城池"防御为主。神宗以前首都及府界的驻军变化上文已有所述,与此变化相应的则是神宗朝大规模的修城计划。虽然很难直接证明神宗的修城计划就是应京城及其附近驻军减少的现实之需展开的,但出于对首都安全环境的担忧,其间的联系应是不言而喻的。

神宗熙宁八年(1075)八月曾有上批曰:"都城久失修治,熙宁初,虽尝设官缮完,费工以数十万计,今遣人视之,乃颓圮如故,若非特选官总领,其役旷日持久,必不能就绪。"①可见,此时神宗决心开始一场大规模的都城城墙修筑,以期彻底改变"颓圮"的状况,所欲"旷日持久"倒亦确实。此次修筑计划从熙宁八年开始直到神宗逝世都未彻底完工,哲宗元祐元年一度中断,但不久即复,直到绍圣元年(1094)才最终完成,前后断断续续进行了将近20年。这项工程主要包括外城城墙、城门及护城壕等一系列具体项目。外城城墙的修筑工作竣工于元丰元年(1078),前后共三年,对于外城城墙及其工役等,李清臣记曰:

> 以三岁之绩,易数百年因循之陋,崇墉迄然,周五十里一百六十五步,横度之基五丈九尺,高度之四丈,而堞堄七尺,坚若挺埴,直若引绳。……圣主营于无为,图于弗用,取羡卒共其力,兵不逾一万,分部者六,板干递迁,畚锸贯序,创机轮以登土,为铁疏以固沟,肇于丙方,环于四洓。度功五百七十九万有奇,所省者十之三。其作怡然,其成裕然,人不及讨,士不及议,而城以全新奏矣。②

此次所修城墙,城周较此前周世宗增加不足二里,主要工作应是增加了城墙的宽度及高度,并截弯取直,最终形成"坚若挺埴,直若引绳"的格局。其城门及城墙上的守战之具主要是元丰七年(1084)增修的,是年六月下度牒一千五百多道,以买木修置京城四御门、诸瓮城门、团敌(城角)、马面及给役官兵餐钱等。③ 神宗如此大规模修筑城墙,势必与护城壕等发

---

① 《宋会要辑稿》方域一之一五,第 7326 页上;《长编》卷二六七,熙宁八年八月庚戌,第 6552 页。
② 《宋会要辑稿》方域一之二二—二三,第 7329 页下—7330 页上。
③ 《长编》卷三四六,元丰七年六月壬辰,第 8315—8316 页。

生冲突,熙宁八年八月,提举修完都城的宋用臣言"护龙等河逼城,不可修筑,乞度地高下开展河道",此建议得到批准。① 在经过详细的土地丈量等准备工作后,元丰五年(1082)十二月下诏规定了城壕的设计标准,曰:"在京新城外四壁城壕,开阔五十步,下收四十步,深一丈五尺,地脉不及者,至泉止。"②元丰六年(1083)十月正式下诏以开封府界起夫五万,于次年二月初一兴工。

元丰八年(1085)三月神宗逝世,年仅八岁的幼子赵煦继位,即后来的哲宗,"军国事并太皇太后权同处分",进入太皇太后高氏"垂帘听政"时期。由于高太后"素不喜新法",神宗去世一个月后便"驿召司马光、吕公著"等反对派臣僚入朝;同时,以"中旨"的形式迅速"散遣修京城役夫,减皇城觇卒,止禁庭工技,废导洛司,出近侍尤亡状者。戒中外毋苛敛,宽民间保户马",宰相王珪等亦"弗预知"。③ 太皇太后高氏虽"有意更张",但事实上非"遽改",元祐反对派臣僚中,司马光的"以母改子"理论存在巨大的缺陷,其后遂逐渐转向"诉诸神宗遗意",企图在重新检讨"神宗本意"的基础上实行所谓的"更化",诉诸神宗遗意成为元祐更化的主要理论基础。而这便出现了在施政中反对神宗之政,但在理念上服膺元祐时期新党的"绍述"理论,故"更化"时不仅不能反制新党的"绍述"诉求,反而被新党制造的"诽谤先帝"舆论所牵制,元祐之政无疑受到了"绍述"理论的持续压力,这也是元祐之政迅速转为绍述之政的重要原因。④ 因此,神宗的京城修筑工程,在元祐时期虽出现了一些波动,但仍然得到了持续推进。元祐元年(1086)一月应工部之请,"京城四壁城壕,止以广固人兵,渐次开修,更不差夫"⑤。元祐三年(1088)增加广固四指挥兵士,"各令及八百人之额,立限五年,修筑京城,又

---

① 《长编》卷二六七,熙宁八年八月丁巳,第6556页。
② 《长编》卷三三一,元丰五年十二月甲子,第7988页。
③ 以上参见《宋史》卷二四二《后妃上·英宗宣仁圣烈高皇后传》,第8625页。
④ 以上参见朱义群:《"绍述"压力下的元祐之政——论北宋元祐年间的政治路线及其合理化论述》,《中国史研究》2017年第3期。该文是学界关于"元祐之政"及其理念的最新探讨,本书亦多有采信。
⑤ 《长编》卷三六四,元祐元年正月辛丑,第8709页。

许支朝廷应干封桩钱,和雇人夫二千人,令作四季开掘城壕"①。元祐四年(1089)令加快进度,"促限为二年",和雇民夫日役三四千人。② 绍圣元年(1094)终于完工,不过规模似较元丰年间"开阔五十步,下收四十步"(约61—76米)的设计有所缩小,《东京梦华录》载北宋末年城壕护龙河"阔十余丈(一丈约3米)"③。可以说,经过神宗与哲宗的京城修筑工程,"高城深池"的目标最终实现,楼橹等战备之具也已"拟边疆",基本齐备。这些都无疑在北宋末宋朝的开封保卫战中发挥了极其重要的作用。④

三、"德守"与士大夫道德

关于宋朝发达的文化及其在中国历史上的地位,前贤多有发挥,王国维曾言:"天水一朝人智之活动,与文化之多方面,前之汉唐,后之元明,皆所不逮也。"⑤陈寅恪亦曰:"尚气节而羞势利,天水一朝之文化,竟为我民族永远之瑰宝;华夏民族之文化,历数千载之演进,而造极于赵宋之世。"⑥上引王国维、陈寅恪之论影响很大,并常为学界同仁所引用。与同时期的辽、夏相比,宋人道德文化上的优越感亦显露无遗,对此陶晋生、李华瑞在宋辽、宋夏关系的研究中都曾有经典的论述⑦。其实宋人的"道德"不仅局限在外交

---

① 《长编》卷四一五,元祐三年十月庚子,第10097页。
② 《长编》卷四二八,元祐四年五月丁酉,第10363页。
③ [宋]孟元老撰,伊永文笺注:《东京梦华录笺注》卷一《东都外城》,北京:中华书局,2006年,第1页。
④ 关于神宗、哲宗的修城计划,久保田和男《宋代开封府研究》(第206—219页)一书有深入的讨论,本书亦多有参考。但由于论述主旨的不同,久保田和男更多地强调了京城宫城权威的一面,首都开封城的军事防卫功能则因具体史料所限,并未有过多强调,持保守态度。笔者认为首都京城固然有表现国家权威的一面,但仅是次要的,神宗京城工程最主要的还是军事防卫功能,对此应从更广阔的视域去考察,不能囿于史料。另外,对修城理念上也注意到了神宗之前以修德为据是受到《春秋》的主流意识的影响,而神宗朝出现了援引《周礼》加固城墙的主张,这对本书神宗时期修城与反对修城的道德论说有很大的启发,但是以上"道德分立"与变法与反变法激烈的"政治斗争"的关系的形成与演变,来自"经典"的道德论说与宋人"德守"观念等还有很多不甚明了的问题。以上笔者将在《"德守"与士大夫道德》一小节中集中论述。
⑤ 王国维:《宋代之金石学》,《王国维遗书》第5册《静安文集续编》,上海:上海书店出版社,1983年,第70页。
⑥ 陈寅恪:《邓广铭〈宋史职官志考证〉序》,《金明馆丛稿二编》,上海:上海古籍出版社,1980年,第245页。
⑦ 可详参陶晋生:《宋辽关系史研究》,第102—115页;李华瑞:《宋夏关系史》,第344—360页。

上,而是深入其骨髓,影响到各个方面。就本节所论的首都地缘安全问题的建构上,宋人的"道德"意识亦起到了巨大的作用。

也许在"道德"与北宋首都安全问题上最为人熟知的便是前引太宗劝谏太祖东归开封的那句"在德不在险"的谏词。当然,太宗此言亦有经典所依,《春秋公羊传·僖公元年》"夏,六月,邢迁于夷仪"。何晏解诂曰:"王者封诸侯,必居土中,所以教化者平,贡赋者均,在德不在险。"①但如前揭,太宗即位后事实上真正开启扩大了"以兵为险"的格局,而随着北宋中期政治与军事的变革,这一体制得到了挑战,尤其是神宗以后东京京城的守御越来越依赖"高城深池"。但在观念上,随着和平局面的出现,首都城市经济的发展等,"道德"观念上则是越来越膨胀。事实与观念间的张力越来越大,终于在神宗熙宁八年开始的"以城为守"的局面下集中爆发,下文详论。

当然,在此之前尤其是以"以兵为险"为主要特征的开封守御阶段中,其与宋人"道德"之间的冲突也是不可避免的。但与实体的"城墙"不同,在宋人笔下却巧妙地将首都禁军及军营景观等都纳入了"道德"的范畴,往往将其视为"德治"的一种表现形式。真宗咸平四年(1001)杨侃所撰的"以事实胜"②的赋体文《皇畿赋》中,虽对府界"锐旅百营""牧马争嘶"等军事景观有详细的描述,但最终都无疑是其以"歌道而咏德""畿甸风化"为主旨的"道德"注脚。③ 周邦彦《汴都赋》中"高城万雉,埤堄鳞接""列兵连卒,呵夜警昼"亦是"汴都之治迹"的表象与表现。④ 前揭,"恃兵"与"以城"虽有主次,但二者亦是并行发展的,在北宋前中期亦不乏主张修城者,最典型的便是范仲淹。庆历二年(1042)五月宋与辽夏冲突最为紧张之时,范仲淹曾请"速修东京"⑤。这无疑是范仲淹的应急之策,范仲淹一直以来的真实想法

---

① [汉]何休解诂,[唐]徐彦疏:《春秋公羊传注疏》卷一〇《僖公元年》,载[清]阮元校刻:《十三经注疏》,第2246页。
② [宋]叶适:《习学记言序目》卷四七《皇朝文鉴一·赋》,北京:中华书局,1977年,第696页。
③ 详见[宋]杨侃:《皇畿赋》,收入[宋]吕祖谦编,齐治平点校:《宋文鉴》卷二,第19—25页。
④ [宋]周邦彦:《汴都赋》,收入[宋]吕祖谦编,齐治平点校:《宋文鉴》卷七,第91—102页。
⑤ 《长编》卷一三六,庆历二年五月戊午,第3262页。

则是平时托名将有西京朝陵之行,"渐营廪食""庶几有备",最终实现其"太平则居东京通济之地,以便天下;急难则居西洛险固之宅,以守中原"的战略。而且,范仲淹亦并未忘却根植于灵魂深处的"德守"之心,紧接着便言:"先王修德以服远人,然安不忘危,故不敢去兵。陛下内惟修德,使天下不闻其过,外亦设险,使四夷不敢生心。此长世之道也。"①

神宗修城时来自反对派的最大阻力便是所谓的"道德",熙宁八年(1075)九月御史蔡承禧便曰"以城郭为固,则道德有不能设者""城郭沟池以为固",以及"王公设险以守其国"等都是"为中人之言,而非为上主而言也",并言"以陛下之德,何啻金城汤池之固"。从蔡承禧的议论中,亦可以清楚地看到"修城"亦有相应的"经典"理论支持。"王公设险以守其国"语出《易经》②。在"引经据典"进行道德论说后,蔡承禧便紧接着言道"外城自祖宗以来传之至此,日月之久,土脉坚致,粗亦完好,何必高深楼橹,以拟边疆","祖宗规模,尤宜谨于毁撤","乞小为科例,积渐增修,不必并工,以成劳费"。③ 可见,反对派蔡承禧主张"积渐增修",遵循"祖宗之制"。这里必须厘清经典道德论说与祖宗之制的关系。无疑,动辄"引经据典"是包括宋人在内的古代士大夫典型的叙述模式,此处的道德虽为欲神宗遵循"祖宗之制"的道德论说,但却也深刻地反映了其根深蒂固的"思维意识",值得重视。但不管怎么说,将"祖宗之制"与"道德论说"捆绑在一起,无疑制造并形成了一种"道德分立",上引反对派如此,而变法派也如是。熙宁八年(1075)以后王安石已渐趋退出神宗的核心决策圈,已基本开启了元丰时期神宗"乾刚独断"的模式。因此,京城的修筑工程固有反对意见,但对京城工程不可能造成实质的影响,至多是一种道德观念上的影响,而且神宗修城亦是自有其道德论说,神宗下决心着力推动,亦于道德无损。

可以说,在熙丰时期神宗的修城"道德"完全压制住了反对派"德守"的

---

① 以上参见《长编》卷一一八,景祐三年五月戊寅,第2783页。
② 参见[魏]王弼、[晋]韩康伯注,[唐]孔颖达正义:《周易正义》卷三《坎》,载[清]阮元校刻:《十三经注疏》,第42页中。
③ 《长编》卷二六八,熙宁八年九月丙寅,第6561—6562页。

道德论说。但是神宗死后,这种局面遂出现了一定程度的反转。上文已对元祐时期的政治路线等进行了概述,认为在太皇太后高氏垂帘期间,诉诸神宗遗意成为元祐更化的主要理论基础,因此"更化"时不仅不能反制新党的"绍述"诉求,反而被新党制造的"诽谤先帝"舆论所牵制,元祐之政无疑受到了"绍述"理论的持续压力。这亦在修城问题上得到了充分地体现。前揭,神宗逝世后,修城丁夫被遣散,元祐元年(1086)"止以广固人兵渐次开修"。元祐三年(1088)增加广固四指挥兵士,"各令及八百人之额,立限五年,修筑京城,又许支朝廷应干封桩钱,和雇人夫二千人,令作四季开掘城壕"。元祐四年(1089)令加快进度,"促限为二年",和雇民夫日役三四千人。这无疑引来了元祐臣僚的激烈反对,刘安世连上三疏乞停止修京城,有曰"四夷顺轨,外无戎事,而遽兴大役,众为无名"①,"特以帝王之都,而高城深池过于边郡……议者不能为国家画久安之策,而区区增浚城隍,欲恃之以为固,亦以过矣"②。范祖禹亦曰"自修城浚池以来,议者皆以为无戎而城,无寇而沟公宫",曰"新城,周世宗所筑,太祖因之,建都于此百三十年,无山川之险,所恃者在修德,在用人,在得民心"。神宗时,"大兴土功,版筑过当",完全是受小人蛊惑,"本非先帝意也","今欲终成前功,但茸之而已可也。何必广作无益,以害有益乎?"③但是变法派则批评道:"改先帝修都城之制也。都城,元丰已有定制,已城者七八,至是奸党妄欲改制。"④可见,反对派坚持的"先帝本意"之说,在"元丰定制"面前显得苍白无力。因此元祐时期纵使反对派当政,修城工程还是得以持续进行,反对派所主张的"无戎而城",祖宗"所恃者在修德,在用人,在得民心"的道德论说在激烈的政治斗争中也仅为一种辅助性的说辞。

---

① 《长编》卷四一五,元祐三年十月庚子,第 10097 页;[宋]刘安世:《元城先生尽言集》卷六《奏乞罢修城壕》,《四部丛刊续编》本,上海:商务印务书馆,1934 年,第 14 页 b;[宋]刘安世:《上哲宗乞罢修京城》,载[宋]赵汝愚编:《宋朝诸臣奏议》卷一二六,第 1392 页。

② 《长编》卷四一五,元祐三年十月庚子,第 10098 页。

③ 《长编》卷四二八,元祐四年五月丁酉,第 10346—10347 页;[宋]范祖禹:《范太史集》卷一五《论城壕》,文渊阁《四库全书》第 1100 册,第 7 页 b;[宋]范祖禹:《上哲宗乞罢修京城》,[宋]赵汝愚编:《宋朝诸臣奏议》卷一二六,第 1393 页。

④ 《长编》卷四二八,元祐四年五月丁酉注文,第 10347 页。

前揭,神宗修城自有来自"经典"的道德论说,但是灵魂深处对反对派所主张的"道德"还是表示了某种程度的认同。元丰七年(1084)外城墙及楼橹战具等修完之后,周邦彦即上《汴都赋》。《汴都赋》批评了"天命有德"的观念,主张"德与势并重",①神宗修城完全是站在"势"的一面,这完全为神宗张目。这无疑得到了神宗的认同,史载:"神宗异之,命侍臣读于迩英阁,召赴政事堂,自太学诸生一命为正。"②徽宗宣和四年(1122)六月《广汴都赋》则曰设限不独以山川,开封之险则乃以"道德之藩,仁义为垣"③。将李长民此言概括为"以德为险"似应不为错,若此则表明在这种现实与道德二者的张力之间出现了某种平衡,宋人思想发生了重要改变。前揭,"在德不在险"揭示的是一种德与险"二元对立"的模式,从范仲淹、蔡承禧等之所言看,"德"的边界就是宋人的天下,而非仅围绕首都开封一隅,可见宋人的"虚伪"与"分裂"间的张力达到了何等严重的地步。

当然,从更广阔的视角看,北宋国家的整个军事安全布局很大程度上是围绕开封的地缘缺陷而展开的,前引章如愚所言"大梁之制以河南为畿辅,而屏蔽实在河北"④的首都地缘安全格局也即北宋统治者的心理防线。而且熙宁八年神宗在大规模修筑首都开封的同时,在河北等地尤其是北京大名府、澶州的大规模军事战备也与首都开封的安全战略不无关联,况且此时也正值宋辽熙宁重划地界纷争的关键时期。关于熙宁七年(1074)萧禧此次来使,神宗君臣颇为紧张,《长编》有曰:"执政多以为萧禧来,必复求关南地。王安石曰:'敌情诚难知,然契丹果如此,非得计,恐不至此。……'禧书未拆,上犹以为疑,安石谓必无它,或是争河东疆界耳。及拆书果然,上谕禧曰:'此细事,疆吏可了,何须遣使?'"⑤甚者,神宗在此事上还曾联想到了太

---

① 详见[宋]周邦彦:《汴都赋》,收入[宋]吕祖谦编,齐治平点校:《宋文鉴》卷七,第91—102页。
② 《宋史》卷四四四《周邦彦传》,第13126页。
③ 详见[宋]王明清:《玉照新志》卷二,《丛书集成初编》本,北京:中华书局,1985年,第22—34页。
④ 参见[清]陈梦雷编纂:《古今图书集成·方舆汇编·坤舆典》卷一一三《建都部》,第7403页。
⑤ 《长编》卷二五一,熙宁七年三月丙辰,第6122页。

祖灭南唐李氏之事。① 相较于神宗对河东疆界的释然,其对"关南地"则格外忧心,因为这无疑会打破首都地缘安全格局,撕碎宋统治者本已脆弱的心理防线,这于心是万难忍受的。神宗、哲宗之后,徽宗在首都开封"高城深池"上再无多少建树,徽宗在首都开封的作为主要在于一系列的"园林""宫观"等旨在塑造其"道德权威"的工程。② 而且徽宗对外城墙仅有的扩大工程也是为了确保皇子们的宅邸用地。但并不是说徽宗对首都开封的安全守御置若罔闻,崇宁四年(1105)到宣和二年(1120)"四辅"之制就是徽宗、蔡京等君臣着力推动的京畿军事防卫体制,对此详见下文论述。

无疑,"德守"一直在首都开封的安全守御中扮演着重要的作用,其作用范围可与宋人的恐惧与虚伪的程度密切相关。首都及其府界云集的大军与军营景观亦作为一种可资夸耀的"治迹"而被整合到了宋人道德的范畴。的确,就安全心理来讲,大军与军营景观既是一种战守的力量,又是一种道德上的安全慰藉、一道心理防线,当然首都的"高城深池"也系如此。"德守"思想的在宋朝的膨胀,当然与开封独特的地缘格局有密切的关系,在首都地缘安全格局上的确面临着自秦汉以来前所未有的大变局。如何将不安与恐惧转化成安全可都之地当然离不开道德建构,这在当时的现实中应是一种必然,也应给予一定程度的理解。但可悲的是,随着北宋士大夫文化的兴起,其对于道德的无限强调终究汇成一股巨流,深刻地影响了宋人的思维,就连范仲淹、神宗等人亦都有意无意地陷入了这种"道德旋涡"。徽宗时期,尽管亦留心首都安全,着意构建以四辅为中心的防卫体系,但终由于其本身的缺陷和徽宗本人"道德权威"的塑造及时代"德守"思想的发展等而最终失败。可以说,这种思想发展到北宋末已成不可逆之潮流,虽然徽宗欲有所改变,但真的是"有心无力""无力回天",最终"折腾一番"后而放任随流,实行国家"吃空饷"的政策,将禁军阙额省下来的钱封桩任意挥霍,转而塑造所谓的"道德权威"景观。在靖康元年(1126)十一月金人兵临城下时,宋廷竟

---

① 详见《长编》卷二五〇,熙宁七年二月壬申,第6084页。
② 对此可详见[日]久保田和男著,郭万平译,董科校译《宋代开封研究》第十章《徽宗朝首都空间的重构》的相关论述,第221—254页。

采信并支持鼓吹六甲神兵的郭京出战金兵，可见此时宋决策者的"理性精神"已经完全消散。待到金人侥幸攻破开封外城而徘徊逗留不敢下城攻略之际，在金人的威逼引诱之下宋统治者竟一纸降书已上，因为其内心所凭的最后一丝坚强也随着开封外城的失守而彻底坍塌消散。①

可以说，"德守"观念的发展一定程度上与宋统治者的恐惧、虚弱程度以及傲慢都有密切的关系。也即，宋统治者的恐惧与虚弱程度一方面需要所谓的"道德"去填补。至于宋人的傲慢也即"道德"观念发展到一定程度而表现出来的一种"道德迷思"，一种"忘乎所以"的姿态，但这种傲慢稍遇挫折即会跌下"神坛"，而陷入更大的恐惧的"深渊"，徽宗政和七年（1117）之前酝酿的单独收复燕云的计划②，与上述北宋亡国事即属此类典型。说到宋统治者的恐惧与虚弱等，杨小敏《宋人对辽朝的畏惧心理和"燕云"情结》一文有集中论述，认为"不同时期，宋辽关系舒紧发生变化，但对于辽，屈辱和畏惧始终是宋人难以排遣的主要心态"③，可资参考。

这里就择要回应一下太宗、神宗及徽宗的"统一"与"开拓"行动。前揭，太宗雍熙北伐之前，积极致力于"华夷一统"秩序的建立，也有制服甚至吞灭契丹提兵北向的具体行动。但如宋人所言，"契丹自石晋朝有援力之功，时已称帝"④，且不断通过武力征伐建立起了自己的"朝贡"秩序体系，通过后周世宗及太祖的努力在地位上逐渐取得与辽对等的外交关系，而太宗则希望通过北伐契丹建立自己的"华夷一统"的一元化朝贡体系与秩序世界。总体来看，太宗是一个"挑战者"的角色，也不必因两次北伐失败就"先入为主"地以"弱者"来看待此时的宋朝，但太宗及宋朝至少是一个"由弱而强"的"挑战者"，至于是否强大到与契丹相眸乃至超越契丹，太宗两次北伐的实践其实已经给出了答案。神宗在"汉唐旧疆"话语下在西北的"开拓"，

---

① 关于郭京的六甲神兵始末、开封外城陷落后的局势等相关论述，可详参王曾瑜：《北宋末开封的陷落、劫难和抗争》，《河北大学学报》（哲学社会科学版）2005年第3期。
② 可参见黄晓巍《宋徽宗政和年间谋辽复燕史事考论》（《史学月刊》2017年第5期）一文的论述。
③ 杨小敏：《宋人对辽朝的畏惧心理和"燕云"情结》，《史学集刊》2008年第5期。
④ [宋]范仲淹著，李勇先、王蓉贵校点：《范仲淹全集·范文正公文集》卷一〇《答赵元昊书》，成都：四川大学出版社，2007年，第247页。

其最终目标都是指向契丹,所谓经略熙河是为断西夏右臂,取灵夏是为断契丹右臂。但在经营西北时却屡屡为契丹牵制①,甚者在熙丰议河东地界时"凡东西弃地七百余里"②。徽宗继承其父政策,继续开拓西北,徽宗君臣"得志于西边,遂谓北边亦可图"③,政和元年(1111)便开始与童贯、蔡京等密谋北图契丹事。积极派遣燕人马植在辽朝联络燕云反辽人士,幸未被"病狂"彻底冲昏脑袋,政和六七年间单独出兵伐辽复燕行动最终因蔡京等大臣的反对而中止。政和七年以后,则行联金复燕之策,利用金人收复燕地。神宗"断右臂之策",及徽宗先是联络燕云反辽人士,后利用依靠金人攻取燕京等,都虽有"战略"上的考量,但无疑都是恐辽惧辽的集中表现,是典型的"弱者"行为。若非如此,则大可"一身孤胆",提兵北向辽朝,在战争论上此可谓"一劳永逸"之举。太宗雍熙北伐前加强与东北及西域各族的联系,试图组建所谓的"抗辽联盟",也无疑有"壮胆"之意。反观辽朝,则时时自己出头进行威胁、恐吓以攫取最大的政治经济等利益,黄纯艳认为刘六符语辽朝皇帝"大辽虽与中国通和,要当十年、二十年必以事挠之,使中国知吾非怯而忘战者"④之言,无疑是辽朝抑制宋朝的基本指导思想⑤,此论确当。

陶晋生有曰:"北宋朝野对于燕云十六州的恢复一事的关心,可说已经到了着魔的程度。"⑥但之所以着魔,无疑仍在于其对前文所揭的首都地缘安全的深深担忧,这点实在无须多言。既然宋统治者的"统一"与"开拓"始终不能摆脱对辽的恐惧无以多言,而从北宋皇帝尤其是太宗、真宗及仁宗为保卫首都而不得不"亲征"的角度看,可以说北宋君臣从来就没有信心能够守住开封,这也就是北宋统治者一直着意河北军备,"屏蔽"河北的缘由所

---

① 可参见李华瑞:《宋夏关系史》,第285—287页。
② [宋]李心传撰,崔文印点校:《旧闻证误》卷二,北京:中华书局,1981年,第31页;《太平治迹统类》曰"东西弃地五百余里",详见[宋]彭百川:《太平治迹统类》卷一六《神宗朝议契丹地界》,文渊阁《四库全书》第408册,第27页b。
③ [宋]陈均编,许沛藻等点校:《皇朝编年纲目备要》卷二八,政和元年九月,北京:中华书局,2006年,第703页。
④ [宋]晁说之:《嵩山文集》卷二《朔问下》,《四部丛刊续编》本,第24页b。
⑤ 参见黄纯艳:《宋代朝贡体系研究》,第109页。
⑥ 陶晋生:《宋辽关系史研究》,第102页。

在。而北宋末君臣"固守开封""逃无可逃"除了上述军事体制上的因素外，神宗以来开封"高城深池"的建设及徽宗天下太平盛世的"道德迷思"似也起到了很大的作用①，这对一个从来没有信心守住开封，不时准备迁都逃跑的王朝来讲实在是有些讽刺。从这个角度讲，似乎太祖迁都洛阳据势而守的策略要更高一筹，仅就战争尤其是前现代时期战争而论，依靠山河形势之险极为重要，就军队而言"气"则是敢战、能战、战胜的重要因素，《左传》所谓"夫战，勇气也。一鼓作气，再而衰，三而竭"②绝非虚言。而山河形势之险则无疑会深刻影响军人之"气"的形成与发展，畏战、不战甚至大逃亡，则有再多战兵亦无济于事。

大宋已成往事，但留给我们有待思考的问题着实很多。最后想说的是，北宋发达的士大夫思想文化，其对首都地缘安全的"道德"建构无疑给首都及国家的防务起到了一定的负面影响。"文化发达"到"道德迷思"也许仅是"一念之间"，仅有"一步之遥"。可以说，士大夫及其发达的文化对北宋亡国负有一定的责任。当然今人不可能去追究北宋亡国的现实责任，但就研究者撰著的"道德文章"而言，善恶道德等无疑亦是一种必要的评价。如果说，在宋朝浑浑噩噩、随波逐流、无意识地描述所谓的盛世，甚至包括那些反对修城者，无疑是一种"平庸之恶"(The Banality of Evil)③。此仅叙士大夫的道德文化对首都开封及国家防务造成的负面影响，对宋朝发达的思想文化并无批评否定之意，也认可王国维、陈寅恪等前贤的论断。

---

① 关于太平盛世与迁都的关系，范仲淹"国家太平，岂可有迁都之议"语最为典型，范氏虽深觉开封无险可守，主张"退守"西洛，但那亦是"急难之时"。详见《长编》卷一一八，景祐三年五月戊寅，第2783页。可见，在宋人所谓的"太平"之时，绝不可能迁都的，那样会动摇国家存续的根基。

② [周]左丘明传，[晋]杜预注，[唐]孔颖达疏：《春秋左传正义》卷八《庄公十年》，载[清]阮元校刻：《十三经注疏》，第1767页中。

③ 可参考[美]汉娜·阿伦特《责任与判断》(上海：上海人民出版社，2011年)一书的相关论述。

第二章　北宋陪都的建立与发展

本章主要探讨北宋西京、南京及北京的建立与发展过程等问题。首先分别论述三陪都各自的设立原因及详细的经过。在此基础上,立足于唐宋府制变迁与"立都意识"变化的宏观视域去考察宋代设立都城的思维意识、现实特点及其京都意象的构建等。最后,从都城功能体系的角度来集中考察北宋各陪都与首都在军事安全及政务运行中的关系。

第一节　宋朝陪都的设立原因及经过

一、宋承周制与西京洛阳

960年后周殿前都点检赵匡胤发动"陈桥兵变",于首都开封即位,取代后周,建立大宋,史称"北宋"。在太祖即位的同时,"奉周帝为郑王,太后为周太后,迁居西京"①。太祖即位后对洛阳的管理体制也并未进行太多调整,仍以前朝旧臣向拱为西京留守,并"加兼侍中",以示优容。直到开宝二年(969)因施政不力被换下,"以左武卫上将军长社焦继勋知河南府"②。从以上可见,宋朝政府事实上完全继承了后周的都城体制,即以洛阳为陪都的事实。关于宋初西京的地位,张祥云特意突出了开宝九年(976)太祖

---

① 《长编》卷一,建隆元年正月癸卯,第4页。
② 《长编》卷一〇,开宝二年九月丁未,第231页。

洛阳郊祀事件,认为"定鼎洛邑,我之西都"①乃以诏旨的形式正式向天下明确了洛阳的西京地位,视为陪都地位正式确立的标志性事件。② 其实大可不必如此视之。开宝九年太祖洛阳郊祀事件对西京地位的真正影响不是陪都地位的再次明确,而是欲使其成为首都,对此久保田和男有深入的讨论。久保田和男从首都功能尤其是后周以来开封郊祀功能业已完备且逐渐形成传统,且宋太祖即位后亦分别于乾德元年(963)、开宝元年(968)、开宝四年(971)先后在开封举行过三次南郊祭祀的实践出发,认为开宝九年(976)遽往西京郊祀可能是"有特殊用意"的,也即太祖循后梁太祖和后唐庄宗在洛阳郊祀而迁都洛阳"故事",实施"迁都计划"的一次尝试。③ 笔者虽对久保田和男以首都功能"神圣"与"世俗"分合的视角判定五代洛阳与开封孰为首都持保留意见,但对这次太祖亲至洛阳行郊祀迁都问题上赞同久保田和男的看法。此外,笔者还补充道,从建隆元年(960)太祖"黄袍加身"建立宋朝始,时距开宝九年(976)已有16年之久,因何遽然会考虑迁都?虽亦有史曰太祖"常有迁都之意",或者更确切地说,因何会于此时有迁都的实践?笔者认为这应与宋初的统一战争进程有关。以上前文都已有所述,兹不赘言。

二、"兴王之地"观念下的隐秘:陪都南京之设

宋代之南京(治今河南商丘)相传为陶唐氏火正阏伯所居之地,商祖相土封上,因之,是为商丘。西周初年,武王封商纣王庶兄微子启于宋,建都商丘,后更睢阳。秦统一六国后,废封建行郡县,商丘属砀郡(郡治在今永城市芒山镇)。前揭,秦水攻魏国首都大梁,战后大梁沦为废墟,汉初文帝封子刘武为梁王,都大梁,因其地卑湿,遂迁睢阳,称梁国。也因此之故,后世有以梁宋之地泛称大梁与商丘者。商丘,宋州之名始见于隋,唐宋因之。唐末,宋州一度为宣武节度使的治所,兴元元年(784)徙治开封。五代后唐,改称

---

① 《宋大诏令集》卷一一八《典礼三·南郊一·开宝九年有事南郊诏》,第400页。
② 参见张祥云:《北宋西京河南府研究》,郑州:河南大学出版社,2012年,第23页。
③ 参见[日]久保田和男著,郭万平译,董科校译:《宋代开封研究》,第42—43页。

归德郡。宋太祖赵匡胤在后周曾任归德节度使,治所在宋州,后即皇帝位,国号为"宋"。

北宋太宗至道三年(997),分天下为十五路,宋州隶京东路。① 虽然太祖与宋州颇有渊源,但宋朝建立后,其政治地位还是没有得到很大的提升,仍为一般性的地方城市,直到真宗初年才有人呼吁"宜升宋州为都"。史载咸平四年(1001)八月直史馆刘蒙叟上章献《宋都赋》,以述"国家受命建号之地",呈请立都,并"立祖宗庙"。② 刘蒙叟(生卒年不详),宋州宁陵人,刘熙古次子。乾德四年(966)状元,历任岳州推官、监察御史、知济州、起居舍人等职。咸平二年(999)以都官郎中直史馆。景德中以足疾,拜太常少卿致仕。卒年七十有三。刘蒙叟好学,善属辞,著《五运甲子编年历》三卷。③ 刘蒙叟《宋都赋》今已不传,上《宋都赋》的历史背景亦史无明载,不过从"赋文"的题材,以及宋州与太祖及北宋的渊源看,《宋史》所言"述国家受命建号之地,宜建都,立宗庙"的概括应颇为准确。当然,刘蒙叟上《宋都赋》亦可能含有浓厚的"桑梓之情"。与正式的表章奏牍不同,《宋都赋》更多的是文人遣兴夸饰之作,但真宗对此的态度还是颇为重视,史载真宗"嘉纳焉,命史馆检讨故事以闻"④。此前,由龙兴之地建都者,俯拾即是。而此时刘蒙叟又直史馆,"检讨故事"大概并非难事,但此事最终还是不了了之,《宋史》本传曰"时虽未遑,后卒从之"⑤。究竟因何"未遑",史无明载,但"后卒从之",显系"牵强",南京之设与蒙叟之论无涉。

在宋州最终成为陪都之前,还经过了应天府这一重要阶段。真宗景德三年(1006)二月,朝廷下《升宋州为应天府诏》,曰:

> 睢阳奥区,平台旧壤。两汉之盛,并建于戚藩;五代以还,荐升于节

---

① 按:咸平四年(1001)二月甲寅又诏"以宋州隶京东路",故李昌宪认为至道三年(997)至咸平四年(1001)这五年间曾改隶他路,具体则不得而知。参见周振鹤主编,李昌宪:《中国行政区划通史·宋西夏卷》,上海:复旦大学出版社,2007年,第51页。
② 《宋史》卷二六三《刘蒙叟传》,第9102页;《长编》卷四九,咸平四年八月己未,第1070页。
③ 以上参见《宋史》卷二六三《刘蒙叟传》,第9102页。
④ 《长编》卷四九,咸平四年八月己未,第1070页。
⑤ 《宋史》卷二六三《刘蒙叟传》,第9102页。

制。地望雄于征镇,疆理接于神州。实都畿近辅之邦,乃帝业肇基之地。恭惟圣祖,诞启鸿图,爰于历试之初,兼领元戎之寄。讴歌所集,符命荐臻。殆兹累朝,俯同列郡。式昭茂烈,宜锡崇名。用彰神武之功,且表兴王之盛。宋州宜升为应天府,宋城县为次赤,宁陵、楚丘、柘城、下邑、谷熟、虞城等县并为次畿。①

从诏书内容看,升府原因主要有以下三点:第一,优越的自然经济条件与辉煌的历史;第二,靠近首都,战略地位重要;第三,宋朝帝业肇基之地。其中"兴王之地"的表述与蒙叟相似,但应天府的建立与"建都"亦尚有很大的距离,下文就以"应天府"的实际地位论之。

前揭,唐代玄宗时期府是作为京都之制而被创置的,是唐朝设都立制的"标配"。但"安史之乱"以后,随着唐朝都城体系的变迁,府与京都之制逐渐分化,尤其是"废都为府"现象的发展,未有京都之号的府随即出现。但这些府却在府这一大旗下仍保有京都之"实",其官员资叙和属县等级一同京都。这就势必要以新的"名号"来标识,由此"次赤""次畿"县相继出现,与此相应,未有京都之号的府也被称作"次赤府"。因此,若将应天府放在唐宋府制变迁的大环境中看,实际上其与唐代的"次赤府"处于同一个级别,"宋城县为次赤,宁陵、楚丘、柘城、下邑、谷熟、虞城等县并为次畿"深刻说明了这一点。若以宋人"京府""次府"的眼光看,其也就是一次府。当然,宋初有无"京府""次府"观念尚未可知,其系统出现是在《元丰九域志》中,但这并不意味着,宋初就没有"京府"与"次府"的实际行政等级地位之差。要言之,宋初府的建置已不必然与京都之号发生关系,其与宋朝继承唐五代而来的诸多府一样,虽有"崇名",但事实上与"列郡"无异。但同样不可否认的是,至少在"崇名"这一角度上,宋州由"州"到"府"的转变无疑也是其行政地位的一次跃升。更为重要的是,极大发扬了宋州与太祖,以及宋朝应天而兴的观念,这些都为应天府最终成为南京作了管理体制与思想观念上的重

---

① 《宋大诏令集》卷一五九《政事十二·建易州县·升宋州为应天府诏》,第599—600页;《宋会要辑稿》方域二之一,第7331页下。

要准备。

应天府成立后,其发展也不温不火,直到真宗大中祥符七年(1014)正月二十九日,宋廷正式将应天府升为南京,诏曰:

> 睢水名区,实一方之都会;商丘奥壤,为三代之旧邦。形势表于山河,忠烈存于风俗。惟文祖之历试,盖王命之初基。今者伸款谒于桧庭,既扬茂则;徇徯来于竹苑,方霈湛恩。期克壮帝猷,俾肇所京邑,用志兴王之地,允符追孝之心。应天府宜升为南京,正殿以归德为名。咨尔都民,承予世德,庆灵所佑,感悦良多。①

从诏书看,发达的地方经济,悠久的历史,战略要地与兴王之地等是应天府为南京的重要原因。这与景德三年(1006)二月升府之诏非常相似。那么,又因何在大中祥符七年(1014)正月,也即在升府八年后,以几乎相同的理由升为南京。这不得不引人深思。对此,台湾学者韩桂华已进行了有益的探索,认为这与真宗"大中祥符策略"有关②。对"大中祥符策略"韩桂华并无诠释,但这也不难解释。众所周知,真宗澶渊之盟以后,为洗刷"城下之盟"的耻辱,东封西祀,积极营造太平盛世,"大中祥符"年号更是神人所造"天书"之言③。笔者同意韩桂华南京为"大中祥符策略"的观点,但此处"策略"表述不确,似易引起误解,从南京建立前后的具体时间点看,南京之设带有很强的"偶然性"。

真宗东封西祀后,一发不可收拾,大中祥符五年又导演"圣祖"之降,这使得真宗"以神道设教"进入了尊崇道教的全新阶段。④ 大中祥符七年(1014),真宗又奉天书幸亳州朝谒太清宫,亲祀老子。返程时驻次应天府,当要奉天书,入辇座时,出现祥瑞之征,史载:"次应天府,天书升辇,有云五色如花木,又黄云如人连袂翊辂而行。"真宗立刻组织占验,结果显示"春云如花木者,木旺与德相生;如人连袂色黄者,子孙分土延祚之兆也"⑤。而这

---

① 《宋会要辑稿》方域二之一,第 7331 页下。
② 参见韩桂华:《宋代发祥地:南京应天府研究——以建制为中心》,《史学汇刊》2015 年第 34 期。
③ 参见[宋]李攸:《宋朝事实》卷二《纪元》,北京:中华书局,1955 年,第 27 页。关于宋代的改元可参李华瑞:《宋代建元与政治》,《中国史研究》1996 年第 4 期。
④ 参见汪圣铎:《宋代政教关系研究》,北京:人民出版社,2010 年,第 52 页。
⑤ 以上参见《长编》卷八二,大中祥符七年正月乙卯,第 1863—1864 页。

一切都发生在太祖"帝业肇基之地"的应天府,又占得"与德相生""子孙分土延祚"之兆,哪能不怀念太祖?真宗"追孝之心"也就遽然而生,次日便升应天府为南京。可以说,南京之设,是真宗亳州太清宫的"副产品",真宗大驾亦并非专为此事而行,占验的结果也不排除系有些臣僚投真宗所好的"媚上"行为,也有很强的"偶然性"。

言及此,就有必要系统阐述一下,在南京建立过程中祖宗"兴王之地"与真宗"大中祥符策略"的关系及各自的角色问题。这里首先要强调的是,从咸平四年到大中祥符七年的十多年里,祖宗兴王之地的观念无疑是不断发展且越来越得到强化了的。而南京是在大中祥符七年(1014)真宗朝谒太清宫路过应天府时,有祥瑞出现,占验后才终被设立的。从这个视角看,将其定性为一次"偶然事件"是没有问题的,这是南京设立的直接原因。但是二者的关系确实也是祥瑞的占验结果激发了真宗的"追孝之心",进而以"兴王之地"的缘由被确立为南京。从这个角度讲,又是祖宗兴王之地观念长期发展的结果,这是南京设立的深层原因。但是,南京的设立不能忽略真宗这一关键角色。咸平四年(1001)刘蒙叟就以"国家受命建号之地"为由奏请立都,真宗虽"嘉纳之",但卒"未遑"实施,不了了之,这大概可以理解为真宗此时对此尚未有太大兴趣吧。而应天府祥瑞后,真宗的表现非常积极,第二天便设立南京,设立南京的当日真宗还服靴袍朝拜圣祖殿,诏改圣祖殿为鸿庆宫,增奉太祖、太宗像。① 在崇奉虚化"始祖"的同时,进一步"追孝"现世祖先,可以说这是真宗设立南京后给南京留下的一笔精神遗产。而从建南京诏书颁发的第二天,南京崇礼、祥辉和回銮三城门的改名②,尤其是"回銮"门的命名看,也可看出真宗的"自我意识"非常强烈。但至少在表面上,真宗的所有活动,包括"自我意识"与"崇道活动",终究还是不敢逾越祖宗兴王之地观念的束缚。

要之,若要从南京建都这一"偶然事件"中找一些必然因素的话,那么真

---

① 《宋会要辑稿》礼五一之六,第 1544 页下。
② 《宋会要辑稿》礼五一之六,方域二之一,第 1544 页下、7331 页下。

宗之"大中祥符策略"在其中扮演的作用要远胜于"兴王之地"的传统观念考量。此后不久，南京的道教尤其是"圣祖"崇拜便达到了一个高潮，也是一个很好的说明。真宗"大中祥符策略"的热潮过后，祖宗兴王之地的崇高地位也并未对南京的发展带来多大的机遇。事实上，真宗以后朝廷对南京的发展很大程度上是放任不管的，地缘安全战略永远是统治者的最高发展战略，南京的经济、政治、军事地位也一直受到首都开封的挤压，只有在北宋晚期，首都开封在往南京输出部分"首都功能"时，南京才获得了些许发展希望，但这也随着北宋的覆亡戛然而止。

三、"无限恐惧"与"有限理性"：北京大名府的设置

如上引富弼所言，"契丹自得燕、蓟，不复由河东入寇者"，"契丹异日之祸必在河朔，河东只为牵制之地"，河北一直是宋辽角力的核心地区。北京大名府位于河北平原中部，今属邯郸市大名县附近。579年北周置魏州，隋炀帝在北周魏州的基础上归并各县设置武阳郡，统辖十四县，户二十一万三千余众，成为仅次于清河的第二大郡。唐武德元年(618)复属魏州，中唐以后，节度使制度在内地得到扩展，魏州一直是魏博节度使的治所。魏博节度作为河北强藩，领有魏州、博州、相州、贝州、卫州、澶州等六州。而魏州之所以成为治所，很大程度上得益于隋大运河永济渠开凿以来便利的水运交通。前揭，五代后唐以降魏州作为陪都"邺都"①的地位基本稳定，其政治地位得到了很大的提高。而且后唐和后晋对邺都可谓是寄予厚望，称"兴唐府""广晋府"。② 后周太祖末年虽出于政治因素取消了邺都，但其起家之地仍在这里，因此其政治军事地位也是非常重要的。

---

① 值得注意的是，五代时期后唐后晋在原魏州基础上设置陪都，称"邺都"。而"邺都"最初是指曹魏所建邺城，在今临漳县附近。曹魏开运河以都邺，邺都非常繁华。北周末，邺城被毁，迁治今河南安阳市而置魏郡。随着魏州的兴起，又加之有"魏"这一名号，恰好与曹魏之国号相合，因此魏州称邺都也就显得顺理成章了。

② 按：后唐的大本营本在河东，同光元年(923)四月己巳，李存勖于魏州即位时诏升魏州附郭贵乡县为广晋县。但是改后唐兴唐府为广晋府则无疑是同样以河东为根据而创立后晋的石敬瑭。以上并见前文叙述。

五代中原战乱,除了河东河北集团与河南集团的内部斗争外,契丹势力的南下扩张也是非常值得注意的。石敬瑭割燕云十六州,更使得中原王朝屏障全失。后晋就是直接被契丹灭亡的,这无疑给中原王朝造成了极大恐惧。郭威起兵建立后周,但契丹支持下的北汉仍构成很大的威胁。周世宗显德二年(955),比部郎中王朴提出"先易后难,先南后北,各个击破"的统一战略方针。周世宗通过战争来解除后蜀威胁,联合吴越、南平亲征南唐,在取得淮南解除辽兵南下的后顾之忧后,亲率大军攻辽。出师四十余天便已收复后晋割让的三州十七县,正要乘胜进取幽州时,世宗发病班师。太祖建立北宋后,继承后周在河北的基本态势,对契丹采取积极防御政策,在对北汉用兵久攻不克后亦总体保持存而不打的状态,遵循"先易后难,先南后北"的统一方略,着手解决南方割据势力。

太宗即位后,攻灭北汉,发动两次北伐幽云的战争,但最终都以失败告终。此后太宗"转向内部","攻守之势异也",契丹常主动进攻。真宗时期,继承了乃父消极防御的策略,亲为阵图以授将帅,着重在镇、定及天雄军(大名府的军额)等地"择要害以制之"。不过,因"恐有未便",咸平六年(1003)六月还曾找文武群臣"更共商榷"①。景德元年(1004)宋辽澶渊之盟订立后,维持了相对的和平。但宋对契丹的威胁始终不敢懈怠,真宗曾特命辅弼各具上备御之策,并亲自谋划,晓谕诸将:

> 上曰:"……大致以真定为本,敌若犯河间,则中山策应,保塞、安肃捣虚而深入。若犯中山则河间策应,保塞、安肃亦捣虚而深入。若犯真定,中山策应,河间、保塞、安肃悉捣其虚,分道而深入。真定大军勿轻动,敌果送死南来,直犯大名,则河间、中山皆捣其虚,而真定大军始徐蹑其后,大名挫其锐,然后真定大军悉力要击之此。"此真庙之亲为图者甚悉。②

---

① 详见《长编》卷五四,咸平六年六月己未,第1195—1196页。按:此前冯拯就建议:"备边之要,不能扼险以制敌之冲,未易胜也。……今防秋,宜于唐河增屯兵至六万,控定武之北为大阵,邢州置都部署为中阵,天雄军置钤辖为后阵。"神宗对此多有采信。《宋史》卷二八五《冯拯传》言"上从之",李焘曰"不尽依拯言也"。

② [宋]蔡絛撰,冯惠民、沈锡鳞点校:《铁围山丛谈》卷二,北京:中华书局,1983年,第31页。

可见，河北的防守在以"真定为本"的同时，大名府在真宗心里亦无疑充当了"挫其锐"的重要角色。这很大程度上其实是现实的军事态势使然，因此也颇能代表此后河北军事防务的基本格局，对此将在本章第四节详论。

北京之设，与庆历初年的宋夏、宋辽关系直接相关，而最初导源于元昊叛宋。明道二年(1033)十月，元昊嗣位。元昊即位后，积极谋求"偏霸"之策，终于在宝元元年(1038)十月十一日在兴庆府称帝。宝元二年正月上表要求宋仁宗"许以西郊之地，册为南面之君"①。元昊称帝前，在军事上做了认真的准备，也曾有一系列冲突，但称帝则标志着正式决裂，宋政府采用韩琦的攻策，积极用兵西夏。但是康定元年(1040)正月三川口和庆历元年(1041)二月好水川两大战，宋均大败。此时范仲淹的"守策"逐渐得到重视，不复出兵。而西夏也是伤亡惨重，有心议和，在试探与宋议和而未得回复的情况下，遂于庆历元年(1041)闰九月发动定川寨之战，借此以战促和。②十月，张方平建议乘南郊大礼，特降赦文，招纳元昊，仁宗"喜，曰：'是吾心也。'"③至此，宋对西夏的政策便以合议为主要基调，基本稳住了局面。

辽兴宗(1031—1054年在位)即位后不久，就逐渐萌生了"一天下"之念，史载重熙六年(1037)"帝欲一天下，谋取三关，集群臣议"④。而宝元元年(1038)元昊称帝，宋夏彻底决裂，尤其是宋对西夏三川口、好水川和定川寨三大败，则进一步刺激了兴宗的野心，遂于重熙十年(1041)十二月乙未(二十日)与南、北枢密吴国王萧孝穆、赵国王萧贯宁"谋取宋旧割关南十县地"⑤。十二月丁酉(二十二日)便"议伐宋，诏谕诸道"⑥，南伐进入实质准备阶段。至于南伐，兴宗心里也许多少还是有些顾虑，遂于亲征之前问策于重臣张俭，史曰："上将亲征，幸俭第……进葵羹干饭，帝食之美。徐问以策，俭极陈利害，且曰：'第遣一使问之，何必远劳车驾？'上悦而止。"⑦兴宗问

---

① 《宋史》卷四八五《外国传一·夏国上》，第13996页。
② 详见李华瑞：《宋夏关系史》，第133—135页。
③ 《长编》卷一三四，庆历元年十月壬寅，第3194页。
④ 《辽史》卷九三《萧惠传》，第1374页。
⑤ 《辽史》卷一九《兴宗纪二》，第226页。
⑥ 《辽史》卷一九《兴宗纪二》，第227页。
⑦ 《辽史》卷八〇《张俭传》，第1278页。

策,是在张俭私第进美食之后的和谐气氛中进行的。张俭选择此时"极陈利害",也恰巧反映了此前兴宗"南伐"之意的决绝,与"群臣多顺旨"的事实。而此时张俭之所以敢"极陈利害",主要是在其私第,没有像在公开场合下反驳兴宗,使其有丢颜面的顾虑。在听从了张俭的建议后,兴宗最终还是决定派遣萧英、刘六符使宋,通过外交手段来索取关南十县之地。虽然通使,但事实上兴宗并未放弃战争准备,这种军事准备,不论是出于对外交的支持,还是真正的"南伐"都非常有必要。

就宋廷而言,其实早在庆历元年(1041)十月就听闻了"契丹将谋入寇"的消息,并积极调夫修缮了河北二十一州的州城①。庆历二年(1042)二月,知保州、衣库使王果就购得了契丹谋聚兵幽蓟,遣使致书求关南地的确切情报。② 对不断收到的辽朝"将谋入寇"的消息,宋朝很难不将其与西夏的战事联系起来。众所周知,西夏自继迁以来就一直奉行"联辽抗宋"的基本方略,③宝元年间以来宋夏全面战争爆发之后,富弼、刘平等就一直担心"西、北相结""元昊潜与契丹结为声援",④宋廷为此还专门于康定元年(1040)七月遣夏防出使契丹,"告以方用兵西边"⑤。但契丹并不理会,前揭庆历元年(1041)十月以后就不断有"将谋入寇"的边报。购得契丹书稿的王果亦曰:"契丹潜与昊贼相结,将必渝盟。请自广信军以西缘山口贼马出入之路,预为控守。"⑥的确,自真宗朝以来宋朝君臣也从未真正相信过"澶渊之盟"一纸盟书就可以消除辽的威胁,因而在河北安置重兵防守。同样,宋朝君臣也从不会真正相信"契丹将谋入寇"仅仅是为"关南地"而来。可以说,宋朝君臣对契丹威胁的严重性是有充分认识的,不仅是普通的边事,而是有亡国之忧,朝廷"为之旰食"⑦。担心归担心,宋廷对辽使的到来还是做了认真准

---

① 详见《长编》卷一三四,庆历元年十月戊寅,第3187页。
② 详见《长编》卷一三五,庆历二年二月丁丑,第3220页。
③ 按:西夏联辽抗宋的相关论述,可详参李华瑞:《宋夏关系史》,第273—280页。
④ 《长编》卷一二四,宝元二年九月丁巳,第2925—2934页。
⑤ 《长编》卷一二八,康定元年七月乙丑,第3028—3029页。
⑥ 《长编》卷一三五,庆历二年二月丁丑,第3220页。
⑦ 《长编》卷一三五,庆历二年三月己巳,第3230页。

备,庆历二年(1042)正月壬申(二十七日)选富弼为接伴使赴雄州接伴辽使萧英等。① 二月丙子(初二日)富弼发京师,"至雄州久之,英等始入境",在雄州时富弼"每与之(萧英)开怀尽言,冀以钩得其情",萧英也是"推诚无隐,乃密以其主所欲得者告弼",言关南之地"可从,从之。不从,更以一事塞之。王者爱养生民,旧好不可失也"。富弼"具以闻",赶快将此重要情报送至了首都开封。可以说,三月己巳(二十六日)辽使到来呈上国书时,宋廷已经有充足的准备,因此在与辽使的交涉中,宋方一开始就排除了割地的选项,而仅以"结婚""增币"两套方案应之。②

按理说,随着庆历二年初辽使的到来,辽朝的目的与要求也逐渐趋于明朗,开始了外交主导的实际操作,外交谈判的可控性要远强于战争,于是宋廷积极行动应对,于四月庚辰(初七日)以富弼为回谢契丹国信使,符惟忠副之,一同出使契丹,"报其请地事"③。五月癸丑(十一日)富弼等行至河北武强时,副使符惟忠病卒,富弼遂请以张茂实代之。④ 六月乙亥(初四日)富弼方至穆丹河见到了兴宗。⑤ 前揭,虽然三月己巳(二十六日)负责外交谈判的辽使萧英等已抵达开封,外交谈判已成功走上轨道,宋朝也进行了认真的准备。但是宋朝恐辽,及辽朝的军事威胁仍在持续加强,四月甲戌(初一日),辽还颁布"南征赏罚令"⑥。四月庚辰(初七日)虽决定派富弼出使辽

---

① 详见《长编》卷一三五,庆历二年三月己巳,第3230页。按:关于庆历二年富弼两次出使及与辽谈判的具体情况,范纯仁所撰《行状》、《宋史·富弼传》等有详细的记载,后文亦多有参考,兹不一一出注说明。详见[宋]范纯仁:《范忠宣公文集》卷一七《富郑公行状》,《宋集珍本丛刊》第15册,北京:线装书局,2004年,第494—497页;《宋史》卷三一三《富弼传》,第10250—10252页。

② 以上详见《长编》卷一三五,庆历二年三月己巳,第3230—3231页。关于议"结婚"事亦可见[宋]晁说之撰,黄纯艳整理:《晁氏客语》,收入朱易安等主编,上海师范大学古籍整理研究所编:《全宋笔记》第一编第十册,郑州:大象出版社,2003年,第104页。关于"结婚",李焘《长编》曰"独弼以结婚为不可",而"卒罢结婚之议"。贾昌朝与刘六符的辩论亦起到了关键作用,详见上引《长编》庆历二年三月己巳条,第3231页。

③ 《宋会要辑稿》职官五一之一,第3536页下。按:契丹使萧英等可能一直没有回国,继续与宋交涉,直到四月二十二日,对此张方平于四月丙申(二十三日)上奏时有曰"昨契丹使萧英等回"。详见《长编》卷一三五,庆历二年四月丙申,第3239页。

④ 详见《长编》卷一三六,庆历二年五月癸丑,第3250页。

⑤ 《辽史》卷一九《兴宗纪二》载:"六月乙亥,宋遣富弼、张茂实奉书来聘。"详见《辽史》,第227页。《行状》载:"六月,至穆丹河,刘六符馆之,论割地必不可"。

⑥ 《辽史》卷一九《兴宗纪二》,第227页。

朝"报其请地事",但五月癸丑(十一日)富弼尚在河北武强,至十六日建大名府为北京时,可能尚未出宋境。因此,在外交交涉前景极不明朗,军事威胁日深的情况下,宋廷于五月戊午(十六日)正式宣布建大名府为北京,特颁《建北京德音》诏,曰:

> 相邑设都,所以因地形之胜;省方展义,所以考民风之宜。乃眷魏郊,实当河麓。席万盈之懿兆,冠千里之上腴。隐然北门,壮我中夏。洪惟圣考,顷驻珂舆,官馆并存,威灵如在。缅怀凝烈,弥切于孝思;嘉慰倏来,敢忘于时迈!载恢旧制,崇建别京。茂昭善继之猷,乃涣惟新之泽。大名府宜升为北京。先朝驻跸行宫正殿,以班瑞为名。大名府管内及河北州军云云。于戏!奉先修旧,封域之制已申;肆眚缓刑,雨露之私载浃。咨尔遐迩,当体至怀。①

诏书除强调大名府"当河麓"之地形,"隐然北门"的战略地位,民风之宜等外,还重点强调了"圣考"驻跸之所及"祖宗威灵"。众所周知,太宗、真宗抗辽都曾驻跸于此,且都较为成功地抗击了辽朝的南侵。仁宗当此之际,建北京的目的可谓昭然若揭。既为《建北京德音》,那么少不了"浩荡皇恩",诏旨中"大名府管内及河北州军云云",显系有所省略,现检《会要》《长编》等书补全,具体为"应大名府及诸军举人,内进士实应三举及曾到御前者不以举数,并与免将来文解","降河北诸州军系囚一等,杖以下释之。严饬行宫,增置仓廒、营舍,并给官钱,毋得科率"。② 其中"严饬行宫,增置仓廒、营舍"明显亦有"御驾亲征"的姿态。御辽及亲征之意,在建北京前的争论中亦表露得很明显,吕夷简曾曰:"景德之役,非乘舆济河,则契丹未易服也。宜建都大名,示将亲征。"③

建都北京是宋廷大事,且以"德音"形式下发,想必契丹不可能未有所觉

---

① 《宋大诏令集》卷一五九《政事十二·建都·建北京德音》,第598页;又见《宋会要辑稿》方域二之二,第7332页上。
② 参见《宋会要辑稿》选举一五之一一,第4501页上;《长编》卷一三六,庆历二年五月戊午,第3260页。
③ 《宋史》卷三一一《吕夷简传》,第10209页。

察。在建北京诏令下发的一个多月后,即六月戊子(十七日)宋廷最终正式决定营建北京城,命任中师为修建北京使。① 前揭富弼六月乙亥(初四日)才见到兴宗,谈判中兴宗态度虽有软化,但仍坚持索地,迁延不决。而就在建北京的两天后,即五月庚申(十八日),契丹"所征兵始大集于幽州",这使得宋朝非常紧张,"河北、京东益为守备"②。可见,实际上宋廷对富弼的谈判虽很重视,但不可能抱有太大希望,而之所以等到六月戊子(十七日)才最终决定营建北京城,说明了"示将亲征"的"阳谋"在某种程度上的破产,"阳谋"最终变成了一种事实上的"战备"。当然,只要战争一日未爆发,这种事实上的"战备"其实也是一种"伐谋",只不过比言论上的伐谋更进一步而已。总之,北京进入实质性的建设周期,这当然是外交交涉陷入僵局,辽朝威胁日深的缘故,同时也意味着宋廷应对危机政策的大转变。

富弼与兴宗僵持不下③,最终于七月戊午(十七日)使契丹回④,宋廷当然高度重视,很快又准备了两封国书、三封誓书,提供"议婚""增币十万""增币二十万"⑤三种选择,于七月癸亥(二十一日)再次派富弼赴辽谈判,⑥富弼八月乙未(二十四日)成功抵达契丹清泉淀金毡馆,次日便见到兴宗,一番辩论之后,兴宗最终选择增币二十万的誓书,⑦其间虽有"献""纳"二字的争端,但基本还算顺利,⑧辽朝终于也在九月乙丑(二十五日)遣使奉上誓书⑨。至此,此次宋辽危机最终以外交谈判的形式得到成功解决。十月丙寅(二十六日)⑩,辽朝遣林牙、保大节度使萧偕"来报撤兵"⑪,辽对宋的战

---

① 详见《宋会要辑稿》方域二之二,第 7332 页上;《长编》卷一三七,庆历二年六月戊子,第 3278 页。
② 详见《长编》卷一三六,庆历二年五月庚申,第 3265 页;《宋史》卷一一《仁宗纪三》,第 214 页。
③ 详细过程见《长编》卷一三七,庆历二年七月壬戌,第 3283—3286 页。
④ 参见曹清华编:《富弼年谱》,收入吴洪泽、尹波主编:《宋人年谱丛刊》第二册,成都:四川大学出版社,2002 年,第 912 页。
⑤ 按:所增此十万,乃因契丹"令夏国复纳款"。
⑥ 详见《长编》卷一三七,庆历二年七月癸亥,第 3286—3287 页。
⑦ 详见《辽史》卷一九《兴宗纪二》,第 227 页。
⑧ 详见《长编》卷一三七,庆历二年九月癸亥,第 3291—3293 页。
⑨ 参见《长编》卷一三七,庆历二年九月乙丑,第 3293 页。
⑩ 按:庆历二年闰九月,最终撤兵事与辽奉上誓书有近两个月。
⑪ 《长编》卷一三八,庆历二年十月丙寅,第 3315 页。

争讹诈也最终解除。

　　以上将北京的建立放在宋夏、宋辽关系的大框架下,主要结合宋辽外交、军事上的互动,着重对建立北京的背景与动机做了较为细致的考察。但就建立北京的一些细节问题似还有进一步说明的必要。

　　第一,建立北京之策提出的具体背景。这里所言的"具体背景"主要是指"建都"之意的提出。前揭,宋朝面对西夏两大败之后,契丹趁火打劫索要关南地,并一度要准备发兵南下。庆历元年(1041)十二月,兴宗采取外交手段索地的同时,并未放弃军事恫吓。出于对强大辽朝的不信任及自身实力的现实考虑,以及首都开封地缘防御战略上的固有缺陷的清醒认识,宋朝有的臣僚便感受到了切实的亡国之忧,于是重申了范仲淹在景祐年间提出的"城洛阳,以备急难"之策①,这样就将话题成功转移到了"都城"的问题上。对此,身为宰相的吕夷简坚决反对,提出"宜建都大名"的主张,曰:"契丹畏壮侮怯,遽城洛阳,亡以示威,必长敌势。景德之役,非乘舆济河,则契丹未易服也。宜建都大名,示将亲征,以伐其谋。"②可见,吕夷简"建都"大名很大程度上是对"城洛阳"的一种"反动"。

　　第二,亲征伐谋之策的提出。前揭吕夷简无疑是建北京之策的具体提出者,这点毫无疑问。但是建北京"亲征伐谋"思想的最初来源仍有待进一步阐明。据《渑水燕谈录》载,吕夷简建北京以亲征伐谋之策主要是吸收了于焘的建言,史曰:"庆历中,元昊数寇边,北虏乘衅,聚兵来求关南地。丞相吕文靖公召彭年计之,彭年云:'夷狄不可校义理,今幸岁德在我,为主者胜,宜治西北行宫,若将亲征者以压其谋。'乃以大名府为北都。未几,西戎请盟,虏亦通好,吕丞相称之,彭年谢不复见。"于焘(生卒年不详),字彭年,青州寿光人,博学能文,喜言兵,富弼、丁度荐堪将领,尝为武学教授。③ 在形

---

　　① 《长编》卷一三六,庆历二年五月戊午,第3260页。按:范仲淹原文曰:"太平则居东京通济之地,以便天下;急难则居西洛险固之宅,以守中原。"详见《长编》卷一一八,景祐三年五月戊寅,第2783页。
　　② 《宋史》卷三一一《吕夷简传》,第10209页;《长编》卷一三六,庆历二年五月戊午,第3260页。
　　③ 参见[宋]王辟之撰,吕友仁点校:《渑水燕谈录》卷四《才识》,第43页。

势危急、朝议汹汹的情况下,吕夷简问策"喜言兵",讲"岁德主胜",有些神神秘秘色彩之草泽出身的于焘,是完全有可能的。①

第三,范仲淹与建北京之议。前揭,范仲淹一直主张"城洛阳,以备急难"。面对庆历初年的危局,朝中言事者"请从仲淹之请"。而吕夷简则曰"遽城洛阳,亡以示威,必长敌势",极力主张建北京,最终如吕夷简愿,"卒建北京"。可以说,范仲淹一开始就已经卷入了这次的都城之议中。当庆历二年(1042)五月十六日建北京诏书既下,范仲淹又上书极力反对,请"速修东京"。② 当九月契丹既就盟,范仲淹又上疏反对修"北都枝叶",主张修"东京根本"。③ 范仲淹反对建立、修建北京之主张可谓非常明确,但究竟为何反对仍有认真分析的必要? 从范仲淹的两篇奏疏中可以看到,其列举的所有反对理由,其实都是围绕仁宗"御驾亲征"的危险性而展开的。因此,从本质上讲,范仲淹其实是不反对将建北京作为"伐谋"之策的,他自己也讲"此可张虚声耳"。如前揭,只要战争一日未爆发,不论是吕夷简建立还是修缮北京,其实都是在"伐谋"的范畴内,与吕夷简并不存在根本上的冲突。范仲淹在庆历四年(1044)五月自己主政时,与枢密副使富弼亦曾进言修京师外城,"以伐深入之谋",曰:

> 后唐无备,契丹一举直陷洛阳;石晋无备,契丹再举直陷京师。故契丹之心至今骄慢,必谓边城坚而难攻,京师坦而无备,一朝称兵,必谋深入。若京城坚固则戒河朔重兵勿与之战,彼欲战不能战,谋深入则前有坚城、后有重兵,必将沮而自退,退而不整,则邀之可也。是则修京城者,非徒御寇,诚以伐深入之谋也。④

---

① 按:庆历元年(1041)九月辛酉,益州草泽张俞因曾言边事,吕夷简"重其言",遂被授试校书郎。详见《长编》卷一三三,庆历元年九月辛酉,第3178页。对于宋代草泽参政的情况,可详参孙方圆:《试论宋代的"草泽"参政》,《史学集刊》2016年第6期。

② 以上详见《长编》卷一三六,庆历二年五月戊午,第3261—3262页。

③ 《长编》卷一三六,庆历二年五月戊午,第3263页;[宋]范仲淹:《上仁宗论修建北京》,载[宋]赵汝愚编:《宋朝诸臣奏议》卷一二六,第1390—1391页。

④ [宋]范仲淹著,李勇先、王蓉贵校点:《范仲淹全集·范文正公政府奏议》卷下《边事·奏陕西河北和守攻备四策》,第524页。

综上，庆历元年以来，宋辽关系无疑经历了澶渊之盟以来最大的考验。对此，宋廷非常紧张，除修缮加强河北甚至京东的守备外，还积极派遣富弼与辽进行外交斡旋，最终化险为夷。而北京大名府的建立，是宋朝所有应对辽朝威胁努力中的一部分。北京大名府的建立，其实是对"城洛阳"之策的一种"反动"，缺乏系统的研究讨论，不是深思熟虑的结果，这深刻说明了宋朝君臣对首都安全深层忧虑情况下的一种"手足无措"之举。建立并修缮北京作为"伐谋"之策无疑是成功的，但赴北京"亲征"的危险，范仲淹也进行了非常有说服力的论说，好在战争并未爆发，使北京的建立与修缮能始终限于"伐谋"的范畴。吕夷简"景德之役，非乘舆济河，则契丹未易服也。宜建都大名，示将亲征，以伐其谋""使敌得渡河而固守京师，天下殆矣"等论说，似乎都在说明建北京是要将辽兵阻击在黄河北岸，不使"济河"。但是诚如范仲淹所言，"北京四面尽平，绝无险扼之地"①，辽兵可围、可打、可绕，要在此阻击辽兵，不使渡河，恐怕也是"天方夜谭"。北宋末年，金兵绕过北京两次直趋开封，便是实例。纵使北京"城守"到建炎二年（1128）十二月，奈何朝廷早已"变天"。

众所周知，北宋大名府于晚唐五代作为军事重镇异军突起，这一方面是其作为藩镇的政治中心，控制了附近数州之地；另一方面主要是依靠永济渠水运交通之便。而时异势殊，北宋庆历年间在威胁已近、极其仓促的情况下，将王朝命运寄托在"亲征"北京大名府上，无疑是不可取的。而且，出于中央更为有效的控制，自后晋天福三年（938）底便成功分魏博藩镇为邺都、彰德军（治相州，隶澶、卫）和永清军（治贝州，隶博、冀）三个军事单位②。此后，开运元年（944）八月又"升澶州为节镇，以镇宁为军额，割濮州为属郡"③。在肢解原魏博藩镇后，其势渐弱，在对抗契丹等方面再也无法捍御一方，就已开始指望中央军队。④ 总之，北京的建立，是对"城洛阳"之策的一种"反动"，是对辽"无限恐惧"的结果。从"伐谋"的角度上来看，北京的

---

① 《长编》卷一三六，庆历二年五月戊午，第3261页。
② 按：冀州，原属成德节度使。
③ 《旧五代史》卷八三《晋书九·少帝纪第三》，第1095页。
④ 可参见毛汉光：《魏博二百年史论》，原刊《"史语所"集刊》第50本第2分，1979年，后收入氏著《中国中古政治史论》，第400—410页。

建立与修缮无疑是成功的,但从军事角度讲,"亲征"、不使敌"济河",无疑是不太可能的,只能是一种"有限理性"。① 以上主要是从"结果理性"的视角展开分析的,但其实就上文叙述所言,笔者所谓的"有限理性"分析中还包括了"过程理性"的分析视角,这点也是需要格外强调的。关于北京与首都及整个河北的防务,将于本章第四节详论,兹不赘言。

宋结束了唐末五代藩镇割据之势,统一了"小天下"。石敬瑭割让的幽云十六州的绝大部分地区仍掌握在契丹的手中。太宗两次北伐失败,从此"攻守之势异也",被迫对辽采取守势,真宗继承其父政策。在这种特殊的地缘战略环境中,大名府承担了重要的角色,在太宗、真宗抗辽中发挥了重要作用。庆历初年,在对夏两次大战均失败,辽朝趁火打劫,陈兵边境欲索关南地的情况下,宋朝遂于庆历二年五月采取"建北京"之策以应之。尽管辽朝于庆历元年十二月决定采取外交手段来索地,使者也已于次年三月抵开封。但出于对辽"渝盟"的深层忧虑,以及辽夏"勾结"的现实认知,宋朝不失时机地建立北京,可以说对当时"风云莫测"局势的好转起到了重要作用,这样宋朝在"伐交"时则有强力后盾,在不得已"伐战"时也不至于措手不及。

笔者认为,在富弼的"伐交"过程中,若不建立北京,制造出如此声势,辽朝极有可能举兵南下河北,虽不至于发动亡宋的全面战争,但有限战争下小规模高烈度的短促战事应属难免。因为就辽朝而言,亦缺乏全面的战争准备,但就兴宗个人而言,其实属一个典型的"机会主义者",在宋夏战争中"趁火打劫"已有所表现,不过这点在庆历间辽夏的军事冲突中更是表现得淋漓尽致。辽重熙十三年(1044)十月元昊对侵扰契丹边界及招降纳叛事上表谢罪,两次遣使,第二次元昊亲率党项三部来,在兴宗"赐酒,许以自新,遣之"的情况下,又因臣僚"皆以大军既集,宜加讨伐"之由而大举伐夏。② 尽管范仲淹"城开封"的论说颇有说服力,但历史证明宋辽战争时皇帝驻跸河

---

① 齐子通《如影随形:唐宋之际都城东移与北都转换》(《中国史研究》2020年第2期)一文从首都与陪都的关系入手,探讨了唐宋时期随着首都东移,北都亦从太原迁移到大名府的历史过程,认为北都的转换存在一个与首都"如影随形"的关系。但该文只是立足于已发生之事实层面上的总结,并未进行深入的历史分析,其实北宋北都的建立并不具有作者所论之如影随形般的必然性。

② 以上参见《辽史》卷一九《兴宗纪二》,第231页。

北(澶州、大名),不使敌人轻易"渡河",对宋军士气及宋辽战争的作用是显而易见的。再者往后看,北宋末年河北无备,纵使开封内有"高城深池",外有天下"勤王之师",亦于事无补,因为宋朝君臣对死守开封从来都没有足够的信心,这点上文已有所论。

第二节 陪都"京都意象"的构建

一、府制变迁与唐宋"立都意识"

前揭,开元元年(713)玄宗改"雍州为京兆府,洛州为河南府,长史为尹,司马为少尹","录事参军为司录参军,余司改司为曹",标志着行政区划意义上的府制正式诞生,由此确立的府制及其官称等也成为唐朝设都立制的"标杆"与"标配"。不过除了上引文提到的尹、少尹和诸司的改称外,最重要的还在于府属县长官称谓和行政地位的提高,这点在开元十一年(723)玄宗置北都太原府时表现得特别明显,史曰:"改(并)州为太原府,刺史为尹,司马为少尹,太原、晋阳为赤县,诸县为畿县,官吏品第,视京洛两府条理。"从此,比拟"三京名号"成为后来设都立制的重要标准,如肃宗至德二年(757)十二月置凤翔府时便要求"凤翔府尹已下官僚并同三京名号"①。"三京名号",府尹、少尹和府属诸司等的建置自不在话下,不过参照北都太原府的标准,凤翔府亦理应存在赤县、畿县以及赤县令、畿县令等。南京成都府没有这样的待遇,这与肃宗有意压制玄宗有关,前文已有所述。肃宗上元元年(760)九月甲午(初七日)改置南都江陵府时亦规定"官吏制置同京兆"②,具体所指《册府元龟》卷一四《帝王部·都邑二》有着详细的记载,曰:

> 荆州大都督府宜改为江陵府,仍为南都。江陵县为赤县,诸县为畿县,长史为尹,司马为少尹,余官属名位并同京兆府,及京畿赤县并依旧。③

---

① 《旧唐书》卷一〇《肃宗纪》,第250页;《册府元龟》卷一四《帝王部·都邑二》,第159页上。
② 《旧唐书》卷一〇《肃宗纪》,第259页。
③ 《册府元龟》卷一四《帝王部·都邑二》,第159页上。

可见，官吏制置比拟"京都名号"及"京都所治为赤县，京之旁邑为畿县"①无疑是唐朝设都立制的一般原则，是最重要的"立都意识"。值得注意的是，就在上元元年(760)九月甲午(初七日)改元前的同一年(时称乾元三年)，肃宗再次升蒲州为河中府。② 如前所指，蒲州开元九年(721)正月曾被玄宗升为河中府，"置中都"，在大臣的反对下，旋即于七月"罢中都，依旧为蒲州"③，为都仅有半年左右。奇怪的是，乾元三年(760)蒲州升为河中府时却未置都，无京都之号。肃宗宝应元年建卯月(762年二月)方才"又为中都"④，直到元和三年(808)废中都之号，"复为河中府"。从蒲州河中府与中都的建置看，府制与京都已经出现了分离，"由府而都"和"由都而府"的发展趋势，似亦表明二者已走向"非此即彼"的对立面。蒲州之事，也许已经预示着府制为京都"标配"的历史即将走到尽头。

上元元年(760)九月甲午(初七日)废止南京成都府时，很多研究者认为成都府的建置也被取消，⑤对此有理由进行质疑，史料原文为"宜复为蜀郡"⑥，至于到底废与不废则未可详知，也许根本就未曾取消过。肃宗上元二年(761)九月壬寅(二十一日)诏"停京兆、河南、太原、凤翔四京及江陵南都之号"，那么停诸府京都之号时，府的建置取消了吗？答案显然是并未取消，在肃宗元年(762)二月辛亥(初一日)恢复"五都之号"时，明言"宜以京兆府为上都，河南府为东都，凤翔府为西都，江陵府为南都，太原府为北都"。四月肃宗去世，西都、南都之号取消，但凤翔、江陵"府"的建置仍旧。因此，无论如何，肃宗晚年府制与京都之号的分离已非常明显，当然这主要表现为未有京都之号的地方性质的凤翔府、江陵府、成都府的出现。

---

① [唐]杜佑撰，王文锦等点校：《通典》卷三三《职官十五·县令》注文，第920页。
② 详见《旧唐书》卷一〇《肃宗纪》，第258页。
③ 《旧唐书》卷八《玄宗纪上》，第181、182页。
④ 《旧唐书》卷三九《地理志二》，第1470页。
⑤ 典型者如上引齐子通《孝道与悖逆之间：唐肃宗设立南京与南京改置》(《中华文史论丛》2015年第2期)一文的论述。
⑥ 《旧唐书》卷一〇《肃宗纪》，第259页。

德宗兴元元年(784)李怀光反,德宗从奉天行宫逃往梁州(今汉中),后李晟收复长安,平定叛乱,德宗重返京师,同时升梁州为兴元府,诏曰:"宜改梁州为兴元府,其署置官资,一切并与京兆、河南府同,南郑县升为赤县,诸县并升为畿县。"①从诏书内容看,兴元府有京都之"实",但终无京都之"名"。这标志着府制与京都之号的彻底分离,其与凤翔府、江陵府、成都府等"由都而府"的发展模式是不同的。元和三年(808)又废中都之号,"复为河中府"。这样府制就形成了两个标准:其一为保有京都之号的京兆、河南和太原三府;其二为凤翔、江陵、成都、兴元和河中等无京都名号之五府。更值得注意的是,虽然这五府已无京都之号,但实际上都仍保有如上文兴元府建立时之"京都之实"②。因此,这就势必要创制一些新的"名号"来标识,于是乎这种"重任"就落在了官员资叙和属县地位的高低上了,"次赤""次畿"县及与之相应的"次赤府"也就于宪宗元和初年(806—807)应运而生了。至此凤翔、江陵、成都、兴元和河中等五"次赤府"与京兆、河南和太原三"赤府"的关系才又一次清晰起来。③

唐末昭宗又升华州为兴德府、陕州为兴唐府,而无一例外,其属县建置都为"次赤","官员资望一同五府",④可以说这是唐代府制发展结果最终定型的标志。五代时期除继承唐代府的规模外,府的建置进一步扩大,新置开封、大名(后唐为兴唐府,后晋为广晋府)和真定三府,其发展颇类于唐,起初都是作为京都之号的配备建置的,大名府和真定府也都延续唐代五府"都废

---

① [宋]宋敏求编:《唐大诏令集》卷九九《建易州县·改梁州为兴元府诏》,北京:中华书局,2008年,第499页;[宋]王溥:《唐会要》卷七一《州县改置下·兴元府》,第1501页。

② 对此《唐会要》卷七四《选部上》"吏曹条例"引贞元元年(785)七月二十五日敕文有清晰的记载,曰:"两府少尹、四赤令停替后,请许一月内于都省陈牒纳文状毕,检勘同具由历,每至月终,送名中书门下,仍请不试。太原、河中、凤翔、江陵、成都、兴元府少尹、赤令……诸使下停减郎官御史等停官,当年并听集。"详见[宋]王溥:《唐会要》卷七四《选部上》,第1599页。

③ 前人多有讨论,最近的研究成果参见齐子通的论述,齐文认为出现于宪宗元和初年(806—807)。值得注意的是,次赤县并不必然对应次赤府,京兆府和河南府(太原府无)除了保有赤县和畿县外,亦增设了次赤县,但后五府却只有次赤与次畿县。详参齐子通:《次赤、次畿县的成立与唐宋府制变迁》,《魏晋南北朝隋唐史资料》第31辑,上海:上海古籍出版社,2015年,第247—276页。

④ 可详见[宋]宋敏求编:《唐大诏令集》卷九九《建易州县·升华州为兴德府敕》,第502页;《旧唐书》卷二〇上《昭宗纪上》,第764页。

府存"的演进模式,开封府则作为都城一直延续到了宋代。不过,后唐时期邺都兴唐府和北京太原府"次府"的出现,则意味着自唐以来作为有京都之号的府的进一步分化。"次府"是次于京兆、河南二府,其属县级别都是赤县与畿县。①

综上可见,唐五代府制与京都关系可谓复杂,但这很大程度上都是"由都而府""都废府存"所引起的。唐德宗兴元府与唐昭宗兴德府、兴唐府设置时有"京都之实"无"京都之名"的情况,可以说是此前"都废府存"模式进一步发展的结果。五代府制与京都的关系演变颇类于唐,唯一特殊的是京都"次府"的出现,这无疑是府进一步分化的结果。但就"设都立制"而言,其实非常简单,官吏制置比拟"京都名号"及"京都所治为赤县,京之旁邑为畿县"无疑是唯一的原则坚守,这也成为唐五代最重要的"立都意识"。

北宋初继承后周之制,于开封、河南二府分置东西二京,除太原和成都府的建制有所反复外②,基本继承唐五代府的规模。真宗景德三年(1006)升宋州为应天府,这是北宋完全意义上新置的第一个府,其属县级别明确为"次赤"与"次畿",事实上其与唐代的"次赤府"处于同一个级别。大中祥符七年(1014)又升应天府为南京。仁宗庆历二年(1042)又于大名府设北京③。至此,北宋的四京最终定型。要言之,宋代的京都都是"由府而都",为都后也自然要涉及"京都名号"及属县地位提升的问题,但是这主要属于立都后"京都意象"构建的范畴,对此下文详论,其本身并非"设都立制"的一部分。换句话说,随着唐五代府制与京都名号关系的发展与分化,宋代设都立制时府属官吏名号及属县地位已经变得不再紧迫,其"立都意识"发生某些重要的变化。

---

① 详参齐子通:《次赤、次畿县的成立与唐宋府制变迁》,第247—276页。

② 按:太原府,太平兴国四年(979)宋灭北汉,降为并州,嘉祐四年(1059)复为太原府。成都府,太平兴国六年(981)降为益州,端拱二年(988)复,淳化元年(990)又降,嘉祐四年(1059)又复。以上梳理可参李裕民:《唐代州制是如何演变为明代府制的——宋代地方行政建置研究》,《中国历史地理论丛》2001年第2辑。

③ 不过大名府属县的级别却仍是次赤与次畿,可详参下文论述。

前揭,宋朝东西二京是直接继承五代尤其是后周都城之既有格局,因此南京与北京的建立最能反映宋人这种"立都意识"的变化。细究发现,北宋设都时更强调行宫、京城的建置,着力突出"天子之都""帝王之宅"的作用,如真宗大中祥符七年(1014)正月丙辰(二十九日)升应天府为南京时,有曰:"应天府宜升为南京,正殿以归德为名。咨尔都民,承予世德,庆灵所佑,感悦良多。"庆历二年五月戊午(十六日)置大名府为北京时亦诏曰:"先朝驻跸行宫正殿,以班瑞为名。"当然,天子行宫、京城的建置,更确切地说体现在"更名"上,上引"归德""般瑞"都是正殿殿名,但更名无疑是一种系统工程,正殿之外,尚及其他。

如建南京诏书颁发的第二天,也即二月丁巳(初一日)便诏:"名南京门曰崇礼,双门曰祥辉,外西门曰回銮。"①"崇礼门"为南京京城的正南门,双门为京城南门内隔城之门。② 另,"回銮"门的命名,外西门的朝向,以及因何只名"三门"等意象共同提示着,这三门仅是真宗当日走过的地方。就在命名这三门的当日,真宗自南京应天府返回开封,毕竟真宗还在返京的路上,因此匆忙之间尚未全部命名,史载真宗二月辛酉(初五日)才到达京师开封③。在返京的路上,真宗仍惦记着南京,二月初三日便诏命:"以主客郎中、知应天府马元方兼南京留守司事,合置官署名目,下审官院、流内铨。一如西京之式。"④加强了南京职官制度的构建。返回东京不久,也即三月十三日,便诏曰:"名南京城大东门曰昭仁,小东门曰延和,小西门曰顺成,北门曰靖安,新隔门曰承庆。"⑤这批命名者共有"五门",补足了此前未命名的城门。从城门数量、朝向等情况看,这与《玉海》《宋史》等所载南京城的基本格局相吻合,详见下文论述。北京行宫更名的问题,前已有所述,兹不赘言。

---

① 《宋会要辑稿》方域二之一,第7331页下;《宋会要辑稿》礼五一之六,第1544页上。
② 对此《玉海》《宋史·地理志》等均有载,可详见后文论述。
③ 《长编》卷八二,大中祥符七年二月辛酉,第1865页;《宋会要辑稿》礼五一之六,第1544页上。
④ 《宋会要辑稿》方域二之一,第7331页下。
⑤ 《宋会要辑稿》方域二之一,第7331页下。

更为重要的是,宋朝设立都城时,更加强调"皇恩浩荡"。如南京时,则有曲赦、追赠功臣、蠲免民众税赋、赏赐酺宴等活动,史曰:"仍赦境内及东畿车驾所过县流以下罪。追赠太祖幕府元勋僚旧,及录常参官逮事者并进秩,欲授子孙者亦听。除民干食盐钱。御重熙颁庆楼观酺,凡三日。"①而建立北京时,甚至没有专门的诏书,而是直接以"德音"的形式下发的,名为《建北京德音》。众所周知,"德音"虽亦是帝王诏书的一种,但严格来讲其应属赦书,正式出现在唐代,宋人赵升《朝野类要》曰"泛降而宽恤也"②。建北京德音的具体内容前文已有所录。虽然《建北京德音》中也提到了"增置仓廒、营舍"等,但这更多的是在强调"并给官钱,毋得科率",仍不失"德音"之主旨。

总而言之,宋设立都城时对唐五代之制既有继承,又有创新,其创新主要在于皇恩浩荡,强调皇帝行宫等的改易。这应与唐以来府制的发展及"立都意识"的变化有密切的关系。但从整体上讲,宋朝的都城建制与体系都是在唐五代基础上进一步发展的结果,不能脱离唐五代的影响,立都意识上的些许变化并不足以成为区隔唐宋都城阶段划分的依据。最后强调一点,上述所谓的"立都意识"的变化,在南京与北京均有体现,且经两代皇帝,故有必要从更广阔的视角略作引申。

前揭,唐代尤其是"安史之乱"后的都城建制更多体现在属县地位及职官制度上,这无疑与当时的战乱形势及权力斗争有很大的关系,而宋朝尤其是北京的建立环境应与之相似,都是风声鹤唳中建立的,但结果却很不一样,而且北京属县的地位一直得不到很大提升,其京府地位直到神宗熙丰时期才最终得到确认。因此,宋朝这一重要的"意识"层面上的改变,应与包括首都、陪都等在内的城池的长期不修等联系起来考虑,与文人士大夫"爱惜民力"、讲求"道德"等有一定的关联。当然,宋人的立都意识不光停留在展

---

① 《长编》卷八二,大中祥符七年正月丙辰,第1864页。按:曲赦应天府及至京所过县流以下罪,详见《宋大诏令集》卷一五九《政事十二·建都·升应天府为南京曲赦应天府及至京所过县流以下制》,第598页。

② [宋]赵升编,王瑞来点校:《朝野类要》卷四《文书·德音》,北京:中华书局,2007年,第83页。

现其皇恩浩荡的一面,还有非常现实的一面,也即北京建立时军营、仓库等的修建。这无疑仍反映了五代以来皇帝与禁军如影随形关系的某些特点。

二、陪都实体的营建

北宋通过更名、曲赦和德音等措施,使陪都之名号迅速建立起来,为世人所知。但是"立名"之后,陪都"实体"的营建也得有相应的跟进。西京河南府是继承五代之制而来的,其陪都实体的建置不典型,此处暂且不论,重点仍在于南京和北京。

前揭,南京虽是在祖宗兴王之地的名义下建立的,但实际上更多的是真宗崇道的结果。这也就决定了南京陪都实体的营建方向,也即南京鸿庆宫的大规模建设。其实,南京建都当日真宗服靴袍朝拜的圣祖殿(当即改名为鸿庆宫)仅是天庆观的一部分①。大约在大中祥符七年(1014)八月,也即建南京的六个多月后,真宗就下诏在南京城正殿归德殿旁"别置鸿庆宫"②,同时将建都当日增奉的太祖、太宗像移至"归德殿后正位权安"③。待至天圣元年(1023)三月鸿庆宫修成后,才真正"迎圣像奉安"④。鸿庆宫的规模不得而知,但是从大中祥符七年(1014)下令修建,到天圣元年(1023)修成,前后用时九年,想必规模不小。改建后的鸿庆宫突出了太祖、太宗等"现世祖先"的地位,进而以"原庙"之姿耸立在世人面前,成为南京最具特色的"象征"⑤。而

---

① 《宋会要辑稿》"天庆观"条清楚地指出,大中祥符七年诏"南京天庆观圣祖殿宜号鸿庆宫"。而后来设置鸿庆宫时,又曰"南京复别置鸿庆宫,而天庆观仍旧"。以上详见《宋会要辑稿》礼五之一八,第474页上。关于天庆观内增设圣祖殿之事,《长编》亦有诏曰:"天下州府军监天庆观并增置圣祖殿。"详见《长编》卷七九,大中祥符五年闰十月癸酉,第1801页。另,《宋会要辑稿》亦有载曰:"(大中祥符)五年闰十月,诏于新建观置圣祖殿,以官物充。"详见《宋会要辑稿》礼五之一八,第474页上。

② 参见《宋会要辑稿》礼五之一八,第474页上。关于别置之鸿庆宫的具体位置,王仲旉《南都赋》里有清楚的记载,曰:"颁庆洞开,归德峻峙。……旁立原庙,岿巍穹崇。"详见[宋]吕祖谦编,齐治平点校:《宋文鉴》卷一〇,第125页。

③ 《宋会要辑稿》礼一三之一,第574页上。而"归德殿后正位权安"亦可佐证上则引文,别置之鸿庆宫的具体位置。

④ 《宋会要辑稿》礼一三之一,第574页上。

⑤ 详见[宋]王仲旉:《南都赋》,收入[宋]吕祖谦编,齐治平点校:《宋文鉴》卷一〇,第125、126页。宋佚名所编《宋大诏令集》亦将鸿庆宫的相关记载放在原庙条目中,详见《宋大诏令集》卷一四三《典礼二十八·原庙·建鸿庆宫诏》,第517—518页。

南京与道教的渊源则逐渐淡出了历史,且不说不知者,对知者而言,恐怕也成了"选择性遗忘"的对象,或"不能说的秘密"。

与成功将鸿庆宫"地方特色化"的同时,士大夫们逐渐对普遍意义上的京都象征"宫城"的不修越来越耿耿于怀,从天禧三年(1019)的知府王曾,到仁宗景祐四年(1037)的知府夏竦、景祐五年(1038)的知府韩亿,再到嘉祐中(1056~1063)的知府张方平,再到熙宁八年(1075)的知府苏颂,不断有士大夫提出兴建的想法,其中张方平还提有非常具体的修建计划,以使符合"京城之制",但最后都无疾而终。韩桂华据此得出结论,认为南京"真宗大中祥符始建以来,历仁宗、英宗到神宗元丰年间,始终未见大规模修建,所谓京城规模,实所未具,且常处于颓败荒芜景象"①。这一结论无疑是符合历史实际的,其不修的原因除了如张方平等奏请中反映出的经费紧张问题外,主要还与宋政府对南京城市建设的不重视有关,这无疑是由南京地处内地之和平战略环境所决定的。面对南京城不修与京都地位间的矛盾,有的士大夫便又陷入了一种"道德迷思",一种与论及首都开封时相类的"德治迷思",以聊表安慰。②

与南京陪都的实体建设相反,宋朝对北京的京都建设则格外重视。前揭,北京是在庆历初年对夏战争屡败,辽朝索关南地的大环境下于庆历二年(1042)五月戊午(十六日)设立的。建立北京无疑是展现对辽强硬,支持富弼外交的"伐谋"之举。但在外交迁延不决,军事威胁日甚的情况下,最终于六月戊子(十七日)派遣枢密副使、右谏议大夫任中师为"修建北京使",正式营建北京城,使"伐谋"策略进一步升级。同时,还命任中师"相

---

① 以上详见韩桂华:《宋代发祥地:南京应天府研究——以建制为中心》,《史学汇刊》2015年第34期。

② 对此王仲荦《南都赋》中设定的华阳先生对涣上公子"重耳而轻目,荣古而陋今,胶以人物之陈迹,炫以山川之旧经""写睹大宋之盛"的劝导与批评颇具代表性,花阳先生借以论说的证据则主要是从"艺祖兴王之实""原庙之尊""都城佳气""农夫之庆"等方面展开,而对梁孝王时梁国之宫室、园囿等则进行了重点的、有针对性的批评,这无疑反映了宋人不修宫室前提下的某种典型的道德优越感。详见[宋]吕祖谦编,齐治平点校:《宋文鉴》卷一〇,第122—126页。关于首都开封的相关论述,当以前揭杨侃《皇畿赋》所论"汉以宫室壮丽威四夷,宋以畿甸风化正万国,彼尚侈而务奢,此歌道而咏德"最为典型。

视德清军、澶州、大名府城池及点检衣甲器械钱帛粮草军马事",而具体的工作则交由尚食使、象州防御使、入内副都知皇甫继明来"管勾"。① 六月戊戌(二十七日),又命翰林学士苏绅为"修建北京副使"②。至七月十二日,北京行宫之门很快便修好了,仁宗特赐名为"顺豫"③。八月戊子(十七日)宋仁宗还出"天子私藏"之内藏库"緡钱十万修北京行宫",着重用于"创修寝殿及角楼"。④

以上可见,朝廷亲自主持北京的修缮,也得到了国家财政及仁宗本人的大力支持。然北京修建虽有国家支持,但很多东西仍要地方来承担,这就不免与地方产生冲突。知大名府程琳以"方事边,又欲事土木以困民",对皇甫继明"侈大其制"的做法进行了批评与抵制,皇甫继明"数有论奏",朝廷经过遣人"按视",于闰九月辛未(初一日)下诏规定:"比建北京,以备巡幸。其供拟之物,宜令有司置办,毋或扰民。"⑤而主张"侈大其制"的皇甫继明也随即被罢"归阙","命(程)琳独主其事"。⑥ 最终将北京的营建大权从朝廷交由地方政府,这当然与宋辽关系缓和后,北京作为"伐谋"支点作用的消失有关。庆历三年(1043)二月,北京行宫的偏殿成,赐名曰"靖方"⑦。至此,北京的营建基本告一段落,史籍中再未有相关记载。

三、京都意象的构建

陪都的设立,首先标志着其政治地位的显著提升,这也就意味着其与地方普通州县拉开了距离,也即表现为"去地方化"。而在陪都设立过程中,朝廷通过给京城及其中的宫城赐名、营建等措施,使其迅速"京都化"。如前所

---

① 参见《长编》卷一三七,庆历二年六月戊子,第 3278 页。
② 《长编》卷一三七,庆历二年六月戊戌,第 3280 页。
③ 《宋会要辑稿》方域二之二,第 7332 页上。
④ 《宋会要辑稿》方域二之二,第 7332 页上;《长编》卷一三七,庆历二年八月戊子,第 3288 页;《宋史》卷一一《仁宗纪三》,第 214 页。
⑤ 《长编》卷一三七,庆历二年闰九月辛未,第 3295 页。
⑥ 《长编》卷一三七,庆历二年闰九月癸未,第 3299—3300 页。
⑦ 《宋会要辑稿》方域二之二,第 7332 页上。

论,京城及其中的宫城赐名、营建等无疑是宋朝最重要的"立都意识",也就是说京城及其中的宫城赐名、营建等是宋代"设都立制"时所应有的"标配"。但就陪都形象的构建而言,尤其是一些重要的名物制度的建设,也许才刚刚开始,而其建置也出现明显的"首都化"的倾向①,此即宋人张耒所言之"别都制度拟王畿"②也。正是在"去地方化"与"首都化"二者共同的作用下,陪都才看上去像是真正的陪都,二者共同建构了陪都的"京都意象"。之所以称为"意象",是因为不论是陪都的"去地方化"还是"首都化",其都不可避免地保留有浓厚的地方特色,而"首都化"也永远只是一个可期待的模拟目标,实际不可能真正类而同之。

(一) 陪都的"去地方化"与"首都化"

宋代陪都"去地方化"与"首都化"首先表现在府、县地位的显著提升。前揭,府制的建立及其属县地位提升是唐代设都立制时最重要的原则与意识。宋代的陪都设置都是由府而为都(主要指南京与北京),府制的建立及其属县地位的提升已不再是设都立制的重要原则,然而府、县地位的提升仍是陪都之所以为陪都的重要标志之一,只不过这表现在了陪都设立后"京都意象"的构建方面。而西京河南府则是径直继承自五代,兹不赘言。景德三年(1006)宋州升应天府诏中,明言"宋城县为次赤,宁陵、楚丘、柘城、下邑、谷熟、虞城等县并为次畿"。大中祥符七年(1014)应天府升为南京后,亦升"宋城为正赤,余县为正畿"③,属县的地位有了明显的提升。如前所论,随着唐五代以来府制的扩大,府的地位其实也是借由属县的地位来标示的,南京属县"正赤""正畿"的地位,也即意味着南京"京府"地位事实上的确立。值得注意的是,庆历二年(1042)北京大名府的属县却并未随着北京的建立

---

① 按:由于宋直接继承后周以开封为首都、洛阳为陪都的两都格局,加之西京洛阳业已存在的陪都建制,其在陪都尤其是南京的京都形象构建中前引"西京之式"亦发挥了相当的作用。而且,由于西京洛阳的历史传统,宋初首都开封的宫城营建很大程度上亦参考了西京的有关设施。

② [宋]张耒撰,李逸安等点校:《张耒集》卷二二《七言律诗·戏同小儿作望南京内门》,北京:中华书局,1998年,第403页。

③ 《宋会要辑稿》方域五之一一,第7388页下。

而升为"赤县"与"畿县",而是升为"次赤"与"次畿",《宋会要辑稿》曰"庆历二年升元城、大名为次赤,余并为次畿"①。这种已立京都之号,而府属县却被升为"次赤""次畿"的现象,自唐朝府制作为京都之号以来尚属首见,极为特殊。这种现象似乎维持了很久,王瓘《北道刊误志》中亦称大名府治大名、元城二县,大名、元城为"次赤",馆陶、永清、临清等均为次畿。② 而《北道刊误志》是神宗熙宁年间王瓘奉诏编纂的一部地理志书,经考证具体成书时间可能是熙宁四年(1071)十月以前。③ 这与上引《宋会要辑稿》"庆历二年升元城、大名为次赤,余并为次畿"的记载完全相符。因此可以说北京元城、大名为次赤的情况至少保持到了熙宁年间。④ 至迟在《元丰九域志》中,府治所在的元城县就已为"赤县",其余诸县也已并为"畿县"。⑤ 庆历二年北京大名府诸县升为"次赤"与"次畿"的现象,一方面可能由于原来属县级别较低,其地位不可遽升;另一方面可能还在于此时"京府"观念尚未完全建立起来。

官司与职官体系是宋代陪都"去地方化"与"首都化"的又一重要表现。前揭,唐玄宗开元元年(713)府制的创立,对唐五代及宋朝京都之制产生了重要的影响。府制的创立,不仅仅涉及府的名号及属县地位的提升,而且府的长官名号及府属僚佐体制也随之产生了重要的变化。众所周知,府是由州改制而来的,其实是一种拥有"崇名"的州,而唐前期,州的官僚体制是以刺史为首,又置有别驾、治中为副长官,后避高宗之讳,改"治中为司马,别驾为长史"。后又增"置别驾,长史如故",其下又设录事参军、司工参军等属官。府制建立后,则以"长史为尹,司马为少尹","录事

---

① 《宋会要辑稿》方域五之一二,第7389页下。
② 参见[宋]王瓘:《北道刊误志》,《丛书集成初编》本,北京:中华书局,1991年,第21—22页。
③ 详见李孝聪:《〈北道刊误志〉残本及其反映的历史地理问题》,《中国历史地理论丛》1988年第2辑。
④ 按:熙宁六年(1073)省大名入元城县,熙宁七年(1074)神宗修北京城,八年定厢坊制度,向首都开封看齐,此时很可能参照京都之制对附郭之元城县的地位作了升格。
⑤ 详见[宋]王存撰,王文楚、魏嵩山点校:《元丰九域志》卷一《四京·北京》,北京:中华书局,1984年,第7—8页。

参军为司录参军,余司改司为曹"。这一系列名号,宋朝的京都几乎都继承了下来,只不过"尹、少不常置",常以知府领之。不过"尹、少不常置"的情况,徽宗政和三年(1113)依首都开封之制而有所改变,时资政殿大学士邓洵武上奏曰:"河南、应天、大名府号陪京,乞依开封制,正尹、少之名。"徽宗从其请。①

留守司及所属分司机构是陪都区别于其他地方的又一行政制度。留守司置有留守、留守通判、留守判官、留守推官等。② 值得注意的是,留守并非三陪都所专有,留守本为"天子巡守、亲征,则命亲王或大臣总留守事"而设,宋初太祖亲征泽、潞时,就曾"以枢密使吴廷祚为东京留守"。三陪都留守之设则不同于东京,属常置性质,其职能主要为"管掌宫钥及京城守卫、修葺、弹压之事",而且"畿内钱谷、兵民之政皆属焉"。③ 而留守司的所属机构则主要有留司御史台、国子监等④。由于宋朝京都承五代后周之制,继续以河南府为西京,因此宋西京留司御史台亦当承后周而置,兹不赘言。西京国子监的建置时间多有争议,一般认为以仁宗景祐元年(1034)为是,⑤由河南府学改置而成。南京的国子监设置要早于御史台,国子监设置于仁宗庆历三年十二月,亦由南京府学所改⑥,留司御史台始置于仁宗庆历五年(1045)九月⑦。北京的留司御史台始置于庆历七年六月⑧,而北京国子监具体设置时间不详,但其当不晚于熙宁初年⑨。不难发现,留司御史台、国子监等都是

---

① 不过徽宗宣和三年(1121)又诏:"河南、大名少尹依熙宁旧制,分左右厅治事;应天少尹一员,及三京司录,通管府事。"以上均见《宋史》卷一六七《职官志七》,第3960页。
② 可详参龚延明编著:《宋代官制辞典》"四京留守判官、推官"条,北京:中华书局,1997年,第529页。
③ 以上参见《宋史》卷一六七《职官志七》,第3959—3960页。按:以往关于其为"闲司"的论断,张祥云进行了辩证,认为《宋史·职官志》所言基本可靠,详见氏著《北宋西京河南府研究》,第123—128页。
④ 按:西京还置有留守司礼院等机构,详见张祥云:《北宋西京河南府研究》,第157—158页。
⑤ 详见张祥云《北宋西京河南府》一书的考证,第140—142页。
⑥ 详见《长编》卷一四五,庆历三年十二月戊午,第3516页。
⑦ 详见《宋会要辑稿》职官一七之三八,第2753页上。
⑧ 详见《宋会要辑稿》职官一七之三八,第2753页上。
⑨ 按:熙宁五年,韩琦就曾举荐王岩叟为北京国子监教授。详见[宋]王岩叟:《韩忠献公别录序》,收入曾枣庄、刘琳主编:《全宋文》第102册,上海:上海辞书出版社、合肥:安徽教育出版社,2006年,第96页。

北宋中后期逐渐增置的。这些分司官并无多少执掌,多属"优贤"性质①,而随着时间的推移,尤其是神宗以后,其人员设置、性质等都发生了很大的变化,史曰:"增置三京留司御史台、同判国子监及诸州宫观官,以待卿监、监司、知州之老不任职者。王安石亦欲以此处异议者,遂诏毋限员。"②

就实际的政务实行而言,以上陪都之府职体制和留守司体制其实是并无太多冲突的,主要是以知府兼职留守而实现的。留守司体制的最大的政治作用则在于凸显陪都的政治地位,而分司官的大量设置也在一定程度上发挥了政治斗争缓冲器的作用,关于此,下文还将有进一步论述。

需要指出的是,陪都在"名号"上"去地方化"与"首都化"的表现尚不止于此,现借用上引宋人邓洵武言作一总结,曰:"河南、应天、大名府实号陪京,故城则谓之皇城,库则谓之左藏,有国子监以掌学校之政,有御史台以典省官之仪。至于司局之称,多类天府。"③邓洵武此奏的目的主要在于"正三京尹、少之名",这点上文已有所述。在具体的"政策"实施上,陪都也多有比拟首都之制,如咚咚鼓制度,宋敏求曰咚咚鼓"京师街衢,置鼓于小楼之上,以警昏晓。太宗时,命张公洎制坊名,列牌于楼上。按唐马周始建议置冬冬鼓,惟两京有之。后北都亦有咚咚鼓,是则京都之制也"④。另外,三陪都榷曲之制也是颇为典型的京都之制,此政策的发展演变下文详述。最后,在实际政务操作中,亦常有二京、三京、四京等集合概念的出现,并最终定格在《元丰九域志》中。

(二) 陪都的自我特色形塑

陪都在"去地方化"与"首都化"上,既然都不可避免地保留有浓厚的地

---

① [宋]王栐撰,诚刚点校:《燕翼诒谋录》卷五《优恤士大夫》:"西京学校旧为河南府学,景祐元年诏改为西京国子监,以为优贤之所。"北京:中华书局,1981年,第47页。
② [宋]陈均编,许沛藻等点校:《皇朝编年纲目备要》卷一八,熙宁二年十二月,第425页。
③ 以上参见《宋会要辑稿》职官五六之四〇,第3645页上。
④ [宋]宋敏求撰,诚刚点校:《春明退朝录》卷上,北京:中华书局,1980年,第11页。按:据李裕民考证,《春明退朝录》系熙宁三年至熙宁十年(1070—1077)陆续修订、增补而成(详见李裕民:《十六种古籍成书年代考》,《古籍整理与研究》1987年第1期)。引文中"后北都亦有咚咚鼓",很可能亦是熙宁年间神宗在北京大力推行"京都之制"的一环。

方特色,但陪都的这些地方特色究竟是借由哪些事物体现的呢？它们究竟具备了何种特点而成为陪都的代表与象征的？前揭,具有京都之号的首都与陪都,都是以天子(皇帝)为中心,围绕其动而动的。因此,陪都的这些地方特色也无疑与皇帝及其形迹为最主要的存在标志,而这些标志的形成也不是一蹴而就的,也有一个形塑的过程,故笔者将这一小节名为"陪都的自我特色形塑"。前揭,北京的设立是应政治军事之需,在以后的历史发展过程中,军事功能一直是其最主要的价值体现,其自我特色形塑即表现为军事功能的进一步加强,这点下节详述,兹仅讨论西京与南京的自我特色形塑问题。

1. 西京皇陵体系与神御殿。前揭,太祖开宝九年(976)迁都洛阳的计划最终由于太宗等的反对未果。真宗西幸,在洛阳城民请求迁都洛阳时,亦以漕运艰难为辞。庆历年间范仲淹等也有国家危难时有"城洛阳,以备急难"的说法。但从王朝运作的整体方面来看,西京作为都城在军事地理和历史传统的影响在逐步下降。然而,西京作为"陵寝重地"的形象却随着诸帝的先后入葬逐步加强。①

关于北宋西京皇陵的问题,还得从宣祖改卜安陵说起。宣祖,即赵匡胤父亲赵洪殷,周世宗显德三年(956)卒,葬于东京"京城东南隅"②。宋太祖建隆元年(960)九月追封尊号"武昭皇帝,庙号宣祖"③,其葬地称安陵。建隆二年(961)六月甲午,皇太后崩于滋德殿,冬十月丙午葬于安陵。④ 乾德元年(963)太祖命司天监赵修己、内客省使王仁赡等改卜于西京巩县西南四十里登封乡訾村。⑤ 这次改卜是经过司天监的技术官专门勘定的,至于

---

① 赵天改《论北宋首都定位的地缘政治基础》(《理论界》2010年第1期)一文从地缘政治角度,论述了由于首都开封在地理上不可消弭的缺陷,以皇帝为首的政治家们才统筹安排,扶持洛阳,进而得出西京洛阳的崇高地位,而其所论崇高地位的重要表征即是"西京皇陵"。虽然帝王陵寝多数情况下在首都,但也不必然在首都,这是一个基本常识,而且如引文所述,西京巩县皇陵的卜定,地理术数起到了很大作用。
② 《长编》卷四,乾德二年闰十二月丁卯,第113页。
③ 《宋史》卷一《太祖纪一》,第7页。
④ 参见《宋史》卷一《太祖纪一》,第9、10页。
⑤ 详见《长编》卷四,乾德二年闰十二月丁卯,第113页;《宋史》卷一二三《礼志二十六》,第2868页。

改卜的目的主要还在于借"山川王气",以系"帝运之兴隆",对此以宋太祖名义撰述的哀册文有曰:"洛川南原兮山有嵩,山川王气兮洛阳东。宫阙崔嵬兮形胜通,土圭测景兮天之中。惟帝运之兴隆兮,盛大德而昭融。閟玄宫而永安兮,与覆载而无穷。呜呼哀哉!"①可以说,宣祖改卜安陵于洛阳巩县实际已经奠定了北宋皇陵的根基。关于太祖缘何将其父葬地迁至巩县,传统的认识主要有两点:第一,开封地处豫东大平原,地下水位偏高,不适宜建造大型陵墓;第二,主要在葬制上信奉"五音姓利"之说。② 近来潘晟从《地理新书》等数术文献形成过程的角度撰文指出,宋初山陵选址的术数方法并非单纯的五音姓利之术,还包括了地形选择等方法。太祖"鸣镝择葬"也无疑是这种多元选择的注脚。③ 诚然,宣祖改卜巩县奠定了北宋皇陵的根基,但巩县皇陵体系的真正建立还要等到太祖的入葬。

关于上引太祖葬地的传说,《长编》有载,曰:开宝九年(976)三月太祖"谒安陵,奠献号恸,左右皆泣。既而登阙台,西北向发鸣镝,指其所曰:'我后当葬此。'赐河南府民今年田租之半,复奉陵户一年"④。而《宋史》则省去了"鸣镝择葬"的说法,曰太祖开宝九年三月"次巩县,拜安陵,号恸陨绝者久之。庚辰,赐河南府民今年田租之半,奉陵户复一年"。对此潘晟亦有发挥,认为太祖的陵寝之地实际上是太宗命司天监择定的,太祖"鸣镝择葬"的故事可能包含了历史叙述的曲笔成分,或许与宋初太祖太宗之间的皇位继承故事有关,也从一个侧面反映了在整个北宋陵域中位于中心地位的是太宗而非太祖陵墓。⑤ 这点,潘晟的发挥似有过当之嫌,的确《长编》与《宋史》

---

① 《宋会要辑稿》礼三九之一八,第 1369 页下。
② 可参见河南省文物考古研究所编:《北宋皇陵》,郑州:中州古籍出版社,1997 年,第 3—4 页;陈朝云:《南北宋陵》,北京:中国青年出版社,2004 年,第 4—5 页。按:以上论著在论证太祖为宣祖改卜巩县皇陵时均提到太祖"尝有迁都之意"语,但二者均未直接将太祖意迁都洛阳视作宣祖改卜巩县皇陵的原因之一,后来的引述多有过度发挥之嫌。如上文笔者所论,从"迁都之意"到"迁都"中间尚存太多的变数。
③ 参见潘晟:《北宋皇位继承的地理术数"观察"与"预言"》,《中华文史论丛》2016 年第 4 期。
④ 《长编》卷一七,开宝九年庚辰,第 367 页。
⑤ 参见潘晟:《北宋皇位继承的地理术数"观察"与"预言"》,《中华文史论丛》2016 年第 4 期。

记载的为异,但至多能证明太宗并未按照太祖本意选择具体的葬地,而且作者关于"宣祖、太祖的永安陵、永昌陵为一组,太宗永熙陵以后诸陵为一组"的判断,主要是由自己站在太宗的永熙陵时"舒畅、旷达,诸陵向其群聚"的空间感知而来。但不论如何,太宗为太祖择葬地,及太祖的入葬等真正奠定了西京巩县皇陵的地位,这点是毋庸置疑的。

陵寺,作为建在陵寝附近为守护皇帝陵寝的功德寺院,也无疑是陵寝体系的一部分。① 北宋陵寺最早见于记载的是永安院,史载真宗景德元年(1004)曾赐田土给永安院②。景德四年(1007)诏赐"永安寺僧师号二人,紫方袍五人,仍许岁度僧五人"③。针对永安寺"近在陵邑""士庶之家不敢辄入"的现象,真宗大中祥符五年(1012)诏曰"宜令度地别构堂皇(皇堂),许其斋设聚会"④。从诏令可以看出,永安寺还承担了陵邑附近士庶之家"宅设聚会"的重要功能,且其这方面的功能似更显重要,对此朝廷专门下令"别构皇堂"。从这个角度讲,永安院作为陵寺至少是不完全的,在后来陵寺与诸陵寝的对应关系上,并没有永安院的一席之地。

大约与永安院受到朝廷重视的同时,朝廷就着手在陵邑附近新建永昌院,史载景德二年(1005)四月"作永昌僧院于三陵之侧",其建设经费也是皇陵费用的一部分,曰"取诸陵寝宫白金什器八千余两充费"。⑤ 景德四年(1007)诏曰:"西京永昌禅院今后逐年许剃度行者五人。……若今后额内有阙,逐年遇承天节,即时剃度行者充填。"朝廷亦严格限制该寺的剃度人数。⑥ 乾兴元年(1022)二月,宋真宗卒,葬永定陵。同年四月,入内都知张

---

① 按:汪圣铎《宋代政教关系研究》一书称之为"皇家坟寺",本书亦有所参考。不过按照学界一般的称法,皇家坟寺一般多指嫔妃、亲王、长公主等人的坟寺,地位要次于陵寺。参见鲍志成:《南宋临安宗教》,杭州:杭州出版社,2010年,第194页;[日]高雄义坚等著,陈季菁等译:《宋代佛教史研究·中国佛教史论集》,台北:华宇出版社,1987年,第72—76页。
② 详见《宋会要辑稿》礼三七之二七—二八,第1333页上—下。
③ 《宋会要辑稿》礼三七之二九,第1334页上。
④ 《宋会要辑稿》礼三七之三〇,第1334页下。
⑤ 《长编》卷五九,景德二年四月己亥,第1330页。
⑥ [清]徐松辑,陈智超整理:《宋会要辑稿补编》,北京:全国图书馆文献缩微复制中心,1988年,第324页。

景宗言真宗山陵永定陵西北隅可以造佛寺,于是"就命监修下宫、带御器械皇甫继明……兼管勾创修",后赐名永定禅院。① 嘉祐八年(1063)三月仁宗卒,葬于永昭陵。后翰林学士贾黯言:"永定院去昭陵不远,乞量加葺饰,别赐名额,兼奉二陵。"②是年八月朝廷又将永定陵改名为永定昭孝禅院,并"给田三十顷、房钱日一千"③。英宗去世后,葬永厚陵,永定禅院也应增加了祭祀英宗的功能,于是治平四年(1067,神宗即位未改元)闰三月朝廷又给永定昭孝禅院"给田十顷、房钱日一千"④。十月,赐英宗皇帝石记文于昭孝禅院,仍"赐良田十顷,房钱日一千,岁度童行二名、僧一人紫衣"⑤。神宗熙宁五年(1072)诏"建昭孝院,奉永昭、永厚陵,以官田给"⑥,永定院与昭孝禅院正式分作两院。次年成,监修官宋用臣和登守恩并得到迁官与减磨勘的赏赐。⑦ 神宗去世后,又建宁神院,史曰"朝廷修奉裕陵(神宗陵寝)建宁神院,以荐在天之福,选永昌僧四十员为焚诵众,又于其中举用六人总领院事"⑧。北宋末徽宗崇宁元年(1102)太常寺言各陵寝与诸坟寺的祭祀格局道:"永安陵、永昌陵、永熙陵,以上系永昌院。永定陵系永定院。永昭陵、永厚陵,以上系昭孝禅院。永裕陵、永泰陵(哲宗陵寝),以上系宁神禅院。"⑨地理因素应是以上各陵寝与诸坟寺祭祀对应格局形成的最主要原因,这种对应关系与现今按照地理因素对北宋皇陵的区域划分相一致,具体则为永安陵、永昌陵、永熙陵属西村陵区,永定陵属蔡庄陵区,永昭陵、永厚陵为孝义陵区,永裕陵、永泰陵为八陵陵区。⑩ 至于北宋末徽、钦二帝,则为金人掳

---

① 《宋会要辑稿》礼二九之二三、礼三七之六,第 1074 页下、1322 页下。
② 《宋会要辑稿》礼二九之四二,第 1084 页下。
③ 《宋会要辑稿》礼二九之四五,第 1086 页上。
④ 《宋会要辑稿》礼二九之五〇、礼三七之一一,第 1088 页下、1325 页上。
⑤ 《宋会要辑稿》礼二九之五五、礼三七之一二,第 1091 页上、1325 页下。
⑥ [宋]马端临:《文献通考》卷一二六《王礼考二十一》,第 3894 页。
⑦ 《长编》卷二四二,熙宁六年正月己酉,第 5890 页。
⑧ [民国]刘莲青等纂:《巩县志》卷一七《金石二》,收入国家图书馆善本金石组编:《宋代石刻文献全编》第 4 册,北京:北京图书馆出版社,2003 年,第 692 页。
⑨ [宋]李攸:《宋朝事实》卷一《祖宗世次》注文,第 3 页。
⑩ 可详见河南省文物考古研究所编:《北宋皇陵》,第 8—19 页;陈朝云:《南北宋陵》,第 9—14 页。

掠至白山黑水间,客死异域。

神御殿虽非首都和陪都所独有①,但是陪都神御殿的存在与建立对陪都京都地位的巩固与加强至关重要,其作为"京都意象"的重要组成部分的地位亦毋庸置疑。西京的神御殿主要有会圣宫神御殿、应天禅院和崇福宫保祥殿等。但会圣宫神御殿比较特殊,由于其"近陵寝",宋人往往将其视为"备园寝"的配套设施,史曰:"国家采《汉书》原庙之制,作宫于永安,以备园寝。欲以盛陵邑之充奉,昭祖宗之光灵。"②而且会圣宫也置有专门负责守陵寝的"柏子户"③。因此,本书也将其视为皇陵体系的一部分。会圣宫,坐落于河南府永安县訾王山上,始建于仁宗天圣八年(1030),次年建成,改訾王山为凤台山,正式定会圣宫名,随即遣三司使晏殊迎太祖、太宗、真宗画像奉安。④自神宗以后奉安诸帝神御于会圣宫形成惯例,熙宁二年增置仁宗、英宗神御,元祐二年增神宗神御,崇宁二年增哲宗神御。⑤张祥云根据王珪《华阳集》卷一四《会圣宫毕工帝后御容还殿奉安祝文》之标题,推测曰:"会圣宫不仅奉安有北宋诸帝遗像,而且还有诸帝后的遗像。"⑥的确,关于会圣宫的史料不多,但从零星记载看,此说不一定确切,徽宗建中靖国元年(1101)礼部尚书丰稷有"会圣宫降真殿六位奉安六圣神御,中间阁道今欲撤去,增为七位。殿后御阁旧东西各二,中置三位为七阁"语,也不难看出诸帝神御是合于降真一殿的,因此很难想象还奉有诸后遗像。徽宗大观、政和中曾对会圣宫加以修饰,增设卫兵,至于是否改动会圣宫诸帝神御格局尚不能断言。⑦

---

① 关于宋代神御殿可详参汪圣铎《宋代寓于寺院的帝后神御》(载《宋史研究论丛》第 5 辑,保定:河北大学出版社,2003 年)一文,关于宋代陪都的神御殿,汪圣铎《宋代西南二京的帝后神御殿》(收入张其凡、陆勇强主编:《宋代历史文化研究》,北京:人民出版社,2000 年,第 322—333 页)一文亦有详细的论述,本书多有参考。

② [宋]欧阳修著,李逸安点校:《欧阳修全集》卷五八《会圣宫颂》,北京:中华书局,2001 年,第 840 页。

③ 《宋会要辑稿》礼三七之三二,第 1335 页下。

④ 参见《宋会要辑稿》礼一三之一,第 574 页上。

⑤ 详见《宋会要辑稿》礼一三之四,第 575 页下;《宋史》卷一七《哲宗纪一》,第 325 页;《宋史》卷一九《徽宗纪一》,第 366 页。

⑥ 详见张祥云:《北宋西京河南府研究》,第 298 页。

⑦ 详见《宋会要辑稿》礼三七之三六、三七,第 1337 页下、1338 页上。

西京完全意义上的神御殿,则有应天禅院和崇福宫保祥殿。西京应天禅院,史曰真宗景德四年(1007)"以西京太祖诞辰之地建太祖影殿,起应天禅院,一如启圣院例"①。启圣院,即太宗诞生之地所建之寺院,太平兴国六年始建,雍熙二年成。② 真宗即位不久,又在启圣院内建太宗神御殿。上引应天禅院与太祖影殿(神御殿)应属同时兴建,不过值得注意的是,"应天禅院"正式赐名应是真宗大中祥符二年(1009)之事③。天禧元年(1017)成,凡"九百九十一区","令洪州僧智新住持"。④ 仁宗时期,神御殿扩容,增太宗、真宗神御。关于此事的缘起,据叶梦得言,是由于"天圣中,明肃欲置真宗神御其间,而难于遗太宗,因以殿后斋宫并置二殿,曰三圣殿"⑤。庆历末年,"仁宗御篆神御三殿碑:艺祖曰兴先,太宗曰帝华,真宗曰昭孝"⑥。至此应天禅院置皇帝神御形成制度,此后每有皇帝亡故便都在应天禅院置神御,但此前三殿格局变成二殿,前殿奉太祖,后殿奉太宗等。神宗时,移太宗神御于前殿,于后殿增仁宗、英宗神御,并对兴先殿进行了修缮,修缮后重新命名,前殿曰继明,后殿曰会真。⑦ 哲宗即位后,应天禅院后殿增神宗神御,升真宗神御于前殿。崇宁二年(1103)又增哲宗神御于后殿⑧。

崇福宫保祥殿神御规模远不及应天禅院,在很长的一段时期内,主要供奉者只有真宗、章献皇后神御,徽宗大观年间重修后又增置神宗及钦慈后神御。无疑,崇福宫及真宗神御的设置都与其大中祥符年间"神道设教"的系列活动有关。崇福宫的前身是唐代太一观,位于中岳嵩山,而中岳嵩山是道教五岳神仙祭祀体系的重要组成部分。真宗大中祥符年间东封泰山、西祀汾阴的同时,还顺便祭祀了东岳神和西岳神并加了封号。但真宗并未忘了

---

① 《宋会要辑稿》礼一三之一,第574页上。
② [宋]王明清:《挥麈录·前录》卷一,上海:中华书局,1961年,第3页。
③ 详见《宋会要辑稿》道释二之一〇,第7893页下。
④ 《宋会要辑稿》道释二之一〇,第7893页下。
⑤ [宋]叶梦得撰,宇文绍奕考异,侯忠义点校:《石林燕语》卷一,北京:中华书局,1984年,第4页。
⑥ [宋]王辟之撰,吕友仁点校:《渑水燕谈录》卷一《帝德》,第1页。
⑦ 以上详见《宋会要辑稿》礼一三之一——四,第574页上—575页下。
⑧ 以上详见《宋会要辑稿》礼一三之五,第576页上。

中岳,在大中祥符四年(1011)二月祭祀汾阴后还经洛阳的途中,亦曾望祭中岳。同年五月便尊五岳神为帝①,十一月又诏加号于五岳后②。在尊崇中岳的同时,太一观也逐渐受到重视,真宗天禧三年(1019)"章献明肃皇后斥奁具,茸而治之,更宫名曰崇福",又兴建会元殿,以"严后土元天大圣后之象"。仁宗天圣、景祐间,就在真宗"尝游幸之地"建保祥殿,"画像,以旦望供养焉",并"塑章献明肃圣皇后于殿之西阁,加以供奉"。③ 这无疑是仁宗为"永怀"章圣皇帝,总结真宗崇奉中岳"遗产"的直接产物。徽宗大观元年(1107)又诏洛师"侈宫槛而大之"。徽宗之所以扩建崇福宫,据说与其母曾"祷于会元之神""是生朕躬"有关。④ 前揭,西京嵩山崇福宫作为道教的重要宫观之一,其"护佑"赵宋王朝,益于政治治理的作用无疑是明显的,但是崇福宫宝祥神御殿的设置,则进一步增重了其在赵宋王朝的地位。

  2. 南京鸿庆宫神御殿与火神祭祀。鸿庆宫,事实上作为南京陪都实体的营建方向,上文已有较为详细的论述。但囿于南京祖宗兴王之地的强大思想传统,南京鸿庆宫与道教的渊源则逐渐淡出了历史,而改建后的鸿庆宫突出了太祖、太宗等"现世祖先"的地位,具有了"原庙"的性质,这就使得其逐渐成为南京最具特色的象征性建筑。天圣元年(1023)鸿庆宫修成后,实际奉安的只有太祖、太宗像。天圣四年(1026)又增奉真宗御容。康定元年六月,鸿庆宫火,令别建斋殿供养。庆历六年十二月,又诏重修三圣御容殿。次年六月成,命翰林学士张方平往奉安太祖、太宗、真宗神御。⑤ 鸿庆宫三圣神御,应是分开奉安的,王仲勇《南都赋》载"殿实有三,一祖二宗,显文谟而承武烈,弥万祀而无穷"⑥。哲宗绍圣元年(1094),因"屋宇例皆损漏",朝廷曾赐度牒二百道进行过修缮。⑦

---

① 《宋大诏令集》卷一三七《典礼二十二·五岳升帝号诏》,第484页。
② 《宋大诏令集》卷一三七《典礼二十二·加上五岳后号诏》,第484—485页。
③ 以上详见[宋]李攸:《宋朝事实》卷三《西京崇福宫记》,第47页。除上引会元、保祥外,还置有祁真殿。详见[宋]王应麟辑:《玉海》卷一〇〇《天禧崇福宫》,扬州:广陵书社,2016年,第1862页。
④ [宋]王应麟辑:《玉海》卷一〇〇《天禧崇福宫》,第1862页。
⑤ 以上详见《宋会要辑稿》礼一三之一,第574页上。
⑥ [宋]王仲勇:《南都赋》,收入[宋]吕祖谦编,齐治平点校:《宋文鉴》卷一〇,第125页。
⑦ 参见《宋会要辑稿》礼一三之六,第576页下。

宋朝又常被称为"火宋""炎宋",这主要是由于其"德运"所属。众所周知,"德运"是王朝合法性的重要理论工具,宋朝建国伊始就确定了"火德",史曰:"有司言国家受周禅,周木德,木生火,当以火德王,色尚赤,腊用戌。从之。"①而祖宗兴王之地,及火德所属都与南京应天府发生了某种内在的联系,《宋史·礼志》便曰:"缘国朝以宋建号,以火纪德,推原发祥之所自,崇建商丘之祠,府曰应天。"②不难看出,这种"推原发祥"的结果就是"商丘之祠"的兴建与崇奉。商丘之祠,即阏伯祠。相传,宋州古称商丘,传说为高辛氏之子阏伯始封之墟,阏伯在此"主辰",亦即主管祭祀大火,因此后世尊为火神或火祖。宋州为太祖兴王之地,国家德运所属,又为火神始封之墟,这种天地人之冥契时人李石称"自古罕有"③。宋朝火灾时有发生,胡宿于康定元年(1040)十月连上数奏,请修"火祀"。胡宿认为"阏伯之神,上配大火,国家之兴,实受其福,至于祀典,犹宜超异于昔",而阏伯祠不修,"甚非报本尊始,崇秩祀之意也",进而将宋朝德运与之相系起来,曰"商丘在今南京,太祖皇帝受命之地,当房、心之次,以宋建号,用火纪德,取于此"。④ 宋朝对大火及阏伯的崇祀由此开始,礼官议定赞同,并定为"中祀"。⑤ "中祀"在国家祭祀体系中虽然并不是很高,但是和国家"德运"联系起来,在国家层面上就非常重要,因而火神祭祀无疑也就成为陪都南京的重要象征意义。

和前揭南京建都时所强调的祖宗兴王之地一样,火神祭祀的重要性也更多地体现在思想观念层面,并不构成国家实际政治运作的核心。因而在熙丰变法时,发生了一件"辱国黩神"之事。新法规定,所有"祠庙并依坊场、河渡之例,召人承买,收取净利",这当然包括南京阏伯庙、宋公微子庙,阏伯庙纳钱46贯500文,微子庙12贯文。而时任应天府知府,一贯反对新法的张方平抓住机会,上疏神宗力保不出卖阏伯庙和宋公微子庙,曰:"阏伯远自唐尧迁此商丘之土,主祀大火,而火为国家盛德所乘而王,本朝历世尊

---

① 《长编》卷一,建隆元年三月壬戌,第10页。
② 《宋史》卷一○三《礼志六》,第2514页。
③ [宋]李石:《续博物志》卷二,《丛书集成初编》本,北京:中华书局,1985年,第20页。
④ 《宋会要辑稿》礼一九之九、一○,第757页上、下。
⑤ 《宋会要辑稿》礼一九之一二,第758页下。

为大祀。微子,宋之始封君,开国于此,亦为本朝受命建号所因,载于典礼,垂之著令,所当虔洁,以奉时事。"①神宗听后,大怒,以为"辱国黩神,此为甚者"②,速令不准再施行并劾问负责官吏。上引张方平"本朝历世尊为大祀"语,显然不确。徽宗时期,南京火神地位进一步提升,政和年间定五礼新仪,才增应天府大火之祀为"大祀"。③ 南京后又成高宗即位建号之地,阏伯由"公"升格为"王"。④ 这无疑为南宋的合法性构建提供了非常重要的理论基础。因此,张方平在对待召人承买阏伯庙、微子庙这件事上多少有些借题发挥的成分,这当然也反映了张方平对新法的一贯态度。

前揭,南京鸿庆宫本是由天庆观的圣祖殿更名而成,后又于正殿归德殿旁异地重建而成。众所周知,天庆观是真宗大中祥符二年(1009)因天书降、圣祖临而下令各地兴建的,诏曰:"诸路、州、府、军、监、关、县择官地建道观,并以天庆为额。"⑤《朝野类要》亦曰:"天庆观,诸州皆置建之,所以奉圣祖天尊大帝。"⑥当然,北京亦置有天庆观,政和五年(1115)十月和政和六年(1116)五月徽宗曾分别两次下诏令大名府路安抚使姚祐、梁子美修饰崇奉圣祖殿等殿宇。⑦ 北京天庆观圣祖殿"艺祖、太宗御容皆东向侍立"⑧,亦供有太祖、太宗神御。那么,为何将西京的诸神御殿,与南京的脱胎于天庆观的鸿庆宫都视为西京与南京自我形塑的象征,而不将北京天庆观也作为北京自我形塑的象征呢?这主要是基于以下两方面的考虑:其一为西京的诸神御与宋王朝或皇帝有区别于其他地方的独有的联系;其二,南京的鸿庆宫

---

① [宋]张方平撰,郑涵点校:《张方平集》卷二六《论祠庙事》,第407页;《宋会要辑稿》礼二〇之一五,第772页上;《长编》卷二七七,熙宁九年八月壬辰,第6775—6776页。

② 《宋会要辑稿》礼二〇之一五,第772页上;《长编》卷二七七,熙宁九年八月壬辰,第6776页。

③ 《宋史》卷九八《礼志一》,第2426页。

④ 详见《宋会要辑稿》礼二〇之九,第769页上。

⑤ 《长编》卷七二,大中祥符二年十月甲午,第1637页。按:汪圣铎对宋代的天庆观有详尽的研究,并指出西京则称天庆宫,详见氏著《宋代政教关系研究》第二十三章《宋代的天庆观》,第631—642页。

⑥ [宋]赵升编,王瑞来点校:《朝野类要》卷一《故事·天庆观》,第33页。

⑦ 详见《宋会要辑稿》礼五之一九、礼一三之七,第474页下、577页上。

⑧ 《宋会要辑稿》礼一三之七,第577页上。

最初虽脱胎于天庆观,但后曾改名并异地重建,本身与其他地方的天庆观有别,后又经士大夫"原庙之崇"等的赞美建构,因而能够成为南京京都形象的代表。显然,北京的天庆宫并不曾有上述的类似经历,与其他地方的天庆观并无多大区别,因此北京的天庆观是不能作为北京自我形塑之象征的。

综上可见,陪都主要通过"自我形塑"与"首都化"两种方式实现其"京都形象"。这都在一定程度上与地方城市拉开了距离,从而使得陪都成为介于首都(中央)与地方城市之间的一组特殊组织。主要从两方面说明了陪都京都意象的构建,其实在实际的政务运行中,宋朝政府确实也考虑到了陪都的重要性与特殊性,比如前揭相关政策的实行,德政大赦的规划等。不过上文也同样揭示了一个事实,即在塑造陪都形象中,尤其是在宫城与城阙的建设上出现的差异化问题。这一方面与其特殊的地缘环境有关,但更为重要的还在于他们在王朝不同的地位与作用所致。换句话说,不论是在"自我形塑"还是"首都化"过程中,其主导性塑造力量都来源于中央权力。这就涉及"中央权力"在陪都的施用问题,而权力的施用并非是盲目与均质的,而是充分结合了陪都的地方特色,这点下节将再进行补充论述。

第三节 北宋都城功能体系的形成与演变

前揭,虽然陪都的建立多是特定时期的特定产物,但其一经建立便产生了很大的影响,陪都通过"自我形塑"与"首都化"的系统建构而具有明显的"京都意象"。不难发现的是,陪都"京都意象"的建构是不同的,有侧重的。这种不同很大程度上是由于"中央权力"的塑造,而这又体现了现实中权力作用的非均质性。然而,陪都又是相对于首都而言的一个集合概念,通过系统建构确实有不同程度的"陪都意识"。陪都的命名亦是以首都开封的地理为参照系的。但是,首都与陪都的关系从来也不是首都"名实"现象的单向扩展,用"互动"似乎更为恰当。也就是说,随着时间的推移,陪都承担了越来越多的"都城功能",这些"功能"本应就属于陪都或者是从首都扩展而来。这里的重点,并不在于追寻这些功能的最初来源,而是更多地关注这些功能在各陪都扩展这一事实。

一、如何理解首都与陪都的关系

其实这个问题,《绪论》中已有简略的说明。中国是典型的中央集权的大一统王朝国家,中央集权国家的首都承载了很多东西。换句话说,国家统治的很多功能性的东西,都是通过首都而实现的。正如"功能论"者所认为的"国家的首都的功能是一个包括了许多子功能的复杂系统,既有若干核心功能,又有一系列叠加功能",根据首都功能的"叠加"与"分散"程度,可形成"巨头首都"和"两京制"或"多都制"两种模式,前者表现为"巨变模式",后者表现为"裂变模式"。中国古代的都城体系主要以"裂变模式"为主,进而认为"不论建立陪都的具体原因是什么,概括起来,其总的原因都是对首都功能的补充,只不过功能补充的方向和角度有所不同而已"。[①] 但也需要注意的是,这种仅从"功能论"的角度,将都城功能"叠加"与"分散"或者"都城功能体系中所有功能"能否"完全发挥"为立论依据的分析模式,显然有以偏概全之嫌,理论研究意义大于实际意义。笔者认为,与其关注首都功能的集聚与发挥问题,倒不如将关注点更多地放在首都的缺陷方面,这或许更接近古人的思想认识与古代的现实。如西周,洛阳东都的设置,就是因为西都太远,不便控御广大的东方,周秦以降为主的两都模式中,洛阳很大程度上亦承担着此种功能。这种立都的缺陷,最典型的表现就是宋朝。前揭,宋朝设都开封在地缘上有不可克服的缺陷,安全的担忧甚至说是恐惧,始终是一块心病。

当然,首都与陪都的关系是非常复杂的。任何一种概括化的理论解释,都有其缺陷,也不可能完美,一定要具体分析。这样说,笔者并不是反对理论上的概括性研究,而是要看到复杂性,万不可"简单化"处理。就首都与陪都的关系而言,笔者也非常赞同"功能论"的角度。丁海斌所言的"裂变模

[①] 以上参见丁海斌:《中国古代陪都史》,第12—16页。

式"至少就宋代而言还是非常深刻的,非常有概括性的。但是一定要注意到这种"功能论"的"历时性"考察。也许,一开始时人不太会从"功能"的角度去看或者理解首都及其都城体系,但是,随着时间的推移很多的功能会被不断地建构,从而形成今人所谓的"都城体系",抑或相反。虽然首都与陪都关系很复杂,但是"功能论"仍是一个非常有效的分析工具,故下文主要从这一理论视角出发去认识与理解宋朝首都与陪都的关系。

二、陪都与首都安全体系的建构与演变

前揭,宋代的陪都建立情况不同,没有统一的规划。从这一点看,很难讲"都城体系"。但是随着时间的推移,"京都"意象在陪都表现得越来越明显。因此,首都与陪都的关系不是静态的,而应在动态中去把握。也就是说,首都与陪都的关系是不断建构与演变的。

(一) 西京、南京与首都安全[①]

"安史之乱"爆发后,开封成为叛军攻入两京的必经之路,叛乱平息后,开封又逐渐成为朝廷控御东方的重镇。五代时期开封以其便于命将出师的地缘优势,以及募兵体制下天子守都的传统,逐渐取代洛阳成为国家首都。而宋承五代之制,定都开封,基本实现"小天下"的宋朝,最主要的任务则是"守"。宋初攻守转换下,如何保卫首都安全就成为最重要的问题之一。太祖开宝九年(976)意欲迁都西京洛阳,就是欲依靠西京的山河形胜,让西京分担东京首都安全功能缺失这一根本问题,最终实现"安天下"之策。太祖以去首都这样"极端"的方式彻底摆脱首都安全问题的策略,因遭到了太宗等的强烈反对而流产。

北宋西京虽非首都之重,但还是保持了相当大的军事存在。就西京的驻军而言,庆历年间京西路禁军总共165指挥,西京河南府就驻有33指挥,11指挥的马兵,殿前司4指挥,马军司7指挥,占京西禁军总数的20%左右。

[①] 按:本节关于仁宗时期西京、南京京城及属县驻军的数据主要参考了王曾瑜《宋朝军制初探(增订本)》中《宋仁宗时禁军指挥分驻各地表》,第43—66页。

值得注意的是,除西京河南府33指挥外,京西的许州、孟州、陈州的禁军亦分别达到了33、24和21指挥,西京、许州等地的禁军加起来就有111指挥了,占到京西的67.3%左右。这清楚地表明了京西的军事部署是重点布控几大核心的特点。而从以上各地的地理位置看,京西路的孟州、西京河南府、许州及陈州恰好都形成了一个呈西北—东南走向的"月牙状"的军事防卫带,其防卫首都的功能不言自明。

从这"月牙状"的军事防卫带的内部看,其防卫首都的特点也是很清楚的。孟州24指挥中,部署河阳的就有12指挥,分别为殿前司3指挥、马军司1指挥和步军司9指挥;部署河阴的有殿前司3指挥、步军司7指挥。孟州境内横跨黄河两岸,河阳、河阴更是直接控遏黄河北岸和南岸的要地,如此部署就是要守住黄河防线,而离其西南不远的地方就是首都东京开封府。许州的禁军部署,除州城的19指挥外,紧挨开封府的长葛就驻有8指挥。陈州的21指挥,全部部署州城,而州城本身就靠近开封府。西京河南府的33指挥中,除京城16指挥外,其余17指挥全部部署巩县(10指挥)和白波(7指挥)两地,白波是西京境内黄河段的重要渡口,巩县则是西京最东端通往首都开封的交通要地,在此部署重兵的用意也应与陈州州城和许州长葛的状况类似。

南京应天府自"安史之乱"后就一直是朝叛力量争夺的重点,并成为一方军事重镇,亦曾长期作为宣武军节度的治所。后宣武军治所迁至汴州,进而开封成为五代各朝的首都。南京应天府亦是宋王朝的"兴王之地",加之真宗崇道的催化作用,终于大中祥符七年(1014)被建为南京。对南京"壮是王气,建为大都"的强调,并不应忘却其"保厘东郊"①、防卫首都安全的重要作用。南京应天府属京东路,南京应天府仁宗庆历时期驻有46指挥,隶属殿前司的有12指挥、马军司1指挥、步军司33指挥,南京驻军占京东路140指挥总数的32.9%左右,占据第一的位置。而驻军第二多的曹州总共才有14指挥,第三多的郓州才11指挥,其他的分布在15州军,都在10指

---

① [宋]石介著,陈植锷点校:《徂徕石先生文集》卷二〇《上南京夏尚书启》,北京:中华书局,1984年,第244页。

挥以下,最高者也就是广济军的 8 指挥了。

可以看出,与京西环首都西北—东南向"月牙状"重点布控的军事防卫不同,京东路的禁军部署明显呈现出南京应天府一家独大的情形,这当然是由于南京紧临开封府西南端,控御汴河,"保厘东郊"。南京"保厘东郊"的军事作用,还体现在南京属县宁陵县的驻军上,南京 46 指挥中,南京京城的驻军就达到 29 指挥,满额约 14500 人,应主要驻防在南京京城东边周回二十五里的关城之中。除此之外,南京的兵力部署主要集中在紧邻开封府襄邑县的宁陵县中(谷熟县驻有 2 指挥),宁陵县驻有 15 指挥,其中就包括京东路唯一一指挥的骑兵部队。宁陵县的驻军甚至超过了京东路驻军第二多的曹州,其如此部署的用意当然亦是更好地保卫首都安全。若打破路分界域,用更宽广的视域看,从京西路的孟州到西京、许州到陈州,再加上京东路的南京、曹州与广济军,则完整地构成了一条从西北到东北的呈"U"形状之环首都防御带。至于首都北边的防御则无疑要依靠河东与河北等地了。

(二) 北门锁钥:北京与首都的安全

五代石敬瑭割燕云十六州于辽朝后,"北方关险,尽属契丹。契丹之来,荡然无阻"①,辽朝日益成为中原各王朝的心腹大患。宋太祖即位后,实行"先南后北"的统一方略,在北疆除部署有横海(治沧州)、义武(治定州)、成德(治镇州)、安国(治邢州)、昭义(治潞州)、建雄(治晋州)六镇节度使外,又置关南巡检(又称关南兵马都监)和西山巡检,对辽及其支持的北汉政权实行积极防御的战略。宋太宗攻灭北汉,对辽两次北伐失败后,在河北防御前沿屯驻重兵进行防守,逐渐形成了镇州、定州、高阳关和天雄军(大名府军额)四都部署。② 镇州、定州、高阳关三部署由于史料记载较多,上引李昌宪、赵冬梅等文都有较为清晰的论述,但对天雄军都部署则基本含糊其词,因与本书论述对象密切相关,特略作引申。

---

① [宋]富弼:《上仁宗论河北十事》,载[宋]赵汝愚编:《宋朝诸臣奏议》卷一三五,第 1514 页;《长编》卷一五〇,庆历四年十二月乙卯,第 3729 页。
② 参见赵冬梅:《北宋前期边防统兵体制研究》,《文史》2004 年第 3 期。关于河北四都部署的形成还可参李昌宪:《宋代安抚使制度(上)》,《文史》第 47 辑,北京:中华书局,1998 年。后又收入氏著《宋代安抚使考》(济南:齐鲁书社,1997 年)一书的前言部分,第 1—51 页。

至少在太宗太平兴国二年(977)李继勋罢任前,大名府的最高军政长官基本还是实行所谓"正除牧守"的节度使体制,其间仅一任文官知府王祜,且仅在任八月。太平兴国二年以后,文官知州制度基本确立,直到雍熙三年(986)王承衍"出知天雄军府兼都部署"①,这是见诸史籍最早的天雄军都部署。关于王承衍出知天雄军的背景,《宋史·魏咸信传》有一段交代,曰:"雍熙三年冬,契丹扰边,王师出讨,悉命诸主婿镇要地:王承衍知大名,石保吉知河阳,咸信知澶州。"②可见,这次天雄军都部署的设置是临时指挥,接替王承衍的翟守素之职位则为充天雄军兵马钤辖、知大名府,同年接替翟守素的石保吉则知大名府兼兵马都部署。因此可以基本确定王承衍出知的都部署是天雄军一地的军事长官。此后先后出任过天雄军都部署的有石保吉(987—988年在任)、王昭远(998—999年在任)与景德元年的王显、周莹与王钦若等,而且他们都兼任大名府知府。其中景德元年(1004)宋辽关系紧张,临时在大名府加强防守,尤其是王钦若以副相身份判天雄军府兼都部署,其增重大名府防守的意味不言而喻。而且孙全照是以天雄军钤辖、西上阁门使知军府事代替王钦若的。因此,景德元年大名府都部署亦是临时而设的,辖区亦仅有大名府一地。而且,从历史传统上讲,自后晋将魏博藩镇一分为三后,邺都一直仅辖魏州一地,后周太祖郭威于显德元年(954)正月戊寅(初八日)废邺都,依旧为天雄军,以符彦卿出镇天雄军③。北宋建立后,符彦卿仍为天雄军节度使,直到开宝二年(969)为凤翔节度使。④

综上以为,如李昌宪、赵冬梅等所言的作为"方面军主帅"的天雄军都部署无疑是不存在的。而且天雄军都部署都是宋辽关系紧张时临时设置的,事后即撤,往往代之以"天雄军(兵马)钤辖"等,并未形成如李昌宪、赵冬梅等所言的稳定的都部署体制。当然,赵冬梅亦注意到了石保

---

① 《宋史》卷二五〇《王承衍传》,第8817页。
② 《宋史》卷二四九《魏咸信传》,第8805页。
③ 详见《旧五代史》卷一一三《周书四·太祖纪第四》,第1501页。
④ 参见《长编》卷一〇,开宝二年七月丙寅,第230页。

吉、王昭远、王显、周莹和王钦若等亦兼大名府知府的事例,但其仅将此作为都部署长官往往兼任驻地知州的特点来叙述。① 其实大名府的地位重要,北宋一朝尤其是北宋前中期其长官的选任中武臣要远多于文臣,尤为特殊。②

在河北镇、定、高阳关三都部署中,镇、定都部署时有分合,咸平、景德情势紧急时三都部署又常由一人并兼,聚兵定州,集中守御唐河防线。"唐河大阵"自五代以来就是中原王朝组织抵御辽朝的最重要且较为有效的防线。北宋如防秋时亦是重点的防御地带③,如咸平五年(1002)真宗所言"每岁防秋,全师聚于定州,此国家旧制也"④。不过在防秋时,天雄军等近里军事单位有时亦承担了相当的角色,如咸平六年(1003)真宗接受冯拯"今防秋,宜于唐河增屯兵至六万,控定武之北为大阵;邢州置都部署为中阵;天雄军置钤辖为后阵"⑤的建议。但在太宗雍熙以后消极防御政策,尤其是真宗的"城守"政策下,⑥辽军可轻易绕过这条"不能称之为防线"的防线,长驱南下,"澶渊之师"就是典型,对此富弼总结道:

> 太祖、太宗之时,契丹入寇,边兵或有丧败,而不能长驱。真宗初时,边兵亦少失,而有长驱之患者何哉? 盖太祖、太宗时,屡曾出师深入攻讨,及寇至,又督诸将发兵御战,北骑虽胜,知我相继开壁,援兵四至,无退藏之惧,是以匆匆出塞,不敢长驱也。洎真宗即位,惩丧师之衄,遂下诏边臣,寇至但令坚壁清野,不许出兵。纵不得已出兵,只许披城布阵,又临阵不许相杀。贼知我不敢出战,于是坚壁之下,不顾而过,一犯

---

① 详见赵冬梅:《北宋前期边防统兵体制研究》,《文史》2004年第3期。
② 可参张春梅的相关论述,见氏著《北宋大名府及其知府研究》,河南大学硕士学位论文,2010年。
③ 关于北宋的防秋可参见吴红兵:《北宋"防秋"政策刍议》,《河北大学学报》(哲学社会科学版)2018年第2期。
④ 《长编》卷五一,咸平五年正月乙丑,第1112页。
⑤ 《长编》卷五四,咸平六年六月己未,第1197页。
⑥ 曾瑞龙认为雍熙三年(986)以后,宋朝吸取了宋初军事冲突失败的"前车之鉴",至澶渊之盟时,就已长期从事以防御为主导的战略,战略文化上终于取代了五代速战速决而较富攻略意识的特点。详见氏著《经略幽燕:宋辽战争军事灾难的战略分析》,第346—348页。

大名,一犯澶渊,是故虽无丧师之失,而有长驱之患。真宗再驾河朔,幸而讲和,不然,事未可知也。①

景德年间辽军深入河北腹地,直抵澶州城下,就深刻暴露了宋朝"城守"之消极防御策略带来的巨大隐患,富弼"事未可知"当非危言耸听。从战略层面讲,"直抵澶州",很大程度上也就意味着首都开封已处于辽军的兵锋之下,就其间的黄河本身而言,实在很难构成一道坚固的防线,而"大河之南直抵都城,并无州郡为限,虽有县镇,形势轻弱"②。寇准等正是深明此理,才力劝真宗亲征,御敌于河北。澶渊之盟签订后,大名府亦在真宗的军事战略中的地位有所提升,承担"挫其锐"的重任,但在军事布防上,大名等河北南部各府州并没有多少兵力,如景德二年(1005)正月真宗就诏"河北诸州禁军分隶镇、定、高阳都部署,合镇、定两路为一。天雄军、沧、邢、贝州留步卒六指挥"③。可见,宋朝并未吸取此前的教训,在大名等河北南部各府州部署重兵。这大概也反映了五代以来以行营为主要模式的战时体制的某种残留,尽管已经出现了镇、定、高阳关等"驻泊都部署",④但这与仁宗时期才真正形成的"路分部署"中间还有很长的一段路要走。

庆历二年(1042)升大名府为北京,才使其在河北的政治军事地位得到跃升,成为真正意义上的"河朔根本"。前揭,北京的建立是庆历初年辽朝军事威胁之下的结果,从根本上讲,北京的建立及其地位的提升都是因其"屏蔽首都",此即所谓"首都根本,北京枝叶"也。因此,北京战略地位存在"内则屏蔽王畿,外则声援诸路"两个层面的重要意义。庆历四年(1044)富弼上《攻守十二策》,富弼在"守策"中,仔细分析了河北的形势后,提出了"定、瀛、沧各置一帅,北京置一大帅"的防守之策,曰:

---

① 《长编》卷一五三,庆历四年十二月乙卯,第3729页。
② 《宋会要辑稿》方域五之二六,第7396页上。
③ 《长编》卷五九,景德二年正月癸丑,第1307页。
④ 按:镇、定、高阳关驻泊都部署的形成可参上引赵冬梅《北宋前期边防统兵体制研究》一文的相关论述。

> 河北三十六州军内沿边、次边北京、雄、霸、冀、祁、保、瀛、莫、沧、镇、定十一州,广信、安肃、顺安、信安、保宁、乾宁、永宁七军,北平一寨,总十九城,皆要害之地,可以控制敌寇而不使得深入。定为右臂,沧为左臂,瀛为腹心,北京为头角。此四城乃河朔之望也,余十五城为指爪支节,乃四城之所使也。定、瀛、沧各置一帅,北京置一大帅,余十五城分属定、瀛、沧三路,择善将守之。十九城都用兵三十万,定五万,瀛、沧各三万,镇二万,雄、霸、冀、保、广信、安肃各一万,祁、莫、顺安、信安、保宁、永宁、北平各五千,北京五万,为诸路救援。余二万分顿诸道,巡检游击兵。①

富弼这一守策的核心即在于"控制敌寇而不使得深入",就是要避免景德年间"大兵悉屯定州""闭门自守",契丹军"堂堂直抵澶渊,几至渡河,为京师患"的窘境,且"皆使出而接战者也"。② 而"北京置一大帅"战略部署,则使北京成为整个河北防御体系中的"头角"之重。当然,这只是富弼的建议与设想,而河北驻军"三十万"也是富弼估计的战时增兵之数,实际兵力富弼自言"今无事时,河朔已有驻泊、屯驻、就粮兵十八万,本城五万"③,合二十三万左右。

富弼的建议可能并未引起朝廷的足够重视,但是庆历五年(1045)七月,朝廷却任命"知大名府程琳兼河北安抚使"④,李昌宪认为这标志着安抚使制度在河北的确立,并指出保州云翼卒与贝州王则兵变是其动因。⑤ 笔者对此持保留意见,因为河北安抚使并非常设机构,而且河北四路安抚使的确立某种程度上具有反制河北安抚使的意思,对此下文详论。就其动因而言,则并未提供任何证明材料,其后李立则通过富弼《定州阅古

---

① 《长编》卷一五〇,庆历四年六月戊午,第3641页。
② 参见《长编》卷一五〇,庆历四年六月戊午,第3642页。
③ 参见《长编》卷一五〇,庆历四年六月戊午,第3641页。
④ 《长编》卷一五六,庆历五年七月戊子,第3787页。
⑤ 如周振鹤主编,李昌宪著《中国行政区划通史·宋西夏卷》第31页所论。按:有关文献所载的宋政府在雄州、沧州等地所置的河北安抚使,这往往是"河北缘边(沿边)安抚使"的某种简称,可详见李立《北宋河北缘边安抚使研究》一文的有关辩证,收入漆侠主编:《宋史研究论文集:国际宋史研讨会暨中国宋史研究会第九届年会编刊》,保定:河北大学出版社,2002年,第105—109页。

堂》的有关论述略有补充,但李立的论说重点仍在于河北因应宋辽关系而出现的整个防御体制的变化。① 显然,河北安抚使的设立主要是提高了大名府在河北的军事战略层面的地位,以便使之与北京的政治地位相匹配,真正实现如下文知大名府兼北京留守程琳所言的"建都全魏以制北方"的战略目标。程琳的河北安抚使不久即罢,具体时间不得而知,但可以肯定的是此一定在庆历七年二月仁宗命贾昌朝判大名府之前,既为安抚之"使",则其废罢亦在弹指之间。河北安抚使于庆历七年二月仁宗为判大名府的贾昌朝而重新设立,此可详见下文。因此庆历五年程琳出任河北安抚使很可能也具有某种更为现实的意义。

从当时的"国际"看,对宋朝而言可谓是"一片大好",略梳理于下:庆历四年六月,契丹聚兵伐夏;十二月宋夏议和;庆历五年正月中旬辽使来报辽夏战事结束。但在这种情况下,宋朝"国内"政局却出现了较大的波动,此即"庆历新政"的夭折,杜衍、范仲淹、富弼、韩琦等相继被逐出中央朝廷,尤其是庆历五年(1045)正月范仲淹、富弼等的外任反响很大。但是此时宋辽关系却出现了一些新的冲突,亦即欧阳修所言的"契丹越界修建铺屋"等事,②对此朝廷也相当重视,为便于交涉还曾于庆历五年六月乙丑(二十一日)调整了缘边安抚司的辖区,曰"以定州北平军军城寨、真定府北寨及沧州并隶缘边安抚司"③。欧阳修认为契丹侵界是其在为西夏所败之后"勉强虚张""实弱而示强"的表现,尤其是契丹战败后其在国内"招丁口""募甲兵","处处开教阅之场,家家括粮马之数",④这些举措却又不得不牵动了宋朝敏感的神经,因此庆历五年(1045)七月知大名府程琳兼河北安抚使亦很可能与此有关。

---

① 相关论述可参见李立:《北宋河北缘边安抚使研究》,收入漆侠主编:《宋史研究论文集:国际宋史研讨会暨中国宋史研究会第九届年会编刊》,第105—109页。
② 可详见[宋]欧阳修著,李逸安点校:《欧阳修全集》卷一一八《乞预闻边事》,第1814页;又见《长编》卷一五六,庆历五年五月癸丑,第3780页。
③ 《长编》卷一五六,庆历五年六月乙丑,第3784页。
④ 参见[宋]欧阳修著,李逸安点校:《欧阳修全集》卷一一八《论契丹侵地界状》,第1822—1824页;又见《长编》卷一五六,庆历五年五月癸丑,第3781—3782页。

建都北京虽然极大提高了其政治军事地位,但这事实上并未改变北京在河北军事布防上的尴尬地位,庆历六年(1046)二月知大名府程琳徙永兴军时言道:"建都全魏以制北方,而兵隶定州、真定府路,其势倒置。请分河朔兵为四路,以镇、定十州军为一路,合兵十万人;高阳关十一州军为一路,合兵八万人;沧、霸七州军为一路,合兵四万人;北京九州军为一路,合兵八万人。"对此,朝廷倒颇为重视,下其章令判大名府的夏竦议,夏竦认为镇、定为一路,"兵柄太重",建议分为两路,沧州等不必建为一路,仍隶高阳关路,对北京则应重点建设,曰"惟北京为河朔根本,宜宿重兵,控扼大河,内则屏蔽王畿,外则声援诸路,请以大名府、澶怀卫滨棣德博州、通利军建为北京路","平时只以河北安抚使总制诸路,有警即北京置四路行营都部署,择尝任两府重臣为之"。① "议未决,夏竦入为枢密使,贾昌朝判大名,复命规度",贾昌朝"请如竦议",只是对"未有所隶"之沿边巡检司和界河司提了些补充意见,"请以沿边巡检司隶定州路,界河司隶高阳关路"。朝廷最终于庆历八年(1048)四月下诏分河北兵为四路:"北京、澶怀卫德博滨棣州、通利保顺军合为大名府路;瀛莫雄霸恩冀沧州、永静乾宁保定信安军合为高阳关路;镇、邢、洺、相、赵、磁州合为真定府路;定保深祁州、北平广信安肃顺安永宁军合为定州路。"四路"各置安抚使",这与夏竦、贾昌朝四路各置都部署,以知大名府领河北安抚使之初议有别,对此李焘言曰"盖略有损益"。②

不过也可从主要推动者夏竦、贾昌朝等人的思维看,河北从都部署体制最终转向安抚使体制并非像我们一般所认为的那样必然,安抚使体制在河北的确立也是在"略有损益"之间。从夏竦、贾昌朝四路各置都部署,以知大名府领河北安抚使之"初议"看,他们所主张的"以知大名府领河北安抚使"应是某种稳定的体制,而且此前已确立了知大名府程琳兼河北安抚使的体例,但此后河北安抚使的设置却非常制,也正是在这种意义上笔者认为河北四路安抚使的确立某种程度上具有反制河北安抚使的

---

① 以上参见《长编》卷一六四,庆历八年四月辛卯,第3947—3948页。
② 以上参见《长编》卷一六四,庆历八年四月辛卯,第3948页。

意思,不赞同李昌宪河北安抚使的设立是安抚使体制在河北确立的标志的观点。① 关于河北安抚使的设置情况,《石林燕语》曰:"北京旧不兼河北路安抚使,仁宗特以命贾文元(贾昌朝)。故文元召,程文简(程琳)为代,乞只领大名一路。后文元再镇,固求兼领,乃复命之。且诏昌朝罢,则不置。及熙宁初,陈旸叔(陈升之)守北京,遂以文元故事兼领。"②这段史料,研究者指出贾昌朝于庆历七年(1047)二月始判大名,从上引庆历五年始置河北安抚使看,系非"特以命贾文元",故一般认为有误。而且李之亮的《宋河北河东大郡守臣易替考》③及张春华《北宋大名府及其知府研究》④等研究中都未列陈升之,其实关于陈升之的情况比较特殊,是有命无任,据《宋史·陈升之传》载"熙宁元年,徙许,中道改大名府,过阙,留知枢密院"⑤。

上引贾昌朝与程琳的关系倒也容易理解,即程琳多次出任大名府知府,检李之亮、张春华等人的列表可以清楚地看到,皇祐元年接替贾昌朝者恰为程琳。因此,此则史料准确无误。之所以会出现"北京旧不兼河北路安抚使,仁宗特以命贾文元"的情况,恰好说明了庆历五年河北安抚使始置即罢,同时也说明了庆历七年二月河北安抚使的复置与河北安抚使路的成立无关,在时间上要早一年零两个月。引文"文元召,程文简(程琳)为代,乞只领大名一路",我们亦可从熙宁三年韩琦辞免河北四路安抚使的札子中得到佐证,对此韩琦不断重复程琳及陈执中不兼河北安抚使的成例。⑥ 陈执中在皇祐四年至皇祐五年七月(1052—1053.7)接替程琳出知大名府。"后文元再镇,固求兼领,乃复命之",应指的是贾昌朝于皇祐五年接替陈执中第二次出判大名府

---

① 关于河北四路安抚司的最新研究有朱国兵、黄义军《再论北宋河北四路安抚司的形成》(《历史地理研究》2024年第1期),该文通过历史、政治、地理的视角,认为庆历年间卒骄将懦、兵变频繁是北宋政府设置河北四路安抚司的根本原因,虽然亦注意到了庆历年间的宋辽危机,然仍未提及其与北京建制的关系。虽曰"再论",实际上仍未突破上引李昌宪、李立等人的研究。
② [宋]叶梦得撰,宇文绍奕考异,侯忠义点校:《石林燕语》卷九,第128页。
③ 李之亮:《宋河北河东大郡守臣易替考》,成都:巴蜀书社,2001年。
④ 张春华:《北宋大名府及其知府研究》,河南大学硕士学位论文,2010年。
⑤ 《宋史》卷三一二《陈升之传》,第10238页。
⑥ 详见[宋]韩琦:《安阳集》卷三五《辞免河北四路安抚使》《再乞只充大名府路安抚使》,《宋集珍本丛刊》第6册,北京:线装书局,2004年,第540页下、541页下。

之事,"且诏昌朝罢,则不置",说明至嘉祐元年(1056)贾昌朝罢任后河北安抚使在制度上已经完全取消了。时隔10年后的熙宁元年陈升之时又置,又为韩琦所承袭,至于熙宁三年(1070)韩琦坚辞河北安抚使之事,此乃涉及韩琦论青苗钱,与王安石的政治斗争问题。① 李昌宪言熙宁三年韩琦以后,河北安抚使终不再置,并无史证,此还有待详考,像河北缘边安抚司的情报上报大名府路安抚司的工作一直持续到了元丰四年,元丰四年(1081)九月神宗有诏"河北缘边安抚司指挥辖下,自今谍报事毋得申大名府路安抚司"②。

  从以上勾勒所见,河北安抚使的设置主要是因人而设,尤其是贾昌朝、韩琦等重臣,至于熙宁元年为陈升之重设河北安抚使则还需进一步研究,不过其"过阙,留知枢密院"事亦可见神宗对其的宠信,而且不久即与王安石一起主持制置三司条例司的工作。虽然说仁宗时期河北安抚使的设置与安抚使路的划设没有关系,其在庆历七年至嘉祐元年(1047—1056)的近十年里则长期设置(程琳、陈执中事属中途请辞),也在一定程度上说明了自庆历四年以来富弼、夏竦、贾昌朝等"河北置一大帅"的主张也得到了某种程度的贯彻。最后,值得注意的是,虽然河北四路安抚使在区划上覆盖了河北缘边安抚使的辖区,但是河北缘边安抚使并未取消,依旧发挥着重要作用,可参李立《北宋河北缘边安抚使研究》一文的有关论述。③

  综上所言,从庆历四年富弼的建言,到庆历八年河北四路安抚使制度的确立,虽有很大程度上提高北京大名府军事地位使之更加匹配北京政治地位的因素在里面,但更为重要的还在于"控制敌寇而不使得深入",解决建都北京后,北京战略地位与军事部署之间"其势倒置"的局面。换句话说,这所有的一切都是围绕着陪都北京的建制而展开的,河北四安抚使路的形成,实质上是在此前镇、定、高阳关三驻泊都部署的基础上增加了一个大名府路而已,其着力加强北京及附近地区防守的想法也不言而喻。

---

  ① 可详参朱义群:《宋神宗即位初期政治研究(1067—1070)》,首都师范大学硕士学位论文,2013年,第87—88页。
  ② 《长编》卷三一六,元丰四年九月丁亥,第7638页。
  ③ 详见漆侠主编:《宋史研究论文集:国际宋史研讨会暨中国宋史研究会第九届年会编刊》,第105—109页。

庆历八年(1048)四月,分河北兵为四路后,各路军事部署情况由于史料阙如,不得详知。王曾瑜根据《宋史·兵制》统计有《宋仁宗时禁军指挥分驻各地表》①,其中河北路共有禁军254指挥,每指挥500人算,共12.7万人。这与前引庆历四年(1044)富弼所言河朔当时驻泊、屯驻、就粮之禁军18万之数相比,已大幅减少。庆历八年(1048)张方平言,"臣曾勘会河北厢禁军仅二十万人,禁军五之四"②,禁军有16万,这是张方平亲自"勘会"的结果,应与事实大致相符,且言"仅二十万人",则强调其少。可见,庆历末年河北禁军一直呈递减趋势,故上述河北禁军12.7万人,无疑是庆历八年四月大名府安抚使路设立以后之数。若再按四安抚使路划分的情况看,大名府路有52指挥,2.6万人;高阳关路82指挥,4.1万人;真定府路49指挥,2.45万人;定州路71指挥,3.55万人。

可以清楚地看到,相较于前引景德二年(1005)"天雄军、沧、邢、贝州留步卒六指挥"而言,"其势倒置"的局面有很大的改变,但定州路、高阳关路仍是前沿防御的重心所在,作为"次边"之北京等州组成的大名府路在防守上其实是不可能与定州路及高阳关路相比的。就单个城市相比,北京有13指挥6500人,而高阳关路的冀州有20指挥,恩州有17指挥,二州合计37指挥18500人,占河北禁军总兵力的14%强,而定州路的定州则更是达到了25指挥12500人,几乎是北京驻军的两倍。从军事防御的角度看,在"遏贼冲,为国门户"的镇、定等地部署重兵也当然容易理解,皇祐五年(1053)时知定州的宋祁所言"尝闻天下根本在河北,河北根本在镇、定"亦可谓宋人的一般认识。③ 仁宗时期河北四安抚使路的地理区域划分及各地驻兵情况可见下图。④

---

① 可详见氏著《宋朝军制初探(增订本)》,第43—66页。按:本段下引各地驻军数据,亦以王曾瑜《宋仁宗时禁军指挥分驻各地表》的统计数据为准。
② 《长编》卷一六三,庆历二年八月甲寅,第3926页。
③ 参见[宋]宋祁:《景文集》卷二九《上便宜札子》,第374页;又见[宋]赵汝愚编:《宋朝诸臣奏议》卷一三六《上仁宗论河北根本在镇定》,第1519页。
④ 以下两图均采自程龙《北宋华北战区军政区域规划与粮食补给》(《中国历史地理论丛》2012年第3辑)一文。

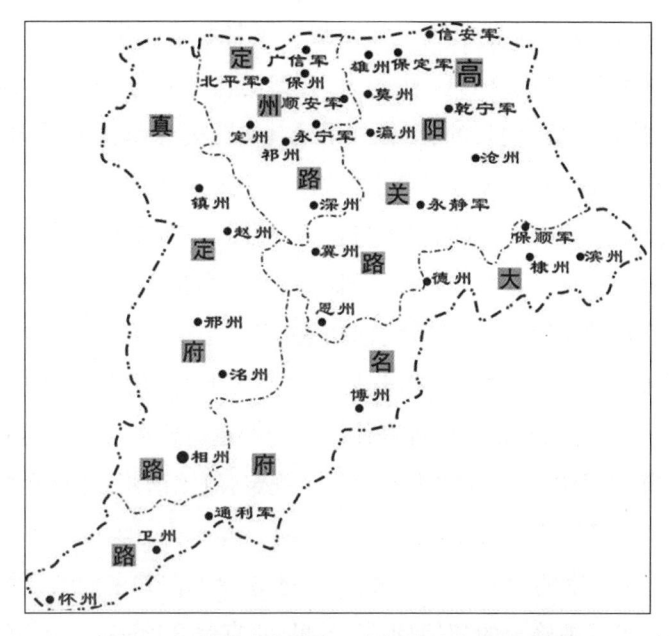

图 2.1 仁宗时期河北四安抚使路地理区域图

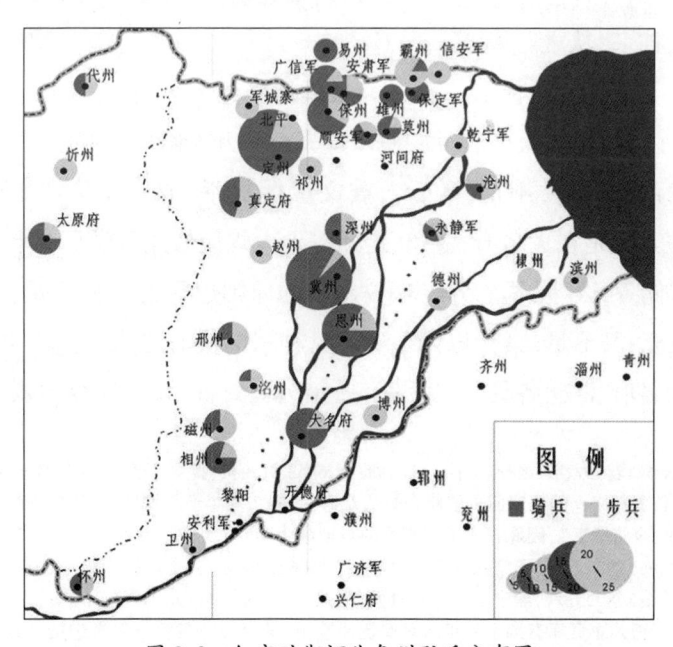

图 2.2 仁宗时期河北各州驻兵分布图

大名府路各州自西向东沿黄河北岸形成一道带状的军事防线,在这里屯驻重兵、"控扼大河"的战略目标基本达到,真正意义上的"北门锁钥"最终形成。至于"诸路救援"的目的,历史并未给其实践机会,但至少在政治与经济上作为战略后方的北京等地对处于战略前沿之诸路州军起到的"支援"作用则是不言而喻的,这在北京的城防与仓储规模上等都有很好的体现,神宗时期体现得尤为明显。对神宗时期首都与河北战备的关系,前文第一章已略有涉及,而北京作为"北门锁钥""河朔重地"自是军事备御的核心。以修仓储粮为例,熙宁六年(1073)将作监丞胡宗回曾上言"河北东路仓务当修者四千六百楹,费缗钱九万",而神宗便将修仓的重点放在了澶州与北京,并对修仓的规模、工程进度及经费来源等作了规定,曰:"澶州、北京置仓贮粮,澶州三百十五万石,北京四百五十万石,期二年修毕,赐度僧牒五百给其费。"①可能是神宗的规划太过庞大,实际的修建工作并未达到预期的目标,熙宁八年负责督视修仓的胡宗回言,澶州、北京修仓"期以二年,今将毕工。其澶州、北京新旧仓共可贮谷四百万石,如数足,自可给分屯军马支费,其余乞罢修",神宗"从之"。②

熙宁七年(1074)神宗差春夫大规模地修建大名府城,史曰:"(熙宁七年十一月丙午)诏差大名府、德、博州春夫总三万人修大名府城,仍约逐县去大名府三百里内差,不足,听旨。委文彦博提举,取二年毕。"③熙宁八年(1075)正月更是在大名府、澶州、定州等地大规模修建可供部署十万人的行营和军器储备,以"马军二分,步军八分"的原则进行配备,"不足,以诸州军守城之余充;又不足,具数以闻",④可见神宗的决心之大。同年九月,神宗又诏:"大名府、澶州各具马二万匹,一年刍豆封桩,大名府令司农寺,澶、定

---

① 《长编》卷二六〇,熙宁八年二月己卯,第6343页。按:此条李焘系年在熙宁八年,对是年十一月庚午负责督视修仓的胡宗回乞罢修仓颇为疑惑,而熙宁八年十一月庚午胡宗回却有言"督视修仓,期以二年,今将毕工",因此正式下诏修仓的日期应为熙宁六年。
② 《长编》卷二七〇,熙宁八年十一月庚午,第6621页。
③ 《长编》卷二五八,熙宁七年十一月丙午,第6291页。按:元丰六年十二月十四日,大名府路安抚使言:"博州军资库有熙宁元年河北安抚使滕甫、吴充用空名敕告召人进纳见钱九千九百四十五缗,乞以修治本路州府城橹。"从之。《宋会要辑稿》方域八之一九,第7450页上。
④ 以上参见《长编》卷二五九,熙宁八年正月丙午,第6317页。

州令都提举市易司计置,并限二年足。"①此后,神宗似乎还曾下令澶州、定州及大名府大规模封桩草,由于"计置久未毕",神宗特于元丰元年(1078)下诏令大名府、澶州、定州通判等计置未足数,并令及时籴买。② 元丰二年(1079)正月诏北京府、澶、定州封桩粮要达到"六百七十余万硕,草千七百余万束","仍委安抚司专领之"。③

综上,庆历二年的宋辽危机,使仁宗君臣切实感到了亡国之忧,虽最终以外交形式解决,但其间建都北京,示以亲征的"伐谋"之策也与富弼的外交斡旋紧密配合,起到了很大的作用。但是对契丹"长驱之患"的恐惧仍未根本消除,危机过后,在富弼、程琳、夏竦和贾昌朝等臣僚的努力下,终于建立起了以北京为核心的,自西向东沿黄河北岸呈带状分布的军事防线,真正意义上的"北门锁钥"最终形成。但就整个宋辽军事战略态势而言,位于次边或腹里的北京还是重要的战略指挥中心和后方基地,神宗时期对包括北京在内的澶州、定州等进行了重点建设,加强了粮草储备等,其中北京无疑又是重点中的重点,使之可以"内屏王畿,外援诸路"。至于其后的发展及在宋金战争中的作用下文详论。

(三) 京畿防卫体制与陪都

中国古代首都及其附近地区,称为"京畿"。初唐由雍州统领京畿,唐玄宗改京兆府。自首都府制创制以来,首都的管理等都属"京府"体系。"安史之乱"以后,京畿的管理由府统领制演变为京畿道统领。至德元年(756),唐肃宗即位灵武,设置"京畿道节度使,领京兆、同、岐、金、商五州",使得京畿的构成大为扩大。此后战乱,屡有变迁,但基本规模不变。五代对京畿的管理恢复为府统领制。宋沿袭之,以开封府管理京畿地区。④ 府城

---

① 《宋会要辑稿》食货三九之二四,第 5500 页下;《长编》卷二六八,熙宁八年九月壬戌,第 6560 页。

② 详见《长编》卷二九〇,元丰元年七月辛卯,第 7100 页。

③ 《长编》卷二九六,元丰二年正月癸酉,第 7194 页;《宋会要辑稿》食货三九之三〇,第 5503 页下。

④ 可详参贾玉英:《唐宋时期地方政治制度变迁史》,北京:人民出版社,2016 年,第 49—53 页。

内外设置重兵,在各属县亦有重兵驻扎。景德三年(1006),设立开封府界专门管理开封府各属县,仁宗时期,开封府界成为京畿地区的代名词。仁宗朝贾昌朝奏立"辅郡",曰:"汉、唐都雍,置辅郡,内翼京师。国朝都汴,而近京诸郡皆属他道,制度不称王畿。请析京东之曹州,京西之陈、许、郑、滑州并开封府总四十二县为京畿。"①皇祐五年(1053)十二月仁宗正式下诏以"以京东曹州、京西陈、许、郑、滑为辅郡,并属畿内"②,组成京畿路,京畿范围扩大,置京畿转运使,负责治安、赋税等。至和二年(1055)十月"罢京畿转运使及提点刑狱,其陈、许、郑、曹、滑各隶本路"③,恢复开封府界的建置。下文对于京畿的讨论也主要以开封府的界域为核心。

众所周知,北宋是由唐五代的藩镇体制发展而来,其依靠的核心力量即中央禁军。禁军亦即天子近卫,禁军有事出讨,驻泊地方。但不可否认的是,北宋初年禁军绝大部分都聚集在首都及其附近地区。上文已对由西京、南京等组成的围绕首都的"U"型防卫圈进行了论述。此处所指的"京畿防卫体制"主要即指"U"型防卫圈内部的情况,至于"四辅"与"京畿防卫体制"的关系详见下文论述。

太祖时的禁军,太宗实行扩大政策,真宗、仁宗继续膨胀。仁宗时期开封府的禁军总共达到了 684 指挥,约 342000 人,占全国当时禁军总兵力的 35.5%以上。其中京城 476 指挥,开封府各属县则有 208 指挥。开封府各属县中,尉氏 25 指挥,陈留 49 指挥,雍丘 43 指挥,阳武 5 指挥,东明 7 指挥,襄邑 24 指挥,扶沟 2 指挥,考城 4 指挥,太康 10 指挥,咸平 39 指挥。各属县驻军分布极不平衡,这主要是考虑到就粮方便的问题,如驻兵较多的陈留、雍丘、襄邑都属于汴河沿线,咸平则属于蔡河沿线。从京城与开封各属县的兵力比重及各属县兵力分布看,这种防卫体制似乎称之为"京师防卫体制"更为恰当,但从更广阔的视域以及开封府各属县大量驻军这一现实而言,称之

---

① 《长编》卷一七五,皇祐五年十二月辛酉,第 4242 页;《宋史》卷二八五《贾昌朝传》,第 9620 页。

② 《宋大诏令集》卷一五九《政事十二·建易州县·置京畿辅郡诏》,第 601 页。又见《宋会要辑稿》方域五之二五,第 7395 页下;食货四九之一六,第 5641 页下。

③ 《长编》卷一八一,至和二年十月己丑,第 4378 页。

为"京畿防卫体制"似也未尝不可。

前揭,北宋中期仁宗,尤其是神宗以后,首都开封及府界的兵力持续减少,从根本上改变了北宋前期首都"以兵为险"的防御体制。徽宗时,亦继承了神宗以来的这种体制,在首都空间的营造上更加注重所谓"权威"景观的塑造。但这并不是说徽宗君臣对首都的安全置若罔闻,这集中体现在四辅郡的设立上。史载崇宁四年(1105)七月丁巳(二十二日),宰臣蔡京"被旨,京畿四面可置辅郡,屏卫京师,谨酌地理远近之中,割移县镇,分置四辅"。蔡京等随即上奏,拟以"颍昌府为南辅,以汝之郏县隶之;襄邑县为东辅,以南京宁陵、楚丘、柘城、京畿之考城、太康隶之;郑州为西辅,以西京密县隶之;澶州为北辅,以北京朝城、南乐隶之。四辅郡为节度,以太中大夫以上知州,置副都总管、钤辖各一员,知州为都总管,余依三路帅臣法。各屯马步军共二万人,积贮粮草,每州五百万",徽宗"从之"。① 可以看出,蔡京的四辅是与京畿分立的一个概念。不过从仁宗朝贾昌朝奏置"辅郡",并曾一度组成京畿路而言,宋人对于京畿概念的使用还是比较宽泛,因此蔡京四辅防卫体制亦可理解为一种扩大了的"京畿防卫体制"。崇宁四年(1105)八月十三日以原开封府襄邑县建拱州为东辅。② 十二月初十日徽宗亲自降下"御笔",建拱州为保庆军,曰:"京师川原平衍,无阻山带河之险。比建四辅,拱翼都邑,澶、郑、颍昌,因旧节度,以壮屏翰之势。其新置拱州,未赐军额,可依澶、郑例赐以军额。其四辅仍随四面称某辅马步军都总管,永为定制。"③ 崇宁四年十二月乙亥(十二日)又下诏重新强调"四辅屏翰京师,兵力不可

---

① [宋]杨仲良编:《续资治通鉴长编纪事本末》(以下省称《长编纪事本末》)卷一二八《四辅》,北京:北京图书馆出版社,2003年,第3974—3975页。又见《宋会要辑稿》方域五之一二,第7389页上。按:《宋会要辑稿》此条系年为崇宁三年七月二十二日,不过从此后相关活动的跟进上看,应以崇宁四年七月二十二日为是。另,陈瓘将蔡京所置四辅与王安石为推行保甲法意欲以近畿为辅郡相联系起来大加批判,这二者应无必然联系。陈瓘所论,详见氏著《宋忠肃陈了斋四明尊尧集》卷二《圣训门第一·上问尚书省制度》,《续修四库全书》第448册,上海:上海古籍出版社,2002年,第365页。

② 参见[宋]杨仲良编:《长编纪事本末》卷一二八《四辅》,第3975页。

③ [宋]杨仲良编:《长编纪事本末》卷一二八《四辅》,第3975页;《宋大诏令集》卷一五九《政事十二·建易州县·建拱州为保庆军御笔》,第602页。

偏重,可各以二万人为额"①。崇宁五年正月壬子(十九日)又令"渐次兴修"四辅之城隍、廨舍、军营等。② 不过,拱州东辅的建制曾一度改为曹州,对此大观元年(1107)四月专门下诏"东辅依旧以襄邑县渐次营建,其以曹州为东辅指挥勿行"③。大观二年(1108)五月京畿都转运使吴择仁还曾奉诏积极完善水路交通网络以便往四辅运输五百万储备粮草。④ 不难看出,徽宗这次设立辅郡与仁宗皇祐五年所立辅郡还是有所差异,皇祐五年(1053)那次"制度上比拟汉唐"的成分更重,而徽宗崇宁年间所置四辅则军事防卫的色彩非常浓厚,并进行了积极的军事设施建设。大观四年(1110),罢四辅,许、郑、澶州还隶京西及河北路,废拱州,复以襄邑县隶开封府。⑤ 政和四年(1114),襄邑县复为拱州,后与颍昌府、郑州、开德府复为东、南、西、北辅。宣和二年(1120),罢四辅,颍昌府、郑州、开德府各还旧隶,拱州隶京东西路,旧开封府界依旧为京畿。⑥ 至此,四辅制度最终失败。

关于徽宗朝四辅的设置,反对派常言是蔡京欲夺兵权的举措,对此《长编纪事本末》引蔡絛《史补》曰:

> 都邑,旧宣武军也。地坦平,旁无险固。鲁公自为侍从时,已叹其无戎备矣。又上即位,每好下问,故临朝询听左右侍御之臣。鲁公微意欲稍革去宦官亲近,由是崇宁中力陈祖宗寓将兵于畿县,不惟就粮,盖亦防微杜渐焉。但制度狭小,今宜于法前意,仿汉三辅,尽萃兵于辅郡,仍各增屯至五万人,以近臣领之,季一入奏如故事。遂置四辅,又设三卫。⑦

然而三卫多"择大臣勋戚子弟及儒士为亲卫、勋卫、翊卫郎。然四辅始置,兵亦未及五万,制度犹未就。时三卫诸郎既多勋戚子弟,或不能副上意者,时

---

① [宋]杨仲良编:《长编纪事本末》卷一二八《四辅》,第3977页。
② [宋]杨仲良编:《长编纪事本末》卷一二八《四辅》,第3977页。
③ [宋]杨仲良编:《长编纪事本末》卷一二八《四辅》,第3978页。
④ 详见《宋会要辑稿》食货四三之五,第5575页上;食货四七之四,第5614页上。
⑤ 详见《宋会要辑稿》方域五之一四,第7390页上。
⑥ 以上参见《宋史》卷八五《地理志一·京畿路》,第2106页。
⑦ [宋]杨仲良编:《长编纪事本末》卷一二八《四辅》,第3976页。

谤言至,谓鲁公反设此以囚人主。由是四辅、三卫皆遽罢,虽鲁公,亦不敢言复也"①。蔡絛,蔡京之子,引文中鲁工即蔡京也。相比反对派的言论,蔡絛的记载应更接近历史事实。从上引史实可知,徽宗对四辅之事亦积极支持。可以说,四辅制度起初是徽宗、蔡京君臣共同参与规划的京畿防卫体制,这在神宗以来首都"戎备"大减的情况下无疑具有重要意义。

不难看出,徽宗朝蔡京积极营建的京畿防卫体制与陪都有莫大的关系。这首先表现在其对陪都管理体制的改移,如东辅就曾割南京之宁陵、楚丘、柘城三县,西辅郑州割西京密县,北辅澶州,隶以北京之朝城、南乐二县。其次,降低改变了陪都在首都安全体系中的作用。前揭,陪都都有安全上的功能,但后来越来越倚重北京,而四辅尤其是北辅澶州的设立,在极大提高了其政治地位的同时,也打乱并削弱了以北京为核心的防御体系(大名府路)的力量。再如南京宁陵县,亦是南京的军事中心之一,仁宗时便驻有 15 指挥,占据当时南京 1/3 左右的军事力量。割南京的宁陵县,南京在"保厘东郊"上的能力则大为下降。最后,不可否认的是,陪都只是构筑首都安全体系的一环,而构筑京畿防卫体系,加强京畿防御力量,这与建设陪都在基本方向上并无根本冲突。四辅制度,由于涉及权力、党争等因素而被奏罢,但其"仿汉三辅"理想成分及现实中其实行起来本身的困难与弊端等也是显而易见的,如大规模的城隍、廨舍、军营的建设,及建襄邑县为拱州,为东辅等。但是京畿四辅军事体系的构建,毕竟提供了一种历史的想象空间,蔡絛"及北狄犯顺,举兵而南,自越大河,略无屏蔽,遂直抵阙下。四辅之制,良可惜云"②的感叹,如今看来也颇为遗憾。

总而言之,西京、南京与北京对首都开封的安全而言都有重要的价值。庆历二年建都北京以前,洛阳一直是首都受威胁后重要的迁都备选之地,这当然是因为洛阳乃四面险固之地,但更重要的还是思想观念上对洛阳的认同。但现实是,北宋的洛阳城防实际上一直是处于比较衰败的一种状态。

---

① [宋]杨仲良编:《长编纪事本末》卷一二八《四辅》,第 3976—3977 页。
② [宋]杨仲良编:《长编纪事本末》卷一二八《四辅》,第 3977 页。

从总体上看,北宋洛阳城建一直是延续五代,以恢复性建设为主。这是政治军事上说的。在思想上,宋人也就越来越不愿意接受以洛阳为都的现实,前揭开封"德守"的道德建构即为典型,即使一直主张"城洛阳"的范仲淹那也是在国家"急难之时"的应急之需。随着时间以及政治军事的发展,尤其是庆历二年北京大名府设置以后,首都开封的安全对西京越来越无依赖了。这一变化也深刻体现了朝廷对西京的建设主要集中在了宫城上,西京的城防越来越被人所忽视了,甚至出现了"西京城郭周数十里,卑薄颓缺,犬豕可逾",又由于洛水等穿城而过,于是"每夜诸门,扃鐍虽严,而滩流之际,人皆可以平行往来"。① 南京在北宋前中期一直是重兵云集之地,但由于其深处腹心之地,没有直接的安全威胁,北宋晚期已无多少驻军。

庆历二年建大名府为北京后,仁宗、神宗两朝分别从军事体制和城防、仓储等方面对其进行了大规模的调整与建设,取得了很好的效果。但神宗时期北京仓储、城池楼橹等修建时还是力不从心,仓储的修建工作上文已有所述,至于城池楼橹之修,诚如文彦博所言工程浩大,"不可卒焉而就",亦只能"次第而修作之",且时多有应付,如"以成熟之材,委积于虚间之处,敌来而后立,患至而后兴"。② 就兵力部署而言,北宋中后期国家整体的军队数量一直呈递减趋势,熙宁三年,诏河北禁军以七万为额。熙宁七年行将兵法,河北总兵力才91800余人。徽宗初,知定州张舜民言:"本朝自南北通好已来,定州路兵额常及十万,尔后日见销耗,至熙宁、元丰以前,定州犹不减二三万人。后因封桩禁军阙额钱粮,朝廷唯务封桩数多,转运司利于销兵省费,更不切招填,因致边兵日少。即今春秋大教,尽数不及六七千人。定州最为河北屯兵之处,尚乃如此,其它州军即可知矣。"③的确,北宋中后期北京的兵力之少可想而推知矣!但北京城高池深的,也是令金人望而却步,史

---

① [宋]司马光:《温国文正公文集》卷四七《奏三十二·乞罢将官状》,《四部丛刊初编》本,第4页b。
② [宋]文彦博:《文潞公文集》卷二二《论修楼橹事奏》,《宋集珍本丛刊》第5册,北京:中华书局,2004年,第377—378页。
③ [宋]张舜民:《上徽宗论河北备边五事》,载[宋]赵汝愚编:《宋朝诸臣奏议》卷一四〇,第1586—1587页。

曰:"金人趋京师,所过城邑欲立取之,是岁大寒,城池皆冰,敌率借冰梯城,不攻而入。(郭)永适在大名,闻之,先弛壕渔之禁,人争出渔,冰不能合,敌至城下,睥睨久之,叹息而去。"①引文主要是夸赞郭永之智,但是令金人"睥睨久之,叹息而去"的仍无疑是北京的高城深池。北京城一直坚持到了建炎二年(1128)十二月才被金人攻破,而此时已距开封城破北宋灭亡将近两年。这深刻说明了国家战略与个体城市的关系。

当然,从军事战略角度讲,北京虽时常被宋人称为"北门锁钥",这是无可厚非的,但是从具体战役的角度而言,"四面尽平"的北京反而不如澶州险要。换句话说,北京在军事上的重要作用主要是靠一个如大名府路这样的军事防御体系,而这又与北宋"城守"的消极防御存在根本矛盾。相较于北京,直接控御黄河的澶州似更为紧要,这点宋人亦有深刻的认识,神宗朝就开始对澶州进行了大规模的战备准备,徽宗朝亦曾将其置于北辅的重要地位,后包括北辅在内的四辅被废,但澶州仍得到了很大的关注,屯兵重点防御,只是金兵南下,驻防士兵不战而逃,才使得金东路军从容渡河,进而与西路军会师开封城下灭亡北宋。此外,西京、南京与北京等三京对于首都安全的重要作用,还集中体现在靖康元年(1126)九月勤王之师的调度上。面对金人二次南侵,太原失陷,首都即将又一次被包围的局面,宋政府从臣僚之请,建立起以三陪都另加邓州为核心的四道总管府,分总东西南北四道兵马,以为"卫王室""御狂虏"之计。② 最后需要强调的一点的是,北宋的灭亡绝非仅仅是军事战略的问题,还需从更多方面去探讨。

三、"分邦政务":陪都与首都的政务

在专制主义中央集权体制下,首都无疑是全国的行政统治中心。不过陪都也在全国行政统治体系中发挥了很重要的作用,尤其是在解决很多中央政府特别棘手的问题方面。换句话说,从功能论的角度看,陪都在一定程度上

---

① [宋]汪藻:《浮溪集》卷二〇《郭永传》,《四部丛刊初编》本,第8页b—9页a。
② 可详见[宋]汪藻著,王志勇笺注:《靖康要录笺注》,成都:四川大学出版社,2008年,第1109—1112页。

具有"分邦政务"的重要作用。下文主要从熙、丰时期变法与反变法的斗争、宗室"分居""分食"政策等两方面,择要叙述陪都在"分邦政务"中的作用。

(一) 陪都与熙、丰时期反对派

北宋经过数十年的发展,宋政府面临的内忧外患逐渐严重起来,从北宋中期起改革的呼声就不断涌现,从范仲淹的"庆历新政",到熙丰时期的"王安石变法",改革的浪潮一浪高过一浪。"庆历新政"实施一年有余,旋即失败。但宋朝的一些积弊仍未得到根本性的改革,及至意欲"有为"的神宗即位,遂起用王安石进行以"富国强兵"为宗旨的改革。与王安石等改革派相对立,在朝廷出现了很多反对派大臣。如何将他们"体面"地逐出朝廷,使得改革顺利进行,就成为朝廷相当棘手的问题。如何"体面"大致可分为两个层面,其一,在制度上要有"正当"的名义;其二,在外放的地方选择上要与其身份地位相称。而西京、南京一则有陪都之重,二则有分司之制,因而成为理想的外放之地。以上所述只是一般模式,不排除反对派大臣的自请(自愿抑或重压下)外任,而居留西京与南京也不只分司一途。当然,神宗在"异论相搅"的祖宗家法之下,为平衡变法派的力量,在首都或陪都等重地亦会有意安排一些反对派重臣,这些都是需要格外注意的。因此,不论具体目的与途径为何,熙丰时期在西京、南京与北京等都聚集了相当数量的反对派官僚则是历史事实。

值得注意的是,熙、丰时期这些居留于陪都的反对派官僚,尤其是有实际职任的地方首长,他们并不一定全是受打压、排挤的失意者,其居陪都之重,有时对朝政亦有很大的影响。其实陪都长官的选任朝廷都是非常重视的,西京河南府长官多"系执政、从臣充"①,北京的首长则有"自罢郡以置都,常择人而作屏"②之称,元祐元年(1086)还特别规定"今后差知西京、大名、应天、成都、太原、永兴、成德军……并待制已上人"③。熙丰时期著名反

---

① [宋]马端临:《文献通考》卷六三《职官考十七》,第 1892 页。
② [宋]强至:《祠部集》卷一六《代王君贶尚书北京谢上表》,《丛书集成初编》本,北京:中华书局,1985 年,第 215 页。
③ 《长编》卷三七〇,元祐元年闰二月丁巳,第 8955 页。

对派官僚韩琦、张方平等都曾分别担任过北京和南京的地方首长,熙宁三年(1070)二月判北京大名府韩琦所上论青苗法害民之疏,曾在朝堂上引起轩然大波,王安石遂"称疾不出","以法之行否为身之去就"①。事后,程颢还颇有感慨地说,"介父(王安石)之意只恐始为人所沮,其后行不得","若青苗之议不行,则决其去"。② 从该事件的前因后果看,此倒也并非全是反对派的"美好想象"。③ 南京应天府知府张方平反对新法并引起轩然大波的典型事例即针对新法天下祠庙"召人承买,收取净利"之事,张方平借南京阏伯庙和微子庙发挥,将其上升到本朝德运与建号所因的高度,力保不出卖阏伯庙和微子庙,神宗听后怒曰"辱国黩神,此为甚者",速令不准再施行并劾问负责官吏。关于此事,上文亦有详述。当然即使赋闲居留西京的司马光等人,亦时刻关注着朝堂的动向,一有机会便想重回朝堂"拨乱反正","元祐更化"便是典型,这点亦不再详述。④

(二)"分居""分食":西、南两京敦宗院与外宗正司

宗室作为"天潢贵胄",是左右古代专制王朝治乱兴替的重要因素之一。从西周到唐初都在努力探索更为有效的管理方式。但直到唐初,宗室问题都没有得到很好的解决。玄宗即位以后,创"五王宅",让兄弟诸王分院同居,又为自己的皇子皇孙设"十王宅"和"百孙院",将诸侯王及子孙迁到首

---

① [宋]吕中撰,张其凡、白晓霞整理:《类编皇朝大事记讲义》卷一七《神宗皇帝·安石巧于进退》,上海:上海人民出版社,2014年,第317页。
② [宋]程颢、[宋]程颐著,王孝鱼点校:《二程集·河南程氏遗书》卷二上,北京:中华书局,1981年,第28页。
③ 可详参朱义群《宋神宗即位初期政治研究(1067—1070)》第三章第三节的相关论述,首都师范大学硕士学位论文,2013年,第87—98页。另,关于王安石称病求去的情况,亦可参拙著《宋朝官员称病研究》,首都师范大学硕士学位论文,2015年,第50—59页。
④ 关于熙丰时期居洛的反对派,肖红兵、倪洪《北宋神宗时期居洛士宦家居生活探微——以邵雍和司马光等人为中心》(《洛阳师范学院学报》2014年第1期)一文有简单探讨,认为由于党争等政治因素的影响,神宗时期的居洛士宦在生活层面上较为内敛和谨慎,人们都近乎走向了忘政的程度。此说显系不确,表面的"忘政",实难掩内心的"苦闷"。及至元丰八年(1085)三月神宗去世后,面对素来不喜熙丰之政的高太后垂帘,司马光等人便积极行动起来,阐述自己的政治路线及主张等,最终取得高太后的采信,而终成"更化"之政。元祐年间新旧两党各自的路线竞争,可参朱义群:《"绍述"压力下的元祐之政——论北宋元祐年间的政治路线及其合理化论述》,《中国史研究》2017年第3期。

都居住,这极大加强了对宗室的管理,对此司马光等有史赞曰:"唐自中叶,宗室子孙多在京师,幼者或不出阁,虽以国王之,实与匹夫不异。"①北宋前中期,宗室子孙也被安置在首都的诸王宅院体制中。太祖、太宗子孙聚居于睦亲宅(又称南宫或南宅),秦王廷美子孙聚于北宫(宅)。②但随着时间的推移,不断有宗室移出南宫、北宅,如大中祥符四年(1011)九月南宫惟正等诸院就曾"移居新修西宅"③。仁宗景祐二年(1035)九月,因太祖太宗子孙"并开邸第,散处都城",南宫"室居之多隘",遂命三司使程琳等在"旧玉清昭应宫地修盖潞王等宫院","仍赐名睦亲宅"。④ 由于南宫地理位置的移动,大中祥符七年设置的都大管勾南宫北宅所便失去意义,后止名管勾北宅所。⑤ 后又以"秦王宗子繁多,而所居隘狭",仁宗乃命王钦若第增修北宅,康定元年(1040)九月成,赐北宅名曰广亲。⑥ 英宗治平元年(1064)六月又因"子孙众多,而所居狭隘",诏建睦亲、广亲北宅于芳林园,后又曾"广宅"之。⑦

宗室人口的持续增长,不但需要更多的宅基地,而且也带来了财政上的极大负担,史载治平四年(1067)时,宗室每月的钱谷开支就超过70000缗,而此时首都官僚的开支才40000缗,首都及其附近军队开支为110000缗。宗室这70000缗的开支,尚不包括生日、婚丧以及其他多种赏赐。治平四年正月英宗驾崩,子神宗立。神宗即位伊始,宗室问题逐渐开始面临新情况,即这个家族正在诞育其第四、第五代子孙,⑧他们与皇帝的血亲关系逐渐疏

---

① 《新唐书》卷八二《十一宗诸子传》,第3640页。
② 按:南宅、北宅的始置时间与负责宗室子孙教育的南北宅教授一致,具为真宗咸平元年(998)正月,详见[宋]王应麟辑:《玉海》卷一三〇《咸平南北宅教授》,第2439页。
③ 《宋会要辑稿》帝系四之三,第94页下;[宋]王应麟辑:《玉海》卷一三〇《景祐睦亲宅》,第2442页。按:是条《玉海》系年为大中祥符六年,与《宋会要辑稿》所载不同,待日后详考。
④ 《宋会要辑稿》帝系四之四、礼六二之三八,第95页上、1713页下;[宋]王应麟辑:《玉海》卷一三〇《景祐睦亲宅》,第2442页。
⑤ 详见《宋会要辑稿》职官七之三七,第2553页上。
⑥ 《宋会要辑稿》帝系四之八、礼六二之三九,第97页上、1714页上。
⑦ 《宋会要辑稿》帝系四之一五,第100页下。
⑧ 参见[美]贾志扬著,赵冬梅译:《天潢贵胄:宋代宗室史》,南京:江苏人民出版社,2005年,第30页。

远,而这也意味着服丧制度上的新变化,《礼记》曰:"四世而缌,服之穷也;五世祖免,杀同姓也;六世亲属竭矣。"①于是,熙宁二年(1069)二月起,就有官僚欲"议定宗室之制"。此后又有数次讨论。② 十一月中书枢密院上言改革宗室之法,基本方案可概括为以下三点:第一,出官法。祖宗袒免亲将军以下经过基本考试,可出外任文武官;祖宗袒免亲未赐名授官者,仍保有赐名授官待遇,"年十五与请支,二十许出官";非袒免亲更不赐名授官,只许令应举。以上出官者,俸钱"依在京分数","许不拘远近差注"差遣。第二,不出官法。袒免亲以下,见任官不出官。父母俱亡者,许在京置赁居第,许随处置产业,出官者,置田产如外官之法。第三,无官保障法。袒免亲以外两世,贫无官者量赐田土。其孤幼无依及尤贫失所者,不以世数,所在宜奏闻,特加存恤。③ 同日,神宗颁下《宗子恩礼诏》④,说明与"群公之合议,将为一代之通规",改革宗室,且要宗室"宜依中书枢密院所奏施行"。

神宗的宗室改革彻底改变了宗室是"皇家造物"的特点。但随着时间的推移,神宗宗室改革的"后遗症"逐渐严重起来。徽宗崇宁元年(1102)十一月十二日蔡京上《条具宗室合行事件札子》,欲"绍述"神宗遗法,对宗室进行再改革,并条陈九条措施。而这些措施主要是针对当时宗室的问题展开的,笔者总结主要有三大问题:第一,中举者少,无官者众;第二,贫困无依问题;第三,居止分散,难于管理。针对第一个问题,蔡京拟首先推恩量试补考,其次加强宗室的教育,再次完善奏补恩荫之法,最后行指射差遣添差任官之优便。针对贫困无依的问题,神宗有赐田存恤之令,但蔡京指出"赐田之令,徒为虚文,虽有量给钱米之法,未能周济其乏,遂致宗室不能自给",于是蔡京拟赐"其田并于两京、近辅,沿流州军","州府各置宗室官庄";宗子宗女尤贫者,依神宗诏书,不拘世数,"委所在州郡报明,量加存恤"。针对第三个问题,蔡京欲于西京、南京,近辅或沿流便近之地"随州郡大小创置屋

---

① [汉]郑玄注,[唐]孔颖达疏:《礼记正义》卷三四《大传》,载[清]阮元校刻:《十三经注疏》,第1507页中。
② 详见《宋会要辑稿》帝系四之三一—三二,第108页下—109页上。
③ 可详见《宋会要辑稿》帝系四之三二—三五,第109页上—110页下。
④ 详见《宋大诏令集》卷五〇《宗室十·杂诏》,第254页。

宇"，"置敦宗院"，"参酌在京宫院法禁可施行者"，进行集中管理。此外，还拟于西京和南京置"外宗正司"，"掌业所在宗室"。①

蔡京的上奏得到徽宗认可，此后的改革基本按照蔡京上述想法进行。其中与本书主旨有关者主要为两京敦宗院及外宗正司的设立，下文将重点述之。

蔡京拟设敦宗院的直接原因是"宗支寖广""疏属外居，仅遍都下，积日滋久，殆不能容""出入无禁，交游不节，往往冒法犯禁"。概而言之，主要有两个原因：第一，"都下"（首都）宗室众多；第二，宗室散居，难于管理。神宗宗室改革，制定出官法，允许宗室外任，部分允许外居，不出官的可首都赁居，但仍然严格管理，如元丰四年（1081）由于右监门卫大将军克类所居窄隘，曾"特许赁外宅居"，"仍依例差使臣干当"。② 可以想见的是，由于各种原因首都无疑仍是宗室最主要的聚居地，蔡京所言的宗室疏属"积日滋久，殆不能容"，定非虚言。而蔡京计划敦宗院的迁入对象就是那些"非祖免亲以下两世"之所有疏属人员。因此，两京敦宗院对首都而言，其"分居""分食"的功能是非常明显的。

如此规模宏大的"屋宇创置"及"迁移计划"，蔡京的拟实施措施也是有步骤的，"仍先以西京为始"。至于哪些宗室应首先被安置在敦宗院，则曰："应无父母兄弟见任将军副使以上官者，许令前去。若有父母兄弟而愿去，或无而不愿者，听从便。"与此同时，大宗正司也应将愿出外宗室职位及家属数目等，行下西京并本路转运司，"约人数计口给屋，量数先次盖造"。为迁移之便，还欲"依外官赴任立法，量破舟船接人"。蔡京的敦宗院计划很快便赋予实施，崇宁三年九月南京留守司报告，"已到宗室三百二十五人"③。但迁移计划却并不顺利，遭到宗室的很大抵制，崇宁五年（1106）正月仍未完成迁移，由于迁移中存在"有司督趣""感伤和气"的现象，徽宗还特意下旨要

---

① 以上详见《宋会要辑稿》帝系五之一五——八、职官二〇之三四，第 119 页上—120 页下、2837 页下。
② 《宋会要辑稿》帝系五之二，第 112 页下。
③ 《宋会要辑稿》职官二〇之三四—三五，第 2837 页下—2838 页上。

求"看详元法,宽舒立文""如只愿居京师,即不得抑勒发遣",如已有被强迫迁往两京者,要外宗正司取责敦宗院,即"依条支破盘缠、人般(船),发遣上京"。① 当然,敦宗院并非单纯的居地建设,显然是与保证宗室经济生活的"宗室官庄"联系在一起的,二者在地域上的规划完全一致。只有有了经济保障,敦宗院才有持续发展的可能与动力。大观三年(1109)三月徽宗降诏废止两京敦宗院时说,"比置院于别都,增学于宫邸,廪其无禄,而教养其未命者",显然,敦宗院是一个旨在解决上述三大问题的,一个集居住、生活与教育等为一体的综合组织。如诏书所言,正是"宗子之在别都,或轻犯法,吏弗能禁,民以为扰。师儒之官,殆相倍蓰,而就学者寡,官冗而事烦"等导致了徽宗最终决定废止敦宗院。② 但是有些学者认为比较复杂,和蔡京有密切的关系,这点下文详论。废止两京敦宗院后,徽宗令两京宗室重新返回首都,"许就睦亲、广亲宅并傍近舍屋居止",官庄财用等"并令常平司拘收封桩,舍屋并拨充公宇"。③

这里有必要对敦宗院与两京的关系作一简单阐述。从蔡京的方案看,其敦宗院与宗室官庄的建设计划包括了"两京、近辅沿流州军"。"近辅"即靠近首都的辅郡,前揭蔡京的四辅计划在崇宁四年才出炉,而此时的辅郡应当是指首都附近的曹、陈、许、郑、滑等州④,亦可谓规模宏大。但从上引实施的情况以及大观三年(1109)三月徽宗下令废止的仅为"两京敦宗院",诏令语"比置院于别都",似也透露着敦宗院的建置乃两京独有。退一步讲,若近辅州郡也置有敦宗院,也没有理由不加废止,因为诏旨所言的"犯法弗禁"等问题不可能仅限于两京。当然,两京的问题也可能是由于敦宗院的建设周期较短,蔡京曾明言"以西京为始"。但是,细捡史料发现此不尽然。就在蔡京崇宁元年(1102)十一月十二日上《条具宗室合行事件札子》的同日,徽

---

① 参见《宋会要辑稿》职官二〇之三五,第 2838 页上。
② 以上详见《宋会要辑稿》职官二〇之三五,第 2838 页上。
③ 《宋会要辑稿》职官二〇之三五,第 2838 页上。
④ 按:此五州辅郡之制最早乃上引皇祐五年贾昌朝提议设立,组成京畿路。但不久京畿路即废罢,诸州的行政建制亦划归原来隶属,但是辅郡名号亦常为时人提及,此即《宋史·地理志一》京畿路条所谓之"为辅郡如故"。

宗亦诏曰:"神宗尝诏宗室年长者推恩,又尝诏祖免外两世贫无官者赐田,又尝诏外任者许居于两京。今宜遵先志。"①正式决定"遵先志"继续进行宗室改革。引神宗诏令"外任者许居于两京",从现存史料看,神宗绝无此令。相反,神宗朝制定的外任法是"许不拘远近差注(差遣)"②。哲宗绍圣三年(1096)曾规定:"宗室授外官右选者,并不注缘边差遣,令吏部于内地相度添员,候任满,更不差人。"③宗室注官的地域与添差规模均有紧缩之势,但也绝非限于西、南两京。因此,"外任者许居于两京"很可能是徽宗态度的真实反映,若此推论不误的话,那么徽宗在敦宗院问题上一开始就与蔡京存在些许分歧。至于实施中徽宗与蔡京的具体分歧问题,史无明载,这种冲突也许正是敦宗院行之不久即罢而免于凸显。当然,敦宗院在徽宗朝的兴废置罢本身也足以说明这一问题。

　　大观三年(1109)三月徽宗下诏罢两京敦宗院的两个多月后,蔡京因台谏批评存有不轨行为而罢相。政和二年(1112)五月蔡京复相,七月徽宗下诏恢复敦宗院,曰:"应宗室并依大观三年四月以前处分,其敦宗院屋宇可下所属,速令缮葺。岁收田租,支外有余,婚嫁、丧葬、月给量与增数。"④恢复后的敦宗院还允许五世祖免亲之无依宗女入住,并给予宗室财用上的支持,具体则除了身分料钱外,还"与量支钱米",再嫁许依"非祖免亲宗女再嫁钱数"支给一次。不过这主要是知西外宗正事赵士㬅陈情求乞的结果。⑤ 这次复置后的两京敦宗院规模当远超大观年间者,据政和四年(1114)八月南京外宗正司的上奏,"本司今来修葺到敦宗院舍屋共一千四百二十七间,依元降朝旨分擘作一十六宫院,并已了当。财用司钱物已得足备,到院宗子并缘婚嫁应用什物并以丰足外,有未到院宗子四十八位,屋宇预行修葺,并已足办,及劝诱宗子已入大小学人二百一十五员。今来复置敦宗院事务,委是就绪。"⑥西京的

---

① 详见《宋会要辑稿》帝系五之一五,第119页上。
② 《宋会要辑稿》帝系四之三三,第109页下。
③ 《宋会要辑稿》帝系五之一○,第116页下。
④ 《宋会要辑稿》职官二○之三五,第2838页上。
⑤ 《宋会要辑稿》职官二○之三六,第2838页下。
⑥ 《宋会要辑稿》职官二○之三六,第2838页下。

敦宗院规模史料阙如,因为水陆远近上处于劣势,规模应该比南京要稍小。① 针对两京宗室每缘省亲、参部、赴试等,到阙往往散处在外,"违犯约束者众"等问题,政和六年(1116)朝廷在西外宗正司的奏请下加强了管理,起离并需两京敦宗院出具的"公据"②。尽管如此,以各种借口起离赴京师者屡有发生,对此政和八年还专门下诏约束,曰:"已起离者,令大宗正司疾速遣还,并依崇宁法。"③但同样不可否认的是,两京敦宗院的发展壮大速度令人惊叹,宣和二年(1120)八月的诏书显示,仅南敦宗院就"有田四万四千顷,房廊二万三千六百余间",但仍"日患不给",朝廷认为这主要是"廪给之厚,颇逾祖免亲,合厘务人坐享厚禄,不复注授",颁发此诏的目的就在于敦促"西、南京敦宗院自今可并依崇宁旧法"。④ 这当然是极为重要的原因,但祖免以外两世宗室本身的壮大亦是重要因素。据贾志扬估计,两京敦宗院所住宗室约有万人之众⑤。

前揭,蔡京与徽宗在敦宗院的规划问题上一开始可能就有分歧,敦宗院兴置废罢的时间节点与蔡京的政治历程密切相关。大观三年的废止,上文已有所述。宣和二年八月徽宗对敦宗院限制规模,亦发生在蔡京罢相的两个月之后。但是徽宗本人对敦宗院仍是很支持的,这一方面是要"遵先志",另一方面也是"分居""分食"的现实需要。徽宗崇宁五年在《敦宗院不得抑勒居住诏》中曾言"两京近置敦宗院,所以亲睦宗族,爱养孤幼,法意甚善",但在具体执行中,徽宗往往表现得不如蔡京坚决,要考虑"亲睦宗族"和"不伤和气"。这也许是促使徽宗此前罢敦宗院的一个原因。⑥ 宣和二年徽宗限制敦宗院规模,不使合厘务官坐享厚禄,使之赴部注授这一点上,徽宗可

---

① 徽宗崇宁四年(1105)十一月就发生了"贫乏宗室愿往西京者少"的现象,对此朝廷还曾专门出面增十千起发钱。详见《宋会要辑稿》帝系五之二〇,第121页下。
② 《宋会要辑稿》职官二〇之三六,第2838页下。
③ 《宋会要辑稿》职官二〇之三六,第2838页下。
④ 《宋会要辑稿》职官二〇之三六—三七,第2838页下—2839页上。
⑤ 详见[美]贾志扬著,赵冬梅译:《天潢贵胄:宋代宗室史》,第101页。
⑥ 蔡京与徽宗各自的变法立场、权力纠葛及二者艺术知音的复杂关系,可详参杨小敏《蔡京、蔡卞与北宋晚期政局研究》(北京:中国社会科学出版社,2012年)一书的相关论述。

谓是"彻底贯彻"了神宗宗室改革的精神。但是许多宗室之所以在敦宗院"坐享厚禄",员多阙少、指射差遣、待次时间久亦是重要原因,这点恐怕是神宗改革时不曾预料到的。而徽宗要合厘务者悉赴部注授的政策能否最终实现,这里也还要打一个问号。北宋旋即灭亡,历史并未给出答案。

最后,说一下大宗正司与外宗正司的关系。大宗正司,仁宗景祐三年(1036)置,由太宗孙赵允让出任首任知宗正司事,太祖曾孙赵守节任同知,大宗正司"司训导,纠违失,凡宗族之政令,皆关掌奏,事毋得专达,先详视可否以闻"①。这是仁宗拟加强对宗室尤其是太祖太宗子孙集中管理之需求而设立的。前揭,北宋仁宗景祐之前,朝廷设都大管勾南宫北宅所具体负责宗室事务,景祐三年移太祖太宗子孙于新修成之睦亲宅,都大管勾南宫北宅所止名管勾北宅所,具体负责廷美子孙的管理。但可以肯定的是,新成立的大宗正司仍具有对北宅所的最高管辖权。神宗熙宁二年宗室改革开始后,大宗正司的组织有所调整,熙宁三年二月大宗正司"置丞二员于睦亲、广亲宅",所管事务亦有所扩大与细化,曰"熙宁三年五月,并管勾睦亲、广亲并提举郡县主宅所"。② 神宗以后大宗正司的组织进一步扩大,有士、户、仪、兵、刑、工等六案,很明显其中之"户案"就有陈乞非祖免以下亲"孤遗钱米,并覆实诸路孤遗钱米等事务"的职责。③

外宗正司是崇宁元年蔡京宗室改革计划的一部分,曰"宗室今既许分两京辅郡,乞于两京置外宗正司",外宗正司长官"当择宗室之贤者管干,逐处各置一人",而地方官亦可参与外宗正司的管理,曰"仍自朝廷于本州通判职

---

① 《长编》卷一一九,景祐三年七月乙未,第2796页。
② 《宋会要辑稿》职官二〇之一七,第2829页上。
③ 按:给非祖免以下亲之孤遗者钱米事之肇始已不可详知,不过从现有史料来看,其主要集中在哲宗时期,如哲宗元祐二年五月癸酉规定:"孤遗宗室非祖免亲外,如父祖俱亡,无官俸贫阙者,委大宗正司及所在官司体访验实以闻,仍令户部计口第支钱米。女已嫁即除之,有官者候厘务日住支。"详见《长编》卷四〇一,第9769—9770页;《宋会要辑稿》帝系五之七,第115页上。元祐三年(1088)二月又诏曰:"袒免外两世亲除已有计口给钱米指挥外,其间外任孤遗别无依倚者,与量破舍屋居住,或给赁钱,令礼部立法以闻。"详见《宋会要辑稿》帝系五之七,第115页上。不过"礼部立法"具体的指挥措施,则到绍圣元年(1094)才作出,绍圣二年又作了进一步补充,曰:"宗室贫乏支钱米,人口虽多,钱不过二十贯,米不过六硕。"以上可详见《宋会要辑稿》帝系五之八——〇,第115页下—116页下。

官内选差二人,兼领丞、簿,以主其事",其职权范围则为"凡外住宗室事不干州县者,外宗正司受理,干涉外人即送所属推治"。对宗正司官员受乞财物的行为,"凡有违犯,并依外官法",加强了地方官对宗正司官员的监督管理。不难看出,外宗正司虽然专管两京宗室事务,但朝廷还是努力将其融合于地方行政管理体系中,换句话说,外宗正司具有很强的地方性。但实际上大宗正司仍有对全体宗室的管理权。如宗正寺每年修纂宗室事迹时,外宗正司仍要通过大宗正司"取索",大宗正司也会将"应干报寺条令下外宗正司照会"①。又如政和二年(1112)八月知西外宗正司赵士㬊奏请,希望允许外宗正司考察两京敦宗院宗子的"文艺行实",朝廷"从之"。这则乞请透露出,至少在政和二年以前是由大宗正司负责考察的。但同时对两京敦宗院宗子"败郡乱众,违犯礼法者",士㬊还是希望"依大宗正司以得指挥,量行庭训"。② 这集中反映了外宗正司与大宗正司在处理宗室问题中的权力冲突与纠葛。

综上,本节主要从功能论的视角,着重论述了陪都在首都安全体系中的作用以及陪都在分邦政务等两方面的作用。其实,从更宽泛的角度讲,西京皇陵等似也起到了"分邦政务"的作用。此外,南京应天府控御运河,在保障王朝经济运行体制方面亦有举足轻重的作用。不过,这些都很难放在"陪都"这一框架体系内进行整体研究,更多地突出了其地域特色。西京皇陵上节已有所论,至于南京在控御运河、保障首都经济运行体系中的作用等,将在下文详论。

---

① 《宋会要辑稿》职官二〇之三五,第 2838 页上。
② 可详参《宋会要辑稿》职官二〇之三六,第 2838 页下。

第三章 "空间"视域下的陪都经济(上)

陪都,首先标示的是其行政地位。宋代的陪都是以"府"为基本建置的行政单位,府又下辖有赤县与畿县。因此,陪都的基本作用空间范围并不限于"府城",但"府城"无疑又是该行政区域中最主要的统治据点与权力来源,而"府城"的基本实体就是通常所谓的"城市(京城)"。诚如《绪论》中所强调的,笔者认为城市的概念应从静态与动态两个方面去把握。从静态看,城市是包括城墙在内的一系列权力景观所构成的;从动态看,城市又是一个基于政府权力应政府城市管理需要而由不同功能系统组成的动态的开放性概念体系构成的。由此,城市的概念与边界其实是很难确切定义的,因此 20 世纪 90 年代以来,城市研究中"空间"概念的引入,大致就顺应了这种"开放性"的思潮。本章从中国古代城市的本质入手,在厘清城墙及其所代表的政治军事因素在城市发展中作用的基础上,集中探讨各陪都城市空间内部结构及其与城墙毗邻区域的经济发展等问题。

第一节 中国古代城市的本质与特点

一、古代城市的权力起源

如本书《绪论》所言,究竟何谓"城市"?学界对"城市"概念的界定历来多有争议,关于其起源时间与原因等亦有诸多不同的说法。其实恩格斯曾经给城市(主要指城市制度)下过一个再明白不过的定义,曰:"只要它(乡村)用壕沟和墙壁防守起来,乡村制度也就变成了城市制度。"①这当然是为其城市起源于阶级斗争的观点服务,但就"壕沟和墙壁"而言,显然是由"权力"组织起来的,因此亦可将其理解为城市的权力起源。西方当代最负盛名的城市史研究专家刘易斯·芒福德亦指出,在城市的逐步成型过程中世俗权力同宗教神权起到了非常重要的作用。② 就中国古代城市的起源而言,张光直"中国初期的城市,不是经济起飞的产物,而是政治领域的工具"③论述,非常有代表性。其实,就中国古代整体而言,城市都可以说是政治领域的工具,这点下文详述。随着时间的推移,最近学界也逐渐放弃城市经济起源的说法,而越来越倾向于城市权力起源的说法,鲁西奇明确指出,城市是权力运作的场所和工具,是权力制造了且不断建构着城市。④ 俞金尧、刘健等在立足"农业时代"的高度上,在批判反思了诸多影响深远的城市经济起源论之后,通过系统分析农业时代的城市工商业、城市统治阶级权力、城市的主要功能、城市权力与工商业关系和城市权力与城市景观等的基础上,得出了农业时代"权势创造城市"的结论,并认为直到西方资本主义时代,城市才逐渐摆脱了对政治权力的依赖,一些城市的兴衰,主要不是受城市中政治权力的变化,而是取决于城市在资本主义经济体系中的位置。⑤ 总之,"政治权力创造城市"是一个不容否认的基本事实。

其实,就"城市"概念而言,我国学者成一农从文献上也进行了详细的论证,认为"我国古代并无'城市'的概念",中国古代城市的核心仍是"城""城池"或"城址"。⑥ 在我国城市的考古研究中,以"城"+"市"="城市"这一模

---

① [德]马克思、[德]恩格斯:《马克思恩格斯全集》第19卷,北京:人民出版社,1963年,第361页。
② [美]刘易斯·芒福德著,宋俊岭、倪文彦译:《城市发展史——起源、演变和前景》,北京:中国建筑工业出版社,1989年,第29—39页。
③ [美]张光直:《关于中国初期"城市"这个概念》,《文物》1985年第2期;又见[美]张光直:《美术、神话与祭祀》,沈阳:辽宁教育出版社,2002年,第6—14,84—103页。
④ 参见鲁西奇:《中国历史的空间结构》,桂林:广西师范大学出版社,2014年,第325—330页。
⑤ 参见俞金尧、刘健:《权势创造城市——论农业时代的城市起源》,收入陈恒等:《西方城市史学》,北京:商务印书馆,2017年,第13—35页。
⑥ 详见陈恒等:《西方城市史学》,第459—465页。

式解释我国古代城市及其起源的看法早已被抛弃,"城"(或者起相同作用的壕)这一核心要素被认为是认定城市的最重要标志,"市"并不是我国古代早期城市及其起源的必要因素。① 无疑,现代学术研究意义中的"城市"概念是个舶来品,其是以西方中世纪以来强调市场等经济功能为核心标准而建构起来的。在我国古代史研究中虽然不能用"城"+"市"模式简单地套用,但是以权力为代表的"城"与以商业买卖为主要场所的"市",却也能代表城市的两个基本方面,在研究分析时应注意二者所代表的政治、军事与经济上的深层含义及其相互关系。

换句话说,如果要用"城"与"市"二字概括"农业时代"城市起源与发展的话,"城"无疑是城市的"本质","城"的修建当然是权力运作的结果,代表着王权,代表着政治、军事因素等。以"市"代表着的交易、买卖等经济活动,在世界城市的发展史中无疑是处于从属地位的,而"市"也即经济作用在中世纪城市发展中的决定作用无疑是有特殊历史背景的,这点下文详论。故此漆侠曾精辟地指出我国古代城市"政治的意义大于经济的意义","我国古代城市不是在经济发展的基础上形成和发展的,而是在政治军事需要的基础上形成和发展起来的。因而越是政治军事中心,城市发展就越是迅速和特别茂盛。正是由于这一特点,所以它缺少坚实的经济基础,一旦政治军事发生了变化,或者政治军事中心转移,这些城市便随即表现出它的盛衰。即使是帝都所在,也是如此"。② 而现代学者城市研究中之所以强调城市中"市"的作用,一是受到了西方以中世纪城市为基础构建的城市发展理论的影响;二是受到当下"工业时代"或"后工业时代"的现实影响。鉴于此,下文将对西方中世纪城市重新起源及中国古代城市的本质等问题再进行一番梳理。

二、西欧中世纪城市的重新起源

如前所论,世界范围内的古代城市的起源中世俗王权和宗教神权扮演

---

① [美]张光直:《关于中国初期"城市"这个概念》,《文物》1985年第2期。
② 漆侠:《宋代经济史》,北京:中华书局,2009年,第962页。

了非常重要的角色,西方自不例外。作为西方文明源头的希腊,其最早的城市就是兴起于克里特岛。虽然岛上经济发达,工商业和对外贸易都有很大的发展,但"宫殿"已被考古发掘证明是最早的聚落核心,也因此之故,该岛的历史时期划分古王宫、新王宫时期等。如题,西方中世纪城市的"重新起源",也就意味着此前有一个巨大的"断裂期"。学界通常将日耳曼入侵,西罗马帝国崩溃,原有城市大多数被夷为平地,直到10—13世纪西方城市重新兴起的这五六百年称为西方城市发展的断裂期,这一时期西欧城市及工商业几乎绝迹。

至于10—13世纪中世纪西方城市普遍重新兴起的原因,学界进行了持久且富有成效的讨论。首先是出现在18世纪的罗马起源论,该理论认为中世纪城市是罗马城市的直接后裔,至19世纪上半叶该论一直是主流认识。19世纪后半期产生了"吉尔特(行会)说""马尔克(日耳曼人公社)说""特权说""市场法说""封建领地说""堡垒说"等诸多说法,但由于诸说都不能在更广泛意义上解释中世纪城市普遍兴起这一基本现象而逐渐被学界抛弃。20世纪以后,随着讨论的深入,学界逐渐认识到可从社会经济发展这一现象本身出发来讨论这一问题,于是"商业起源论""手工业起源论"和生产不足论等都成为影响深远的理论。①

就西方中世纪城市的特征而言,马克思·韦伯的概括可谓影响深远,指出必须具有防御特征、市场、自己的法院(至少有部分的自治法律)、相关的社团和至少享有部分的公民自治权等五个基本特征。② 其实,韦伯关于西方中世纪城市的研究目的主要是与东方城市进行对比,进而阐明西方文明发展的真正原因与动力。相较于韦伯西方中世纪城市的研究,我们更在意其对中国古代城市的看法,韦伯指出中国城市的首要功能是行政性的,其自身几乎不创造价值,并且中国城市的起源导致了中国城市地位的从属性,城

---

① 以上西方中世纪城市重新起源及其原因主要参考了刘景华:《西欧中世纪城市的兴起》,载陈恒等:《西方城市史学》,第114—119页。
② 可详见[德]马克思·韦伯著,阎克文译《城市(非正当性支配)》(南京:江苏凤凰教育出版社,2014年)一书的相关论述。

市本身不是独立的居民团体,而是一个帝国中央行政管理的分支机构,由此认为中国古代历史上从没有过"城市"。毫无疑问,韦伯东西方城市研究是以西方中世纪城市为参照系的,是典型的"西方中心论",不少学者也就此进行了批评。但除此之外,就韦伯所揭示的中国古代城市的现象本身,中国学者却基本也无法进行批驳。这很大程度上还在于我们一边反对着韦伯式的"西方中心论",一边自觉与不自觉地以"西方中心论"的视角进行着研究。其间原因主要在于从中世纪城市之母胎中孕育出的资本主义生产关系的强大影响,可以说中国现有学术研究的概念与体系等基本都是西方式的,如前所示就连"城市"概念本身都是一个舶来品。

20世纪以来西方对中世纪城市起源的研究主要集中到了经济发展本身的层面上,这当然是西方学术研究发展的结果,但想必也与研究者身处的资本主义时代有莫大的关系。从中世纪城市之母胎中孕育出的资本主义生产关系对经济的强调与依赖无须多言。值得注意的是,这一论断中有必要强调一下中世纪晚期的城市危机。关于中世纪晚期城市危机,有学者指出,中世纪城市"虽然自一产生就具有许多新质,但它既然出现于封建主义的汪洋大海中,也就会打下许多封建烙印。一方面,它受领和扩散了乡村的许多封建因素,另一方面它还创造了如行会等具有封建性质的特定事物"①。因此,当中世纪晚期西欧封建主义总危机爆发后,城市的普遍危机也在所难免。在中世纪晚期城市危机中,乡村工业曾得到短暂发展,被称为"原工业化",但不久经济中心又重新转移到城市。② 众所周知,中世纪西欧处于神权的统治下,世俗王权衰落,政治上处于分裂时期。在反对神权的斗争中,城市(独立主权体)又往往与世俗王权结成同盟。当王权兴起,民族国家建立,城市往往被整合进民族国家的序列中,但资本主义业已兴起,资产阶级成为一种重要的政治力量。由此,中世纪以来城市兴起与经济的关系,加上城市与资本主义发展的现实,19世纪末20世纪初以来,在西方话语中,城市

---

① 刘景华:《中世纪城市的历史作用与命运》,载陈恒等:《西方城市史学》,第176页。
② 详见刘景华:《中世纪城市的历史作用与命运》,载陈恒等:《西方城市史学》,第176—182页。

发展很大程度上是直接以 18 世纪以后兴起的以资本主义为动力的,西方之外的城市都被贴上"前工业城市""寄生虫城市""缺乏动力城市""假城市化""自给自足城市化"等标签。因此就不难理解有些西方学者所谓城市是西欧自中世纪末以来发展出来的一个社会文化现象,其他地区的城市不能算是"真正"的城市,①也就不难理解韦伯对中国古代城市的论说了。

　　针对韦伯关于东西方城市标准的界定,成一农强调"马克思·韦伯认为中国古代并不存在'城市',这不奇怪,其使用的是来源于欧洲中世纪的标准;而且中国古代有无'城市'并不影响我们对于中国古代聚落的认识和研究,只要我们有着自己的合理的定义即可"。所谓合理的定义,成一农又曰:"就截止到目前的中国古代城市史(包括历史城市地理)的研究来看,大多数研究中所确定的'城市'概念并无太大的学术意义,一方面是因为中国古代很可能并无'城市'的概念,同时也提不出适用于界定中国古代'城市'的具有操作性的标准;另一方面就具体的研究对象而言,这些研究中的大多数基本上讨论的都是中国古代的'城'、'城池'或者'城址',因此并不需要涉及'城市'的概念,或者说没有这些概念并不影响研究的进行。"②这就要求研究者彻底摆脱"西方中心论"思维的影响,在正确认知中国古代城市的本质的基础上,进行真正的中国城市史研究。不过,值得注意的是,近些年如中国学者朱明等对西方中世纪城市起源与形成问题亦多有反思,认为政治权力亦是西方中世纪城市起源、形成与发展过程中的重要甚至是决定性的因素③。这些都为我们打破成见,进一步反观中国古代城市的本质提供了很好的借鉴意义。

---

① 以上详见薛凤旋:《中国城市及其文明的演变》,北京:世界图书出版公司,2015 年,第 313—314 页。

② 以上详见成一农:《"城市"概念的从无到有》,载陈恒等:《西方城市史学》,第 472—473 页。

③ 可详参朱明《城市的空气不一定自由——重新审视西欧中世纪城市的"自由"》(《史林》2010 年第 2 期)、《城市与空间——欧洲中世纪城市史研究的新进展》(《史学理论研究》2017 年第 1 期)、《亨利·皮朗之后的中世纪城市史研究》(《史林》2017 年第 4 期)、《多元视角下欧洲中世纪城市的形成》(《世界历史评论》2020 年第 1 期)等文章,相关观点还进一步凝练,见之于氏著《欧洲中世纪城市的结构与空间》(北京:商务印书馆,2019 年)一书。

三、"城":中国古代城市的"本质"①

如前揭,西方学者的城市研究及理论中的城市概念往往有中世纪城市的踪影,其城市本质、视角与方法也多是经济性的,而这是西方特殊的历史情境造成的特殊状况。相反,中国古代的城市从起源到发展都具有很好的延续性,但不同的历史时期,仍有各自的特点,随着历史形势的发展,亦有其自身的阶段性。就中国古代发展中的城市本身而言,学界的认识存在很大的歧义,所谓"真正"意义上的城市、城市的"本质"等,由于相关学者的侧重,以及思路与史观等的影响,很难取得一致。但其实这是关涉如何正确认识城市及其发展的关键问题,换句话说,讨论城市的本质是非常重要且必要的。虽然很难把握,但一个明显的倾向是,研究者多强调城市的经济意义,也即"市"的价值,此中缘由上文已有所论,认为这一方面受到当下现实的影响,但更多的是受西方尤其是中世纪城市的影响。下文拟就宋以前的城市发展做一简要回顾,以期更好地说明中国古代城市的本质。

(一) 宋以前城市发展概述

城市无疑是人类社会发展到一定阶段的产物,其产生也是一个渐进的过程。一般认为,从仰韶后期到龙山文化时代(距今5500—4000年),亦即所谓的铜石并用时代,是其"肇始期"。在这一时期内,农业文化最为发达的黄河中下游和长江下游的庙底沟二期文化、大汶口文化和良渚文化中的某些先进部族中,出现了最早作为邦国权力中心的"初期城市"。龙山时代后期阶段,黄河和长江中下游已是邦国城邑林立。从"考古学现象"可知,这些所谓的"初期城市"大多是从原来部族长期居住地的中心聚落中脱离出来,另立城垣而建的新邑。② 公元前2000年左右,二里头文化兴起,并为获取

---

① 学界关于城市的"本质"已有很多的探讨,起因于"城市"概念的歧义与难定义化,本书所言的"本质",是根本性的、最核心之意。
② 以上参见许宏:《先秦城市考古学研究》,北京:北京燕山出版社,2000年,第10—12、49、52页。

铜、锡等矿产资源而进行了大规模的"文化扩张",使中国历史开始进入了建立在发达青铜文化基础上的广域王权国家时代。① 此后商周王朝相继而起,共同确立了以洛阳盆地及其周围地区为核心的"中原文化"的绝对优势。通过"文化扩张"和"分封制"等,在包括长江流域内的广大地区建立了许多"邑",史载"凡邑,有宗庙先君之主曰都,无曰邑;邑曰筑,都曰城"②,也即封君本人居住的地方,一般建有城墙、宗庙等防御与宗法权威的设施,一般的"邑",实际相当于农人聚居的村落。就"都邑"而言,从所谓的城乡关系来看,也大多是农民,其实城乡往往是融为一体的。从我国古代人们定居史的角度而言,这些"都邑"与"邑"往往位于水源、交通便利的靠近江河的地方。天子所居的"镐京"、东都"成周"(又称洛邑)与各封君所在的"都邑"间的等级体系,主要是基于"宗法"体系确立并维系的。而此时东都"成周",其实早已进化成一个高度复杂的政治、军事与社会组织了,仅就"城墙"而言,便以开创了小"城"连接大"郭"的布局。③

春秋战国时代,王室衰微,各诸侯国开始竞相争霸与兼并,战争频繁。出于战守的需要,先秦各诸侯国所在地的"都邑",普遍出现了内城和外郭双重城,形成"筑城以卫君,造郭以守民"④的基本格局。内城成为宫殿、宗庙和官府之所在,外郭则安置了大量的军人、农民、工商业者及战俘各色人等。众所周知,春秋战国时代铁器制造的普及,农业生产力的提高,金属货币的出现等,都极大促进了工商业的发展,因而郭内之"市"已成为郭区内一个极其重要的组成部分,成为城居人民进行公共交换的重要场所。而潜在的战争威胁,则进一步提升了"市"的作用,所谓"夫出不足战,入不足守者,治之以市,市者所以给战守也。万乘无千乘之助,必有百乘之市"⑤。因此,各诸

---

① 许宏:《何以中国:公元前2000年的中原图景》,北京:生活·读书·新知三联书店,2016年。
② [周]左丘明传,[晋]杜预注,[唐]孔颖达疏:《春秋左传正义》卷一〇《庄公二十八年》,载[清]阮元校刻:《十三经注疏》,第1782页上。
③ 杨宽:《中国古代都城制度史》,上海:上海人民出版社,2006年,第39页。
④ [唐]徐坚等:《初学记》卷二四引《吴越春秋》,北京:中华书局,1962年,第565页。
⑤ [战国]尉缭:《尉缭子》卷二《武议第八》,《丛书集成初编》本,北京:中华书局,1985年,第20页。

侯国的国都,一方面作为诸侯国的政治军事中心,另一方面具有很强的都市性质,是一个地区的手工业、商业集中的地方。① 斯波义信从都市聚落史发展的角度,认为商、周、春秋、战国可称为"都市国家时代",但聚落之间的关系是点与点的关系,还不曾进化到点支配面的领土国家,当时出现的是以战国七雄等为代表的以地区为单位的结合,认为推动都市国家经济的是以商人为主的经济应该不错。② 但也应该看到,春秋战国时代,各诸侯国国都之外,地方上修筑了大量的郡县城和军事城堡,兴起了大规模筑城运动,而"市"的有无及远近成为其能否坚守的必要条件之一,如《墨子·杂守篇》就曰:"凡不守者有五:城大人少,一不守也;城小人众,二不守也;人众食寡,三不守也;市去城远,四不守也;畜积在外,富人在虚,五不守也。率万家而城方三里。"③ 与此同时,卿大夫采邑也逐渐突破等级城制的影响,逾制筑城成了普遍现象。

随着郡县城市的大量出现,旧的宗法体系下的城市等级逐渐遭到破坏,新的郡县体系逐渐形成,与此同时,集权专制在思想和实践上都有很大的发展。从点与面的关系上看,以各诸侯国国都为"点"支配诸侯国内各郡县城市和军事城堡等各"小点"串联起来的"面"的格局正在形成。从点与线的关系上看,以各诸侯国国都为"核心点",支配由"郡城""县城"等"支点"构建起来的局面也在逐渐形成。也就是说,春秋战国时期点支配面的领土国家正在逐渐形成,而随着诸侯国秦国的崛起与统一,全国范围内推行郡县制,初步构建起了以诸郡县城市为支点的行政管理体系。

秦朝二世而亡,汉承秦制,中间虽有郡国并行的短暂反复,但郡县制最终还是得到全面确立。而郡县等的治所往往与那些开发较早、交通便利、经济较发达的城市相重合,也即地方城市是政治、军事、经济与文化等中心的综合"中心地"。秦汉这一全国性城市体系的形成,最终结束了商周以来以血缘政治为主体,王朝依靠宗法分封制间接控制各地的社会格局,确立了以地缘政

---

① 杨宽:《中国古代都城制度史》,第90页。
② [日]斯波义信著,布和译:《中国都市史》,北京:北京大学出版社,2013年,第12页。
③ 详见[战国]墨翟:《墨子》卷一五《杂守第七十一》,《四部丛刊初编》本,第28页a。

治为主体、中央集权政府依靠一元化的郡县城市网络直接统治全国的社会格局,形成了首都、郡制和县治的基本等级体系。就西汉首都长安而言,杨宽称其具有"内城性质",也即皇宫、宗庙、官署及其附属机构等占据了长安城绝大部分区域,市区和居民住宅区仅占很小一部分,且多集中在长安城的北面及东北。市区和居民区都设有围墙和门,并设官管理。与西汉长安只有宫室长乐宫和未央宫东西横列不同的是,东汉洛阳的主要宫室南宫与北宫则南北纵列,杨宽认为这是由于朝会礼制变革。洛阳内城性质仍很明显,洛阳"三市",仅有一市(金市)位于城墙内,主要人口及经济活动都在城墙之外。①

就帝国行政体系下的地方城市而言,并不是静态的,而是处于不断地运动发展之中,且发展也不可能是均一、平衡的。两汉承战国余绪,商品经济继续发展,一些交通便利、资源丰富的地方城市在发挥统治地方作用的同时,也逐渐成为区域经济中心。如《史记·货殖列传》和《盐铁论·通有篇》中均提到了十余座富冠海内的名都。王莽实行商业统治政策,定"五都",置五均司市制,控制了五都也即掌握了全国的商业命脉。从城市形制、布局上看,各地方城市也多是各有特色,如汉临淄城几乎完全沿用了齐国故城,帝国中央权力所关注、影响的主要是城市的各行政机构。

魏晋南北朝时,国家分裂,战乱不断,城市进一步"城堡化",也即城市的经济功能尤其是在商品贸易方面的功能相对萎缩,出现特殊的"城民"现象。"城民"就聚落形态而言,主要是居住在城市(城)中之人,就其居民主体而言,无疑是军队及其家属。"城民"其实也是此时城、乡对立下的产物。总体而言,中国古代的城乡是紧密联系的,是一体的,并未出现像西方那样截然对立的二元结构,但就如魏晋南北朝等战乱频仍,及自然经济大发展的时期,城乡间的对立无疑会加强。谷川道雄和韩昇等都曾从士人城乡居址的变化讨论过社会历史的大变迁。② 时代变迁,也无疑会影响包括都城在内

---

① 以上参见杨宽:《中国古代都城制度史》,第 113—116、132—138 页。
② 详见[日]谷川道雄著,牟发松译:《六朝时代城市与农村的对立关系——从山东贵族的居住地问题入手》,收入《魏晋南北朝隋唐史资料》第 15 辑,武汉:武汉大学出版社,1997 年;韩昇:《南北朝隋唐士族向城市的迁徙与社会变迁》,《历史研究》2003 年第 4 期。

的城市变化,突出特点就是都城的军事功能加强。众所周知,曹魏的邺都,规划极为规范,在城的西北部建有著名的铜雀三台,是曹魏贵族的宴饮娱乐场所,也是军事上的瞭望制高点。同时,邺城用东西干道将统治阶级与平民严格分开,也当是便于政治军事统治。曹魏迁都洛阳后,又在洛阳城西北角建金墉城,北靠邙山,南依大城,地势高亢,实为洛阳城的军事要塞。后来的北魏王朝都城平城与洛阳都不同程度地受到曹魏邺都的影响。北魏洛阳城的一个突出特点即城市居民区的区划和排列发展为规整的"坊","坊"本义即"防"也,其军事性质很明显。与此同时,"市"也摆脱西汉以来设置在都城北部即所谓传统的"面朝后市"的格局。北魏洛阳的"坊市"格局,对之后的隋唐王朝长安、洛阳等影响深远。而隋唐大一统王朝的建立,这种封闭的结构得到了更大的巩固,从其军事实用功能更多地让位于国家权威的象征意义。① 从帝国安全形势、财政实际、国家权威等考虑,大一统王朝的都城模式很难也不可能在全国推广,其建设重点无疑在于城墙、府衙、武库等。当然,作为地方城市管理居民及商业的"坊市管理制度"则无疑是大一统王朝治理下的"海行"法规,在此意义上,要严格区别中唐以后"坊墙倒塌""坊市制崩溃"的含义及其在都城与地方的区隔。

通过以上对宋以前中国古代城市发展的简单回顾,再一次说明了中国古代城市发展的形态、管理等诸多方面虽有其不同的发展阶段,但政治军事等强大权力因素则是其一以贯之的特点。换言之,中国古代城市的起源与发展都是权力主导的,以"城"为代表的政治军事因素是中国古代城市发展的"本质"。所谓城市变革中的封闭与开放等,本质上都是政治统治方式的不同而已。

(二) 宋都开封的"典型"与"通常"

对宋代经济发展的评价,英国伊懋可"高水平平衡陷阱"②说和漆侠宋

---

① 此论受到日本学者久保田和男关于"权威"与城市景观的启发,久保田和男的重点在于论证后唐时期首都洛阳放弃基于"坊制"的象征性权威景观之塑造。详见[日]久保田和男著,郭万平译,董科校译:《宋代开封研究》,第53页。

② Mark Elvin, *The Pattern of Chinese Past*, Stanford: Stanford University Press, 1973, pp. 289 – 315.

代社会生产力几乎达到中国封建时代经济发展的两个"马鞍形"过程中的最高峰说,①都承认宋代经济发展"高峰论"。而其中城市的发展无疑处于核心地位,伊懋可就在其关于宋代出现"经济革命"的论说中,将当时城市的发展具体化为"城市革命";漆侠也强调宋代城市经济的"显著的发展"②,认为宋代的商业物流存在农副产品的"求心"运动,和手工业产品的"辐射"运动。③ 对伊懋可"革命"一说,包伟民认为只是作为其"高水平平衡陷阱"假说的一个铺垫,充其量是一个定量描述而已。④ 诚然,有无"革命"姑且不论,但像漆侠所讲的"显著的发展"应是不可否认的事实。而在宋代城市史的研究中,东京无疑是那颗最耀眼的明星,《清明上河图》和《东京梦华录》等刻画与描述的繁华亦是令人印象深刻。在此,不禁要问宋都开封在中国古代城市发展中是"典型"还是"通常"呢?

《清明上河图》和《东京梦华录》等刻画的繁荣景象无疑是北宋末年的情况,北宋有150多年的历史,不能忽略这一历史发展过程,只有认真研究这一过程,才会看清楚东京开封乃至宋代城市真正的发展动力。前揭,"安史之乱"后开封才逐渐成为区域政治军事中心,五代时凭借其"便于战"的地缘优势最终在与洛阳的首都竞争中胜出,周世宗时才开始修筑广大的罗城,北宋因之。经过百余年的发展,开封城市经济才最终达到如《清明上河图》和《东京梦华录》等所呈现的水平。显然,其经济之发展,首先在于其为北宋的帝都,是政治因素促成的。由此可见,"权力"不光是城市起源的最初动力,也是包括宋代在内的中国古代城市兴衰的"原动力",对此下文还将详述。

言及权力对城市经济发展的促进作用,这里就有必要略作说明。就宋代城市史而言,包伟民《宋代城市研究》是最新力作。包伟民特拟一节来讨论中国古代城市的起源,认为"中国古代城市是根据城堡—都邑—城市这样的发展脉络"演进的,由此认为"中国古代城市是从政治军事型聚落基础上

---

① 漆侠:《宋代社会生产力的发展及其在中国古代经济发展过程中所处的地位》,《中国经济史研究》1986年第1期。
② 漆侠:《宋代经济史》,第28页。
③ 参见漆侠:《宋代经济史》,第1000—1001页。
④ 详见包伟民:《唐宋城市研究学术史批判》,《人文杂志》2013年第1期。

成长起来的,直至已产生'真正'意义上城市的春秋、战国时代,各城市的城区结构无不呈现以政治、军事或礼仪功能为主的特征"。① 在此,笔者不禁要问,究竟何为"真正"意义上的城市? 中国古代的城市发展是否是沿着城堡—都邑—城市这样线性式发展的? 其实,所谓"真正"意义上的城市,无非是要着意强调城市的"市场"这一经济功能罢了。从这个意义上讲,仍未摆脱西方中心论,强调城市市场的经济功能仍是"西方式"的,是以西方中世纪城市乃至资本主义时代的城市为主要参照系的,背后仍然隐含着中国城市与社会是静止、停滞的西方偏见。若不能真正破除中国古代城市史研究中的西方中心论,即使认识到政治、军事因素在城市发展中的作用,那也只是一种"制约"作用,如包伟民在考察中国古代城市起源的结论部分说道:"由起源发展史所赋予中国古代城市的基本特征,谓之兼具政治、军事性城堡与商业市场的双重性,最为贴切。这一特征将长期制约中国古代城市发展的格局。"②

综上可见,宋都开封城市经济的发展及水平在中国古代城市经济发展中的地位无疑是"典型"的。但就我国古代城市及其发展的"本质"看,却也谈不上"典型",其发展的动力也无外乎是政治军事因素或者更直接地说是"权力"所促成的,其发展轨迹也和王朝兴衰密切相关。之所以强调开封"城市"经济发展中"城"也即政治、军事等的作用,就是要避免就经济而言经济,明确宋都开封城市经济的"性质",其是农业时代封建社会城市经济所能达到的"高峰",与近代西方在工业时代背景下的城市经济不可同日而语,其发展的动力也自不可能相同,也不必去附和建立在其基础上的理论。当然,这并不是说西方的理论与视角不可用来研究中国问题,相反东西方比较观察的视角似也更能收到"隔帘望月,也是洞见"的效果。西方学者自19世纪末以来对城市的经济解析方法,仍是最有力的城市研究工具之一,这也是笔者之所以探讨"城市经济"的旨趣之一。

---

① 包伟民:《宋代城市研究》,第50页。
② 包伟民:《宋代城市研究》,第52页。

第二节　城墙与城市经济的空间界域

从空间的视域看,城墙无疑是城市最主要的具有标志性的权力景观。但城墙又是一堵墙,以城墙为界,将某一特定空间分割为城内与城外。从空间景观的角度将城墙内、外直接视为城市与乡村无疑是不恰当的。鲁西奇引用李孝聪"用不同的'墙'进行隔离,用追求等级观念的思想来规划城市,以实现不同功能的需求,是中国古代城市的一大特点。宫墙、坊墙、垣墙、城墙分别承担着各自的功能,成为中国古代城市中最明显的标志与印象",进而指出"中国古代城市的空间划分主要是基于某些制度(不仅是政治制度)安排而产生的,是权力(不仅是政治权力)运作与各种社会经济因素共同作用的产物,而并非'自然的'或'必然的'结果",并进一步指出"在国家权力'切割'而成的城市空间结构中,城墙发挥了一种标识性工具的作用"。[1] 由此,毗邻城墙的区域本身就可以说是城市的一部分,城市并不仅仅是"城墙内的城市"。同样,以城墙为代表的国家权力对城市空间切割的结果是自然而然地以城墙为界形成了城市的某种功能分区,鲁西奇对此分野亦进行了宏观的理论概括,曰:"城内主要是行政、文教与士绅住宅区,而城外则是商业、手工业与普通民众聚居区。"[2]若从城内与城外普遍的经济联系讲,毗邻城墙的区域历来都与城内有非常紧密的经济联系。在某些政治军事功能非常强的城市,毗邻城墙的区域甚至是城市最主要的经济依托。因此,从经济的角度讲,无论如何,这一毗邻城墙的区域都应该是城市经济的一部分。那么破除以城墙为标识的城市经济分野后,如何定义城市经济?城市经济的边界到底在哪里?这些又成为必须思考的问题。

---

[1] 以上参见鲁西奇:《中国历史的空间结构》,第338页。按:引文李孝聪的观点可见《唐代城市的形态与地域结构——以坊市制的演变为线索》一文,载李孝聪主编:《唐代的地域结构与运作空间》,上海:上海辞书出版社,2003年,第298页。

[2] 鲁西奇:《中国历史的空间结构》,第362页。

明清是中国传统社会发展的最后阶段,学界对明清城市尤其是明清江南地区城市经济发展问题的研究给笔者带来了不少思考。傅衣凌从城市经济发展的角度将明清城市经济分为政治型的"开封型城市"和经济型的"苏杭型城市"。① 李伯重以苏州为例,对傅衣凌的观点作了进一步的发挥,认为从明中叶至清中叶的三个世纪中苏州城市变化的主要趋势是"城市工业由府城内向城厢附郭和郊区市镇扩展的过程,也就是一个以府城为中心、以郊区市镇为卫星城市的特大城市"②。这一发展模式中李伯重提出了"特大城市"概念,其实这一所谓的"特大城市"概念,李伯重早已有了"先入为主"式的定义,并曾在《明清的苏州城市:范围与特点》一小节中对苏州地区、苏州城市、以苏州城为中心的行政地区和苏州城的商业腹地等概念作了详细的区别。③ 此外,其对"苏州城市"亦有明确的定义,曰:"本文所说的明清苏州城市,包括府城附郭县管辖范围内的所有'城'与'镇'。大体而言,这些城镇可以分为两个部分,一是'城'即府城,另一则是'镇',即位于郊区的诸多市镇。"④可见,李伯重所谓的"苏杭型城市"的经济变化,很大程度上是由一系列复杂的概念"定义"出来的。当然,所有这些定义背后的理论基础都是基于其对"城市"概念本身的看法与反思。在"城市"这一概念上,李伯重批评了从近代欧洲城市发展的经验得出来相关定义的观点,⑤但其对该概念的反思与看法仍停留在"为反对而反对"基础上,仍停留在"近代欧洲经验"上,仍是一种"经济视角"的理解。

从李文罗列的所谓"郊区市镇"与府城的地理远近,我们看到较远者有

---

① 傅衣凌:《明清社会经济变迁论》,北京:人民出版社,1989年,第151—158页。傅衣凌之所以关注且这样区分,其实就是因为其在中国封建社会后半期经济发展中尤其是"资本主义萌芽"中的突出作用。
② 李伯重:《工业发展与城市变化:明中叶至清中叶的苏州(下)》,《清史研究》2002年第1期。
③ 李伯重:《工业发展与城市变化:明中叶至清中叶的苏州(上)》,《清史研究》2001年第3期。
④ 李伯重:《工业发展与城市变化:明中叶至清中叶的苏州(上)》,《清史研究》2001年第3期。
⑤ 可详参李伯重:《工业发展与城市变化:明中叶至清中叶的苏州(上)》,《清史研究》2001年第3期。

七八十里,甚者一百里之外的社下镇。换句话说,李伯重认为晚清最具代表性的城市经济的边界可有百里之远。但是我们有充分的理由怀疑这些市镇与府城之间是否真的是连成一片的充分"城市化"的空间,更不用说是"苏州城市"本身的一部分。当然,笔者深切地认为城市经济的发展有其跳跃性的一面,可以是"点"对"点"的发展形态,因此也不必用是否真的连成一片,充分的"城市化"空间来过分苛责这一概念。府城与市镇之间密切的经济联系也是可以想象的,但是这种经济联系下,百里之外的市镇与我们常称之为城市的经济"腹地"又有何区别呢?若"腹地"之论成立,那么无论如何都不能将其视作"城市"本身的一部分。将"市镇"也纳入研究者人为界定以后的已经扩大了的城市概念及以此为基础的城市经济概念中真的合适吗?李伯重之所以将所谓的郊区市镇都纳入苏州特大城市概念之中,恐怕也是因为这些市镇在其所谓的工业领域之于府城的巨大作用。

  由于李伯重对于市镇乃苏州城市一部分的定义,那么市镇工业的性质当然也就自然而然地被归到了城市工业。① 其实这与李伯重"早期工业化"理论是相冲突的,"早期工业化"指的是近代工业化(即以工业革命为开端的工业化)之前的工业化,这是西方对以工业革命为工业化开端深刻反思的结果,认为像工业化这样的历史大变化,不应是凭空发生的。而早期工业化理论的着眼点就是认识到了农村工业的巨大发展。不过这一理论也由于过分强调农村工业的发展而遭受很大批评,同样为避免这种诟病,且不至于忽略城市工业及其他非农村工业所发挥的作用,李伯重遂将原本之"原始工业化"概念修正为"早期工业化"。② 虽然不同学者对市镇工业本身的性质可以有不同的定义,但"早期工业化"的理论溯源以及农村工业的着眼点是不可否认的,若此则基于此的所有理论与研究会失去根基而轰然倒塌。

---

  ① 可详参李伯重:《工业发展与城市变化:明中叶至清中叶的苏州(中)》,《清史研究》2002年第1期。
  ② 以上可参见李伯重:《理论、方法、发展、趋势:中国经济史研究新探》,杭州:杭州大学出版社,2013年,第39—54页。

以"早期工业化"理论研究江南市镇进而论证明清"乡村工业化"发展亦是诸多中国学者共同的研究理路,①而将市镇工业视作农村工业发展的范畴,亦岂不是更好地论证了李伯重所采信的"早期工业化"理论。因此可以认为市镇经济仍属乡村经济发展的延伸,本质上仍是乡村,自不应属于城市的一部分。② 当然,这里有一个城市化(工业化)发展程度的问题,如果城市化发展到一定程度甚至高于府城的情况,那也只能称之为"市镇"而已,以示与乡村之别。此外,从地理范围与政府管理的角度讲,亦很难将市镇称之为城市,更不用说如李伯重所言乃"苏州城市"的一部分。

从这个角度看,早期工业化的前景也应该在"市镇",而非"城市",因此赵冈认为明清的市镇发展不像是转变发展为大中型城市这一过渡阶段,市镇人口的比重也越来越大,两宋以后"大中城市的发展完全停顿,城市化的新方向转到市镇"等都是极有见地的。③ 当然"完全停顿"可能未必精当,也不免会招致一些学者的批评,如王卫平"断言大中城市的发展已完全陷于停顿,未必符合实际。事实上,江南地区的一些大中城市尤其是苏州,无论在规模上还是质量上都有空前的发展"④,但这只是发展"程度"而非如赵冈所指前途"方向"上的问题。此外,陈学文"中国大城市明清时期已经定型,至多也只是政治中心兼具经济文化中心,或者是经济成分加浓而已,代表中国都市化道路的应是众多市镇的兴建"⑤之论,亦可谓鞭辟入里。赵冈、陈学文等强调的主要是宋代以后,其实从本质上讲,中国古代城市就是政治中心,经济文化等都是附着于政治统治中心的。因此,赵、陈等的判断也可通用于中国古代社会,他们之所以强调明清,只是随着明清经济的发展,这一问题更加凸显而已。

---

① 如樊树志:《明清江南市镇的"早期工业化"》,《复旦学报》(社会科学版)2005年第4期。
② 从中国市镇的起源与发展看,市镇亦主要是乡村经济商品化的产物,具体可详见下一章的梳理。
③ 详见[美]赵冈:《论中国历史上的市镇》,《中国社会经济研究史》1992年第2期。
④ 王卫平:《明清时期江南城市史研究:以苏州为中心》,北京:人民出版社,1999年,第94页。
⑤ 陈学文:《明清时期太湖流域的商品经济与市场网络》,杭州:浙江人民出版社,2000年,第389页。

李伯重对苏州"特大城市"的研究,更多地参照了现代的概念与知识体系,施用于古代史的研究,多少有些"以今窥古"的隔膜。就市镇的定位而言,亦有类似的问题,前揭市镇本质上仍是乡村经济进一步发展的结果,即使其城市化与工业化达到何等高的地步,那也就仅仅且只能是市镇而已,市镇已经是一个可以区别于乡村的"身份定位"。再者"城市化"与"工业化"等都强调的无疑是一个发展变化的"过程",至于能否"质变"成为城市本身,本质上不全是经济力量可以决定的。前文已有清晰的表述,中国的城市本质上代表的是以"城"为代表的政治军事力量。明清时期佛山镇、景德镇这样的"巨镇",由于政治军事力量的缺乏,尤其是未能演变为统治中心的"治所城市",因此其身份定位最多也就是个镇而已。

　　上文提到的李伯重关于"城市"概念与市镇定位中"以今窥古"的问题,其实所谓的"今"本质上都是近代欧洲城市发展经验,尽管李伯重批评了这种以近代欧洲城市发展的经验为代表的"西方中心论"。前文同样指出,西方近代城市的发展有一个"中世纪重新起源"的问题,若从世界范围内城市起源这一更为广阔的视角看,西方中世纪以来的城市发展实属"特例",以中国古代治所城市为代表的城市发展之路才具有广泛意义上的延续性。若要真正摆脱"西方中心论"就要回到中国城市的真正传统,大胆地肯定中国的城市本质上就是以代表政治军事力量的"城"为中心,经济力量永远只是附属性的。也正是在这个层面上,笔者从根本上否认了市镇发展成为真正意义上之城市的可能,除非成为治所城市。①

　　前揭,从空间的视域看,城墙无疑是最重要的城市景观。但不可否认的是,如有些学者所指出的,中国古代许多地方治所城市其实并没有修筑城墙,②

---

①　如前文所指赵冈的研究,虽然笔者非常同意其对中国古代市镇发展及其方向的判断,但其仍将市镇视为中国古代城市的一种类型,详见氏著《中国城市发展史论集》,北京:新星出版社,2006年,第3—4页。至于因何作此判断,无疑仍受到"西方中心论"的影响,这点李伯重已经有所指出。不过,在李伯重批评赵冈"中国历史上的城市化过程并非一个正常过程,在世界上是独一无二的特例"时,自己亦并未跳出西方中心论的影响。如前文指出,从世界范围内城市的起源看,西方尤其是中世纪以来的城市与城市化倒真正是"独一无二的特例"。

②　参见成一农:《古代城市形态研究方法新探》,北京:社会科学文献出版社,2009年,第160页。另可见鲁西奇:《中国历史的空间结构》,第351—358页。

而明清时期许多重要的市镇亦时有城墙的修筑,那么是否就可以因此而含糊城市与市镇的界限呢?其实并非如此,城墙的确是城市最重要的权力景观,但并非唯一的景观,除此之外还有最重要的治所城市不可或缺的专业统治机构,在这些治所统治机构存在的前提下,城墙其实也就衍生出了除防卫"实体"功能之外的更为广泛意义上的"文化"象征意义。① 之所以会衍生出这种"文化"意义,当然还在于城墙之于中国古代城市起源与发展的重要作用,在强调很多地方治所城市其实并没有修筑城墙的同时,切不可忘记古往今来中国更多城市都是修有城墙的这一基本事实。② 换句话说,在思考中国古代治所城市到底有无城墙,有城墙是否就可称之为城市这些关键问题时,不应秉持僵化态度,而应多角度综合思考。

  总之,城墙既是一堵实体意义上的墙体,更为重要的还在于承载着一种根深蒂固的中式"文化"。因此,"城墙"仍是城内与城外重要的区隔基础,即使有些城市实际上并无城墙。不过,城墙的这种区隔,更多的是政治权力介入的结果,不论从功能区分还是从与城内的经济联系看,宋代"负郭草市"、明清"负郭城厢"等城墙毗邻区域无疑都是城市本身和城市经济的一部分,但这种模式很大程度上是理论性的,究竟有无及多大程度上具有普适性还有待从各城市政治、军事、经济、自然地理等各方面进行具体的考察。换句话说,虽然从本质上讲,城市经济是城市政治统治权力的延伸,但是政治统治权力在各城市的作用程度并非均质的,这又给城市经济的边界界定带来了一定的困难,也就决定了只能作具体分析。本章的讨论主要集中在城市内部空间及城墙毗邻区域,至于更大空间范围内的陪都城市经济将在下一章详论。

---

  ① 陈正祥指出,"城是中国文化的特殊产物,很突出的标志,构成了汉文化圈人文地理的独有景观",可详见氏著《中国文化地理》第三章《中国的城》,香港:生活·读书·新知三联书店香港分店,1981年,第59页。另鲁西奇亦指出,"我们倾向于认为在帝制时代的政治意向中,城墙更主要的乃是国家、官府威权的象征,是一种权力符号","城墙作为威权的象征而发挥作用,乃是常态;而作为防御设施发挥作用,却是异态",详见鲁西奇:《中国历史的空间结构》,第330—333页。
  ② 鲁西奇总结成一农的成果,并结合自己的研究指出,中国历史上"筑城时代"占据了1500年,而"不筑城时代"则只有600多年。详见氏著《中国历史的空间结构》,第358页。不过,值得注意的是,是否为"筑城时代"主要是从王朝政策上来讲,其与一地城墙的有无有莫大的关系,但不能严格对应。鲁西奇的主要目的还在于论证说明古代城市"附郭街区"大量存在的问题。

第三节　陪都的城市空间结构

　　自 20 世纪 30 年代加藤繁指出坊市制的崩溃是宋代城市经济发展的重要标志后,坊市制崩溃就逐渐成为唐宋城市经济发展的研究范式而被广为论说。之所以强调坊市制这一城市管理方式的变化,最主要的逻辑就是"经济力量"的冲击。① 这种冲击还表现在学界对经济发展"溢出"城墙问题的关注。关于唐宋城市坊市制的崩溃,包伟民指出:"唐宋城市史以往'追溯研讨'的方法,尤其强调宋代城市的'开放'与唐代城市的'封闭',看来是放大了历史的裂变,忽略了历史演变的前后因袭关系。"②关于经济发展"溢出"城墙的问题,学界往往用很多城市并无城墙以及城内并没有被充分城市化来反驳③,其实大可不必用非此即彼的"二元对立"思维来解释。

　　前文已指出城墙在作为一种权力景观的同时,也往往以一种"实体"性的墙体区隔着城内与城外,鲁西奇更是强调了以城墙为区隔而形成的某种功能分区,指出相对于权力对城内空间做的有意切割,城外形成的商业区与居民区,甚至包括码头、河街等的形成与发展似乎更具有某种"原始的趋向"。④ 当然城内、城外的这种区隔,也不能作绝对化的理解,其间最大的变量还在于政府的管理措施与城墙扩展运动等。以上更多是宏观上的思考,包伟民认为迄今为止,关于唐宋时期城市发展的讨论中受都城的影响太大,这除了存世历史文献不平衡因素的制约外,更为重要的原因,还在于大一统传统影响着我们的思路。⑤ 本节就从具体的"一组个案"陪都出发,对深刻

---

　　① 加藤繁的观点主要可参见《宋代都市的发展》及《唐宋时代的市》等,后收入[日]加藤繁著,吴杰译:《中国经济史考证》,北京:中华书局,2012 年,第 248—316 页。
　　② 包伟民:《宋代城市研究》,第 395 页。
　　③ 如成一农:《古代城市形态研究方法新探》,第 89—90 页;包伟民:《宋代城市研究》,第 81—85 页。
　　④ 参见鲁西奇:《中国历史的空间结构》,第 358—361 页。
　　⑤ 包伟民:《宋代城市研究》,第 41 页。

影响唐宋城市发展的城市空间结构进行详细的探讨。

一、西京洛阳的城阙与坊市①

洛阳建城有悠久的历史,西周、东周时就有王城和成周下都。汉魏洛阳城是对成周下都的扩建发展。隋唐的东都城地处周王城和汉魏洛阳城的中间地带,始建于隋大业元年(605),唐代建制基本一仍隋制,有宫城、皇城和京城三重,并在京城中建设了整齐划一的坊市结构,是中国古代典型的规划城市。不过这一切都在唐末频繁的战乱中受到了严重的摧毁,史曰"初,东都经黄巢之乱,遗民聚为三城以相保,继以秦宗权、孙儒残暴,仅存坏垣而已"。②从唐光启三年(887)开始,河南尹张全义等人就对洛阳进行了持续的恢复性建设。张全义初至洛阳,但见"白骨蔽地,荆棘弥望","居民不满百户"。③张全义"且耕且战,以粟易牛,岁滋垦辟,招复流散","数年之间,京畿无闲田,编户五六万。乃筑垒于故市,建置府署,以防外寇"。④城内坊宅基地亦大量农田化,唐哀帝天祐二年(905)敕曰"洛城坊曲内,旧有朝臣诸司宅舍,经乱荒榛,张全义葺理以来,皆已耕垦",又曰这些既垦土地,"既供军赋,即系公田","诸色人并不得论认"。⑤

唐末,为应朱全忠迁都洛阳的计划,洛阳的恢复逐渐变得有规划,首先便是宫城等的兴修,史曰朱全忠"屡表请上迁都洛阳,上虽不许,全忠常令东都留守佑国军节度使张全义缮修宫室"。这次兴修"累年方集",⑥规模

---

① 对此刘连香《张全义与五代洛阳城》[《洛阳工学院学报》(社会科学版)2002年第2期]、张祥云《北宋西京河南府研究》(郑州:河南大学出版社,2012年)以及王书林《北宋西京城市考古研究》(北京:文物出版社,2020年)等都有相当的研究,本节多有参考。
② [宋]司马光编著,[元]胡三省音注:《资治通鉴》卷二五七,光启三年六月壬戌,第8359页。《旧五代史·张全义传》亦曰:"初,蔡贼孙儒、诸葛爽争据洛阳,迭相攻伐,七八年间,都城灰烬,满目荆榛。"详见《旧五代史》卷六三《唐书三十九·张全义传》,第839页。
③ [宋]司马光编著,[元]胡三省音注:《资治通鉴》卷二五七,光启三年六月壬戌,第8359页。
④ 《旧五代史》卷六三《唐书三十九·张全义传》,第839—840页。
⑤ 《旧唐书》卷二〇下《哀帝纪》,第800页;《册府元龟》卷一四《帝王部·都邑二》,第162页上。
⑥ 《旧五代史》卷六三《唐书三十九·张全义传》,第840页。

也很大,朱全忠曾"发河南、北诸镇丁匠数万","江、浙、湖、岭诸镇附全忠者,皆输货财以助之"。① 经过这次修复,原隋唐洛阳宫城的核心部分业已恢复。五代朱梁时期曾重建宫城正南门五凤楼,修复朝元殿、建春门新楼和天骥院等。此外,洛河堤堰也得到修整,洛河南岸以南市为中心的河南府廨及会节坊等亦得到了初步恢复。后唐庄宗时洛阳城市继续恢复,城市发展到天津桥南和东城之东的地区,甚至外郭城的定鼎门亦被重建。明宗时期,对城内的农田也进行了大量改造,与前引"公田"不同,后唐明宗同光二年(924)敕令"京城应有空闲地,任诸色人请射盖造","其空闲有主之地,仍限半年,本主须自修盖,如过限不见屋宇,亦许他人占射",并在京城内大建房屋,"务令壮观于九重"。② 同光三年(925)八月左补阙杨途奏请"毁撤"张全义所筑南北垒,曰"复见都城旧墙多已摧塌,不可使浩穰神京旁通绿野,徘徊壁垒,俯近皇居"③。此后五代诸王朝除了后晋时改移个别宫殿名称外,并无实质性的恢复。不过特别值得注意的是,后周世宗显德元年(954)七月"以洛阳城头阙",曾有命西京留守武行德"葺之","行德率部民万余完其城"。④

北宋西京基本继承隋唐格局,仍由宫城、皇城和外城组成,在五代基础上继续恢复重建。宫城位于整个城市的西北隅,史曰其"宫室皆因隋唐旧,或增葺而非创造"⑤,城"周九里三百步",较隋唐十三里二百四十一步略有缩小。宫城南面三门,正南曰五凤楼,东曰兴教,西曰光政。东面曰苍龙门,西面曰金虎门,北面曰拱辰门,各一门。宫城内自南向北建有太极殿、天兴殿、文明殿、垂拱殿等大殿十余座。文明殿为正衙殿,唐时称武成、宣政、贞观,后梁开平三年改曰文明殿,大量袭旧。太祖开宝八年(975)曾对西京大

---

① [宋]司马光编著,[元]胡三省音注:《资治通鉴》卷二六四,天祐元年正月壬戌,第8626—8627页。
② 《册府元龟》卷一四《帝王部·都邑二》,第163页上。
③ 《册府元龟》卷一四《帝王部·都邑二》,第163页下—164页上。按:不过同书卷四七五《台省部·奏议六》中则称左补阙杨途上奏是在天成四年(929),详见《册府元龟》,第5672页。
④ [清]徐松辑,高敏点校:《河南志·京城门坊街隅古迹》,北京:中华书局,1994年,第1页。
⑤ [清]徐松辑,高敏点校:《河南志·宋城阙古迹》,第144页。

内进行了较大规模的修缮,史曰"宫室合九千九百九十余区"①。此后真宗景德元年(1004)亦曾"葺醇大内及诸司廨舍"②。至神宗时期,由于时间久远,西京大内屋宇损坏严重,"比旧少四千余间"③,诏令转运司提举修葺。熙宁四年(1071)曾诏"京西转运司每年拨钱一万贯,买材木修西京大内",西京大内有了专项修缮基金,此专款元丰七年(1084)还有申请④,可见得到了较好的贯彻。徽宗政和年间京西都转运使宋昇为准备徽宗"西幸",曾大规模兴修宫城,史称宋昇"治宫城,广袤十六里,创廊屋四百四十间,费不可胜"⑤。

西京皇城在宫城外,亦位于京城的西北隅,周十八里二百五十八步。四面开七门,南面正门为端门,内与宫城的五凤楼相连,外与郭城的定鼎门相对,端门东西还有左、右掖门;西开二门,南为丽景门,北为开化门;东有二门,南为宾耀门,北为启明门;北面开应福一门。皇城主要是"诸司处之",主要有尚书省、御史台、太庙、郊祀等衙署和礼仪机构。前揭,真宗景德元年亦曾修葺过诸司廨舍。西京外城跨洛河南北,自周世宗显德元年武行德修葺后,宋初并未再有大的修葺活动,直到仁宗景祐元年(1034)王曾才"复奏加筑",《宋史·地理志》所载周"五十二里九十六步",应是仁宗时才定型的。外城凡九门,南三门,中曰定鼎门,东曰长夏,西曰厚载;东三门,中曰罗门,南曰建春,北曰上东;西一门曰关门;北二门,东曰安善,西曰徽安。随着时间的推移,西京外城墙毁坏严重,史载神宗时期已是"卑薄颓阙,犬豕可逾"⑥。此后也并未再修,徽宗时期时人还有"国家四京,惟西京城壁不备"⑦的感慨。

---

① 《宋史》卷八五《地理志一》,第2104页。
② 详见《长编》卷六〇,景德二年五月甲寅,第1338页。
③ [清]徐松辑,高敏点校:《河南志·宋城阙古迹》,第156页。
④ 详见《宋会要辑稿》方域一之二四,第7330页下。
⑤ 《宋史》卷三五六《宋昇传》,第11208页。
⑥ 《长编》卷三五五,元丰八年四月庚寅,第8500页。
⑦ [宋]李纲著,王瑞明点校:《李纲全集》卷四二《论御寇用兵札子》,长沙:岳麓书社,2004年,第511页。

至于盛唐时洛阳的坊墙等毫无疑问亦多半毁于战火，但五代尤其是"复古"色彩浓厚的后唐时期，洛阳亦并未恢复坊制的迹象，"而是靠新构想来形成新景观，通过新方法来维持治安"，至于其崩溃的大致过程，久保田和男亦有梳理，曰"黄巢起义等唐末动乱影响波及洛阳，市民几乎全部逃亡。从光启三年开始，张全义集团对无人居住的城市空间按照农田进行了重新开发"。接下来，朱全忠命张全义进行"天复修都"，但亦"仅对宫殿、太庙、郊祀设施等基本首都功能进行了重建复兴"。后唐时期，由于坊墙的消失及由此带来的"城市内部农田广袤的景观与首都是否相称的问题，引起人们的讨论"，"尽管如此，作为首都城市空间的整治事业，复原坊墙一事完全没有被再次提起。政府在房屋紧密排列的城市空间中重新配置农田，并试图赋予其首都的象征性"，"洛阳的坊制自唐末到五代，通过以上的过程而逐步崩溃"。①

　　北宋洛阳的城坊亦在五代的基础上继续发展，宋初《太平寰宇记》载西京的河南、洛阳两赤县分别辖有"四乡，五十坊"和"三乡，四十三坊"，②共93坊。宋仁宗皇祐二年(1050)知府事张奎命"按唐街陌"列之，"分榜诸坊"，"凡一百二十坊"。③北宋西京城120坊的坊名《宋会要》等都有记载④，张祥云、王书林等通过文献和考古资料对城内诸坊亦曾进行过考述⑤，兹不赘言。此次张奎"按唐街陌，分榜诸坊"，说明主要是在现有诸坊的基础上循唐故事，在管理层面上对城区的一次重新划分，对城市空间结构并无实质改易。不过就此次所划诸坊与隋唐诸坊的地域分布而言基本一致，但亦有些许变化，如张祥云所指，"唐代南、北市到宋代已经发展为新坊区，洛河以北的铜驼、上林坊被迁移到了水南等"，"诸多坊区面积缩小，数量增加"，

---

① 以上参见[日]久保田和男著，郭万平译，董科校译：《宋代开封研究》，第56—57页。
② [宋]乐史撰，王文楚等点校：《太平寰宇记》卷三《河南道三·西京一·河南府》，北京：中华书局，2007年，第46、51页。
③ 《宋史》卷三二四《张奎传》，第10491页；[清]徐松辑，高敏点校：《河南志·京城门坊街隅古迹》，第3页。
④ 《宋会要辑稿》方域一之七，第7322页上。
⑤ 可详参张祥云：《北宋西京河南府研究》，第69—108页；王书林：《北宋西京城市考古研究》，第52—71页。

"名称等也有所调整"。①

二、南京与北京城市空间结构比较

北宋洛阳因曾作为唐朝的都城而成为典型的坊市结构的规划城市。北宋的南京与北京都位于黄淮海平原,都有较长的建城史,但其真正兴起都无疑与运河息息相关,主要体现在国家对运河需要的层面上,这点上文已略有所述。换言之,北宋的南京与北京是可以置于"运河城市"这一整体理论框架下进行比较研究的。"运河城市"是李孝聪主要采用历史地理学的方法,着重论述城址选择和城市形态演化的理论。② 通过系统比较,以期能对"运河城市"的理论起到某种丰富作用。

(一)"运河城市":城址选择与城市形态

北宋南京城,古又有称睢阳者,按古代"山南水北为阳,山北水南为阴"的地名命名原则,睢阳显系睢水之北而得名。睢水,系战国时期魏国所开人工运河鸿沟的支派之一。至隋开大运河,又经州城南而过,可见其城市发展与运河密切相关,是典型的运河城市。前揭,在北宋南京城这块地方上先后建有多个城池,据唐初《括地志》载,宋州当时存有三个城,分别为宋州城、宋城县城,以及围二城于内的宋州外城。宋州城"古阏伯之墟,即商丘也";宋州外城"本汉睢阳县也,地理志云睢阳县,故宋国也";宋城县城,"在州南二里外城中,本汉之睢阳县也"。③ 引文"地理志"当指《汉书·地理志》,经查有"睢阳,故宋国,微子所封"④。而宋州外城和宋城县城都曰"本汉睢阳县",似相互抵牾,其实不然。众所周知,至少在北宋以前,我国古代的州城管理一般是由治所所在的县负责的⑤,县城与州

---

① 张祥云:《北宋西京河南府研究》,第 68、109 页。
② 可详见李孝聪:《唐宋运河城市城址选择与城市形态的研究》,载《环境变迁研究》第 4 辑,北京:北京古籍出版社,1993 年。后收入氏著《中国城市的历史空间》,第 113—155 页。
③ 参见[唐]李泰等著,贺次君辑校:《括地志辑校》卷三《宋州》,北京:中华书局,1980 年,第 153 页。
④ 《汉书》卷二八下《地理志第八下·梁国》,北京:中华书局,1962 年,第 1636 页。
⑤ 北宋时出现了所谓的由专门机构负责管理城市的"建制城市",详见韩光辉等:《宋辽金元建制城市的出现与城市体系的形成》,《历史研究》2007 年第 4 期。

城比邻而居也不足为怪。因此,宋州外城,"本汉之睢阳县",可理解为汉睢阳县所在的地方乃梁国都城,也即前揭宋国故城也。宋城县城,"本汉之睢阳县也",其实也就是汉之睢阳县城。当然,有理由质疑唐前期是否还仍用汉代所筑之城池,但由此反映出的宋州城、宋城县城,以及宋州外城的基本结构布局还是非常清楚的。关于宋州州城,成书于唐宪宗元和八年(813)的《元和郡县图志》的记载亦与《括地志》相同,曰:"(宋州)州城,古阏伯之墟,契孙相土亦都于此。春秋为宋国都。汉梁孝王广睢阳城七十里。开汴河,后汴水经州城南。"①"汴水经州城南",这与宋人所载汴河与南京的相对位置关系一致,宋《孙公谈圃》曰:"隋开汴河,其势正冲今南京,至城外迂其势以避之,古老相传为留赵湾,至艺祖以宋州节度使即帝位,乃其谶也。"②"留赵湾"之谶,着实有点匪夷所思,但州城与汴河的相对位置则是非常清楚的。

　　唐朝初年的宋州城、宋城县城,以及围二城于内的宋州外城的"三城格局"无疑是经过长期的历史积淀逐渐形成的。但这种格局,至迟到唐长庆年间(821—824)已经发生了明显的改变,史载长庆二年(822)宣武叛将李岕攻宋州,"宋州凡三城,已陷南一城,(高)承简保北两城以拒,凡十余战",很明显宋州已呈现出南一城、北二城的"倒品字形"的"三城格局"。③ 不过从这三城格局中也能隐约看到唐朝初年的影子,"南一城"很可能是此前的宋城县城,"北二城"中其西城则属此前的宋州州城无疑,东城则很可能是利用宋州外城部分城墙改建或重新修建而成,此间西城与东城相对位置的判断,主要是基于宋朝的城池结构而作出的判断,详见下文。"安史之乱"以后,中原频繁的战争当是促成这一转变的关键。从军事防卫角度看,像宋州这样的地方小城市,在继承此前城池的历史遗产基础上,建设"分城"无疑是最佳的选择,"北二城"是政治军事城池,南面更加靠近水运的宋城县城的"南一

---

① [唐]李吉甫撰,贺次君点校:《元和郡县图志》卷七《河南道三·宋州》,北京:中华书局,1983年,第180页;《太平寰宇记》卷一二《河南道十三·宋州》所记同。
② [宋]孙升口述,[宋]刘延世笔录,杨倩描、徐立群点校:《孙公谈圃》卷中《留赵湾》,北京:中华书局,2012年,第121页。
③ 对此《旧唐书》有载,曰:"宋州凡三城,已陷南一城,承简保北两城以拒,凡十余战。"详见《旧唐书》卷一五一《伊慎传》,第4053—4054页。

城"无疑是商业和大量平民所在的城池。① 从唐五代的战争实践看,南一城的防御最弱,往往被攻破,也许正是因此,还有将不得意之人特意任命为"宋州南城将"的例子②。而北二城的防守极强,往往令攻击者望而却步,如咸通十年(869)九月庞勋起义军将兵二万自石山西出"袭宋州,陷其南城,刺史郑处冲守其北城,贼知有备,舍去,度汴,南掠亳州"③。

宋代南京城的布局则由唐朝以来的"三城结构"发展为"一城结构"。关于宋南京城的结构,《玉海》记载最为翔实,曰:"大中祥符七年,建应天府为南京。宫城周二里三百一十六步。门曰重熙、颁庆。殿曰归德。京城周回一十五里四十步。东二门:南曰延和,北曰昭仁。西二门:南曰顺成,北曰回銮。南一门,曰崇礼。北一门,曰静安。中有隔城,又有门二:东曰承庆,西曰祥辉,坊十八。东有关城,周二十五里八十三步,东南北各有门一。"④《玉海》的记载与《宋史·地理志》基本相同,⑤再结合前文所述建都时之改城门名情况,可以发现《宋史》所载的南京结构也适用于大中祥符建都之前。

不难看出,宋南京城所谓的"一城结构"也是相当复杂,其是由"京城"及其内的"隔城",以及东边的关城组成。京城中的宫城是由五代时期的归德府衙改造而成的,京城与东边的关城有很明显的唐"北二城"的影子。京城即唐代的州城,东边的关城也即由北二城中的另一城改建而来,史曰东关关城"周二十五里八十三步",而主体结构的京城才周一十五里四十步,可见,东关城几乎是京城城周的两倍。从京城的城门结构推测,京城应是一座完整的方形城池,因此京城中的"隔城"不太可能是京城展拓的结果。这也可从唐州城(宋京城)、宋城县城以及汴河的相对距离进行说明。前揭,宋城县城在州城南二里之外,而州城与城南的汴河又有五里之遥,若宋代隔城是由州城向南展拓而来的话,那么州城与汴河的距离便只有三里,这与史实明

---

① 关于"分城"的作用可参考张驭寰:《中国城池史》,北京:中国友谊出版公司,2015年,第187—190页。
② 详见《旧唐书》卷一五六《韩弘传》,第4134页。
③ [宋]司马光编著,[元]胡三省音注:《资治通鉴》卷二五一,咸通十年九月辛酉,第8149页。
④ [宋]王应麟辑:《玉海》卷一七〇《门阙·祥符重熙颁庆门》,第3152页。
⑤ 《宋史·地理志》南京条的记载略简,唯一有异者主要在对关城城门的记载上,曰"其东又有关城,南北各一门",详见《宋史》卷八五《地理志一·南京》,第2104—2105页。

显不符。因此,可以确认的是,从汉以来的睢阳县(宋城县)城终于在唐五代的战火中坍塌了。宋京城南部的"隔城"与此前的宋城县城并无太大的关系。值得注意的是,仁宗皇祐元年至二年(1049—1050)判应天府郭承祐(?—1051)曾因"府壁垒不完,盗至卒无以御",还曾"城南关"。① 重新加强了南京京城南部的防御能力,不过可以想见南关关城的规模自不能跟东关相比。

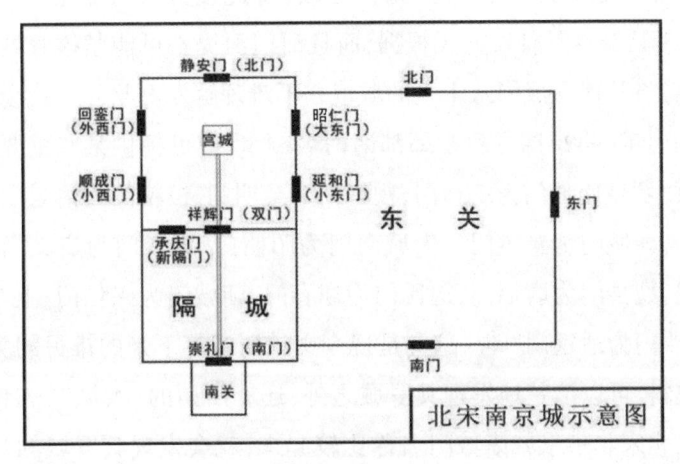

图 3.1 北宋南京城示意图

宋代的北京城,治今河北大名县东北大街乡与北门口乡之间。前揭,其兴起与隋炀帝大业四年(608)所开永济渠密不可分。不过炀帝所开永济渠与当时的魏州城还是有些距离的,在州城之西。其实这也不难理解,为便于引水,所开运河一般选择地势稍低一点的区域,州城一般会选择地势高一点的地区,北宋时北京城还被称作"龟背城"。运河与州城直接连通,是在唐玄宗开元二十八年(740),是年刺史卢辉"移通济渠,自石灰窠引流至州城西,都注魏桥,夹州袤楼百余间,以贮江淮之货"②。"安史之乱"以后,内地藩镇竞起,魏州亦成为藩镇与官军争战的重要地区,如唐德宗建中三年(782),马燧、李怀光与朱滔等战于魏州城下,朱滔便堰永济渠水入王莽河故道以绝官

---

① 《宋史》卷二五二《郭承祐传》,第 8852 页。
② [唐]杜佑撰,王文锦等点校:《通典》卷一八〇《州郡十·魏州》,第 4760 页。

军粮道及归路,马燧无奈退保魏县(今大名西北,原治永济渠南),双方隔渠水列营相拒,互争魏桥,异常惨烈。唐后期魏州一直为强藩所据,僖宗中和年间(881—885)魏博节度使乐彦祯曾"征六州之众,板筑罗城,约河门旧堤,周八十里,月余而毕"①,即板筑罗城并使之与旧有之河堤相连,使河堤为外城垣,成为周八十里的超级城池。

李孝聪可能认为"八十里"太大之故,将此理解为可能是"十八里"之误。② 笔者认为这种怀疑并无根据,而且河门河堤不可能紧挨着城墙,应有一段距离,将其连通成周八十里的城垣并不难理解。对此,《五代会要》所载后晋天福七年(942)四月敕改邺都诸门名额事,或可提供某些重要的线索,史曰敕改"罗城南磚门为广运门,观音门为金明门,橙糟门为清景门,冠氏门为永芳门,朝城门为景风门。大城南门为昭明门,观音门为广义门,北河门为靖安门,魏县门为膺福门,冠氏门为迎春门,朝城门为兴仁门,上斗门为延清门,下斗门为适远门"③。这应是现今文献所留存下来的难得的关于五代邺都的史料,可以清楚地发现其罗城之外,还有所谓的"大城",若将此与下文所论之北宋北京京城诸城门名称比较起来,就会发现其罗城的基本格局就是北宋的外城,而北宋的外城亦周约五十里,那么罗城外有周八十里的大城有何奇怪呢?从诸城门的名称对比上看,五代大城的轮廓,就是北宋北京京城东西四门第二重门所框定的规模。而随着大城城墙的废弃,北宋时仅保有五代大城东西四城门,这也就可以解释笔者所言北宋北京京城结构上更像是以东西为主的疑惑了。

以河堤为城池,自不是中国古代的传统,在其后战乱纷繁的五代时期亦不能起到很好的防御作用,因此也就逐渐废弃了。《宋史·地理志》载北京"京城周四十八里二百六步"④,宋人文集中亦有称"大名五十余里之隍池"⑤。李

---

① 《旧唐书》卷一八一《乐彦祯传》,第 4689—4690 页。
② 详见李孝聪:《唐代城市的形态与地域结构》,《中国城市的历史空间》,第 101 页下注释。
③ 参见《五代会要》卷一九《大名府》,第 310 页。
④ 《宋史》卷八五《地理志一·北京》,第 2105 页。
⑤ [宋]王安中:《初寮集》卷三《论臣僚奏乞推爵札子》,文渊阁《四库全书》第 1127 册,第 34 页 b。

孝聪认为北京京城乃唐末乐彦祯展筑的罗城,并根据考古出土和亲身考察,绘有《唐魏州城图》①。不过如前文所知,笔者对乐彦祯展筑的罗城问题上的理解与李孝聪不同,而其所根据的考古发掘其实也主要是宋代的遗迹,若再将其上溯至唐末,其准确性无疑要大打折扣,尽管五代及北宋文献中未再见载展拓城池的记载。因此,用李孝聪所绘《唐魏州城图》来认识宋朝的北京京城则再合适不过了。李孝聪言其1987年考察大名府故城时,地面上还能见到断断续续的大名府外郭残垣,周长大约有42里,与《宋史·地理志》所载48里大致相符。② 从李孝聪所绘城图可以看出,北京京城的城池主体呈方形结构,南北略有突出。这种南北略长的结构亦可从文献上得到印证,如景德元年(1004)十一月天雄军闻契丹兵将至,阖城惶遽,孙全照请守北门,王钦若亦自分守南门,全照曰:"不可。参政主帅,号令所出,谋画所决,南北相拒二十里,请覆待报,必失机会,不如居中央府署,保固腹心,处分四面,则大善。"③"南北相距二十里",若按全城周48里算,显然是南北凸出的结构。

其实,认真阅读《宋史·地理志》关于北京京城门改名之有关记载,结合上文关于北京京城的论述,是可以清楚地得到北京京城的城市结构的,北京京城呈南北长的方形结构,南北各两门,南城墙之正南门曰景风(南河门),又有亨嘉门(南博门);北城墙之正北门曰安平(北河门),又有耀德门(北博门)。东西城墙亦各二门,东城墙门二,正东门曰华景(冠氏门),原冠氏第二重门曰春祺,东南门曰安流(朝城门),原朝城第二重门曰巽齐;西城墙门二,正西门为保成(魏县门),原魏县第二重门为利和,西南门为安正(观音门),观音第二重门曰静方。另有上水关善利和下水关永济两个水关。④

可以发现,北京京城其实与我们传统的认识可能有很大的出入,从这座

---

① 参见李孝聪:《唐代城市的形态与地域结构——以坊市制的演变为线索》,载李孝聪主编:《唐代的地域结构与运作空间》,第288页。
② 参见李孝聪:《公元十至十二世纪华北平原北部亚区交通与城市地理的研究》,载《历史地理》第9辑,上海:上海人民出版社,1990年。后收入氏著《中国城市的历史空间》,第22页。
③ 《长编》卷五八,景德元年十一月壬申,第1284页。
④ 详见《宋史》卷八五《地理志一·北京》,第2105页。按:括号内的城门名为熙宁九年(1076)改名前的原名。

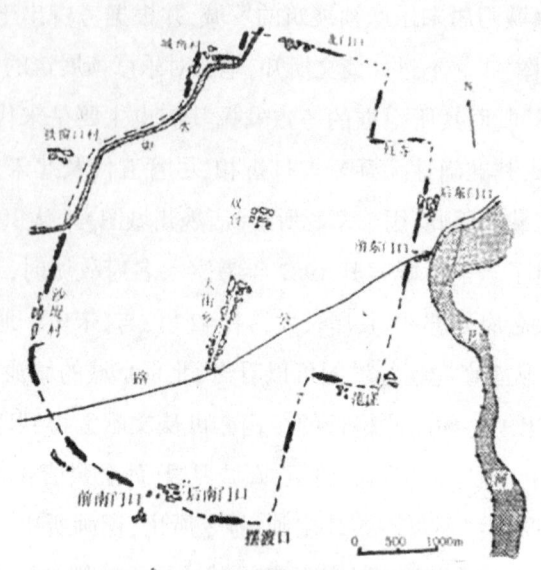

图 3.2　宋代北京京城轮廓结构图

城池呈南北长的方形轮廓,以及东西城墙对应各两门,且这四城门无一例外都修建有第二重城门,因此其主体结构事实上更像是一座东西向的城市,至于其原因上文论及五代时的邺都时已有详论。因此前揭景德元年(1004)契丹兵临城下时北门和南门成为防守重点绝非偶然,其中该城东南高西北低的特点导致地势低下的北门竟出现无人敢守的尴尬局面。该城市东西为主的走向,还可从子城的结构得到进一步的印证,北京京城的这种格局,无疑与运河及府域的"经济地理"是相适应的,可详见下文论述。不过,《宋史·地理志》关于北京的记载,尤为我们留下了些许遗憾,尤其是南博门、北博门以及至关重要的两水关的相对位置等,不过这点亦可从《宋会要辑稿·方域二》关于北京的记载得到答案①。与《宋史·地理志》"先南后北,在东而西"的叙述模式不同,精读《宋会要辑稿》神宗"赐内外城门名"的叙述模式,则可有"惊人"的发现。其叙述顺序是以正南门为始②,呈"逆时针"方向运动,按此推理,亦与《宋史·地理志》所载完全符合,这样上面的疑惑便迎刃而解了。为

---

①　详见《宋会要辑稿》方域二之二,第 7332 页上。
②　按:先叙正南门,紧接着为南博门,南博门的位置根据北博门推定。

了更清晰地说明北京京城的轮廓结构,亦可详参下图。

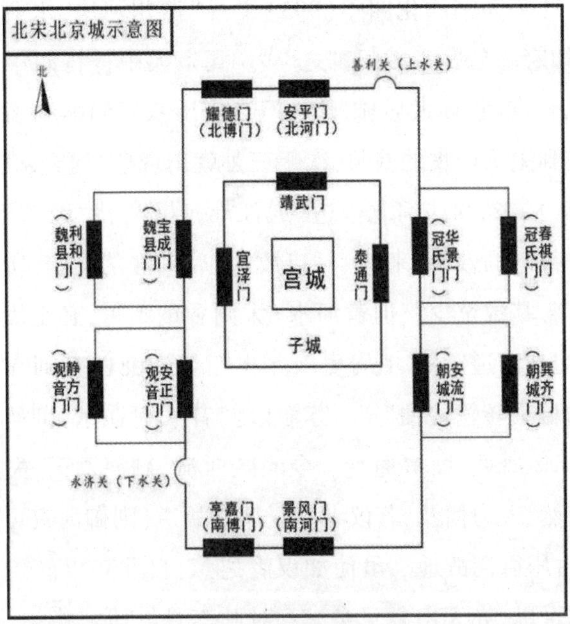

图 3.3　北宋北京城示意图

宋代北京城市形态与唐代最大的不同也许就是御河(隋唐永济渠)与北京城的相对关系。前引唐五代御河至州城西便"却注魏桥",通过魏桥与城内相接。而北宋的御河则直接是"穿北京城中过"的。北宋时御河的水源及承运能力,《宋史·河渠志》曰其源头"止是百门泉水,其势壮猛,至卫州以下,可胜三四百斛之舟,四时行运,未尝阻滞。堤防不至高厚,亦无水患"①,是河北自南向北的一条重要运输线。至于其船运规模,仁宗皇祐时往河北提举计置斛斗的包拯曾指出,当时"纲船大小只及三四百只,兼多是损坏者",因此启奏朝廷"特降指挥,下河北都转运司,选差知次第干事官员,于镇府界西山采斫木植,作筏前来,令本司更于诸处尽底划刷工匠,差官专监并手造船,及添修损坏者",其目标是"得船三二百只",往来不绝,以使"边储无匮乏之虞"。②

---

① 《宋史》卷九五《河渠志五·御河》,第 2355 页。
② 参见[宋]包拯撰,杨国宜校注:《包拯集校注》卷一《请于怀卫粜米修御河船运》,合肥:黄山书社,1999 年,第 50—51 页。

但从北宋前期始,黄河不时侵占御河河道,影响御河运输,并危及大名府城的情况。北宋太宗淳化四年(993)十月"澶州河决,水西北流入御河,浸大名府城,知府赵昌言甃城门御之"①。真宗大中祥符四年(1011)八月,"河决通利军,合御河,坏大名城"②。但自庆历八年(1048)黄河北流之后,御河运输便受到更为严重的威胁,次年三月就出现了"河合永济渠"的局面。神宗熙宁九年(1076)为使河北极边"通江淮舟楫",特"取黄河水入御河",但似并未取得很好的效果,来年"开口放水,后来涨落不定,所行舟筏,多是轻载,官船木筏,其数至少",但黄河水"大则吞纳不得,必至决溢;小则缓慢浅涩,必至淤淀却河道"。③ 王岩叟曰元丰四年(1081)黄河在小吴决口后,"并吞御河,边城失转输之便"④。苏辙曰:"昔大河在东,御河自环、卫经北京渐历边郡,馈运既便,商贾通行。今河既西流,御河堙灭,失此大利,谁则不知。天实使然,人力何及,若议者能复澶渊故道,则御河有可复之理,今河自小吴北行,占压御河故地。虽使如议者之意,自北京以南折而东行,则御河堙灭已一二百里,亦无由复见矣。"⑤对此李月红研究指出,自此这种黄、御混流的现象一直到北宋末年仍未有改观。⑥ 这无疑给包括北京在内的河流沿线城市带来很多影响。

不过在元符元年(1098)之前的一段时间内,御河似并未再穿行北京城内,因为是年李仲开御河,曾引起曾布、邹浩等的强烈反弹,曾布曰:"御河为北京患,人人知之。今年春旱,而北京水满城郭,居民、仓库皆被害,而无敢言者。"⑦

---

① 《宋史》卷六一《五行志一上·水上》,第1323页;《长编》卷三四,淳化四年十月庚申,第754页。
② 《长编》卷七六,大中祥符四年八月戊辰,第1733页。
③ [宋]文彦博:《文潞公文集》卷二三《言运河》,《宋集珍本丛刊》第5册,第381页。
④ [宋]王岩叟:《上哲宗乞诏大臣早决河议》,载[宋]赵汝愚编:《宋朝诸臣奏议》卷一二七,第1399页;《宋史》卷九二《河渠志二·黄河中》,第2290页。
⑤ [宋]王岩叟:《上哲宗论回河》,载[宋]赵汝愚编:《宋朝诸臣奏议》卷一二七,第1401页。
⑥ 详见李月红:《北宋时期河北地区的御河》,《中国历史地理论丛》2000年第4辑。按:李月红对所引熙宁九年(1086)判大名府文彦博语的史料解读明显不足(笔者解读可详见下文),并由此概括出宋廷调度东南物资达于河北极边,实行的把物资"自汴入黄河""至北京下卸""临御河仓贮纳""于御河装船""般赴沿边"的步骤有很大的问题。至少"自汴入黄河""至北京下卸"系明显错误,此段运输主要是利用黄河,与御河无关。
⑦ 《长编》卷五一○,元符二年五月辛亥,第12137页。

对此,《宋史·地理志》中元丰七年(1084)废"善利、永济"二"水关"事或可为重要证据。① "水关"即水穿城墙以通城内外水的闸门,善利为上水关、永济为下水关,废水关也即意味着闭塞御河水入城。元符元年李仲重开御河入城事,邹浩亦曰"北京城内自开贯御河以来,民庐、僧舍为水所侵,见已不少。若万一河流涨溢,即必为北京大患,事理无疑";又曰"臣续访闻得河北去年大水之时,北京几殆者数矣,赖救护官司急将御河塞断,以故水不入城","惟是回徙御河行于城外,庶几一方永无他虞"。② 最后,从北宋末年的零星史料可以看出,北京京城修有规模颇大且有严密管理制度的护城河,如前引金人欲利用"是岁大寒,城池皆冰""借冰梯城"的有利条件不攻而入,而宋军守将郭永"闻之,先弛壕渔之禁"的故事。③

从前引唐五代的有关史料看,此前的魏州城亦即宋北京城是无护城河的。而宋代北京京城护城河究竟凿于何时,则史无明载。不过,熙宁八年(1075)四月韩琦曾言:"自虏人辨理疆界,河朔沿边与近里州郡,一例差官检计,修筑城垒,开淘壕堑,冀、北京役者尤众。敌楼、战棚之类,悉加换葺,增置防城之具,率令备足,逐处兵甲器械,累次差官检视,排垛张盘,前后非一。"④"虏人辨理疆界"即指熙宁年间宋辽河东划界事,河东划界事一般以熙宁七年(1074)三月辽使萧禧突然来宋交涉河东界为正式开始的标志。前文所述同年七月神宗便差大名府、德、博州春夫三万人大规模修北京大名府府城。因此上引韩琦"一例差官检计,修筑城垒,开淘壕堑,冀、北京役者尤众"绝非虚言。诚如周宝珠在东京修护龙河时所言,"中国古代修城治壕本为一事,同时进行,即取壕之土,以供修城之用"⑤。因此有充分的理由认为北京京城的护城河即"壕堑"很可能"开淘"于此时。

庆历八年(1048)黄河北流后,其对北京城市形态的影响远不止于上文

---

① 详见《宋史》卷八五《地理志一·北京》,第 2105 页。
② 《长编》卷五一〇,元符二年五月辛亥,第 12137—12138 页。
③ [宋]汪藻:《浮溪集》卷二〇《郭永传》,《四部丛刊初编》本,第 8 页 b—9 页 a。
④ [宋]韩琦:《上神宗答诏问北边事宜》,载[宋]赵汝愚编:《宋朝诸臣奏议》卷一三七,第 1542 页;《长编》卷二六二,熙宁八年四月丙寅,第 6388 页。
⑤ 周宝珠:《宋代东京研究》,第 49 页。

御河诸事,更大的影响则是京城四周护城堤的全面兴建,虽不清楚各堤兴修的具体过程,但就存在这一实际状态而言,无疑是非常明确的。这里首先需要说明的是护城堤与城市形态的关系,前揭,城墙无疑是判定城市形态最为重要的标志性因素,而护城堤则由于并不普遍而未及申说。其实就形态而言,二者基本相同;就作用而言,二者都是为了一城的安全,唯一的区别即城墙多用于防御敌人,护城堤用以防御水患。因此在论说城市形态时,引入护城堤是无可厚非的。

庆历八年黄河北流后,"自魏之北,至恩、冀、乾宁入于海,是谓北流"①,其在北京附近的流向,史曰:"旧河在大名东,水势'丁'字,正冲马陵口,折向东,复西,直注小张口。两处视大名各止及五六里,每岁涨水,岸至危急。"②朝廷为保护北京京城安全,遂于黄河北流的西岸修筑有牢固的金堤,对东岸的堤防则不太重视,史曰:"其东岸地面与水面相平,常为浸水,一概淹浸,民颇失业。自绍圣二年,人户自备粮功梢草宽留河身于东岸,上自南乐元城界,下接冠氏县兼助埽筑软堰,一道高阔三二尺,以来若非河水暴涨之时,亦可遮拦水势,一方之地数百里之民,粗得为生矣"。③嘉祐元年(1056),塞商胡决口,修六塔河,引河回故道。功毕,当夜再决,史载河"不能容,是夕复决,溺兵夫,漂刍藁,不可胜计","水死者数千万人"。④ 嘉祐五年(1060)黄河又"派于魏之第六埽,遂为二股,自魏、恩东至于德、沧,入于海,是谓东流"⑤。

其后,朝廷内部对黄河维持北流还是东流问题上争论不休,熙宁二年(1069)封闭北流,元丰四年(1081),"小吴埽复大决,自澶注入御河,恩州危甚"⑥。绍圣四年(1097)又"全河之水,东还故道"。元符二年(1099)六月黄

---

① 《宋史》卷九一《河渠志一·黄河上》,第2275页。
② 《长编》卷四二一,元祐四年正月己亥,第10204页。
③ [宋]陈次升:《谠论集》卷二《上徽宗乞为河西软堰状》,文渊阁《四库全书》第427册,第22页b。
④ 《宋史》卷九一《河渠志一·黄河上》,第2273页。
⑤ 《宋史》卷九一《河渠志一·黄河上》,第2275页。
⑥ 《宋史》卷九二《河渠志二·黄河中》,第2286页。

河决内黄口入北流,"东流遂断绝",终宋不改。不难看出,北宋三次回河均告失败,之所以回河东流最主要的目的还在于国防,①但是回河东流却往往将北京置于险地,北京与回河的冲突,孙升曰"大河利害,为国重事,北京轻重,所系一方","若大河涨水东注,如北京留守司所奏,为害北都,虽诛百千王景,且复何补"。②苏辙亦言:"张问等辈欺罔朝廷,建为回河之议。自是北京生灵怀鱼鳖之忧,日夜求迁徙之计。"③上引孙升曾曰:"昨来回河,系修河司措置,先于西岸闭断阚村、阳邵、樊河三河门,并置立暑字坊截河堤,及修置指水锯牙马头,栏擗大河水势,正指本府东岸。契勘已前年分,西岸未有槐花村修打堤堰时,漫水向北行流,尚自去年沙河直堤抹岸,刷成口子,水势湍紧,签堤、横堤大段危急,其口子后来展塌已及九百余步。今来若更于西岸修打堤堰,截却漫水,更不向北行流,显见擗拦水势一布东注,冲刷府城之上签、横、顺水等堤,为害不细。"④因此不难推知签、横及顺水堤是北京西南方向重要的护城大堤。而横堤为北京南部护城堤还有更为直接的证据,刘安世曾曰"自大名之东,埽岸久已废坏,虽南有横堤,颇为坚实,然上卑下薄,恐不足恃"⑤。顺水堤很可能是签、横堤外,依水流方向而兴建的更外围的护城堤。签堤即竹桩加固的防水堤,而元祐六年(1091)正月横堤、顺水堤亦曾"皆作木岸"⑥。至于京城城北韩琦镇守北都时,亦筑有"寸金堤",因"水尝至不浸者一寸"而得名。⑦

(二) 城市内部空间结构

既为陪都,则宫城自不可少,南京的宫城是由归德节度使衙署改名而成,并未大加修缮,前揭其变化主要体现在陪都宫城的改名上。实体的营

---

① 可详参李华瑞:《北宋治河与边防》,《宋夏史研究》,天津:天津古籍出版社,2006年,第136—153页。
② 《长编》卷四四二,元祐五年五月壬辰,第10648页。
③ 《长编》卷四四八,元祐五年九月辛卯,第10776页。
④ 《长编》卷四四二,元祐五年五月壬辰,第10647—10648页。
⑤ 《长编》卷四二一,元祐四年正月己亥,第10203页。
⑥ 《长编》卷四五四,元祐六年正月丁亥,第10896页;[宋]苏辙著,曾枣庄、马德富校点:《栾城集》卷四六《论黄河东流札子》,上海:上海古籍出版社,2009年,第1024页。
⑦ 详见[明]石禄修,[明]唐锦纂:《(正德)大名府志》卷二《堤堰·大名县》,《天一阁藏明代方志选刊》,上海:上海书店影印,1966年,第15页b。

建,南京就集中体现在了鸿庆宫的修建上,以后也并未大修。北京宫城的历史就相对要久远一些。前揭,北京在唐五代时就一直是军事重镇,亦曾长期作为"军镇型陪都"进行了相关的建设。五代后唐以来的宫城就是由此前的魏博节度使衙署改易而来,自后周太祖显德元年(954)以来废陪都地位,到北宋庆历二年(1042)升大名府为北京止,将近90年一直作为地方城市,但其曾作为宫城的实体结构并未拆毁,前引景德元年(1004)王钦若就曾"居中央府署"应对契丹威胁。宋真宗亲征御辽时曾驻跸于此,待到仁宗建北京时,"先朝驻跸行宫"则自成为所谓的宫城。前揭,仁宗庆历年间建都北京时对宫城进行了全方位的修缮,使之又一次成为名副其实的宫城。

庆历之后,史籍并未见有关营修的记载,直到北宋末年的徽宗时期,史曰:"汪廷俊从梁才甫辟为大名机幕,专委以修北京宫阙,凡五年乃成,岁一再奏功,辄躐迁数官,五年间自宣教郎转至中奉大夫。"①汪廷俊,即汪伯彦,廷俊乃其字,1069年生,卒于1041年,享年73岁,歙州祁门(今安徽歙县)人。徽宗崇宁二年(1103)登进士第,授成安(时大名府属县,今邯郸市成安县)主簿,宣和二年(1120)徽宗召对,从地方调至中央,除开府仪司曹事,迁军器将作少监,提升虞部郎中。引文所言,汪伯彦为大名机幕,五年间自宣教郎转至中奉大夫等,此肯定为崇宁二年至宣和二年这17年中的某个5年,具体年份则由于汪伯彦靖康以前的史料阙如,不可确知。但是可借由引文中的梁才甫进一步考证。梁才甫,即梁子美,才甫其字也。梁子美在崇宁二年至宣和二年之间出任大名府知府事主要有两次,一次为政和元年至政和二年(1111—1112),一次为政和六年至宣和二年(1116—1120),而第二次的任期刚好五年,因此汪伯彦具体负责修北京宫阙的确切时间为政和六年至宣和二年(1116—1120)无疑。徽宗政和、宣和时期花费五年时间对北京的宫城进行了修缮,其工程不可谓不大,是继仁宗庆历以后对北京宫城的一次全方位的大修。

南京和北京宫城既都是由节度使衙署发展而来,都不是很大,史载北京

---

① [宋]陆游撰,李剑雄、刘德权点校:《老学庵笔记》卷一,北京:中华书局,1979年,第11页。

宫城周三里一百九十八步,对其宫城内的结构,《宋史·地理志》亦有详细的记载,曰:"城南三门:中曰顺豫,东曰省风,西曰展义。东一门,曰东安。西一门,曰西安。顺豫门内东西各一门,曰左右成保。次北班瑞殿,殿前东西门二:东曰凝祥,西曰丽泽。殿东南时巡殿门,次北时巡殿,次靖方殿,次庆宁殿。时巡殿前东西门二:东曰景清,西曰景和。"①南京宫城周二里三百十六步②,对其内部结构史无明载,不过既由衙署发展而来,再考虑到北宋诸帝均未在南京京城大兴土木,那么其应保留了地方一般城市官廨的基本结构。

关于宋代州府衙署,江天健总结道:

> 宋代郡治官廨大都在子城里面,位置坐北朝南,从仪门而入,仪门之外两侧有手诏、颁春两亭,设厅直对仪门,为郡属办公地方,仪门与设厅之间,树立官箴戒石;设厅后面有宅室、堂庑、楼阁、亭榭、水池等建筑物,便厅则为休息宴游之所,一些郡治里面还有郡圃。③

袁琳亦认为基本沿南北中轴线分布,基本布局为坐南朝北,前衙后邸,从南向北分别由礼仪宣教之所(颁春宣昭亭—鼓角楼—仪门—戒石铭)、治事之所(设厅—中堂等)和晏息之所即州宅三大部分组成。其中宣教礼仪之所对应的建筑往往是固定的、有礼仪性质的,而治事之所和晏息之所则稍有变通,数量上无严格的规定。④

南京与北京对此结构最大的改变即如前文所指的宫城实体与意象的构建,兹不赘言。北宋张耒曾从南京双门眺望宫城,有诗曰:"别都制度拟王畿,双阙岧峣望太微。万乘旗常难望幸,九天楼观自相辉。"⑤双阙,又称双门,建都南京后称祥辉门,是南京京城内隔城之门,内连宫城外接京城正

---

① 《宋史》卷八五《地理志一·北京》,第 2105 页。
② 参见《宋史》卷八五《地理志一·南京》,第 2104 页。
③ 江天健:《宋代地方官廨的修建》,载《宋史研究集》第 31 辑,台北:兰台出版社,2002 年,第 445—474 页。
④ 参见袁琳:《宋代城市形态和官署建筑制度研究》,北京:中国建筑工业出版社,2013 年,第 150—151 页。
⑤ [宋]张耒撰,李逸安等点校:《张耒集》卷二二《七言律诗·戏同小儿作望南京内门》,第 403 页。

南门。从双门一眼望去,映入眼帘的便是许许多多迎风飘扬的画有蛟龙与日月的皇家旗帜和高高耸立的楼阁等。由于宫城占据了原来的官廨,那么府廨等地方办公机构自然要移位,北京的情况不得而知,南京的则移到了宫城前大街的左边,史曰"双门直别宫,故经衢之左为留守廨"①。

南京的京城周回一十五里四十步,比较小,京城之中的南部又有隔城,前揭隔城正是通过双门内连宫城外接京城正南门崇礼门。如上所言,双门又称双阙,大中祥符建都后即改为祥辉门。其实在唐宋子城体系下,双阙或双门是有特殊含义的,此乃子城之正南门谯门之所在。谯门多设楼,门楼上均置有报警的鼓角,也是布政宣令之场所,是一州府威严之所在,亦往往是区隔市井小民与官衙区的主要标志物。② 双门之外、崇礼门之内的隔城内设置有"坊十八",以供民居。前揭,南京京城中的隔城不可能是由唐代的南一城展筑而来,因此此间民坊极有可能完整地继承了唐代以来的坊制,有史料表明最晚至天禧年间还有坊门开闭的例子,史曰天禧二年(1018)六月:"京师民讹言帽妖至自西京,入民家食人,相传恐骇,聚族环坐,达旦叫噪,军营中尤甚。……时自京师以南,皆重闭深虑,知应天府王曾令夜开里门,敢倡言者即捕之,妖亦不兴。"③隔城以北、宫城之外的区域应是传统上的子城空间,自是官府机构、仓库等所在。而京城东边"周二十五里八十三步",面积几乎是京城两倍的关城,自应是"乘官方设施,备御京城"的重要设施和众多军队及其家属所在。

北京的子城,《宋史·地理志》中亦有载,应是五代时之牙城。牙城产生于唐朝后期,驻守有所谓的牙军。五代大名府升为陪都时,其子城也就自然而然地成为皇城,后汉郭威镇守邺都时曾有增筑④。关于北京子城的结构,

---

① [宋]晁补之:《鸡肋集》卷二九《照壁堂记》,《四部丛刊初编》本,第16页a;[宋]吕祖谦编,齐治平点校:《宋文鉴》卷八四《照壁堂记》,第1198页。
② 参见包伟民:《宋代城市研究》,第94页;袁琳:《宋代城市形态和官署建筑制度研究》,第151—154页。
③ 《长编》卷九二,天禧二年六月乙巳,第2118—2119页。
④ [明]石禄修,[明]唐锦纂:《(正德)大名府志》卷九《古迹志·城垒·大名府》,《天一阁藏明代方志选刊》,第7页b。

桂士辉《北京大名府城市形态探析》一文亦从《宋史·地理志》出发,指出"子城有东、西城门两座:东门曰泰通、西门曰宣泽,北门、南门城门名文献缺详"①。笔者认为桂氏所论有误,《宋史·地理志》未指出子城南北城门名,应是子城根本就没有南北城门之故。前揭,北京京城更像是一座东西向为主的城池,从这个大结构看,子城无南北城门就不难理解了。而且,《宋史·地理志》明言神宗熙宁七年(1074)开始为期两年的京城修筑工程中内城也即子城才创置北门,熙宁八年(1075)北京京城工程提前完工后,重新全面命名时才被命名为靖武。② 子城内主要是衙署、仓库及军营所在。由于建都时建设重点在于宫城及外城墙,因此子城中这种格局也应得到了相应的保留与继承。如真宗景德年间"车驾北巡",宦官李神祐曾"改天雄军都监、子城内巡检"③。天雄军都监掌本城屯驻、就粮禁军,特以其兼任子城内的巡警,充分说明了子城的重要性,又曰子城内"北兵充斥,道途阻塞"④,北兵仅指屯驻大名府当地的禁军,可见子城应不是很大。仓库之于子城,还可见于元丰七年(1084)七月大名府安抚司面临"元城埽河抹岸,决横堤,破城"时"闭子城,固护仓库等"的举措。⑤ 不过,值得注意的是,上引子城巡检可能并不常置,应是真宗亲征时的权宜之策,熙宁十年(1077)九月曾诏"遣北京在城巡检、内殿崇班张禧修明州城"⑥。

北京外城应是最主要的城市民众聚居区,实行厢坊管理体制,史载熙宁八年(1075)神宗"赐内外城门名",并划设"左右四厢凡二十三坊"进行管理,二十三坊分别为"永宁、延福、靖安、惠安、宜春、敦信、安仁、善化、七贤、

---

① 桂士辉:《北京大名府城市形态探析》,载《中国古都研究》第27辑,西安:三秦出版社,2014年。
② 以上可详见《宋史》卷八五《地理志一·北京》,第2105页。按:熙宁七年开始的北京京城宫城原定"二年毕",至于其确切的完工时间史无明载。不过按照完工即赐名的习惯,其应于熙宁八年提前完工了,此处熙宁八年主要采信《宋会要辑稿》方域二之二"北京"条的记载,而不从《宋史·地理志》熙宁九年之说。
③ 《宋史》卷四六六《李神祐传》,第13607页。
④ 《宋史》卷四六六《李神祐传》,第13607页。
⑤ 《长编》卷三四七,元丰七年七月甲辰,第8323页。
⑥ 《长编》卷二八四,熙宁十年九月甲戌,第6967页。

大安、德教、宜春、崇化、三市、普宁、广利、长乐、景行、景明、凤台、延康、福善、保安"。① 城市厢区管理体制,无疑是唐后期逐渐形成的,以京师最为典型,不过就其在宋代的推行而言,显然非如包伟民所言"估计到北宋前期应已是天下通制"②。神宗熙宁八年厢制在北京的推广,更多的是以"京都之制"的原则展开的。③

前揭,熙宁六年至八年,神宗开始在北京大规模修仓库、城池,以封桩粮草,以足战具,显然是要将北京打造成河北真正的战略指挥中心,发挥其"内屏王畿,外援诸路"的作用,而熙宁八年神宗赐内外城门名,划厢坊管理体制显系其中一环,为的是充分提高"北京"的政治地位。因此,北京厢坊制的确立是有其特殊背景的,换言之北宋的厢坊管理体制的扩展显然并非一个我们所认为的理所应当的、自然而然的过程。另外值得注意的是,即使作为"京都之制"亦是不全面的,北宋西京、南京就并未实行厢制,而且北京的厢坊制与首都东京的厢坊制在管理上亦有很大区别,北京的厢属附郭县管理,而东京诸厢属京府管理,形成了所谓的都厢体制上的"建制城市"。④

三、陪都所见唐宋城市空间的"常"与"变"

唐宋城市个案及其比较研究无疑是唐宋城市史研究进一步发展的主要路径之一,但如何选取个案? 诸个案之间有无可比性? 这都是研究者首先必须思考的问题。北宋时"陪都"既是一组存在的"实体",亦是宋人意识深处的固有"概念",因此,以北宋陪都来管窥唐宋城市空间结构,既有可比性

---

① 参见《宋会要辑稿》方域二之二,第7332页上。
② 包伟民:《宋代城市研究》,第141页。按:厢制的起源与发展亦可参见包伟民《宋代城市研究》一书的梳理,第133—160页。
③ 按:神宗熙宁八年在北京划设"左右四厢凡二十三坊",笔者认为这主要是作为"京都之制"的"厢制"的推广。北京这样重要的州府城市,在唐五代时很可能就已经实行"坊制",如《旧唐书》卷四三《职官志》即有曰"两京及州县之郭内,分为坊,郊外为村"(第1825页)。另熙宁年间神宗在北京推行"京都之制"的例子还有北都冬冬街鼓制度的设立,详见本书第二章第二节的相关论述。
④ 可参见韩光辉:《宋辽金元建制城市的出现与城市体系的形成》,《历史研究》2007年第4期。

又有重要的学术意义。

从古代城建的发展看,宋无疑是有些学者所言的"不筑城"时代①。的确,北宋的西京、南京与北京城市空间的基本结构都是继承隋唐以来的既有格局。西京洛阳曾是隋唐典型的"规划城市",不过在唐末战争中遭到了严重损毁,唐末五代包括北宋的相关建设都处于一种恢复发展的状态。其间最主要的变化即学界所谓的"坊市崩溃"问题。"坊市制"可能在唐末就已出现松动,但唐末战争无疑给了其致命一击,此后五代诸朝包括"复古"倾向很强的后唐,亦再无能力与必要进行重建。

北宋仁宗时划设的 120 坊,已与盛唐时诸坊名多同而实质异。北宋南京城的城市空间结构继承唐末五代的迹象更为明显,京城内甚至亦保留有完整的坊门,并严格实行类似唐朝按时启闭的坊制。宋代唯一重要的变化即仁宗时的"城南关"。但要说宋代南京城市没有发展亦不准确,宋代南京城市最主要的发展即城南五里外汴河两岸的河市。北宋北京城,亦基本沿袭唐五代的空间格局,不过相较于唐五代的邺都,其规模则有很大的缩小,其大城已经基本废弃,北宋北京的外城就是唐五代时期的罗城,只不过东西方向还保留了唐五代时期的大城城门。北宋时期北京京城最大的变化即黄河北流后,府城四周护城大堤的兴建,不过有意思的是,这似乎亦可视作向唐五代时期的"回归",因为唐五代时期的"大城",亦是"约河门旧堤"改筑而成的。黄河北流后对北京城的影响还在于城市经济发展空间从城西转移到了城南。对于南京的河市与北京城市经济空间转移等将在下节详述。

与西京洛阳自隋以来一直作为京都不同,北宋的南京与北京都是从唐五代地方城市发展而来,若用唐五代城市发展典型的"子城—罗城"结构看,北宋北京的发展无疑更符合大罗城包小子城的常规结构,而南京城则向东发展,形成了城周相当于京城主体近两倍大的东关城,其实这更像我们所谓的"罗城",只是并未向子城的外围四周发展而已,其间主要的原因还是受历

---

① 可参成一农:《古代城市形态研究方法新探》,第 183—202 页;鲁西奇:《中国历史的空间结构》,第 355 页。

史与现实政治军事因素的影响。前揭,隋与唐前期宋州城由于历史因素其实有三城,汴河流经州城南,汴河南岸还有南城,若将这三城看成一个整体的话,汴河实际上是穿城而过的。只不过由于南城在屡次战争中破坏严重,最终损毁坍塌,而北二城中由于西城内系官廨、仓库等的所在,自是一般意义上的"子城",终演变成北宋京城主体,北边东城则演变为东关城。

虽然如李孝聪所言,北宋的南京与北京都因运河而兴,是典型的"运河城市",但其城市形态却迥异。可见,就所谓的"运河城市"的形态而言,亦远非如李孝聪所总结的"以受市坊制约的四方形旧城为依托,在旧城外成长出新市区,重筑城墙以后,城市外形呈现不规则或纺锤状",和"以运河为长轴的狭长带状形态"这两类所能概括。① 当然,李孝聪为研究运河城市,亦用功甚勤,并进行了大量走访调查,得出的结论亦有重要价值②,但后来的研究者切不可"模式化",不可有"先入为主"式的概念束缚。若历史学的发展一定需要一定理论提升的话,那么笔者认为认清中国城市的本质,把握好研究城市的政治军事因素的变化才是核心与关键。

当然,亦如前文所揭,在因袭唐五代的基本城市结构外,北宋亦对三陪都进行了相关的实体与管理制度的建设。张祥云对北宋洛阳的城市建设总结道:"因是陪都,城市建设已基本得不到全国财力的支持,故其城阙建设呈现出宫殿、宫城、皇城优先,外城为次的特点。"③其实,这一结论亦同样适用于北宋的南京与北京,前文的相关论述已有深入论述。不过,要说到国家财力支持的话,那么北京无疑是个例外,而且相对于南京与西京,国家对北京的外城等亦给予了相当的关注,这当然是北京特殊的政治军事地位决定的。这也从另一方面说

---

① 参见李孝聪:《唐宋运河城市城址选择与城市形态的研究》,载《环境变迁研究》第4辑,后收入氏著《中国城市的历史空间》,第153页。

② 正如李孝聪所引斯义信"中国城市史的研究,通常总是以长安、洛阳或北京之类都城的模式,千篇一律的概括中国的城市"语,表达了其对中国城市史研究的焦虑。并指出,"正是受这一思想的启迪"才试图去找出中国城市发展史中的普遍性和特殊性,唐宋"运河城市"的研究课题自是承载着这样的担当。不过,李孝聪最后亦指出9—13世纪的城市,"似乎还不能仅仅用运河城市来验证,宋代城市发展的普遍性模式还需要不同地域之间的分析与比较,才能发现其中的共性与异质"。详见氏著《中国城市的历史空间》,第155页。

③ 张祥云:《北宋西京河南府研究》,第40页。

明了,虽然本质上城市是由政治军事因素所决定的,但具体作用到每一个城市上则是很不相同的,显然国家的政治军事力量的施用并不是均质分布的,而是有侧重与核心的。就所谓"京都之制"而言,南京显然亦是最不受待见的一个陪都,和西京、北京等存有明显的差别,这些上文都已有论述,此不赘言。

在唐宋城市史的发展中,"变"无疑是"常态",但至少从北宋西京、南京与北京三陪都中我们看到的更多是继承。作极端之想,宋代作为一个典型的"不筑城"时代,其城市发展怎么可能有根本性的"变革"或"革命"呢。当然,学界此前"变革"或"革命"主要是从经济层面论述的,是城市经济发展上的突破,与本节所述城市空间的论旨有所不同。但亦如本书所指出的,中国古代的城市发展中,以政治军事为代表的权力因素始终居于决定性的地位。甚至可以说,至少在农业时代,在城市发展所有的"变"中,以权力为代表的政治军事力量才是永恒的"不变",若一定要用"变革"来形容的话,那么基于统治者"统治思维"的"一念之间"的些许变化及由此带来的统治方式与手段上的一系列改变也许才能勉强构成所谓的"变革"吧。宋代除首都外的地方个别城市尤其是其城市经济有所"发展"的话,那很大程度上是宋统治者"因循"的结果,是暂时放松了对城市管控的结果。若一定要说宋代城市"变革"的话,其实笔者更愿意将其放置到"城镇"的发展上,宋代城镇的兴起其实更像是如今站在"发展范式"上的城市,其倒与西方中世纪以后城市的兴起有更多的类似性。亦如前文所论,中国古代城市始终是以政治军事为权力中心,经济始终居于附属地位,很难冲破权力的樊笼。至此,若是要真正的根本上的变革,还应要等到工业时代的到来,在传统的农业社会,非要说在某个历史时期内,城市发生了根本性的变革,实在是一件令人苦恼且匪夷所思的事。

第四节 陪都的城市经济
——以城市空间结构为重心

本节主要讨论陪都的在城及其毗邻空间范围内的经济发展问题,之所以仍以城市空间结构为重心,主要还是如前所揭,笔者在从城市空间的讨论中,对城墙与城市空间的界域等进行重新说明的缘故。其实,从20世纪30年代以来,唐宋城市研究的突破(主要指城市经济)与研究范式本质上都是从城市空间着手的。因此本节的研究思路既包含着笔者对宋代城市研究新的思考和对一般研究路径的遵循,又含有从北宋陪都个案的研究出发回应固有研究范式的思考。

一、在城空间的经济发展

前揭,唐末张全义时洛阳城市空间大量农田化,五代尤其是后唐积极进行了去"农田化"的努力,亦很难想象城内空间已经充分城市化了。但显然城内经济恢复发展无疑取得了很大成绩,带动了诸如城周蔬菜行业的发展,如史载后周广顺年间(951—953)"禁盐入城,犯者法至死,告者给厚赏",有"洛阳民家妪将入城鬻蔬",路上有僧以买蔬为名,"密置盐笞中",及"妪持入城,抱关者搜得盐,擒以诣府。行德见盛盐襆非村妪所有,疑而诘之,妪言:'适有僧自城外买蔬,取视久之而去。'即捕僧讯治之,具伏与关吏同诬妪以希赏"。①

北宋西京仍处在进一步恢复发展的过程中,我们也很难想象农业用地已经"撑满",充分城市化了,对此邵雍曾有诗曰:"自古别都多隙地,参天乔木乱昏鸦。荒垣坏堵人耕处,半是前朝卿相家。"②如前所论,不必用"二元对立"的思维去看待城内与城周经济的发展,北宋时随着西京洛阳城内经济的发展,其对城周经济的带动作用无疑会更加明显。由于北宋西京洛阳失去了"天子之都"的地位,大量的官员和富商都离散而去。对这种"古今之变",明道元年(1032)欧阳修有明确的记载,曰:"河南自古天子之都,王公戚里、富商大姓处其地……浮图氏之居与侯家主第之楼台屋瓦,高下

---

① 参见《宋史》卷二五二《武行德传》,第8856页。关于宋代蔬菜业,详见王淳航:《宋代蔬菜生产与经营》,南京师范大学博士学位论文,2012年。
② [宋]邵雍著,郭彧整理:《邵雍集·伊川击壤集》卷四《天津感事二十六首》,北京:中华书局,2010年,第234页。

相望于洛水之南北,若弈棋然。及汴建庙社,称京师,河南空而不都,贵人、大贾废散。"①无疑,这会对北宋西京的城市经济尤其是消费经济的发展产生一定的影响。

但相对于北宋其他地方城市,作为国之西京的洛阳仍聚集了相当数量的官员和富商,真宗咸平初年范雍为洛阳主簿时,就已是"邑多权要"②。欧阳修亦曰:"洛阳,天子之西都,距京师不数驿,缙绅仕宦杂然而处,其亦珠玉之渊海。"③他们对于西京城市经济尤其是城市消费经济的发展起到了重要的作用。对于西京洛阳城市市场,欧阳修亦曰:"洛阳,天下之大市也,来而欲价者有矣,坐而为之轻重者有矣。"④洛阳花市之盛更是闻名遐迩,史曰洛阳城中花市"春时,城中无贵贱,皆插花,虽负担者亦然。花开时,士庶竞为游邀,往往于古寺废宅有池台处,为市井,张幄帟,笙歌之声相闻,最盛于月陂堤、张家园、棠棣坊、长寿寺东街与郭令宅,至花落乃罢"⑤。史载花中名品魏紫,"初出时,人有欲阅者,人税十数钱,乃得登舟渡池至花所,魏氏(魏仁浦家)日收十数缗"⑥。关于西京城市的物价变迁,有曰:"方全盛时,洛阳左王屋,右嵩山,岩岫互出,若列庭户,水竹花木,天下鲜俪,故贤士大夫多居之。其后居者众而物益贵。欧阳公既得谢,始去而之颖上焉。"⑦熙宁十年(1077)西京府城的商税亦达到了37943贯,占河南府的56%以上,占整个京西地区诸州城商税总额的35%以上,西京京城城市经济的发达由此亦可见一斑。总之,北宋西京城市经济尤其是城市消费经济由于大量官员与富商的离散,可能还是无法与盛唐相比,但北宋西京洛阳坊墙倒塌以后,其城市经济的发展一直处于比较"自由"的状态,表面上看显得更加多姿多彩。

---

① [宋]欧阳修著,李逸安点校:《欧阳修全集》卷六四《河南府重修净垢院记》,第925页。
② [宋]范仲淹著,李勇先、王蓉贵校点:《范仲淹全集·范文正公文集》卷一四《资政殿大学士礼部尚书赠太子太师谥忠献范公墓志铭》,第348页。
③ [宋]欧阳修著,李逸安点校:《欧阳修全集》卷六六《送梅圣俞归河阳序》,第963页。
④ [宋]欧阳修著,李逸安点校:《欧阳修全集》卷六七《与张秀才第一书》,第977页。
⑤ [宋]欧阳修著,李逸安点校:《欧阳修全集》卷七五《风俗记第三》,第1101页。
⑥ [宋]欧阳修著,李逸安点校:《欧阳修全集》卷七五《花释名第二》,第1099页。
⑦ [宋]周南著,傅增湘校:《山房集》卷四《康伯可传》,《宋集珍本丛刊》,北京:线装书局,2004年,第734页上。

前揭,宋朝南京城市空间布局基本没有大的变动,除少量居民分布在狭小的隔城十五坊,实行严格的坊制管理体制外,大量的居民主要集中在京城东边的关城之中。隔城坊制管理下的居民,其间也应有商业交易,不过大量的商品交易活动集中在关城之中应是毋庸置疑的。南京京城的人口数量史无明载,可以想见的是,其城市消费经济也应有了很大的发展,北宋中央政府每年从南方征发的 620 万石粮食(600 万石正额,20 万用于补填抛失、破败)中,每年就"截卸二十万与南京"①,当然这主要是用于南京官僚与应天府驻军等的食用,而南京京城的驻军也占应天府驻军的相当部分,仁宗时期南京驻军就有 29 指挥,占应天府的 60%以上。但可以肯定的是,截卸的这 20 万石粮食有很大成分流向了南京的商品市场,对此下文详论。

关于南京的城市经济,还可从其"屋税"管窥一二。宋代的屋税又称宅税,是一种与农田两税相对应的,以城市房产为主要标准的,是城郭之赋的主项②,其源头可追溯至秦汉。宋代"屋税"的分化,本身就说明了城市经济发展的结果,尽管由于历史等原因,其征收的地域偏重北方,征收标准也时有不同。关于南京屋税的史料,仅见于神宗熙宁九年(1076)张方平的一段论奏,曰"惟屋税五千余贯,旧纳本色见钱"③。张方平时任应天府知府,这段论奏的主要目的是举应天府的诸多例子来反对募役法,虽未明言具体是何地的"屋税",但结合屋税的历史与应天府域内城市经济的发展水平,其指涉南京京城应是没有太大问题的。至于"五千余贯"的数量,至今留下来可参比的史料极少,其中庆历四年(1044)五月苏舜钦有段议论,曰"京师仕宦及有屋业者取之,岁入不啻百万"④。这通常被学界认为是东京屋税之数,但细究起来这只是苏舜钦面对国家财政入不敷出窘境的一种解决策略,强

---

① [宋]毕仲衍撰,马玉臣辑校:《〈中书备对〉辑佚校注》第 2 卷中《漕运、造船》,开封:河南大学出版社,2007 年,第 79 页。
② 参见包伟民:《宋代城市研究》,第 254 页。
③ [宋]张方平撰,郑涵点校:《张方平集》卷二六《论率钱募役事》,第 415 页。
④ [宋]苏舜钦著,沈文倬校点:《苏舜钦集》卷一○《上范参政书·谂目五》,北京:中华书局,1961 年,第 143 页。关于此事系年,可参见傅平骧、胡问涛校注:《苏舜钦集编年校注》卷八《上范参政书并谂目七事》,成都:巴蜀书社,1991 年,第 531 页。

调的是一种可征税的潜力。当然苏舜钦"不啻百万"之论虽非现实,但其无比"自信"也集中体现了汴京城市经济尤其是"房地产"产业的发展。南京京城的实际屋税与东京理论上的屋税数量上的天壤之别,也是二者城市经济发展的一个侧面而已。熙宁十年南京京城的商税额亦达到了27886贯,占应天府商税总额的61%以上,占京西地区各州府城商税总额的22%以上。与西京和北京相比,南京的商税总额都略小,这虽有南京地区经济发展水平的问题,亦与政府压榨程度存在密切的关系,这点下文详论。

北京"内则屏蔽王畿,外则声援诸路"的战略价值与地位决定了其城市发展具有很强的军事性能。的确,从现存史料中亦可找到北京城中驻军参与城市市场交易的直接例证,如张师正《倦游杂录》所载"韩贽好啖瓜齑"的故事,引文曰:"韩龙图贽,山东人,乡里食味,好以酱渍瓜啖之,谓之瓜齑。韩为河北都漕,廨宇在大名府中,诸军营多鬻此物,韩尝曰:'某营者最佳,某营者次之。'赵阅道笑曰:'欧永叔尝撰《花谱》,蔡君谟亦著《荔枝谱》,今须请韩龙图撰《瓜齑谱》矣。'"①张师正,字不疑,生于真宗大中祥符九年(1016),哲宗朝犹在世,曾中进士甲科,得太常博士后转武官,任渭州推官,英宗、神宗时曾分别出任过辰州帅和鼎州帅。② 关于此书,《郡斋读书志》引张师正自序云:"倦游云者,仕不得志,聊书平生见闻,将以信于世也。自以非史官,虽书善恶而不敢褒贬。"③可见其史料价值颇高。是书已佚,今有李裕民辑校本,不过李裕民辑校时曾将引文廨宇在大名府"府中"之"府"省去,诚如其校记所言,《说郛》和《类苑》本均作"大名府府中",省去不知何故。此引文明言,大名府府城中诸军营多鬻瓜齑,引起河北都漕韩贽的重视,而且韩贽曾曰"某营者最佳,某营者次之",可见诸营所卖瓜齑不仅普遍,而且有品质高下之分,可细定其品。其买家自然主要面向北京京城居民,因此其参与并活跃于北京京城城市商品市场是毋

---

① [宋]张师正撰,李裕民辑校:《倦游杂录·韩贽好啗瓜齑》,上海:上海古籍出版社,1993年,第5页。
② 详见[宋]张师正撰,李裕民辑校《倦游杂录·前言》中李裕民的有关考证。
③ [宋]晁公武撰,孙猛校证:《郡斋读书志校证》,上海:上海古籍出版社,1990年,第586页。

庸置疑的。

此外,北京京城消费经济也在不断地发展,北京的压沙寺梨及地方名酒如香桂、法酒等亦是闻名遐迩。压沙寺在北京城中西南侧,长乐坊之前,寺后植有千余株梨树,①所产梨称压沙寺梨,韩琦对此赞誉有加,诗曰:"压沙千亩敌封侯,珍果诚非众品同。自得嘉名过冰蜜,谁知精别有雌雄。……"②压沙寺梨因品质出众亦曾作为贡品上贡,张邦基《墨庄漫录》曰"北京压沙寺梨,谓之御园",并指出其培植之法,曰:"其栽接之故,先植棠梨木,与枣木相近,以鹅梨条接于棠梨木上,候始生枝条,又于枣木大枝上凿一窍度,接活梨条于其中,不一二年即生合,乃砍去枣之上枝。又断棠梨下干根脉,即梨条已接于枣本矣。结实所以甘而美者以此。"③而压沙寺梨花亦成为文人士大夫争相歌咏的对象,黄庭坚《压沙寺梨花》曰:"压沙寺后千株雪,长乐坊前十里香。寄语春风莫吹尽,夜深留与雪争光。"④赵舜钦《茅斋诗话》则称"压沙寺梨花之盛,闻于天下"⑤。

与此同时,北京的"夜生活"似乎也有所发展,对此《童蒙训》有曰:"韩魏公留守北京,有幕官每夜必出游宴,同官皆欲潜之,虑公不听。一日相约至日晚见公议急事,乞召幕官,久之不至,众方欲白公所以,公佯惊曰:'某忘记早来,某官尝白某早出见一亲识矣。'其宽大容人之过如此。"⑥这则史料主要是通过夸赞韩琦宽大容人的例子来教育小孩的,引文"有幕官每夜必出游宴"中之"每夜必出"可能有所夸张,但其夜出的频繁应是不容怀疑的。"游宴"之地亦可有公众场合与私家等两种理解,但是逢夜频出游宴"私

---

① [清]李卫《(雍正)畿辅通志》卷五二曰:"压沙寺在府城东旧城内,始建莫考,中有梨千树,长乐坊。"文渊阁《四库全书》第505册,第19页b。
② [宋]韩琦:《安阳集》卷一五《压沙寺梨》,第465页。
③ [宋]张邦基撰,孔凡礼点校:《墨庄漫录》卷三《压沙寺梨栽接术》,北京:中华书局,2002年,第94页。
④ [宋]黄庭坚著,刘琳、李勇先、王蓉贵校点:《黄庭坚全集》续集卷一〇《压沙寺梨花》,成都:四川大学出版社,2001年,第2113页。
⑤ 按:赵舜钦《茅斋诗话》卷数不详,已佚,仅史温注黄庭坚《山谷诗别集》时有引,转引自《黄庭坚全集》续集卷一〇《压沙寺梨花》条下注文。
⑥ [宋]吕本中撰,故宫博物院编:《童蒙训》卷中,《故宫珍本丛刊》第344册,海口:海南出版社,2001年,第12—13页。

家",想必其"亲友圈"之广还不曾达到游宴的频次,某种"公众场合"的可能性极大。若此,则北京京城的"夜生活"不仅存在而且达到了一定的发展,这样才可以达到使某幕官夜夜沉迷的地步。熙宁十年北京京城的商税税额亦达到了 38828 贯,占大名府商税税额的 40%以上,占整个河北地区的 16%以上。虽然在府属区域及地区占比中均落后于西京和南京,但就绝对数额来讲,却是三陪都中最高的。

西京、南京与北京作为宋朝州级权力中心,除一般意义上的官员配备外,因其有"陪都"之重,其长官往往以重臣为之,因此包括公使钱在内的添支、津贴等都较多,其地官员的消费能力要比一般的府州略强。而且都为"繁府要郡",官员、胥吏的数量也无疑更多,消费群体更众。① 因此其城市消费经济无疑要更加活跃。也正由于其地"繁剧",地方政府的办公经费也较多。

宋朝中央政府拨给地方的办公经费称公用钱,由公使库具体负责管理,公使库一般设有银器库、钱库、酒库、醋库、设厨、帐设库等,有一套严格的管理制度,主要用途在于迎送犒设,而最主要的消费途径还是本地官员聚餐、张乐等公务消费。其经费来源由中央政府的"正赐"及地方"自筹"两部分组成,"正赐"有定额,仅占公用钱的一小部分,绝大部分属于"自筹"。② 而"自筹"的方式除政府所收的一部分杂税外,绝大多数则依靠商业营运,也就是说,地方政府往往以"经济人"的身份,依靠中央政府的"正赐"公用钱作为原始本钱,广泛参与到了地方城市经济的发展之中。苏轼元祐六年(1091)知扬州时在《申明扬州公使钱状》中有曰"本州公使额钱每年五千贯文,除正赐六百贯、诸杂收簇一千九百贯外,二千五百贯并系卖醋钱"③。

---

① 关于宋代州级官员及其公吏等人员配备,可详参苗书梅《宋代州级属官体制初探》(《中国史研究》2002 年第 3 期)和《宋代州级公吏制度研究》[《河南大学学报》(社会科学版)2004 年第 6 期]等的论述。

② 以上参见林天蔚:《宋代公使库、公使钱与公用钱间的关系》,原刊《"史语所"集刊》,1973年。后收入《宋史研究集》第七辑,台北:中华丛书编审委员会,1974 年,第 407—440 页;黄纯艳:《论宋代的公用钱》,《云南社会科学》2002 年第 4 期。

③ [宋]苏轼撰,[明]茅维编,孔凡礼点校:《苏轼文集》卷三五《申明扬州公使钱状》,北京:中华书局,1986 年,第 985 页。

《建炎以来朝野杂记》亦曰公用钱"正赐钱不多,而著令许收遗利","开抵当、卖熟药,无所不为"。① 由此可见,公用钱的多少也在一定程度上反映了地方政府参与当地商业运作时商业资本的多少程度。

《宋会要辑稿》礼六二"公用钱"条载有西京、南京与北京的公用钱,其"年额"熙宁以前分别为2000贯、1000贯和3000贯,熙宁以后都有普遍增加,西京、南京分别达到了6000贯,而北京则达到了8000贯。② 上述之"年额"并非"正赐",而是公用钱之年额总数。这点可从上引苏轼《申明扬州公使钱状》中得到证明,苏轼曰扬州公使钱每年五千贯,"只与真、泗等列郡一般",其数与上引《宋会要辑稿》所载完全相同,均为5000贯。按理说,从政府消费角度讲,宋朝辖下所有地方政府机构都应有公用钱及公使库,但公使库却主要设立在"诸道监、帅司,及州军边县与戎帅"等地,若普遍设立,势必要极大地增加政府的"行政成本"。对于那些未立公使库的地方,太祖淳化元年(990)便诏曰"诸州、军、监、县无公使[库]处,遇诞降节给茶宴钱"③。从上引《宋会要辑稿》礼六二"公用钱"所载神宗熙宁前后的公用钱的情况看,主要集中在府州(军监)这一层级上,虽亦有县及县级"军",但为数极少。因此,上引西京、南京及北京之公用钱年额应是主要用于京城的城市消费。

值得注意的是,北京曾长期作为宋辽驿路上的中转站,奉使等"厨传"消费亦是公用钱中很大的一笔支出。但是随着黄河改道北流,经北京的宋辽驿路受到严重影响,故改行相、邢、赵、磁州等地,对此元丰五年朝廷特诏司农寺"于大名府公使钱内拨钱千缗与相州,及于恩、冀二州公使钱内各拨钱千五百万缗与邢、赵、磁三州。候辽使行旧路日,依旧拨补原数"④。从大名府、恩、冀等州的拨款数额看,辽使的厨传之费大致稳定在1000—1500贯之间。而北京在拨出1000贯以后,留待当地主要用于当地官员聚餐、张乐等

---

① [宋]李心传撰,徐规点校:《建炎以来朝野杂记》甲集卷一七《公使库》,第394页。
② 关于《宋会要辑稿》礼六二所载公用钱的新、旧"年额"时间的考订,可详见杨倩描:《北宋公用钱"新额"时间考》,《河北学刊》2002年第5期。
③ 《宋史》卷一七二《职官志十二·公用钱》,第4144页。
④ 《宋会要辑稿》食货六四之一一三,第6156页上。

公务消费的公用钱额仍大致有7000贯。

西京、南京及北京的公用钱年额都可谓巨大。西京、南京的公用钱额不论在熙宁之前还是以后都冠绝京西与京东地区,北京公用钱额在熙宁之前和之后都被雄州的5000贯和10000贯压一头,熙宁以后则与定州的8000贯持平(定州原无),屈居河北第二的水平。雄州处于宋辽交通的最前沿,且有大量的兵士赏赐等支出,其雄踞河北第一当然亦可以理解。西京、南京及北京如此之高的公用钱支出,无疑对本地官员聚餐、张乐等公务消费习惯的养成有很大的影响,而且聚餐、张乐等公务消费之物虽有通过公使库等官方渠道供应的,但势必难以俱全,因此其对城市消费经济无疑具有重要的拉动作用。最后,需要强调的是,公用钱及公使库等地方政府的消费与生产等,不得"侵耗国课",如国家就对公用酒实行严格的管控。王安石变法时,熙宁七年(1074)改革公使库酒①,规定"诸州自来不造酒处,许以公使钱造",但仍严格管控酿造数量,曰"每百贯造十石,额外造者以违制论"。②

前揭,本质上讲中国古代城市的起源和发展都是以政治军事等权力因素主导的,因此城市经济发展中的军事成分或曰"军事经济"亦理应是城市经济的重要组成部分,具有一定的普遍性。北京城市军事经济的发展上文已有所述,西京、南京的城市军事经济的相关史料阙如,具体不得而知,但亦是可以从宏观层面来把握的。如前所述,仁宗时期西京京城驻有禁军16指挥,约8000人;南京京城驻有禁军29指挥,约14500人③,二者都是一方军事重镇。

而北宋实行募兵制,禁军及其家属的衣食住宿盖有赖国家供应。据久保田和男的研究,禁军的家庭人数应为三至四人,略少于一般民户五人的标

---

① 王安石变法中公使酒的改革,可参见王丽:《论宋代公使库在王安石变法中的变化及影响》,《史学集刊》2016年第1期。
② 参见《长编》卷二四九,熙宁七年正月己亥,第6066页。
③ 关于南京京城及其附近的驻军情况,王仲勇《南都赋》中有载曰:"其军旅,则棘门、细柳,连总百营"。见[宋]吕祖谦编,齐治平点校:《宋文鉴》卷一〇,第126页。按:棘门,一般是指古代帝王外出,止宿处插载为门。不过,此处专论军营,且与细柳相连,因此,很可能是借用汉朝棘门营、细柳营的历史典故,非宋时之真实地名,值得特别注意。

准,其家属构成一般为士兵、配偶及一至二位子女。其每日口粮供应若按照禁军二升米,妇女和孩子分别支一升和半升计算的话,三口之家每日口粮消费三升半,四口之家则为四升,若按中等禁军月额"实发"一石五斗计,则每日约有 4.9 升。因此推断禁军家庭出现剩余粮食无疑是普遍现象。① 那么这些剩余粮食无疑有很大部分是进入了城市市场流通环节,对此太宗朝李觉亦曾曰:"夫军士妻子不过数口,而月给粮数斛,即其费有余矣。百万之众,所余既多,游手之民,资以给食,农夫之粟,何所求售?"②仁宗时期,"以诸军余粮愿粜入官者计价支钱,复储其米于仓"③的坐仓制度的出现及发展,亦可进一步说明禁军家庭剩余粮食的问题。曾雄生则从北方人饮食习惯的角度论述了宋元明清时期每年数以百万石漕粮的最终消费者大多系在北方的南方人,④所引《清稗类钞》的一则史料颇具代表性,曰:

> 自创设漕运以来,国家岁糜千万之款,设官置局,辗转兑运,输入京仓,以为天庚正供,京曹禄俸,皆仰给于此。而按之事实,有大相径庭者。京师大家,向以紫色米为上,不食白糠,惟南人在京者,始购食白米。⑤

另外,从禁军家庭生活的角度讲,日常所需之盐、菜、肉类等亦无疑要求诸市场,元丰四年(1081)曾有诏给禁军家庭发放"盐菜钱"⑥,沈括《梦溪笔谈》亦曾有"买鱼肉及酒入营门者,皆有罪"⑦之令,但此亦正好说明了禁军家庭鱼肉、酒消费的普遍性。总之,北宋禁军军队及家庭参与城市经济生活有某种普遍性与必然性,对城市经济的发展有一定的促进作用。由于南京驻军

---

① 以上参见[日]久保田和男著,郭万平译,董科校译:《宋代开封研究》,第92—97页。
② 《长编》卷三〇,端拱二年四月,第679页。
③ [宋]马端临:《文献通考》卷二一《市籴考二》,第620页。按:学界有关坐仓问题的系统的最新的研究,可参范文:《宋代坐仓析论》,《中国史研究》2016年第1期。
④ 参见曾雄生:《食物的阶级性——以稻米与中国北方人的生活为例》,《中国农史》2016年第1期。
⑤ [清]徐珂编撰:《清稗类钞》,北京:中华书局,1984年,第5719页。
⑥ 《长编》卷三一五,元丰四年八月丙辰,第7617页。
⑦ [宋]沈括撰,胡道静校注:《新校正梦溪笔谈》卷二五《杂志二》,北京:中华书局,1957年,第259页。

的数量多,且多仰从南方运来截卸的20万石稻米,其对参与、促进南京城市经济发展的程度与作用可能要比西京驻军更大、更为深入,其城市"军事经济"要更为发达,这点需格外注意。

二、城外空间的经济

前揭,城墙对于城内与城外的区隔主要是政治军事及文化作用的结果。从城市功能分区及经济联系的角度讲,城墙毗邻区域无疑是城市本身及其经济的有机组成部分。就城外空间经济的类别而言,可主要分为两类:其一为政府以行政权力强行划定的某种特定的经济空间;其二为如鲁西奇所指码头、河街等自然而然形成的城市经济空间。

这里先看前一种城外空间的城市经济形式,廖寅以宋代官户的活动为线索,指出环城半程空间,也即城区与城外当天可以往返的距离,是宋代有权有势的官户最主要的活动空间,是官户的"世界",进而得出宋代城市的服务半径大概是三十里。① 王旭从邻近城市的农田即负郭田入手,指出因附郭田膏腴、近城等优势,农户成为城市居民,又有寺庙、学校、养济院、义庄等,甚至官府竞相购买的对象,菜蔬、瓜果、花卉等经济作物等成为重要的产业。② 可见,这类所谓"自然而然"的城市经济空间,也是充满着超经济强制的权力竞争色彩。

更为明显的一点则是,城外的码头、河街等所谓"自然而然"形成的城市经济空间,其变数亦主要取决于政府基于权力的行政干预与军事管理等。其中北宋最能体现这一城市经济形式的莫过于酒的专卖政策。北宋政府为攫取高额的酒利,对酒实行官务酿造、榷曲、买扑等多种经营,彼此亦界限分明,不得侵越。宋初建隆二年(961)即颁货造酒曲律,曰"民贩私曲十五斤,以私酒入城至三斗者,始处极典"③,修酒曲之禁,次年又重修酒曲禁令,曰:

---

① 廖寅:《空间与权力:环城半程空间与宋代官户的活动展开》,《社会科学战线》2022年第12期。
② 王旭:《负城地尤良:宋代的负郭田及其与城市的互动》,《中国高校社会科学》2024年第6期。
③ 《长编》卷二,建隆二年四月乙未,第44页。

"民敢持私酒入京城五十里,西京及诸州城二十里至五斗,死。所定里数外,有官署沽酒而私酒入其地一石,弃市。"①端拱二年(989)诏曰:"令民买曲酿酒酤者,县镇十里,如州城二十里之禁。"②可见,宋初京城及诸州城附近都实行榷曲制,东京以五十里为界,西京及诸州城并以二十里为限。太宗淳化五年(994)诏"征天下酒榷"③,即全面实行官务酿造。景德四年(1007)真宗令"计司将榷酤之法立为永式"④。不过,值得注意的是,东京似乎一直实行榷曲制,在景德四年真宗将"榷酤之法立为永式"的同时,对西京洛阳却废除"清酒务",依东京体例施行榷曲制,以行所谓"京都之制",景德四年二月乙亥(初八日)即诏:

> 卜洛之郊,久深冥望,从人之欲,爰示省巡。务敦宽大之风,以畅和平之化。榷酤之法,虽有明规,两都之间,实无异等。矧三川之繁会,极千里之浩穰,方合欢心,岂怯改作? 特弛科禁,永叶便宜,用申济物之怀,庶广及民之惠。其西京清酒务,宜令停废,一依东京体例施行,令三司规画以闻。⑤

其实,对此《长编》的记载更为明确,曰:"诏罢西京榷酤,官卖曲如东京之制。"⑥此后,随着南京与北京的相继设立,以榷曲为代表的"京都之制"亦随即得到扩展,具体下文详论。此处,所要强调的是,虽然从建隆二年的"入城"到建隆三年所规定的东京五十里,西京及诸州城二十里为限的榷曲里数,表面上看,这一政策变化具有很强的随意性,但背后所反映的实际应具有经济发展水平的考量。因为,榷曲的目的是最大限度地攫取榷曲的经济利益。当然,政策形成后其对该区域范围内经济发展的"形塑"作用,无疑具

---

① 《长编》卷三,建隆三年三月丁亥,第65页。
② 《宋史》卷一八五《食货志下七·酒》,第4516页。
③ [宋]吕祖谦编:《历代制度详说》卷六《酒禁》,文渊阁《四库全书》第923册第3页a。
④ 《宋大诏令集》卷一八三《政事三十六·财利上·榷酤不得增科设》,第665页;《宋会要辑稿》食货二〇之五,第5135页上。
⑤ 《宋会要辑稿》食货二〇之四—五,第5134页下—5135页上;《宋大诏令集》卷一八三《政事三十六·财利上·废西京清酒务依东京例诏》,第665页。
⑥ 《长编》卷六五,景德四年二月乙亥,第1445页。

有更大、更深刻的影响。

就毗邻城墙外围自然而然形成的城市经济而言,上述西京城周如蔬菜等行业的发展就集中体现了在城内经济发展后对城周经济的拉动作用。下文将以南京的"河市"与北京的马陵道口经济的发展为例,对此进一步的说明。

(一) 南京的"河市"

与南京京城的城市经济发展的同时,城南五里之外的汴河河市经济则得到了更为迅猛的发展,王巩《闻见近录》有曰:"南京去汴河五里,河次谓之河市。五代十国初,官府罕至,舟车所聚,四方商贾孔道也。其盛非宋州比,凡郡有宴饮,必召河市人。故至今俳优曰'河市乐人',由此也。"①王巩,字定国,自号清虚先生,大名府莘县人(今属山东),系宰相王旦之孙,工部尚书王素之子,生卒年均不详,一般认为生于庆历八年(1048),卒于政和七年(1117)。上引文追述了南京河市自五代以来的发展,"四方商贾孔道也""其盛非宋州比",都集中反映了河市在五代兴起的原因及其之于宋州州城的商业地位。

入宋,河市"四方商贾孔道"的区位优势更加凸显,其经济发展更为显著,据熙宁五年(1072)来华的日本僧人成寻的描述可见南京"大桥上并店家灯炉火千万也,伎乐之声遥闻之","辰时,拽船从桥下过店家,买卖不可尽记"。成寻看见南京大桥"店家灯炉火千万"是在桥南夜宿之时,而夜宿地点则距离大桥尚有二里之遥,曰"经二里至此大桥外停船"。② 由此可见南京河市"夜市"的繁荣,想必和东京的夜市可有一比。待到辰时(上午7—9点)天明载舟过桥时,对于桥上店家"买卖不可尽记"的描述,也充分说明了商业交易的兴盛程度。而成寻对于南京河市"伎乐之声"的描述亦令人深刻,上引"河市乐人"自五代时期就已成为城郡宴饮伴奏的必需,在王巩的时代甚至成为"俳优"的代称。对于南京河市经济发展的判断不免有"以点带面"的局限,但是五代至宋末"河市乐人"不间断地"吟唱",我们似乎可以感受到河市经济"一以贯之"的发展与繁荣,其在"见证"南京河市繁荣的同时,本身即构成了河市

---

① [宋]王巩:《闻见近录》,文渊阁《四库全书》第1037册,第7页。
② [日]成寻著,王丽萍校点:《新校参天台五台山记》卷三,上海:上海古籍出版社,2009年,第263、264页。

经济发展的一张靓丽的"名片"。值得注意的是,由于河市消费经济的发展,宋政府为了最大限度地攫取经济利益,曾于元丰二年(1079)至元祐六年(1091)南京废榷曲行榷酒的这十余年里,在河市上亦设酒务,城内与河上两务,每务设监官二人,衙前四人,共十二人进行具体管理。①

南京的河市也已为考古发掘所证实,2011年7月至2012年12月,河南省文物考古研究所与商丘市文物管理局联合对汴河遗址商丘南关段进行了较大规模的考古发掘,确定此即为唐宋时期宋城南汴河的"河市"区,发掘区域为"河市"中的码头区。此码头区距离北宋南京城遗址约2.5公里,这与文献记载的5里亦相眸。运河故道北岸占地约24.5万平方米,发现了一段长约120米的运河河岸及3000平方米伸向河道内的突堤遗存。汴河南岸占地约16.8万平方米,东部河岸相对不够陡直,夯筑不够致密,土质较为纯净,包含物较少;西部河岸则夯筑较为致密,夯土内包含遗物丰富,河岸面上各类遗物出土也很丰富。南关段考古发掘的这段河道大致呈西北至东南走向,由西到东,汴河河面的宽度近60米,大弧度地呈喇叭状扩大到150米以上,在南北两岸形成了较大的港湾。汴河南关段遗址还发现了丰富的砖、瓦、陶瓷器等各类遗存,也都说明了北宋南京河市的发达程度。②

(二) 从"城西"到"城南":北京马陵道口崛起的经济意义

自唐玄宗开元二十八年(740),刺史卢晖"移通济渠,自石灰窠引流至州城西,都注魏桥"始,魏州的经济就更加紧密地与运河相连,史载卢晖"夹水制楼百余间,以贮江淮之货",州城城西也就无疑成为一州的经济中心。北宋前期,御河(原永济渠)"四时行运,未尝阻滞",且穿城而过,其城西及城内御河两岸经济的繁盛可想而知。自庆历八年(1048)后,黄河北流,御河

---

① 可详参[宋]苏辙撰,俞宗宪点校:《龙川略志》卷四《议卖官曲与榷酒事》,北京:中华书局,1982年,第22页。按:此则为反对榷酒的苏辙所记录的由转运判官章楶等集议的结果,至于具体有无按此计划实施,史无明载。不过,从反对者苏辙随即"谪筠州",章楶"决成其榷法"的结果看,此事的发展极可能是按照章楶等集议的计划而实行的。关于南京由榷曲到榷酒,再到榷曲制的反复,可详参下文论述。

② 以上有关"河市"的考古部分,集中参考了河南省文物考古研究所、商丘市文物管理局刘海旺、刘昭允等:《河南商丘汴河遗址(南关段)考古发掘收获》,《中国文物报》2013年8月2日,第8版。

运输遭受很大影响,其在北京附近的流向正冲马陵口,后"折向东,复西,直注小张口"。马陵口在北京大名府元城县东南。嘉祐五年(1060)黄河又在马陵口南,大名府之第六埽决为二股,是为东流,熙宁二年(1069)封闭北流,使河东流。直至元丰四年(1081)黄河自澶州入御河,经北京城西而过,在与马陵口纠缠了33年后才终于与马陵口彻底分手。也就是这33年间,黄河成就了马陵口,使马陵道口成为运往北京城中各种官私物资交流的重要集散中心,改变了北京城市经济中心从"城西"到"城南"的空间转变。

马陵口的繁盛,主要体现在商税税额上,熙宁十年以前马陵只是一个普通的渡口,至熙宁十年时,则变成了北马陵渡口和南马陵渡口,其中北马陵渡口的商税税额为2990余贯,南马陵渡口商税税额为1737余贯,作大胆想,马陵渡口的南北分置可能与黄河的二股分流有某种联系,即使没有关系,那么其作为"渡口",与黄河总该有直接的关系吧,这点无疑是不可否认的。就马陵口的商税税额而言,其中仅北马陵道口的商税税额就已超过了北京大名府辖下任意一个镇的商税税额,比商税税额最高的韩张镇亦要高出300余贯,南北马陵口的繁盛可见一斑。

上述马陵口的繁盛主要依靠庆历以后北流的黄河运输,文彦博曾于熙宁九年(1076)言及依靠黄河运输的情况,曰:

> 臣勘会前年自汴入黄河,运粳米二十二万五百余石,至北京下卸,据押茶纲供奉范九皋九月一日到运河口,为浅涩无水住滞数日,遂只于黄河顺流下至北京马陵渡般卸茶入城,水路快便,早得了当。止用钱四千五百四十余贯,和雇车乘般至城中,临御河仓贮纳。若般一百万斛至北京,只计陆脚钱一万五六千贯。若却要于御河装船,般赴沿边,无所不可,用力不多,所费极少。①

文彦博此言的主要目的是反对神宗为"通江、淮舟楫,彻于河北极边"而在"卫州界王供埽次下开旧沙河取黄河行运"的行动,并举实例曰"今年春开口放

---

① [宋]文彦博:《文潞公文集》卷二三《言运河》,《宋集珍本丛刊》第5册,第380页;《长编》卷二七八,熙宁九年十月辛亥,第6811页。

水,后来涨落不定,所行舟楫,多是轻载,官船木筏,其数至少",担心御河取黄河行运,可能会破坏"御河久来行运"的局面。① 再回到引文,可发现文彦博并不反对神宗"通江、淮舟楫,彻于河北极边"的目标,也不反对利用御河河道向沿边输送物资的举措,最主要的分歧点在于汴口至北京段的航运路线问题,文彦博主张从汴口出发,直接顺黄河流下至北京马陵渡,再和雇车乘运至北京城中临御河仓库,若有需要便可再装船利用御河河道"般赴沿边",并举实例曰"用力不多,所费极少"。以上可以清楚地看到,在朝廷固执地坚持使用从汴口直接入御河运输的同时,从汴口出发直接顺黄河流下至北京马陵渡的运输路线早已被利用了起来,这也就可以解释熙宁十年南、北马陵渡口高额的商税问题。至于朝廷为何仍固执地坚持利用汴口直接入御河的航运,或许是历史的惯性,或许是为免中途转搬之辛苦与费用,具体则不得而知。

三、陪都城市经济发展水平及其地位

以上主要结合北宋西京、南京与北京各自的特点对其城市经济分别作了简要说明,但其究竟处于什么样的地位与发展水平,还应将其置于更广阔的视域与区域中进行比较研究。下文拟选取熙宁十年西京、南京与北京府城商税税额的数据,②先将其分别置于京西、京东以及河北等大区域中进行讨论,进而说明各陪都城市经济的特点及其发展水平、地位等。

表3.1 熙宁十年京西、京东及河北各州(府)城商税额及其路分占比表

地 区		诸州城商税额 (单位:贯)	州城均额 (单位:贯)	商税总额 (单位:贯)	州城占比
京西	京西北路	107058.775	13382	240789.885	44.5%
	京西南路	120387.108	15048	190497.515	63.2%
	合 计	227445.883	14215	431287.400	52.7%

① [宋]文彦博:《文潞公文集》卷二三《言运河》,《宋集珍本丛刊》第5册,第381页;《长编》卷二七八,熙宁九年十月辛亥,第6810页。
② 下文各表数据均来源于毕仲衍所撰《中书备对》,可详见[宋]毕仲衍撰,马玉臣辑校:《〈中书备对〉辑佚校注》第2卷中《商税》,第82—102页。

(续　表)

地　区		诸州城商税额 （单位：贯）	州城均额 （单位：贯）	商税总额 （单位：贯）	州城占比
京东	京东东路	134065.692	14896	472584.911	28.4%
	京东西路	124315.267	15539	313076.272	39.7%
	合　计	258380.959	15199	785661.183	32.9%
河北	河北东路	236914.858	13936	530851.066	44.6%
	河北西路	167318.378	10457	286876.063	58.3%
	合　计	404233.236	12249	817727.129	49.4%

表3.2　熙宁十年京西各州（府）城商税额及其路分占比表

京西北路	商税额 （单位：贯）	占比	京西南路	商税额 （单位：贯）	占比
西京	37943.984	35.44%	襄州	55467.473①	46.07%
许州	18334.220	17.13%	邓州	21370.809	17.75%
孟州	8549.925	7.99%	随州	3378.555	2.81%
蔡州	12016.725	11.22%	金州	8330.617	6.92%
陈州	19533.506	18.25%	房州	5435.476	4.51%
颍州	3916.459	3.66%	均州	6977.624	5.80%
汝州	3241.174	3.03%	郢州	8818.600	7.33%
信阳军	3522.782	3.29%	唐州	10607.954	8.81%
合计	107058.775			120387.108	

西京京城的商税税额为37943贯，占京西北路州城商税总额的35.44%，远远领先于排名第二之陈州的18.25%，居于首位。若置于整个京西地区而言，西京37943贯的税额仅次于襄州的55467贯，西京京城的商税税额约占京西商税总额的16.7%。如注文中所指出的，襄州商税税额的记

①　按：襄州的商税额，《宋会要辑稿》食货一五之六眉批作35467.472贯，若依此计，则襄州商税额仍占京西南路总额的35.33%，远高于其他州城的商税额。

载存有两说,其另一数据为35467贯,若此,则要稍低于西京京城的税额。总之,西京京城商税税额及其占比在京西北路与京西地区之高则是显而易见的。以诸州城的商税总额看,京西北路要低于京西南路13329贯,而商税总额却是京西北路高于京西南路50292贯,州城商税税额占比京西北路为44.5%,京西南路则高达63.2%,这说明了京西南路对州城经济的特别倚重,也侧面说明了其镇等的经济发展相对不足,对此下文详论。相比京西南路,京西北路的经济发展对城市经济的依赖要小很多。京西北路与京西南路州城商税均额也从侧面说明了这一问题,京西北路州城商税均额为13382贯,京西南路则达到15048贯,而西京京城的商税税额高达37943贯,其在京西北路的地位举足轻重,发展水平是很高的。

表3.3 熙宁十年京东各州(府)城商税额及其路分占比表

京东西路	商税额（单位:贯）	占比	京东东路	商税额（单位:贯）	占比
南京	27886.280	22.43%	青州	20316.605	15.15%
兖州	8437.843	6.79%	密州	36727.256	27.39%
徐州	16203.793	13.04%	齐州	11836.611	8.83%
曹州	7658.960	6.16%	沂州	16690.402	12.45%
郓州	32444.363	26.10%	登州	5390.708	4.02%
济州	6305.148	5.07%	莱州	6241.375	4.66%
单州	5740.912	4.62%	潍州	13978.723	10.43%
濮州	19637.968	15.80%	淄州	6758.786	5.04%
			淮阳军	16125.226	12.03%
合计	124315.267			134065.692	

南京京城的商税税额为27886贯,其占比京东西路商税税额的22.43%,次于郓州的32444贯,二者相差4558贯,还是有比较大的差距。若以京东地区言之,则密州居其首,为36727贯,其占京东东路的27.39%,占整个京东路的14.2%,南京京城的税额仅列第三,不过也能占到京东地区总额的10.8%,京东地区州城均额为15199贯。可见,南京京城税额不论是在

京东西路还是京东地区仍是居于前列的,说明其京城经济还是颇为发达的。京东地区诸州城商税总额为 258380 贯,稍高于京西地区,其州城商税均额也稍高于京西地区,但是京东地区州城商税税额的占比相较京西地区 52.7% 的水平,则显得非常之低,仅有 32.9%,也远低于河北的 49.4%,这说明京东地区经济的发展更多依靠州城城市经济之外的因子,其州城城市经济的发展水平则稍高于京西的情况。因此,从这种大背景看,南京京城城市经济的发展虽仍高于地区平均水平很多,但其在京东西路中的地位与西京在京西北路中的地位相比,还是显得略逊一筹,其各自在京西与京东地区的地位也与此一致。

表 3.4 熙宁十年河北各州(府)城商税额及其路分占比表

河北东路	商税额 (单位:贯)	占比	河北西路	商税额 (单位:贯)	占比
北京	38828.670	16.40%	真定府	39590.152	23.66%
澶州	15567.834	6.57%	相州	12222.890	7.31%
沧州	10475.674	4.42%	定州	19738.473	11.80%
冀州	10331.434	4.36%	邢州	12839.242	7.67%
瀛洲	19167.575	8.09%	怀州	4700.831	2.81%
博州	12261.301	5.18%	卫州	5718.660	3.42%
棣州	26760.140	11.30%	洺州	6367.545	3.81%
莫州	5378.858	2.27%	深州	6570.550	3.93%
雄州	11552.225	4.88%	磁州	7544.793	4.51%
霸州	2498.174	1.05%	祁州	8267.449	4.94%
德州	30429.991	12.84%	赵州	11209.396	6.70%
滨州	8877.346	3.75%	保州	11073.689	6.62%
恩州	9738.293	4.11%	安肃军	4103.520	2.45%
永静军	23891.714	10.08%	永宁军	10252.333	6.13%
乾宁军	4862.923	2.05%	广信军	4084.220	2.44%
信安军	1434.157	0.60%	顺安军	3034.635	1.81%
保安军	1738.283	0.73%			
合计	236914.858			167318.378	

北京京城的商税额为 38828 贯,占河北东路商税总额的 16.4%,要比排名第二的德州高出约 3.6 个百分点,其商税额略低于河北西路真定府的 39590 贯,在河北地区居于次席。河北地区诸州城商税总额为 404233 贯,远高于京西的 227445 贯和京东的 258380 贯,但其州城均额仅为 12249 贯,远低于京西的 14215 贯和京东的 15199 贯,说明河北各州(府)城的经济发展普遍较差,经济规模要远小于京西与京东地区。不过河北东路诸州城的均额稍高,为 13936 贯,其甚至还略高于京西北路的 13382 贯,河北各州(府)城商税均额较低,最主要的还在于河北西路的均额太低,仅有 10457 贯,其极大拉低了河北诸州城商税额的整体水平。

从河北的商税总额看,河北东路也要远远高于河北西路,高出的 243975 贯,甚至比京西南路和京西北路的总额都要多,河北东路 530851 贯的商税额更是京西、京东与河北地区中最高的,其值甚至超过整个京西地区的总额;河北西路的商税总额也要高出京西南路与京西北路,其州(府)城商税额占比达到 58.3%,仅次于京西南路,说明虽然河北西路州城城市经济规模较小,但州城城市经济仍是地区经济发展的主要依靠力量。河北东路州城商税均额高于京西北路,接近京西的平均水平,说明其州城城市经济规模发展还算良好,而诸州城商税额占比亦达到 44.6%,高于京东东路和京东西路,与京西北路相睇。总之,从州城商税税额均值与其占比上看,河北东路与京西北路的发展水平相差无几,其州城的经济规模与州城经济对地区的经济贡献也相当,西京京城的商税税额为 37943 贯,北京京城的商税额为 38828 贯,二者亦在伯仲之间,但其在地区中的占比则相差明显,西京京城商税额占京西北路州城商税总额的 35.44%,北京京城的商税额只占到河北东路商税总额的 16.4%,说明河北东路诸城经济更为发达,且比较均衡,北京京城的城市经济虽亦首屈一指,但仍未达到举足轻重的作用。

就西京、南京与北京三者而言,西京京城与北京京城的商税额则更高,分别达到了 37943 贯和 38828 贯,二者的发展水平与经济规模相当。而南京的经济规模则要相对差一点,商税税额仅有 27886 贯,与西京和北京相差万贯有余。西京与南京的发展主要依靠自身的力量,而北京的发展则主要靠政府的大力支持,兹不赘言。就西京与南京而言,南京的发展动力强劲,西京则有进一步衰落之势,其税额之高无疑是政府的压榨程度更高而已。京西整个地区都在不同程度的衰落中,就西京酒的专卖而言,宋初确定的六万贯榷曲岁额,至神宗时期已经实行不下去了,不得不改为官榷酒制。前揭,中国古代城市本质上都是政治军事等权力促成并发展的,北宋西京的发展充分反映了这一本质特点,而政治军事因素的淡出,并未直接反映在经济管理政策上,北宋中后期商税税额及榷曲额等与实际经济发展的冲突越来越明显。南京城市经济的繁荣主要在运河两岸,其商税额、榷曲额等都明显低于西京等地,这一方面说明了政府对其压榨较轻,另一方面说明了其本身经济发展就有限,其与京东等地的郓州、密州等城市比起来也有不小的差距,而且南京镇的发展等亦相当不充分。可见,南京的城市经济发展就是典型的运河通道经济,其经济发展水平无论在各陪都还是地方区域经济发展中都未显露出明显的优势,可以说其城市经济发展的光辉在一定程度上被首都开封所掩盖。历史又一次证明了梁宋地区中开封与商丘发展所体现出的此兴彼衰的格局,城市经济发展中"中心地理论"[①]在此亦得到了很好的体现。

---

① 中心地理论,又称为中心地学说,是由德国城市地理学家克里斯塔勒(W. Christaller)和德国经济学家廖什(A. Lösch)分别于1933年和1940年提出的,50年代起开始流行于英语国家,之后传播到其他国家,被认为是20世纪人文地理学最重要的贡献之一。运用中心地理论,研究中国传统城市发展,并产生重大影响的非美国学者施坚雅莫属,相关研究可参[美]施坚雅主编,叶光庭等译:《中华帝国晚期的城市》,北京:中华书局,2000年。

第四章 "空间"视域下的陪都经济(下)

本章是以一种大区域的空间视角来审视北宋陪都的经济发展。诚如上章所述,用这样一种"开放"性的空间思维,其边界的把握则非常困难。而笔者从陪都最核心空间——"城市"的本质认识出发,指出其作为权力中心地的边界则又相对确定。陪都所在的城市又常是一路的治所城市,北宋的路分区划又与财赋区划有密切的联系[①],因此,本章所谓大区域的"空间"选取首先以所在路分为单位,以此来作为陪都经济的基本作用空间。此外,在路分基本空间之外,陪都与其他地方无疑亦有相当的联系,因此特以首都开封为中心的全国市场为例,重点论述陪都在其形成、发展过程的参与和作用等,以进一步扩大陪都经济研究的空间视野。

第一节 陪都区域财经中心的形成与发展

前揭,中国古代的治所城市既是重要的地方政治军事权力中心,又是经

[①] 相关成果可参见曹尔琴:《宋代行政区划的设置与分布》,《中国历史地理论丛》1992年第3辑;包伟民:《宋代地方财政史研究》,北京:中国人民大学出版社,2011年,第5—10页。按:包著初版由上海古籍出版社于2001年出版发行。

济中心。而经济与权力主导下的财政又是一个很难分清彼此的关系,研究经济往往使用的却是与财政相关的史料,因此用"财经"的视角,似能更全面、准确地概括权力主导下的城市经济的发展。上引包伟民等认为北宋的路分划分也基本是以财赋为标准划分的,因此陪都等治所城市的基本作用空间是以所在路分为基本单位的。宋代虽存在路分财赋的划分,但府州才是最为完整的区域财政空间①。因此本节将其置于所在路分的广阔空间中去把握,以切实明确各陪都经济发展的水平及其在路分区域空间经济发展中的地位。

一、地方财经体系

(一) 两税与免役、免夫钱

赋役是帝制国家得以运转的基础,赋指田赋,役指兵役、力役、职役等。建中元年(780)唐德宗接受宰相杨炎的建议实行两税法。两税法按照"户无主客,以见居为簿;人无丁中,以贫富为差"的原则征收,改变了"以人丁为本"的传统赋役制度,开创了"以资产为宗"的新时代。宋代继承了两税法,以土地税为主,夏秋两税是国家"正税"。② 两税法之后,百姓原则上不服劳役,北宋又行募兵制,无兵役义务,但实际上百姓仍要尽相应的义务,主要可分为两大类:其一为职役;其二为修城、运粮及河上夫役等不时之征,可概称为"夫役"。职役,又称吏役,是国家按照户等高下轮流征调乡村主户担任州县公吏及乡村基层组织的某些职务,此即为差役;若采取出钱雇佣的办法,则称雇役。王安石变法时的免役法就主要是要改差为雇,下文详述。北宋不时之征的"夫役",尤以河上夫役为典型,后逐渐形成了免夫钱。免役钱与免夫钱之征,是役法赋税化趋势的集中体现,构成了国家财税的重要来源之一。

宋代的两税具体指夏税与秋税,但是两税的缴纳时间与内容等都颇为

---

① 可详参包伟民:《宋代地方财政史研究》,第29—42页。
② 宋时也有"丁税"之征,不过继承五代旧制,且行之于个别地方,详见汪圣铎:《两宋财政史》,北京:中华书局,1995年,第228—242页。

不同。太宗时曾规定：

> 开封府等七十州夏税，旧以五月十五日起纳，七月三十日毕。河北、河东诸州气候差晚，五月十五日起纳，八月五日毕。颍州等一十三州及淮南、江南、两浙、福建、广南、荆湖、川峡五月一日起纳，七月十五日毕。秋税自九月一日起纳，十二月十五日毕，后又并加一月。或值闰月，其田蚕亦有早晚不同，有司临时奏裁。继而以河北、河东诸州秋税多输边郡，常限外更加一月。江南、两浙、荆湖、广南、福建土多粳稻，须霜降成实，自十月一日始收租。①

不难看出，两税的缴纳时间是根据各地区耕作制度和农作物收获时间的不同而制定的，因此这一规定后世也基本得以遵循。同样，也由于各地区所种植农作物的差异，两税的征收内容也有很大的差别。京西、京东及河北所在的北方地区，冬小麦是夏税征收的主要内容。神宗时规定："夏税并作三色：绢、小麦、杂钱；秋税并作两色：白米、杂钱。"②"白米"，王曾瑜指出宋朝当时北方的白米不是指稻米，而是指粟米③。杂钱只是一个总数，并不纳钱，最终都折纳谷帛。这点，神宗时张方平所奏南京应天府的情况可为明证，曰：南京应天府"夏秋米麦十五万二千有零石，绢四万七百有零匹，此乃田亩桑功之自出，是谓正税，外有沿纳诸色名目杂钱十一万三千有零贯，已是因循弊法。然虽有钱数，实不纳钱，并系折纳谷帛"④。

唐两税法确定了"量出以制入"的重要原则，宋代也继承了这一原则标准，两税"税额"逐渐凝固化，不可避免地出现"重赋地区"。《文献通考》卷四《田赋四》则完整保留了神宗元丰初年各地的两税见催额以及籍田数，现将各陪都所在路分的两税见催额及籍田数列表如下：

---

① 《宋史》卷一七四《食货志上二·赋税》，第 4204 页。
② 《宋会要辑稿》食货四之七，第 4849 页下。
③ 可详见王曾瑜：《宋朝的两税》，《文史》第 14 辑，北京：中华书局，1982 年，第 119 页。后收入氏著《锱铢编》，第 341 页。
④ [宋]张方平撰，郑涵点校：《张方平集》卷二六《论率钱募役事》，第 415 页。

表 4.1　京西、京东、河北两税见催额及籍田数简表

地区	二税见催额及其排名（单位：贯石匹两斤……）		田地及其数量排名（单位：亩）	
京西	4063870	5	21283526	11
京东	3000901	8	26719361	8
河北	9152000	1	27906656	7

注：此表直接引自程民生《宋代地域经济》(开封：河南大学出版社，1992年)第105页。

无疑，京西与河北即上文所言的"重赋地区"，尤其是河北，以全国排名第七的田地数承担了全国最高的两税税额。河北的二税税额的绝对数量，竟超出排名第二的陕西3346886贯石匹两斤。不过，宋代的"贯石匹两斤"是典型的"复合单位"，着重体现了其供军事之需的使用价值。① 上表数字只是这一数字的集合，很难进行绝对的比较，如一石麦与一束草，其价值显然是不可同日而语的。但因为京西、京东与河北都是北方地区，也有一定程度的可比性。

就陪都自身而言，西京河南府与北京大名府没有留下相关的记载，南京应天府则有前引张方平所言之具体的两税实缴数额，"夏秋米麦十五万二千有零石，绢四万七百有零匹""沿纳诸色名目杂钱十一万三千有零贯"，合计约305700贯石匹。实缴数额与见催额当然有一定的出入，实缴数额相较见催额可能多也可能少，但总体而言二者应不会有太大的偏差。现就以南京应天府实缴数305700贯石匹与京东地区的整体情况作一说明。京东见催额合计为3000901贯石匹两斤，而仅应天府一地就占到总额的10.2%强，这一比例不可谓不大。"见催额"是政府拟征之额度，而实际的征发额当远高于此，有支移、折变、加耗等多种有名目或无名目的"附加税"②。

---

① 宋初财政的"复合单位"可详参[日]宫泽知之：《北宋の财政と货币经济》，原载中国史研究会编：《中国专制国家と社会统合——中国史像の再构成Ⅱ》，京都：文理阁，1990年。张北中译文《北宋的财政与货币经济》，刘俊文主编：《日本中青年学者论中国史・宋元明清卷》，上海：上海古籍出版社，1995年，第75—135页；包伟民：《宋代财政复合单位考释》，《史学月刊》2024年第9期。

② 可参考王曾瑜：《宋朝的两税》，后收入氏著《锱铢编》，第335—380页。

前揭,宋代的役法赋税化趋势很明显,至神宗熙宁四年(1071)王安石颁免役法征免役钱于全国(不包括海南四州)之前,局部地区如越州、荆湖南路等多有变差役为募役的事例。就王安石的免役法而言,就是要将劳役形态的义务变为货币形态的义务,免役法规定:"凡当役人户以等第出钱,名免役钱。其坊郭等第户及未成丁、单丁、女户、寺观、品官之家,旧无色役而出钱者,名助役钱。凡敷钱先视州若县应用雇直多少,随户等均取。雇直既已用足,又率其数增取二分,以备水旱欠阁。虽增,毋得过二分,谓之免役宽剩钱。"①后又规定"官户、女户、寺观、未成丁"者助役钱减免役钱一半征收。免役钱的征收是"以一州一县之力供一州一县之费,以一路之力供一路之费,诸路从所便为法"②。也就是说各州县仍贯彻"量出以制入"的原则,先估算出所需雇役费用,再加上免役宽剩钱,以定总额,再按免役钱与助役钱进行分摊。

京西、河北等北方多数地区是"重役地区",因此各地区所征钱多寡的差异是非常大的,当然也是免役钱的重点征发地方。熙宁九年(1076)所载京西、京东及河北的免役钱收支及宽剩率如下:

表 4.2　熙宁九年(1076)京西、京东及河北的免役钱收支及宽剩率简表

地　区		收　入	支　出	宽剩率③
	京西北路	钱 252944 贯 斛斗 135838 石(折钱 95086 贯)④	321886 贯	-21.4%
	京西南路	283962 贯	203360 贯	39.6%
京西路		钱 536906 贯	525246 贯	2.2%

---

① 《宋史》卷一七七《食货志上五·役法上》,第 4300—4301 页。
② 《长编》卷二二七,熙宁四年十月壬子注文,第 5523 页。
③ 按:王曾瑜根据宽剩钱"雇直既已用足,又率其数增取二分"的征收原则,指出宽剩率应是宽剩钱数与雇役支出数的比值,要与宽剩钱数与役钱收入数,亦即宽剩率在役钱收入中的地位区分开来。详见王曾瑜:《宋朝的役钱》,原载中国社会科学院历史研究所经济史研究组编:《中国古代社会经济史诸问题》,福州:福建人民出版社,1990 年。后收入氏著《锱铢编》,第 385 页下注文。
④ 按每石 700 文左右,斛斗 135838 石,换算得缗钱 95086 贯。

(续表)

地 区		收 入	支 出	宽剩率
京东路	京东东路	钱 513318 贯 丝、绵 159 两	285581 贯文	79.7%
	京东西路	474606 贯	300470 贯	58.0%
		钱 987924 贯 丝、绵 159 两	586051 贯文	68.6%
河北路	河北东路	513014 贯、硕、两	319672 贯文	60.5%
	河北西路	628903 贯、硕	329779 贯、硕	90.7%
		1141917 贯、硕、两	649451 贯、硕	75.8%

从上表可见,役钱的收入与支出基本以缗钱为主,其中京西北路的收入中粮食占了很大的比例,135838 石的粮食折钱约 95086 贯,占役钱总收入的 27%强,358030 贯的收入总额与 321886 贯的支出基本相当,而其宽剩率更为负值,达-21.4%之多。就京西路的整体情况而言,其役钱收支也基本平衡,而京东、河北路的支出则远远小于收入,京东路与河北路的役钱支出都仅占收入的六成左右,京东路的宽剩钱比率达 68.6%,河北路的宽剩钱比率更高达 75.8%之多,这远远超出了 20%的征收标准,负担不可谓不大。由此西京、北京的役钱负担之重可想而知。南京应天府的役钱收入据张方平记载为 75300 余贯,占到了京东西路总额 474606 贯的 16%左右,亦可看到应天府的重要性。

熙宁年间征收役钱的主要目的在于"充雇值""备水旱",但后来不时出现挪用的情况,其发展越来越与初衷背道而驰,成为国家一项新的财源,成为河北"备边赏"等军费开支,京东、京西的役钱则多输往京师。① 不过,征役钱之后,职役并不能彻底免除。神宗之后废除免役法,但免役钱仍未停止征收,只是少收了一点而已。

与免役钱的演进路径类似,百姓缴纳了免夫钱,但繁重的河役之征终不能免,仍是百姓的一项沉重负担。免夫钱的出现与发展亦经过了一个从临

---

① 以上可详参王曾瑜:《宋朝的役钱》,《锱铢编》,第 386—387 页。

时之制到常制,从局部地区到全国的过程。免夫钱最早出现于神宗熙宁十年(1077),是年七月澶州曹村埽决口,大量征发夫役,十一月诏河北、京东西、淮南等路,出夫赴河役者"去役所七百里外,愿纳免夫钱者,听从便,每夫止三百、五百"①,即应赴河役者,如距离工地七百里外,可以自由选择缴纳免夫钱,每夫交纳三百钱,最高不超过五百钱。

熙宁十年以来的曹村"非常之制",至元祐三年(1088)终于演化成为"永久之法",史曰"今自元祐三年朝廷始变差夫旧制为雇夫新条"。这则史料实则是御史中丞苏辙为反对"雇夫新条"而作,引文中之"今"即为元祐五年。② 元祐三年"雇夫新条"的具体内容业已不详,不过亦可从苏辙对其实施情况的批评管窥一二:"都水使者吴安持等,因缘朝旨,造成弊政,令五百里以上、不满七百里,每夫日纳钱二百五十文省;七百里至一千里以上,每夫日纳钱三百文省;团头倍之,甲头、火长之类增三分之一,仍限一月,过限倍纳。"③ 是年"京东一路差夫一万六千余人,为钱二十五万六千余贯",平均每夫每日纳钱530余文钱,远较规定为多,史载京东路"民间见钱,几至一空,差人般运,累岁不绝"。④ 此后,纳钱之法"略变",但仍是一项沉重的负担。

元祐七年(1092)后每年河防春夫定额化,曰"科夫除逐路沟河夫外,其诸河防春夫,每年以一十万人为额,河北路四万三千人,京东路三万人,京西路二万人,府界七千人"。与此同时,对夫役的征发及其范围亦作了明确的规定,曰"去役所有八百里外更不科差,五百里内即起发正夫,八百里内如不愿充夫,愿纳免夫钱者听","如此年合当夫役,须得正身前去,更不许纳钱免夫"。⑤ 大观年间(1107—1110)修滑州鱼池埽,始尽令输钱,徽宗谓:"事易集而民不烦,乃诏凡河堤合调春夫,尽输免夫之直,定为永法。"实际上是废除了春夫征发"定额"与距离的限制。虽然免夫钱规定部分百姓可纳钱免

---

① 《长编》卷二八五,熙宁十年十一月乙卯,第6988页。
② 以上参见《长编》卷四四四,元祐五年六月辛酉,第10695页。
③ 《长编》卷四四四,元祐五年六月辛酉,第10695页。这是"恩泽",是年二月便诏:"诸路转运司下州县,今年春如已纳免夫钱并给还。"详见《长编》卷四〇八,元祐三年二月乙酉,第9929页。
④ 《长编》卷四四四,元祐五年六月辛酉,第10695页。
⑤ 参见《长编》卷四七六,元祐七年八月庚申,第11342—11343页。

夫,由政府雇夫,但是实际中往往"不依条例措置","每至涨水危急,旋行科拨人夫,配买梢草,急于星火,官吏寅缘为奸",于是宣和七年(1125)十一月十九日,南郊制曰:"自今后并于河防免夫钱内预行置办,并优立价直雇夫役使,不得于仓卒之际却行差科。"十二月二十二日最终罢免夫钱,史曰"河防免夫钱并罢"。①

值得注意的是,免夫钱并不限于治河,北宋末年徽宗发动的燕山之役,财力不支,朝廷就应王黼的奏请,乃于宣和六年(1124)下诏首次在全国范围内征收免夫钱,②对此,蔡攸《北征纪实》载曰:"以谓燕山之役,天下应起夫,令免其调发,独令计口多寡,尽出免夫钱,违期限者斩。天下所得免夫钱大凡六千二百余万缗,以二千万应副燕山,二千万椿管。"③《宋史》亦曰:"王黼建议,乃下诏曰:'大兵之后,非假诸路民力,其克有济?谕民国事所当竭力,天下并输免夫钱,夫二十千,淮、浙、江、湖、岭、蜀夫三十千。'凡得一千七百余万缗。"④一千七百余万缗与王黼预算的六千二百余万缗相差甚远,上引文可见,王黼计划是"令计口多寡,尽出免夫钱",而实际的征收则是各地抑配"夫额",以"夫额"调夫,具体则为"京西八万,淮南四万,两浙六万五千,江南九万七千,福建三万五千,荆湖八万八千,广南八万三千,四川十七万八千,并纳免夫钱,每夫三十贯,委漕臣限两月足,违依军法"⑤。免夫钱"遍率天下,所得才二千万缗,而结怨四海矣"⑥。"二千万缗"与《宋史·食货志》所言"一千七百余万缗"相差不远,所言当属实。宣和六年所征免夫钱"结怨四海",而河北则无疑是"重灾区",史曰"河北群盗因是大起"⑦,加速了

---

① 以上参见《宋会要辑稿》方域一五之三二,第7575页下。
② 按:汪圣铎言:"宣和年以前,虽有因边事调夫役事,却不见因此敛免夫钱的记载。"详见汪圣铎:《两宋财政史》,第241页。
③ [宋]徐梦莘:《三朝北盟会编》卷三一引蔡攸《北征纪实》,上海:上海古籍出版社,1987年,第233页。
④ 《宋史》卷一七五《食货志上三·和籴》,第4248页。
⑤ [宋]陈均编,许沛藻等点校:《皇朝编年纲目备要》卷二九,宣和六年六月,第753—754页。
⑥ [宋]徐梦莘:《三朝北盟会编》卷三一引《闻居录》,第234页;[宋]陈均编,许沛藻等点校:《皇朝编年纲目备要》卷二九,宣和六年六月,第754页。
⑦ 《宋史》卷一七五《食货志上三·和籴》,第4248页。

北宋灭亡的步伐。

(二) 征榷与籴买、和买

宋代的"征榷"其实包含"征"与"榷"两个方面,"征"即商税,"榷"本义为独木桥,这里所指即国家为了独占利益或经营利润,而对盐酒茶矾等重要的商品实行专买专卖。下文就从征榷、籴买与和买等方面对北宋财税收入进行深入的探讨。

1. 商税问题。商税是指国家或政府对流通领域的商品所开征之税的总称。"商税"一词作为税种名称最早出现于唐代,宋及以后广泛使用,但国家对流通领域的商品征税的事实则可追溯至春秋战国之时,被称为"关市之征"。秦汉以降,市税的征收比较稳定,关税之征则时有兴废,唐前期亦不征关税,征收关税是"安史之乱""军兴"以后"赡军"之故。五代各国割据,商税征收更为繁复。宋初就制定了《商税则例》,使商税征收活动有法可依。宋代商税的征收是通过设立商税务网络而建立起来的,关于商税务的设置,马端临有曰:"凡州县皆置务,关镇亦有焉,大则专置官监临,小则令佐兼领。诸州仍令都监、监押同掌之。"① 为保证商税的征收,各地商税务也都设立税额。关于北宋陪都及其所在路分商税税额的相关问题,可参下表:

表4.3 北宋陪都及其所在路分商税税务、税额及全国排名表

地区		嘉祐年间商税额及排名				熙宁十年商税额及排名				税额增长率
		税务(场)	税额(单位:贯)	税额/务	排名	税务(场)	税额(单位:贯)	税额/务	排名	
西京		26	60456	2325	-	22	67558	3070	-	11.7%
南京		9	33923	3769	-	9	45561	5062	-	34.3%
北京		24	84454	3518	-	31	95930	3094	-	13.5%
京西	京西北路	79	340473	4039	7	67	240776	3593	16	-29.3%
	京西南路	46	129130	2807	16	39	190496	4884	17	47.5%

---

① [宋]马端临:《文献通考》卷一四《征榷考一》,第402页。

(续 表)

地　区		嘉祐年间商税额及排名				熙宁十年商税额及排名				税额增长率
		税务（场）	税额（单位：贯）	税额/务	排名	税务（场）	税额（单位：贯）	税额/务	排名	
京东	京东东路	76	246538	3243	10	93	475332	5111	3	92.8%
	京东西路	52	304586	5857	9	60	311866	5197	10	2.3%
河北	河北东路	115	561172	4879	1	146	567837	3889	2	1.2%
	河北西路	105	382249	3640	4	99	286948	2898	11	-24.9%

注：本表直接引自程民生《宋代地域经济》第219页，且以上并为铜钱区，并不牵涉与铁钱区换算的问题。

从上表可见，就嘉祐年间和熙宁十年税务数量、税额的绝对额而言，河北东路和西路都遥遥领先，京东次之，京西最低。嘉祐年间河北、京东、京西的税务数分别为220、128和125，熙宁十年河北、京东、京西的税务数分别为245、153和106，分别增加25%、25%和-19%。嘉祐年间河北东路商税税额的绝对值甚至是京西南路的4.3倍有余，这一差距在熙宁十年有所缩小，但仍达3倍左右。就全国范围来看，河北东路的商税税额亦长期雄踞全国前列。就商税税额从嘉祐到熙宁的增长而言，京东东路增长最快，达到了92.8%，总量也从全国第10升至全国第3，仅次于河北东路；京西南路的增长也达到了47.5%；京东西路和河北东路都略有增加，分别为2.3%和1.2%；而京西北路和河北西路则出现了大幅的负增长，增长率分别为-29.3%和-24.9%。就平均每场税务的税额看，嘉祐年间河北、京东、京西分别为4259、4550和3423贯，熙宁十年则分别为3393、5154和4240贯，可见，嘉祐年间河北虽然税务最多，比京东路多出近7成，但每场税务平均税额相当，且远高于京西路，说明了河北税务与税额比颇为协调，也在一定程度上显示了河北商品流通的频繁与商品经济的发展。而至熙宁十年，这一情况发生了明显的变化,从税务总数上看,河北与京东持平,都增加25场税务,但是河北每场税务平均税额则降为3393贯,远低于京东5154贯。与河北相反的是,京西的税务数则减少了19个,每务平均税额则增至4240贯,这说明河北税务的增置过多,远远超过了商税税额的增长。值得注意的是,河北与京西税务税额比这一正一反的情况中,还掩盖了各自内部区域发展的巨大差异,也即河北西路和京西北路发展的严重滞后,这两路虽然税务数都分别减少了6个和12个,商税税额也出现了大幅的减少,但每务平均税额仍出现了大幅的下降,分别为2898贯和3593贯,远低于同期河北和京西的平均值,比嘉祐年间亦有明显的下降。

就西京、南京和北京而言,嘉祐年间其税务分别为26、9和24个,商税税额分别为60456、33923、84454贯,每务平均税额为2325、3769和3518贯,这一平均值较京西、京东和河北的3423、4550和4259贯的平均额都要低。就税额的绝对额而言,西京的商税税额(60456贯)要远高于京西其他州军,比排名第二的颍州(50519贯)和蔡州(38429贯)分别要高出9937贯和22027贯,每务平均税额(26务,2325贯)却要低于颍州(11务,4592贯)和蔡州(16务,2401贯),可见西京最主要的问题就在于税务设置太密集。南京税额(33923贯)仅落后于京东东路的青州(43766贯)、齐州(49619贯)及沂州(34459贯)和京东西路的兖州(38301贯)、徐州(64276贯)及郓州(68042贯)等数州,每务平均税额(9务,3769贯)只高于齐州(31务,1600贯),全面落后于青州(10务,4376贯)、沂州(5务,6891贯)和京东西路的兖州(9务,4255贯)、徐州(7务,9182贯)及郓州(12务,5670贯)等数州,而以上数州平均额基本高于京东路的平均值。可见南京的税额在京东路中处于中等偏上水平,税务的设置略多,但最关键的还是京东路有青、齐、徐、郓等高税额的大州存在。北京的商税税额(84454贯)在河北路也是最高的地位,位居第二和第三的分别为河北东路的德州(70547贯)和棣州(73812贯),与北京的商税额相比仍有不小的差距。北京的商税额甚至比河北西路最高者真定府(49735贯)高出近35000贯。北京每场税商税额(24务,3518贯)却远低于德州(13场,5426贯)和棣州(11场,6710贯),说明北京的税务设置也偏密集。①

从熙宁十年的情况看,西京税务点设置过密的情况有所缓解,比嘉祐年间减少了4个税务点,税额增长了11.7%,而此时京西北路却呈负增长,比例仅达到了-29.3%,西京一地的商税额竟占到了京西北路的28%左右。而西京每务商税均值(3070贯),仍远低于京西北路的3593贯和京西南路的4884贯,说明西京商税网点密布的情况仍未得到根本性的改观。南京的税务点没有增减,税额却增长了34.3%,而京东整体的税务点和商税额却都有较大额的增长,因此和嘉祐年间相比,南京与京东在每务商税均值上的差距有所缩小,南京的发展更趋合理。北京的税务点增加了7个,商税额增加了13.5%,这比河北东路和河北西路的1.2%和-24.9%要高很多,但是每务平均商税额(3094贯)还是远低于河北西路的3889贯,略高于河北西路的2898贯。如前所述,河北的每务平均税额从嘉祐年间的4259贯(与京东路4550贯基本持平),降到熙宁十年的3393贯,说明了河北税务点的设置越来越密集,对商贾的剥削日益加重,而对北京的压榨则更甚。

2. 盐的专卖与通商。盐在人们的日常生活中扮演了重要角色,是生活必需品之一,而其生产却具有很强的地域性。北宋的产盐州军分布很广,南宋人章如愚曾曰:"国家天下十八路,而盐之所出者十二路,淮南、河北、河东、陕西、两浙、湖北、福建、广东、益州、利州、梓州、夔州是也。"②此乃章如愚所言之北宋中期的情况,倒也确当。根据盐产的生产方式,可分为海盐、解州池盐以及川峡井盐等三大类型。因此宋代的盐业政策也如《宋史·食货志》所概括之"官鬻、通商,随州郡所宜,然亦变革不常"③。与"通商"相对,此处的"官鬻"实为禁榷之意,对盐的禁榷可不止官鬻如此简单,从严格意义上讲,北宋对盐的禁榷指官产、官般、官卖,亦即官府垄断全部产销过程。"通商"则或令百姓输纳盐钱,或令产盐户输纳较高课利而许私贩,或行

---

① 以上诸州的商税数据毕仲衍《中书备对》,详见[宋]毕仲衍撰,马玉臣辑校:《〈中书备对〉辑佚校注》第2卷中《商税》,第82—102页。
② [宋]章如愚编:《群书考索·后集》卷五六《财赋·榷盐》,文渊阁《四库全书》第937册,第3314页。
③ 《宋史》卷一八一《食货志下三·盐上》,第4413页。

钞盐制度,有多种形式。宋朝各个时期实行的盐法,都是禁榷与通商二者兼而有之。① 汪圣铎根据北宋仁宗时期盐业产销情况,将全国分为河北区、河东区、京东区、解池区、井盐区、淮浙区、福建区和广南区等八个区域,②以下主要述及与本书主旨相关之京西、京东与河北等地的盐业产销情况。

京西地区不产盐,食河东解盐,但其地有禁榷与通商两种区分,其中西京河南府及"滑、郑、陈、颍、汝、许、孟州"诸州实行榷盐,"凡禁榷之地,官立标识、候望以晓民"。京西之蔡、襄、邓、随、唐、金、房、均、郢州、光化信阳军等为通商之地。③ 太平兴国二年(977)曾一度将京西蔡、襄等通商州军划归淮盐销去,但不久即复旧。京东地区主要是海盐,其产盐之地有"密州涛洛场,一岁鬻三万二千余石,以给本州及沂、潍州,唯登、莱州则通商,后增登州四场"。宋初"南京及曹、濮、济、兖、单、郓、广济七州军食池盐,余皆食二州(密州、登州)盐,官自鬻之"④。仁宗庆历元年(1041)十一月"以淄、潍、青、齐、沂、密、徐、淮阳八州军仍岁凶灾,乃诏弛禁,听人贸易,官收其算,而罢密、登岁课,第令户输租钱。其后兖、郓皆以壤地相接,罢食池盐,得通海盐,收算如淄、潍等州"⑤。河北之怀州及澶州诸县之在河南者则食解盐,行禁榷之令。⑥ 徽宗、钦宗两朝河北、山东的海盐销区扩大,在相当长的时间内解盐仅缩小到陕西本路及河东路部分地区。

以上可以发现北宋前中期东京、西京、南京等三京及京西、京东的兖、郓、曹、济、濮、单、广济军等七州军,庆历以后的曹、济、濮、单、广济军五州军(兖、郓食京东海盐)食用解盐的基本格局没有太大变化。再加上食用解盐亦比较稳定的陕西,河东的晋、绛、慈、㬎四州,淮南的宿、亳,河北之怀、卫二

---

① 参见汪圣铎:《两宋财政史》,第 244 页。
② 可参见汪圣铎:《两宋财政史》,第 246 页。另郭正忠《宋代盐业经济史》(北京:人民出版社,1990 年,第 290 页)亦制有《宋代销盐区划图》,将全国划分为七大区域,基本与汪圣铎相同。不过,相较于本书所关注的"产销"两端,郭正忠仅区别"销区"的划分,与本书主旨不同,尤其是在河北小盐的产销问题上。
③ 参见《宋史》卷一八一《食货志下三·盐上》,第 4414 页。
④ 《宋史》卷一八一《食货志下三·盐上》,第 4427 页。
⑤ 《宋史》卷一八一《食货志下三·盐上》,第 4427 页。
⑥ 参见《宋史》卷一八一《食货志下三·盐上》,第 4414 页。

州及澶州的黄河以南诸县等,就可以将食用解盐的区域具体化。① 若不考虑官鬻、通商等食盐销售方式,仅从人们日常基本消费需要的角度来讲,诸州县的人口比就是该地食盐生活消费比,那么就可以算出东京、西京、南京的解盐消费在整个解盐消费区中的大概比值,明确三京经济发展的地位与水平。

北宋前中期全国各府州的人口数据主要来自《太平寰宇记》和《元丰九域志》,与《太平寰宇记》成书的雍熙末端拱初年相近,恰好有解盐的产量数据。而与学界所言仁宗时期典型的盐业格局相应②,亦可根据从《太平寰宇记》到《元丰九域志》所反映的太宗时期与神宗时期的户数增减比,计算出仁宗时期解盐区各府州的相应户数。太宗雍熙端拱初年,东京有户数178631,西京有户数81957,南京(原宋州)有45450户。上引整个解盐区有1550465户,太宗至道二年(996)的解盐总产量则为43517992.5斤。因此可知,东京、西京及南京每户食盐占整个解盐区的比值分别为11.5%、5.3%和3%左右,若暂时不考虑解盐大量积贮的话③,东京、西京和南京三京的日常消费量亦可分别达到5004569斤、2306453斤和1305539斤。神宗元丰三年(1080)西京、南京的户数分别为115765户和67000户④,东京的户数则达到了235599户,可见从太宗雍熙端拱初到神宗元丰初年这近100年里,西京与南京户数的分别增长了41%和47%,东京的户数增长了近32%。按此计算,仁宗庆历时期东京、西京、南京的户数亦分别达到了207211户、98758户和56130户。神宗元丰初年解盐区的总户数达到了4125703户,比太宗雍熙端拱初增长了166%左右,则仁宗庆历初年解盐区的户数大致为

---

① 郭正忠对于食盐销区的划分亦有曰:"前期较为严密,中后期日趋淡漠。这是总的发展趋势。但不论怎样淡漠,大销区之间的壁垒,始终难于突破。"详见氏著《宋代盐业经济史》,第291页。
② 汪圣铎《北宋盐产销区划示意图》就大致以仁宗时期为准。
③ 据郭正忠统计,宋朝第一次解盐大规模积贮发生于真宗末期大中祥符年间(1008—1016)及乾兴元年(1022),详见氏著《宋代盐业经济史》,第603页。
④ 《元丰九域志》载南京主客户共约"91334户",很可能失实,详见下文辩证。此处67000户的数据据神宗熙宁九年判应天府张方平"畿内七县共主客六万七千有余户"语,详见[宋]张方平撰,郑涵点校:《张方平集》卷二六《论率钱募役事》,第415页。

2837315 户。由此可知,东京、西京、南京每户食盐占整个解盐区的比值分别为 7.3%、3.4%和 2%左右。综上可见,随着太宗端拱到仁宗时期解盐区人口的快速增殖,东京、西京与南京人口的食盐消费比例在逐渐下降。若再算上神宗元丰时期的话,这种趋势则更加明显,东京降到了 5.7%,西京降到了 2.8%,南京降到了 1.6%左右,虽有所下降但三京仍都是重要的解盐消费地区。

河北的盐业除上文所言之怀州及澶州诸县之在河南者食解盐外,其他地区则主要食用内地的私营小盐与沿海海盐两类。私营小盐不榷,听任买卖,这与河北广布咸卤之地及由此导致行官榷之策的困难有关,晁说之曾曰:"河北之盐异于他处,非解州之地可巡御,非江淮之务费煎炼。或河水所淤之地,不生寸草而白碱是生;或天生盐地,百种不生而亘野皆盐卤;或生盐草,而火之、而水之盐立成矣。祖宗因其俗而顺其欲,税之而不榷。"①河北私营小盐生产虽分散,但其总量很大,据程民生估算,神宗时期至少可年产 25239958 斤,②行销税岁额可达 20 万贯左右③。官营海盐生产主要集中在滨、沧二州,史曰"其在河北曰滨州场,一岁鬻二万一千余石,以给本州及棣、祈州杂支,并京东之青、淄、齐州","大名、真定府、贝、冀、相、卫、邢、洺、深、赵、沧、磁、德、博、滨、棣、祈、定、保、瀛、莫、雄、霸州,德河、通利、永静、乾宁、定远、保定、广信、永定、安肃军则通商"。④若仍按人口比计算,在这 32 州军中,北京年均小盐消耗可占到 13%左右。庆历元年(1041)以后,"京东之淄、青、齐既通商,乃不复给","滨州分四务,又增沧州三务,岁课九千一百四十五石,以给一路"。相比于私营小盐,河北官盐的行销数量相对要少很多,若按人口消耗比的话,北京的官盐消耗亦可占到 12%以上。

3. 酒的禁榷与租额。宋朝酒政杂糅唐五代之制,对酒实行官务酿造、榷曲、买扑及"许民般酤"等多种经营,史曰:"宋榷酤之法,诸州城内皆置

---

① [宋]晁说之:《嵩山文集》卷二《朔问下》,《四部丛刊续编》本,第 29 页 a—b。
② 参见程民生:《宋代地域经济》,第 187—188 页。
③ 《宋史》卷一八一《食货志下三·盐上》曰:"开宝以来,河北盐听人贸易,官收其算,岁额为钱十五万缗。"详见《宋史》,第 4428 页;《长编》卷三六〇曰"庆历六年,十九万贯"。
④ 《宋史》卷一八一《食货志下三·盐上》,第 4428 页。

务酿酒,县、镇、乡、闾或许民酿而定其岁课,若有遗利,所在多请官酤。三京官造曲,听民纳直以取。"①当然,这是概而论之,其间的变化还需进一步进行历时性的考察。前揭,宋初建隆二年(961)太祖就颁布命令,私曲、私酒不得入城,曰:"民贩私曲十五斤,以私酒入城至三斗者,始处极典。"换言之,政府仅对各城市的城内空间实行严格的酒曲专卖。建隆三年(962)进一步扩大了这一酒曲专卖的区域空间,曰:"民敢持私酒入京城五十里,西京及诸州城二十里至五斗,死。"在这一榷曲区域之外,又划设"官署沽酒"区域,"私酒入其地一石,弃市"。②这样,就初步确立了宋朝酒的专卖体系。太宗端拱二年(989)诏曰:"令民买曲酿酒酤者,县镇十里,如州城二十里之禁。"可见,太祖州城二十里之禁得到坚持,并且划定了县镇酒曲专卖的区域。太宗淳化五年(994)始诏"征天下酒榷",全面废除榷曲制度,实行官务酿造,仅保留东京城一处榷曲区域。但为了"敦宽大之风,以畅和平之化",景德四年(1007)二月西京亦"依东京体例施行"榷曲,这样榷曲就成为所谓的"京都之制"。③这与景德四年(1007)四月真宗令"计司将榷酤之法立为永式""自今中外不得更议增课"的精神亦颇一致。④

大中祥符七年(1014)正月二十九日升应天府为南京,关于南京榷曲的具体时间,苏辙曰"南都卖曲与建都同一敕"⑤,如前所论,此显系不确。但南京建置规定一切"依西京例"进行,下引文又有真宗"仍令依西京例,任人买曲酝酒"之语,想必榷曲与建都时间亦相去不远。有学者将天禧三年

---

① 《宋史》卷一八五《食货志下七·酒》,第4513页。
② 《长编》卷三,建隆三年三月丁亥,第65页。
③ 详见《宋会要辑稿》食货二〇之四—五,第5134页下—5135页上;《宋大诏令集》卷一八三《政事三十六·财利上·废西京清酒务依东京例诏》,第665页。按:李华瑞据《宋史·孙承恭传》所载"时初榷酒,以(孙)承恭监西京酒曲,岁增课六千万"(第9390页),判断西京榷曲很可能在太平兴国初年(太祖朝被放归田里,太宗即位,以赦复授旧官)。但如上引太祖、太宗初年的相关史料可以看出,宋太宗淳化五年之前实际上是"榷曲"与"榷酒"同时进行的,只不过严格划分了二者专卖的"圈层"区域结构。因此,笔者认为孙承恭本传中的"时初榷酒"不宜作过度解读,在此特意列出孙承恭监西京酒曲事,很可能与下文中的"增课"有关。
④ 《宋大诏令集》卷一八三《政事三十六·财利上·榷酤不得增科诏》,第665页。
⑤ [宋]苏辙撰,俞宗宪点校:《龙川略志》卷四《议卖官曲与榷酒事》,第21页。

(1019)视为南京榷曲的开始①,此说尚有可议之处。其实天禧三年(1019)事件只是增加了南京酒曲的扑买人户而已,十七日所下诏书中亦明载"南京酒曲课利",元是百姓五户买扑,最高年额三万余贯,趁办不前,已两户破竭家产"。关于此事的来龙去脉如下,天禧三年(1019)十一月辛未(初五日)应天府知府王曾言:

> 本府酒场民户买扑最高年额,赴纳不前,已两户倾竭资产。乞今止令三户管认。累尝披诉,而掌计之臣虑亏减岁课,不许蠲免。

王曾上奏后,真宗谓辅臣曰:

> 南京,太祖兴王之地,比于他处,尤当优恤,岂可以兹小利,致伤公私。可俟将来赦文中特与蠲减,仍令依西京例,任人买曲酝酒。

上引文中"仍令依西京例",可以清楚地显示,南京榷曲也绝非始于当下。不过引文所言榷曲为"任人买曲酝酒",亦显然不确。榷曲制下所谓民酿民酤中的民一般是指有雄厚资产的酒户,实行所谓的"特许酒户制"。他们与政府合作的前提亦是最大限度地保证政府课额,必须以家业作为抵当。② 因此,这种模式下,酒户也一定程度上具有"包税"的性质,与榷酒中的买扑制有相似的一面。因此,上引文中的"买扑民户"不应直接与榷酒中的买扑制度相对应,而且,在酒的销售中"买扑"一词的使用似亦具有某种相当广泛的意义③。

皇帝与辅臣定议后于癸未日(十七日)便正式下诏"依东、西京例,召众户取便买曲造酒沽卖",曰:

> 乃眷南京,肇基王业,分宅式均于神壤,推恩宜异于庶邦。其南京酒曲课利,元是百姓五户买扑,最高年额三万余贯,趁办不前,已两户破竭家产,只勒三户管认,累诉三司。恐减年额,未有与夺。特许依东、西

---

① 如李华瑞:《宋代酒的生产与征榷》,保定:河北大学出版社,2001年,第231页。
② 可参见李华瑞:《宋代酒的生产与征榷》,第226—227、235页。
③ 如漆侠、李华瑞认为拍酒分销中"拍户"之拍乃"买扑"之扑音转而来,是由买扑制度而起的。可详参李华瑞:《宋代酒的生产与征榷》,第187页。

京例,招召众户取便买曲造酒沽卖,所有合行条贯事件,仍仰三司擘画以闻。①

既为"召众户取便买曲造酒沽卖",那么"三司擘画"后的"众户"究竟多少户呢?有证据显示很可能增为八户,苏辙曾曰"今八家造酒,每家父子兄弟同干酒事者不下三人,三八二十四人,乃能办此课利"②。引文中的"今"即指元丰二年(1079),显系天禧以后,至于其间有无变化,则史无明载。若为"八户",则较之前的"五户",其扑买科额的能力自有所加强,真宗南京"尤当优恤,岂可以兹小利,致伤公私"之言,言犹在耳,但实际上绝不可能触碰问题的本质,降低"三万余贯"的政府课额。天禧三年(1019)距建都南京的大中祥符七年(1014)为时不远,这次增南京酒曲的扑买人户显系南京从此前官榷酒制转到榷曲制的一次"阵痛"与"调适"。

庆历二年(1042)建都北京后亦曾实行过榷曲制度,史曰"北京售曲如三京法"③,榷曲制作为京都之制得到全面推广。与完全控制酒的生产与流通领域的榷酒制相比,榷曲制不仅放松了对酒生产领域的控制(只控制酒曲的生产,官不自酿),而且对酒的流通领域采取完全放任的态度,是一种"间接专卖"。④ 理论上讲,榷曲制下影响政府高额利润的因素无非有二,其一为曲价的高低,其二为造曲数的多寡。在消费市场无限大的情况下,曲价的提高及造曲数的增长都会使政府大获其利。但事与愿违,当时的消费市场无疑是有限的,在有限的消费市场下,政府为保证收入而不得不设定卖曲的岁额。北京的卖曲岁额不详,西京的卖曲岁额,太

---

① 以上参见《宋会要辑稿》食货二〇之六,第5135页下。关于此事的来龙去脉,《长编》亦有概述,可详参《长编》卷九四,天禧三年十一月辛未,第2172页。

② [宋]苏辙撰,俞宗宪点校:《龙川略志》卷四《议卖官曲与榷酒事》,第21—22页。

③ 《宋史》卷一八五《食货志下七·酒》,第4516页。按:《宋史·食货志》原文曰"天圣后,北京售曲如三京法"。而北京系庆历年间方才建立,此时尚无"北京",时实为大名府。而即使无北京之"名",以大名府之"实"行榷曲,似也很难成立。前揭,"榷曲"很大程度上是一种对京都的"优恤"之制,从北宋政府最大限度攫取课额的角度而言,其更愿意行"榷酒法",熙宁以后西京、南京由榷曲到榷酒的短暂反复就深刻说明了这一道理(详见下文论述)。且"天圣后",显系笼统,故北京的榷曲时间待考。

④ 可参见李华瑞:《宋代酒的生产与征榷》,第228页。

平兴国初年孙承恭监西京酒曲时有一次增额,曰"岁增课六千万"①,即六万贯,后有无增减不得而知。南京的卖曲岁额,前揭天禧三年(1019)前后为"三万余贯",熙宁十年(1077)在城卖曲"三万六百九十九贯二百一十七文",前后五十多年并无多大变化。东京的卖曲岁额虽经多次变化,在熙丰前后也基本在三十六万贯左右。② 因此,可以认为,西京、南京的卖曲岁额常年稳定在六万贯和三万余贯左右,与东京相比,占比分别为1/6 和 1/12 强。

如前文所示,即便如此,卖曲岁额之高使扑买者常有破产之忧,不幸的是破产也时有发生,元丰二年(1079)前后,西京的"曲户败折,列状求罢,官不得已而听",废榷曲为榷酒,"西都已榷酒矣"。而转运司"方苦财赋不足",为增加财政收入,欲"据以为例",在南京也行榷酒,结果南京在元丰二年至元祐元年(1079—1091)也一度废榷曲为榷酒,行之十有二年。元祐六年(1091)应苏辙郊赦之请,在南京"乃罢酒榷而复卖曲"③。至于元丰二年(1079)以后,西京有无将榷酒改回榷曲,则史无明载,不得而知。北京建都最晚,榷曲时间也最短,至迟在熙宁十年(1077)以前就已恢复榷酒制。关于榷曲制与榷酒制的优劣问题,在市场足够大的时候,当然榷曲制要收入更多,陪都酒的专卖从榷曲到榷酒的发展倾向表明,京城及其附近地区酒的市场有限,高额的卖曲岁额常使在京酒户不堪重负。就西京和南京的岁额比较,南京的岁课应比较合适,西京岁额实在是太过高昂了,恐怕在如此高昂的岁额下,元丰二年以后西京再行榷曲也已是不太可能的事了。南京的城市经济比较发达,岁额虽高但也比较合适,尤其是因河市经济的发展及经汴河往来迎送频繁等,尚能勉强支持三万余贯的榷曲岁额。而西京、北京由于岁额之高,最终都向榷酒制转变,这无疑是非常值得注意的一个现象,所谓的"务敦宽大之风,以畅和平之化""推恩宜异于庶邦"的"京都之制",在巨大的财利诱惑面前,实在是一句"笑话"。

---

① 《宋史》卷二七六《孙承恭传》,第 9390 页。
② 详见李华瑞:《宋代酒的生产和征榷》,第 234 页。
③ 以上参见[宋]苏辙撰,俞宗宪点校:《龙川略志》卷四《议卖官曲与榷酒事》,第 21—22 页。

元祐以后,南京能够继续实行榷曲制,苏辙郊赦之请,统治者的"一念之仁"起了很大作用。

前揭榷曲制,即官府只控制酒曲的生产,对酒的流通领域则采取完全放任的态度,是一种"间接专卖"。关于酒曲的生产,则设有曲院专门负责,在东京设有规模庞大的都曲院,史载"都曲院曲卖于酒户,西京、南京皆然"①。而酒户发展与官方酒曲买卖关系的前提是不得亏损卖曲岁额,一般是由有较多资本的大酒家承买,他们负责酿卖。从南京榷曲制可以看出,买曲酒户也仅有五户、八户等数家而已,苏辙曾言元丰二年前后八家造酒,"每家父子兄弟同干酒事者不下三人,三八二十四人,乃能办此课利"。这与东京的差距还是相当明显的,东京有负责酿卖的"正店七十二户",负责分销的脚店更达千余户之多。

榷曲与榷酒地分有严格划分,"戒相侵越,犯皆有法"②。前揭陪都的府属县亦是其不可分割的一部分,但其地都行榷酒,据熙宁十年记载,西京属县地分有永宁、长水、密、新安、缑氏、巩、偃师、寿安、永安、颍阳、登封、渑池、福昌、河清、王屋、白波、彭婆、伊阙、三乡、府店、员庄、曲河二十二酒务,南京属县地分有楚丘、谷熟、宁陵、虞城、下邑、柘城县、高莘、会亭、济阳镇九个酒务,北京在城(时已榷酒)及临清、经城、清平、冠氏、夏津、宗城、莘、魏、内黄、洹水、成安、馆陶、南乐、朝城、永济县、安贤、安定、普通、桑桥、浅口、清水、延安、李固、孙生、博宁、曹仁镇二十七个酒务。就酒务的密集指数而言,西京酒务数占京西北路的29.5%,整个京西地区的20.7%;南京酒务数占京东西路的18.4%,京东地区的7.7%;北京酒务数占河北东路的20.1%,占河北地区的11.6%。从这一指数看,西京所置的酒务数明显偏多,在整个区域中所占比值最高,也说明了西京对于京西举足轻重的作用。北京置酒务亦多,但由于河北酒务数更多(是京西、京东的两倍左右)且分布较为平均,因此北京所置酒务的密集指数并未明显偏高。

---

① [宋]谢采伯撰,李伟国整理:《密斋笔记》卷一,收入上海师范大学古籍整理研究所编:《全宋笔记》第七编第八册,郑州:大象出版社,2003年,第116页。
② 《宋史》卷一八五《食货志下七·酒》,第4516页。

表 4.4　北宋陪都及其所在路分熙宁十年所立酒课祖额表

地区	旧额	酒务数	熙宁十年祖额及其排名	熙宁十年官榷与买扑及其祖额比率				
				官榷祖额	酒务数	官榷比率(%)	买扑坊场祖额	买扑比率(%)
西京	114195 绢 35 匹	23	148547.147	120848.637	23	81.4	27698.510	18.6
南京	78718	9	72326.670	曲:30699.217 官监:15495.149	9	63.9	26132.304	36.1
北京	184790	27	192417.267	174026.200	27	90.4	18391.067	9.6
京西北路 合计	645824	78	551355.328 丝 530 两绢 53 匹	472874.144	64	85.8	78481.184	14.2
京西南路 合计	260913 丝 397 两	33	364618.648 丝 426 两半	331307.051	33	90.8	33311.597	9.2
京东东路 合计	633249 绢 22 匹 布 1593 端	68	858555.785 布 100 匹	763711.406	68	89.0	94844.379	11.0
京东西路 合计	534327 丝 330 两、绢 660 匹	49	592269.365 绢 672 匹	405107.338	58	68.4	187162.027	31.6
河北东路 合计	878359 绢 267 匹、丝 136 两	134	876649.584 绢 254 匹	772742.116	134	88.2	103907.468	11.8
河北西路 合计	911698	99	847289.421	780263.190	93	92.1	67026.231	7.9

注：参照了李华瑞《宋代酒的生产和征榷》第 332—348 页中之《熙宁十年立祖额表》。

西京在城卖曲额六万贯,南京约三万七百贯。而卖曲(麦曲)价朝廷则有清楚的规定,曰"东京、南京斤直钱百五十五,西京减五"①。由此可知,西京酒曲年产量约为40万斤,南京的酒曲年产量约为19.8万斤。那么一斤曲出多少酒呢?若按李华瑞引《宋人佚简》"舒州官酒务公牍"一斤麦曲酿造一斗六升酒左右的酒计算,②西京年产64万斗酒,南京年产约32万斗酒。若按神宗元丰初年"斗酒百钱"③,即一斗酒0.1贯计,则西京卖酒钱6.4万贯,南京卖酒3.2万贯。可见,这一卖酒钱和卖曲钱其实相差不多,当然也可能存在些许误差,但是数据清楚地表明西京、南京在榷曲制下绝大部分酒利还是被国家攫取了,因此元丰二年以后在京酒户破产,政府改榷曲为榷酒也就不难理解了。而之所以北宋熙丰之前各陪都还能推行维持榷曲制,较为低廉的酒价及由此而催生的消费市场的扩大应是重要原因。④ 若以6.4万贯和3.2万贯计,则西京京城卖酒钱占整个西京的42%,南京京城卖酒钱占南京的44%左右。西京的年产量占京西北路27%,整个京西地区的16.2%强。南京占京东西路12%,整个京东地区的5%左右。北京占河北东路的22%,整个河北地区的11.2%左右。西京、南京及北京酒的专卖收入由此可见一斑。

4. 茶的管理政策及其产销。我国是茶的原产地,据信至迟到战国秦汉时期人们已经开始饮茶,但直到唐朝才逐渐形成一种风尚。茶叶经济得到很大的发展,唐德宗建中元年(780)首次开征茶税,文宗太和年间又推行茶叶专卖制度。五代后蜀、南唐等都实行榷茶制,严格控制茶的产销,楚国以及中原的后梁、后唐、后汉等都曾于境内特定州军设置茶场(院、房),收税卖茶,重点控制茶的流通领域,都以极力攫取茶利为是。

960年宋朝建立,承后周版图,国家远未一统。关于茶叶管理政策,宋承

---

① 《宋史》卷一八五《食货志下七·酒》,第4514页。
② 详见李华瑞:《宋代酒的生产和征榷》,第81页。
③ 宋朝酒价变动可参见李华瑞:《宋代酒价一览表》,详见氏著《宋代酒的生产和征榷》,第305—308页。按:此处之所以选取神宗元丰初年的酒价,主要是因为此距统计数据熙宁十年及元丰二年西京、南京从榷曲到榷酒改革时间都比较靠近。
④ 宋朝酒价变动可参见李华瑞:《宋代酒的生产和征榷》,第305—308页。

五代之制,太祖时期就确立了"榷内茶"与"榷外茶"的政策,①"榷内茶"即严格控制统治区域内的茶叶产销。"榷外茶"即对尚未纳入版图地区的输入茶叶实行官府专卖,对此马端临引陈傅良语曰:"太祖榷法,盖禁南商擅有中州之利,故置场买之,自江以北皆为禁地。"②建隆元年(960)宋政府在蕲春置榷茶场,乾德二年(964)又在京师、建安、汉阳、蕲口设置榷场,统购来自江南的茶叶。同年,宋灭后蜀,废后蜀的榷茶制,对川茶行通商之法,茶园完税之后听与商人交易,但"禁出其境"③。为增加财政收入,乾德三年(965)宋政府加强了对域内淮南茶的控制,"榷蕲、黄、舒、庐、寿五州茶,置十四场,笼其利,岁入百余万缗"④,后又增光州,在这六个州榷茶,"官自为场,置吏总之,谓之山场者十三,六州采茶之民皆隶焉"⑤。开宝四年(971)宋攻灭南汉,和四川一样,宋政府对广南州军也行通商之法,史曰"川峡、广南州军止以土产茶通商,别无榷法"⑥。开宝八年(975)十一月灭南唐,开宝九年(976)十月太宗即位,十二月改元太平兴国元年,太平兴国二年(977)江南茶的管理也依淮南模式,设立榷货务,在各州县就近设置买茶场,然后将茶叶集中到六榷货务,再由榷货务负责批发,对东南六路所产之茶最终确立起了六榷货务十三山场的禁榷体制。太平兴国三年(978)闽越灭亡后,其地也行专卖。至此,"天下茶皆禁,唯川峡、广南听民自买卖,禁其出境"⑦的局面正式形成。

可见,宋初茶法的形成因循唐五代之制,略有损益。宋初形成的对产茶区域的这一管理政策基本延续到了北宋中期,或专卖或通商,大致可分为东南六路(两浙路、淮南西路、江南东路、江南西路、荆湖南路、荆湖北路)、四川地区(成都、梓州、利州、夔州)、广南(广东、广西)、福建等四大区域。⑧

---

① 可详见李晓:《论宋代茶法》,《烟台大学学报》(哲学社会科学版)1989年第2期;又见氏著《宋代茶业经济研究》,北京:北京政法大学出版社,2008年,第137页。
② [宋]马端临:《文献通考》卷一八《征榷考五》,第506页。
③ 《宋史》卷一八三《食货志下五·茶上》,第4478页。
④ 《长编》卷六,乾德三年九月己巳,第157页。
⑤ 《宋史》卷一八三《食货志下五·茶上》,第4477页。
⑥ 《宋会要辑稿》食货二九之七,第5311页上。
⑦ 《宋史》卷一八三《食货志下五·茶上》,第4478页。
⑧ 北宋茶法的变迁可详参黄纯艳《论宋代茶法的地区差异》(《云南社会科学》2001年第5期)和李晓《宋代茶业经济研究》(北京:北京政法大学出版社,2008年)的相关论述。

北宋三陪都及其所在之京西、京东及河北等地,自宋初以来都是东南六路之南茶最大、最稳定的销售市场。在北宋太平兴国三年(978)以后的榷茶制下,国家对东南六路茶既控制生产,又控制流通,茶农生产的茶叶必须以各种形式(包括租茶、折税茶和市茶等)全部卖给国家。但北方市场有限,加之南方本地也有饮茶之需,因此管控茶叶总额就被分割成两大块,即行销北方地区的"买茶额"和南方本地之"食茶额"。① 至于分配若大致以8∶2的比率计②,那么南茶淮南岁课总为八百六十五万余斤,江南千二十七万余斤,两浙百二十七万九千余斤,荆湖二百四十七万余斤,福建三十九万三千余斤,"悉送六榷务鬻之",合计约26759万斤。若以"买茶额"八分计,运销北方的约有21207万斤,京西、京东及河北等地应占有此额的绝大多数。

东南六路茶法嘉祐四年(1059)始变,从专卖转向通商,即"园户之种茶者,官收租钱;商贾之贩茶者,官收征算,而尽罢禁榷,谓之通商"③。可以说,全国各地都是东南六路之茶的行销市场。行通商法后,向园户征收的茶租、向商人征收的茶税,皆有定额,即"一岁之数以所得息钱均赋茶民,恣其买卖,所在收算",并"罢给茶本钱,纵园户贸易而官收税租钱与所在征算归榷货务,以偿边籴之费"。④ 茶租钱"岁输缗钱三十三万八千有奇",每年随两税缴纳。⑤ 向茶商征收的"每年茶税钱约七十万贯"。⑥ 而这种局面在神宗熙宁七年(1074)发生了改变,熙宁七年川茶始行禁榷,官方置场收购,以供陕西博马贸易,由此陕西等地成为川茶的特定销售区域。宋哲宗元祐元年(1086)至绍圣四年(1097)川茶又行通商法。绍圣四年以后,川茶行专卖法。徽宗崇宁元年(1102)在蔡京建议下,"荆湖、江、淮、两浙、福建七路所

---

① 可参见刘春燕:《释宋代"买茶额"和"产茶额"》,《中州学刊》2001年第2期。
② 按:宋初官买八分的比例,如江南转运使樊若水曾言:"江南诸州茶,官市十分之八,其二分量税取其什一,给公凭,令自卖。"又如太平兴国九年因茶货积压严重,盐铁使王明曰"乞递年数内只买八分"。可详见《宋会要辑稿》食货三〇之一,第5319页上。
③ [宋]马端临:《文献通考》卷一八《征榷考五·榷茶》,第509页。
④ 《长编》卷一八八,嘉祐三年九月辛未,第4527页。
⑤ 《长编》卷一八九,嘉祐四年二月戊辰,第4549页。
⑥ 《长编》卷四八九,绍圣四年六月己丑,第11601页。

产茶,仍旧禁榷官卖,勿复课民"①,实行"茶引法",这是一种专卖许可证制度,一直为南宋所继承。②

5. 粮草籴买。"籴",《说文》曰"市谷也"③,与"粜"相对,本义为买进粮食。政府的粮食籴买,据载汉朝已经出现了。和籴起源于平准法,主要有备边、救荒两大用处。"和籴"强调的是籴买的方式问题。宋时的和籴又称和市、籴买、市籴、收籴等。《宋会要辑稿》曰:"市籴之名有三:和籴以见钱给之,博籴以他物给之,便籴则商贾以钞引给之。"④可见,和籴、博籴与便籴间的区别主要在于政府偿付手段的不同。但随着籴买活动的发展,政府在实际支付时经常出现各种偿付手段混用的情况,如便籴,以见钱、他物给之者比比皆是。最终,和籴演变成市籴粮草的统称。⑤

宋朝政府之所以进行大规模的和籴,首先在于军需等引起的巨大的粮草需求。而两税税额固定化以后,政府通过权力直接征集粮草的行动很难展开,因此大量求购于市场,通过政府购买来满足粮草需求。由于籴买粮草要视军饷边储之需,西北三路的军需供应无疑是重中之重,而其中的粮食乃典型的"重滞之物",运输困难,西北三路的粮食供给只能靠本地籴买,草料也一般是本地所出。此外,京师及其周围地区也云集了大量军队,其粮食供给则是竭天下之力,主要依靠东南六路的上贡与籴买。西北三路与东南六路是宋朝粮食籴买的重点区域,由于军粮籴买还要看各地的丰歉状况,因此常出于朝廷的临时指挥,和买地区、规模以及籴本构成、来源等都无一定之规。⑥ 除上述地区之外,与本书主旨相关的京西、京东等地也偶有不同程度

---

① 《宋史》卷一八四《食货志下六·茶下》,第4502页。
② 可参考黄纯艳:《论蔡京茶法改革——兼论宋代茶法演变的基本规律》,《中国经济史研究》2003年第1期。
③ [汉]许慎撰,[清]段玉裁注:《说文解字注》卷一〇《五篇下·入部》,第224页上。
④ 《宋会要辑稿》食货四之一,第5537页上。
⑤ 宋朝的和籴名目复杂而繁多,王曾瑜《宋朝的和籴粮草》一文中就列举了二十余种,具体可详见氏著《锱铢编》,第440—451页。
⑥ 如真宗景德元年(1004)"诏出内库银三十万两付三司,送天雄军博籴军储"。宋仁宗天圣九年(1031)"又出内藏库缗钱五十万,河北市粮草"。仁宗景祐四年(1037)诏"三司出银十五万两下河北路,绢十万下河东路,助籴军粮"。至和二年(1055)"出内藏库钱一百万,下河北市籴军储"。可见籴本的构成有缗钱、银绢等多种钱物,籴本来源则以中央岁计的左藏为主,偶有内藏系统。

的籴买,如天禧四年(1020)"出内藏钱七万贯,付京西路市军粮"①。熙宁九年(1076),"诏赐坊场钱五万缗,监主簿告、斋郎牒、州助教敕总三十三,为钱五万缗",付京东西路"籴军粮"。②

宋朝前期中央政府的这些籴买任务主要由转运司—州县系统具体负责。然而,北宋中期以后,随着粮食籴买规模的扩大,转运司权力的分割及逐步地方化,其在保障粮草籴买的能力方面越来越得不到中央的认可,于是中央常派出机构来籴买粮草的情况逐渐出现,这主要有江淮浙发运司、河北籴便司以及陕西折博务等。③ 与本书要旨相关者主要是河北籴便司,下文详论。

前揭,宋朝的河北是边防重地,重兵云集,粮草的需求量很大。而河北的经济地理又差别很大,尤其是沿边地区,虽重兵云集但经济发展落后,北宋前期局势紧张之时,大量依靠入中贸易,史曰:"并边十一州军,岁计粟百八十万石,为钱百六十万缗,豆六十五万石,刍三百七十万围。并边租赋岁可得粟、豆、刍五十万,其余皆商人入中。"④入中贸易其实包括"入中"与"折中"两个阶段。入中即商人以刍粟等物输纳于政府的制度,"折中"即针对商人所入中货物,优其值以缗钱或茶、盐等政府专卖物资偿还支付的制度。⑤ 入中贸易是典型的物物交换,之所以能发动商人入中,一则是茶、盐等系紧俏商品,二则由于政府"优其值",此即所谓的"虚估问题"。因此,在入中贸易中,政府虽解了燃眉之急,但却付出了相当的财税收入,也不利于经济的健康发展。因此,嘉祐四年(1059)河北边粮入中开始行见钱法,使得粮食贸易与茶盐经营脱离了直接的联系。与此同时,籴买制度则逐渐发展起来。"入中制度"中一个明显的现象是入中者多为河北农户,换句话说并边地区的粮食供应河北本地是完全可以满足的。北宋时虽也有将江淮漕粮

---

① 《长编》卷九五,天禧四年四月丁亥,第2188页。
② 《长编》卷二七九,熙宁九年十二月辛卯,第6832页。
③ 以上可具体参考李晓:《宋朝政府购买制度研究》,上海:上海人民出版社,2007年,第166—173页。
④ 《长编》卷一八四,嘉祐元年十月丁卯,第4450页。
⑤ "入中"与"折中"及其关系,可详见戴裔煊《宋代钞盐制度研究》(北京:中华书局,1981年,第231—232页)一书中的相关论述。

经开封转输北上河北的情况,但这只是河北灾荒失收时的偶发行为。① 籴买制度,就是中央政府将便于运输的缗钱、银绢等物运输到河北充作籴本在当地进行的买入粮食行为。②

籴买制度在地方上多系转运使——州县系统具体负责,但朝廷也偶尔会派遣专员负责籴买,河北籴便司也经历了一个由临时差遣演变为常设机构的过程。朝廷直接向北方派遣籴买专员始于真宗时期,向河北派遣专员始于宋仁宗时期,但至迟到仁宗至和二年(1055)薛向就任提举河北籴便时,其属下已经有了一个相应的管理机构,这就意味着河北籴便司常设机构的正式形成。③ 河北籴便司,是中央派出的专门负责河北沿边地区军需粮草的籴买机构,史曰其"掌籴便刍粟,以供边储之用"④。李晓指出河北便籴司设立后,河北的财政被一分为二,一部分归转运使管理,一部分归河北籴便司管理。在地域上,河北籴便司专领沿边十七州军,即包括处于极边的莫、霸、定、保、雄州、安肃、广信、顺安、信安、乾宁、保定军和次边的真定府、祁、瀛、沧州、永宁、永静军等。在财赋上,籴便司除了领有上述十七州军的赋税收入,还主要依靠中央政府的拨款,中央拨款大约维持在每年二百万贯的规模。⑤

虽然粮食籴买活动受丰歉情况的影响很大,但是便籴司却有"岁计"和"储备"任务,籴买粮食约四百万石、草六百万围的购买额,为储备应不时之需,常需多买。神宗时期购买额又有大幅度增长,达到一千一百七十六万石的规模。由于沿边州军生产落后,其活动范围自不限于上述十七州军,而是遍布河北全境,其衙门也设在北京,在近里地区收购的粮食往往以"寄籴"⑥

---

① 参见包伟民:《宋代的粮食贸易》,《中国社会科学》1991年第2期。后收入氏著《传统国家与社会(960—1279年)》,北京:商务印书馆,2009年,第1—26页。
② 粮食虽是"重滞之物",但又有水路可通,因而也有如上引包伟民《宋代的粮食贸易》一文所指的,将江淮漕粮经开封转输北上的情况,但因过于劳费,只是当河北灾荒失收时偶尔为之而已。
③ 可详参李晓:《宋朝政府购买制度研究》,第195—201页。
④ [宋]马端临:《文献通考》卷六二《职官考一六·提举河北籴便司》,第1870页。
⑤ 参见李晓:《宋朝政府购买制度研究》,第201、202页。
⑥ 关于"寄籴"的研究,可参见李晓:《宋朝"寄籴"考论》,《中国史研究》2006年第3期。

的方式存放在近里的仓库,如熙宁三年(1070)皮公弼便"乞河北便籴司于大名府等处差官置场,寄籴斛斗"①,然后由官府按需依靠御河等运往沿边地区。王曾瑜曾指出,便籴和寄籴一般都是置场和买,置场和籴一般须以籴本充足、籴价较高为代价。神宗时起,置场和籴逐渐衰落,越来越多地倾向于抑配征购了,和籴负担越来越重。② 这种变化也体现在河北籴便司的籴本变化上,北宋末年徽宗时期,其籴本越来越倾向于度牒等"有价证券"了,史曰宣和二年(1120)诏"泛给香药钞并告、敕、补牒、度牒、师号、紫衣,共二百万贯,付河北籴便司,广行收籴"。度牒等虽系"有价证券",但其昂贵的价格无疑是政府定的,其本身并无多少价值可言,往往沦为政府剥削人民的名号而已。就河北籴便司的作用而言,其于政府,则作用显著,于河北人民,则越来越成为一项不堪的重负。

6. 和买。宋朝的"和买"一般是指官府向民间购买丝麻制品的制度,③因此又称"和买绢""预买绢""和预买绸绢"等。虽名为"和",但政府在购买中却多行摊派之实,在南宋时直接以"折帛钱"的名义征收,因此其性质就正式变为了一种赋税。姜锡东《宋代"和预买绢"制度的性质问题》④一文则从商业信用的视角进行了有益的探索,认为南宋绍兴九年以后,该制度完全演变为一种赋税,北宋真宗到哲宗时期其性质为商业信用,徽宗至绍兴八年期间为高利贷盘剥。综上,至少在北宋时期,和买无论如何都不能是一种赋税,虽多有摊派,但终究还是在"买"的轨道上运行着。

至于和买的缘起及其时间多有争论,但毫无疑问供军之需乃其大宗支出,因为两税中征收的丝麻产品远不足以供军需。由于国防压力及军事布防的不平衡,以及丝织品产业布局的地域差异,和买也具有明显的地域性,

---

① 《宋会要辑稿》食货三九之二二,第 5499 页下。
② 详见王曾瑜:《宋朝的和籴粮草》,原载《文史》第 24 辑,北京:中华书局,1985 年。后收入氏著《锱铢编》,第 426—474 页。
③ 关于和买的概念与起源,可详参王曾瑜:《宋朝的和买与折帛钱》,《锱铢编》,第 476—478 页。
④ 姜锡东:《宋代"和预买绢"制度的性质问题》,《河北学刊》1992 年第 5 期。

张方平曾曰"天下和买紬绢,本以利民,初行于河北,但资本路军衣,遂通其法以及京东、淮南、江、浙"①。其实张方平的说法并不完全正确,据王曾瑜考证,北宋时期有和买负担的地区还有京西、荆湖和四川等地。② 荆湖的和买有零星记载,且多为北宋晚期,不是很重要。四川的和买数额非常大,主要供应陕西军需。淮南、江、浙等地是纺织业比较发达的地区,摊派合买也是可以预见的。与本书主旨相关的京西、京东与河北等地也都有和买,特详述之。

京西颍州是最早进行和买的地区之一。京东与河北是宋代纺织业最发达的地区之一,史载"河朔、山东养蚕之利,逾于稼穑"③。上引张方平曰,和买"行于河北,但资本路军衣"。众所周知,河北是北宋大量屯驻军队的场所,需求量极大,大中祥符三年(1010)河北转运使李士衡曾言"本路岁给诸军帛七十万,民间罕有缗钱,常预假于豪民"④。因此最大限度地收纳纺织品成为官司的重要责任。河北的和买主要有转运司预买及和买"两色",神宗之后随着变法的展开又增加了提举保甲司和提举市易司的和买,徽宗建中靖国元年(1101)加派和买的摊派额度,曰:"京东、西路各二十万匹,河北东、西路各十五万匹,京西南、北路各五万匹,淮南东、西路各五万匹,两浙路十万匹。"⑤这一定程度上反映了京西、京东、河北等地是和买的重点区域。西京河南府、南京应天府和北京大名府并无具体的和买史料,但其州县都有丝麻之出,而且诏令所言都是以转运司为具体负责单位的,不可能厚此薄彼,不摊派和买额度。王曾瑜曾据张方平的上奏,列举应天府的赋税有两税、役钱而无和买,认为应天府很可能没有合买负担,并进一步推断京东各州、县似非统统都有合买负担,⑥笔者认为此论还需进

---

① [宋]张方平撰,郑涵点校:《张方平集》卷二四《论国计事》,第354页。
② 详见王曾瑜:《宋朝的和买与折帛钱》,《锱铢编》,第482、486—488页。
③ [宋]庄绰撰,萧鲁阳点校:《鸡肋编》卷上《盗伐丧枝与"系裹肚"》,北京:中华书局,1983年,第9页。
④ 《宋会要辑稿》食货三七之四—五,第5450页上—下;《长编》卷四四,咸平二年五月丁酉条注文,第944页。
⑤ 《宋会要辑稿》食货三八之四,第5468页上。
⑥ 参见王曾瑜:《宋朝的和买与折帛钱》,《锱铢编》,第482页。

一步论证为是。

二、原额主义财政与"市场"经济的发展

财政的"原额主义"是日本学者岩井茂树最早于20世纪90年代初提出的关于近代以前的中国财政特征的学术概念①，后经与宫泽知之等的讨论得到进一步完善②，岩井对原额主义的最新表述集中体现在其《中国近代财政史研究》一书中，其所言的原额主义"是一个用来表现与经济扩大不相对应的僵化的正额收入，与随着社会发展和国家机构活动的扩大而增大的财政需求之间的矛盾，以及必然伴随为了弥补这种矛盾而派生出的正额外财政的财政体系的特性"③。当然，岩井所言的"近代以前"主要是唐德宗杨炎创立两税法以后的事，重点在明清时期。原额主义是唐后期以后，在以两税法为主轴的财政体系中，逐步确立起来的财政原则。其形成主要是基于两点：其一为清以前人们没有经济增长的观念，缺乏对经济增长的认识，维持原额常被称为"善政"；其二是能够满足财政上也实行的中央集权制的管理要求。而其结果则亦如岩井所言的"越是想维护'善政'，'恶政'（即额外财政）就越是横行；越是想坚持集权管理，集权体制下的正规财政就越发萎缩，就不得不默认额外财政的泛滥"④。

宋朝继承了杨炎的两税法，以资产为宗，夏秋两次纳税，是为国家"正

---

① 参见［日］岩井茂树：《中国专制国家与财政》，载《中世史讲座》卷六，东京：学生社，1992年。
② 宫泽知之在《中国专制国家财政的展开》（《岩波讲座世界历史》九，东京：岩波书店，1999年）一文指出，唐代的两税法每五年改定一次，"征收总额相当固定"，唐代的国家财政一贯是"量入为出"。另外从唐、宋的财政运用的实际情况来看，当时的国家财政也不存在如明清时代那样的"原额主义（固定税制）"，唐宋时代的财政应该称之为"定额主义""祖额主义"。当然，"每五年改定一次"这种定额也是要调整的，是征税的一个基准额。但是岩井指出，明清实行的"固定税制"过于简单化了，固定税在实际运作中也没有被遵循，税额是否以法定形式固定下来，并不是其所称的"原额主义"的决定性要因。以上的相关讨论详见岩井《中国近代财政史研究》一书序章第16页和第六章第五节。因此，宫泽的对唐宋财政"定额主义""祖额主义"，与岩井对近代财政（尤其是明清财政）的"原额主义"的有关讨论在本质上是一样的，本书姑以"原额主义"称之。
③ 参见［日］岩井茂树著，付勇译：《中国近代财政史研究》，北京：社会科学文献出版社，2011年，第262页。该书日文原版由京都大学学术出版会2004年刊出。
④ 参见［日］岩井茂树著，付勇译：《中国近代财政史研究》，第68页。

赋"。按照"量出为入"的原则,继承唐五代扩大化的财政,各地两税税额逐渐固定化,因此一开始税额就很高,且地区不平衡。但就财政的实际运作而言,税额固定化后的两税仍远不足以应付财政支出,于是就出现支移等多种剥削方式,但这都是围绕两税进行的,是附加在两税上的,因此可称之为"两税的附加税"。除此之外,主要是依靠征榷、和买与和籴等"市场"手段以满足正额外的财政需求,这才是宋朝财政的核心问题。

李华瑞在《试论宋代工商业税收中的祖额》一文中,通过全面系统考释宋代茶、盐、酒、税等领域祖额的定义、祖额与官员考课的关系,以及祖额与国家工商税收后,指出宋代茶、盐、酒、税等的祖额具有计划指标的性质,这种事前确定计划指标的程式,反映了官榷与征市制的重要特点。祖额是考课地方官吏和监督当官政绩的重要标准,因而对于促使其着力经营课利上供,保证官府获得稳定的工商业税收方面具有积极作用,不过在比较赏罚刺激各级官吏力争课利超额的同时,亦不可避免地产生诸如重额征收、进献羡余等现象,从而对工商业的发展带来一定的负面影响。① 因此,在各级官员的努力经营下,茶、盐、酒、税等市场的形成与扩大亦是可以想见的,北宋时期茶、盐、酒、税等专卖收入的增长也无疑在一定程度上反映了其"市场"经济的发达。包伟民将宋代的"征榷"之利称为"商业外表"下的"间接税"。② 当然,"本质意义上"是可以这样认为的,但就一般意义上"商业外表"与"间接税"之间的关系还需进一步探讨。既然是"商业外表"那自然就离不开"市场",应在肯定"市场"存在的前提下,从市场本身的性质、特性去分析政府与市场、财政与经济发展的关系等。

无疑,和买与和籴等都在很大程度上属于"政府购买"的范畴,而征榷虽属于税收的性质,但政府亦或多或少地参与到了市场之中。就其流通而言,均属"财政性物流"。以上表明,政府往往以"经济人"的身份,广泛开发并参与到了"市场"经济的发展之中。如前文所论,政府在购买活动中往往会

---

① 参见李华瑞:《试论宋代工商业税收中的祖额》,《中国经济史研究》1999年第2期。后收入氏著《宋史论集》,第396—420页。
② 详见包伟民:《宋代地方财政史研究》,第200—229页。

进行配抑,在籴、买中真正属于自愿、公平的"和"的情况是很少的,政府在资源配置中处于绝对的主导地位,是控制并利用了市场。但无可否认的是,"政府购买"以及征榷税收等也必然要以一定的商品经济发展为基础,其结果亦无疑会一定程度上促进商品经济的发展。对此李晓考察了政府购买的情况后,认为"宋朝的政府购买制度虽然对商品流通产生了一定的刺激作用",但"因为受交通运输条件的限制和'遏籴'的影响,有不少商品流通(主要是粮食)被束缚在行政区划的藩篱之内","其作用程度有限"。① 当然,这是宏观性的研究,就本书所具体研究的各陪都及其所在路分而言,这一趋势也是非常明显。首先,就西京和京西地区而言,其经济发展是较为滞后,但其财税额度较高,最后举步维艰。北京与河北地区,虽然也是征榷、籴买的重要地区,但在政府的大力支持下,其经济发展还是稳中有升,但最后经济的发展越来越跟不上正额外财政扩大的趋势。相比而言,南京与京东地区的经济则发展较为迅速,政府所定课额较为合理,与经济的发展较为适宜。正因为其经济的发展,经常有支援河北乃至河东的例子。

三、陪都地方经济与财赋调配

北宋初通过"收其钱谷",确立了财政的中央集权原则。但事实上,由于国家军事体制及沿边军事格局的影响,北方陕西、河东、河北等地的财赋越来越留用于地方,中央政府越来越倚重江南财赋,尤其是首都及其府界的粮食供应。前揭,北方京西发展比较滞后、河北经济虽高位运行但越来越跟不上正额外财政扩大的趋势,京东经济发达,常有财赋远调河东、河北者。西京也就没有太多的财赋外调。南京虽属京东西路,但其在运河边上,又加上与首都很近,每年从南方运往首都的粮食中常截留20万石以用于军粮等消费,域内镇也是非常不发达,其经济本质上属于运河经济,是属于首都圈的,其经济发展就是依靠运河。河北在对内对外战略中有特殊的地位,而北京又是河北的战略重心,又有御河、黄河等可以通航,因此又是一个物资集中

---

① 李晓:《宋朝政府购买制度研究》,第490页。

的大本营,城中有规模庞大的"临御河仓"。而作为仓廪制度中的陪都之制,熙宁三年(1070)重建后的左藏库亦是"屹然雄视一府,非他屋可并,凡为楹百一十有七",时判北京大名府的魏国公韩琦曾亲"为字二十,门揭一字",其字"有伦有训,有司成诵,足以为官箴云"。① 元丰六年(1083)五月神宗诏"京东转运副使吴居厚所奉新法卖盐钱三十六万余缗,令运至北京左藏库封桩,自今岁具数以闻"②。六月辛酉(十七日)即"已发本路增剩盐钱纳北京左藏库",神宗还曾"降敕奖谕"。③ 前揭,朝廷对河北与北京的财赋支持更多的是便于运输的钱帛、度牒等,如熙宁八年(1075)河北东路转运司乞赐缗钱五六十万,于澶州或大名府市籴刍粮,备缓急支用,神宗便诏"三司支银、绢各十万匹两,如转变未得,听于常平司易钱给其赏"④。甚至还有皇帝出内藏库的银以支持北京博籴军储者,如景德元年(1004)真宗诏曰"出内库银三十万两付三司,送天雄军博籴军储"⑤。关于区域财赋调配的问题,包伟民的研究指出,由于财政危机的压力,尤其是为了保证中央政府不断增长的财政压力,"使得国家财政体现着一种以'一地之财,供一地之费'的原则精神",加上运输条件的限制,区域间的财赋调配越来越困难。⑥ 上引神宗时期朝廷令京东转运副使吴居厚将奉新法所得的卖盐钱三十六万余缗,运至北京左藏库封桩之事就是朝廷恐吴居厚所奏卖盐钱所立为虚数,神宗特下此诏以验其实之故。

第二节 陪都诸镇与路分经济

关于宋代"市镇""草市镇"的研究,学界已有相当充分的研究

---

① [宋]强至:《祠部集》卷三三《重建左藏库记》,《丛书集成初编》本,第514—515页。
② 《长编》卷三三五,元丰六年五月丙子,第8062页;《宋会要辑稿》食货二四之二三,第5206页上。
③ 《长编》卷三三五,元丰六年六月乙巳,第8074页;《宋会要辑稿》食货二四之二三,第5206页上。
④ 《长编》卷二六〇,熙宁八年二月丁卯,第6332页。
⑤ 《宋会要辑稿》食货三九之四,第5490页下。按:天雄军系大名府军额,时亦尚未建都。
⑥ 可详参包伟民:《宋代地方财政史研究》,第137—170页。

积累。① 但这些研究往往将镇置于"市"(市场)这一大环境下研究。众所周知,地方上"镇"的最初设置,是由于其军事功能,以往的研究站在宋朝的"高度"上,虽对镇的起源与发展有所追溯,但也因多从"市场"这一经济史的视域入手,而不免产生"先入为主"的观念,尤其是发展到宋代时便"径直"深入预设的市场主题。② 而且,以往有关"镇"的研究中存在"市"+"镇""镇市"等概念不清的情况。就"镇市"模式而言,虽名曰"镇市",但由于"市场"的相关资料相对较少,研究的重点往往仍在于"镇"本身。有鉴于此,本书直接以"镇"为研究对象,在厘清其来龙去脉的基础上,对宋代的镇的发展与管理有一总括性认识的基础上,来集中探讨西京、南京与北京镇的数量、规模及其与经济发展的关系及水平。

"镇"在地方上的设置,一般认为始于北魏时期,史曰北魏"缘边皆置镇都大将,统兵备御,与刺史同"③。北魏是鲜卑族拓跋部建立的少数民族政权,原称代国,为前秦苻坚所灭。淝水之战后,拓跋珪于386年重建代国,同年改国号为魏。398年迁都平城(今山西大同市),在493年孝文帝拓跋宏迁都洛阳前,传统上的汉族占主导地位的中原地区在北魏看来,亦是"南部缘边",因此在今河南与陕西地区置虎牢、长安等镇。"统兵备御,与刺史同"显然是欲通过设置军镇来管理缘边军民事务,州、郡、县依然是常态化行政的建制。永熙三年(534),北魏分裂为东魏与西魏。承西魏、北周而来的隋朝统一全国,但旋踵而亡于唐。

唐前期对地方的军事控御中,镇仍是重要的一级管理体制,史载"唐初,兵

---

① 日本学者加藤繁较早对此予以关注,撰有《唐宋时代的草市及其发展》(初刊于《福田博士追忆纪念经济学论集》)一文,对唐宋草市的发展及由其孕育而来的镇市都作了集中探讨。国内学者傅宗文《宋代草市镇研究》(福州:福建人民出版社,1989年)一书仍是目前为止最为全面、系统地探讨宋代草市镇及其发展的著作。此后,随着研究的深入,对于市镇的讨论多被纳入城市化或城镇化的视域进行探讨,而且研究对象越来越集中于江南,比较有代表性的成果如梁庚尧《南宋的市镇》(《汉学研究》1985年第2期)、陈国灿《江南农村城市化历史研究》(北京:中国社会科学出版社,2004年)等,兹不赘言。
② 受宋史研究这种倾向的影响,甚至明清的研究者径言"集市的发展是江南市镇兴起的历史轨迹",典型者如樊树志《江南市镇:传统的变革》,上海:复旦大学出版社,2005年,第51—96页。
③ 《魏书》卷一一三《官氏志》,北京:中华书局,1974年,第2976页。

之戍边者,大曰军,小曰守捉、曰城、曰镇"①。到唐代,唐政府也在边境地区设置军镇,其长官称为节度使。"安史之乱"以后,藩镇体制由边疆扩展到内地。为加强对域内及基层社会的控制,各藩镇内部又纷纷在县域内设置镇将,镇将侵夺县司的权力,成为地方真正的"实权派",《资治通鉴》唐僖宗中和三年(883)九月条之注文中曰,"是后方镇率分置镇将于诸县,县令不得举其职矣"②。五代时期,如后唐明宗长兴元年(930),左补阙王延上奏称:"一县之内,所管乡村而有割属镇务者,转为烦扰,益困生民。请直属县司,镇务唯司盗贼。"③

北宋结束五代藩镇割据状况,太祖吸取唐末五代藩镇割据的经验教训,着力限制镇将的权力,建隆二年(961)诏曰"置县尉主乡盗贼,镇将所主止郭内而已"④,将镇将负责治安的权力限制在城郭。太宗消灭藩镇,使之移居京师,所领支郡派遣知县,同时亦加强对镇将的选任与管理,太平兴国二年(977)诏曰,今后"藩侯不得差亲随为镇将,自此皆用本州牙吏为之,亦有宣补者"⑤。宋真宗继位后,针对镇将越职问题,继续采取限制政策,如景德二年,仁宗诏令益州、利州、梓州和夔州诸州之镇将各安职守,"不得捕乡村盗贼,及受词讼"⑥。也即大约在真宗后期,随着监镇制度逐渐走向成熟,上文所言之镇将也就随即退出了历史舞台。⑦

综上,自北魏尤其是"安史之乱"以后,由军事功能发展而来的镇无疑是宋代镇的最初来源。而宋代镇如雨后春笋般的成长,最主要的还在于乡村经济的商品化程度的提升,这是不可否认的事实,这也构成了宋代"镇"结构的主体。

真宗后期,镇将最终完成其权力转移,宋政府对镇进入了"监镇"管理的全新模式时期。监镇,又称镇官、镇将、监征等,关于其执掌,史曰"诸镇监官掌警逻盗窃及烟火之禁,兼征税榷酤,则掌其出纳会计"⑧,此外还衍生出理户籍

---

① 《新唐书》卷五〇《兵志》,第 1328 页。
② [宋]司马光编著,[元]胡三省音注:《资治通鉴》卷二五五,中和三年九月,第 8421 页。
③ 《册府元龟》卷四七五《台省部·奏议六》,第 5674 页上。
④ 《宋会要辑稿》职官四八之九二,第 3501 页下。
⑤ 《宋会要辑稿》职官四八之九二,第 3501 页下。
⑥ 《宋会要辑稿》职官四八之九二,第 3501 页下;《长编》卷六一,景德二年八月庚寅,第 1358 页。
⑦ 参见陈振:《宋史》,上海:上海人民出版社,2003 年,第 150 页。
⑧ 《宋会要辑稿》职官四八之九二,第 3501 页下;[宋]马端临:《文献通考》卷六三《职官考十七》,第 1913 页。

编保甲、传达宣示、兴办公共设施、管"市"等诸多执掌。① 从上引文可见,维持所处镇的治安等仍为监镇的主要职责,征税榷酤等属兼职之类。从镇的去军事化以及维护王朝统治的角度看,这当然容易理解,但是镇从始至终都没有形成一级行政组织,"非官监镇"也是普遍存在的历史事实。宋朝对置镇的一般看法即为"民居不成县而有税课则为镇,或以官监之",可见是否差官主要取决于户口、财税的多寡,换句话说,镇的建置与否是以财政为核心原则展开的。仁宗庆历时期的"降县为镇"活动便是很好的注脚,庆历三年(1043)范仲淹在西京河南府时指出诸镇"令本路举文资一员,董榷酤关征之利兼人烟公事"②。翌年,宋政府同意范仲淹建议,遂令河南府中颍阳等五县所降之镇,由"转运司举幕职州县官、使臣两员监酒税,仍管勾烟火公事"③,将监税工作放在了管勾烟火公事的前面,税收财利始终是官僚与政府念念不忘的。

  宋朝诸镇的分布与经济发育程度是不可能均衡的,因此政府也采取了比较灵活、多样化的管理措施。如有的镇仅置酒务,有的镇仅置商税务,而有的镇则出现酒务、商税务并置,甚至有时还出现置酒税务而互兼酒、税的情况④。当然,从政府角度讲,这种差异无疑取决于政府税收财利的"最大化",以及对此镇的重视程度等。如上文所言,北宋诸镇中还有大量"非官监镇",非官监镇即为不设专官领治,而以它官兼领之镇。"它官"一般指县司令佐,非官监镇的大量存在,一方面说明了宋朝政府对镇的多样化管理,另一方面也无疑受到了宋朝政府"行政成本"的限制。如商税的经营与管理,仁宗天圣四年正月便规定"逐路转运司相度辖州军外,镇、道店商税场务课利年额不及千贯至五百贯以下处","许人认定年额买扑,更不差官监管"⑤。也即各商税务税额在一千贯以上者,政府自己差官监管,一千贯以下者许人买扑。众所周知,买扑有很多分类,具体在不同的行业中,也不尽相同。酒

---

① 可详参秦闻一:《宋代镇制考》,《史学月刊》1998年第5期。
② [宋]范仲淹著,李勇先、王蓉贵校点:《范仲淹全集·范文正公政府奏议卷上·答手诏条陈十事》,第536页;《长编》卷一四三,庆历三年九月丁卯,第3442页。
③ 《长编》卷一四九,庆历四年五月己丑,第3617页。
④ 置酒税一务而互兼酒、商税的情况可详见李华瑞:《宋代酒的生产和征榷》,第150—151页。
⑤ 《宋会要辑稿》食货五四之三,第5739页上。

类经营中也同样实行买扑,一般是在酒利微薄之处实行,酒的营销中也存在官营与买扑的频繁转化斗争,一切以酒利的增长为中心。因此,税额的高低最直接反映的是商品市场价值的高低程度,"质"的好坏无疑是市场等所决定的。但有一个基本的事实是,税额的高低也同样反映了流通物品"量"的多少,此亦即本书选取"财经视角"原因之所在。下文就围绕西京、南京与北京诸镇与域内经济进行详细论述。

关于西京、南京和北京的市镇设置,傅宗文在《宋代草市镇研究》一书中有详尽的列举,现根据傅文的统计制成下表,①并附以熙宁十年酒税务、商税务及其税额等②,以期一窥陪都市镇建置及其经济发展的状况。

表4.5 西京、南京与北京镇的建置及其酒税、商税表

地 点		市镇名称	商、酒税务设置及商税额	
南京应天府	宋城县	河南镇		
		城东镇		
		葛驿镇		
	宁陵县	新城镇		
		新兴镇		
		长宁镇		
	柘城县	八桥镇		
	谷熟县	高辛镇	酒务	
		济阳镇		
		营城镇		
	下邑县	济阳镇	酒务	
		会亭镇	商税务	361贯580文
			酒务	
	虞城县	治平镇	商税务	1039贯317文

① 详见傅宗文:《宋代草市镇研究》,第375、383—385、389—390页。
② 按:本表及下文京西、京东、河北等地的商税税额均见《中书备对》一书,可详见[宋]毕仲衍撰,马玉臣辑校:《〈中书备对〉辑佚校注》第2卷中《商税》,第82—102页。

（续　表）

地　　点		市镇名称	商、酒税务设置及商税额	
西京河南府	河南县	白沙镇		
		彭婆镇	商税务	615 贯 952 文
			酒务	
		建春门镇		
		龙门镇		
		上东门镇		
	永安县	孝义镇		
		永安镇		
	巩县	洛口镇		
	登封县	曲河镇	商税务	887 贯 914 文
			酒务	
		颖阳镇	商税务	337 贯 837 文
			酒务	
		费庄镇	商税务	566 贯 779 文
			酒务	
	新安县	延禧镇		
		慈涧镇		
	渑池县	土壕镇		
	密县	大騩镇		
	永宁县	府店镇	商税务	570 贯文
			酒务	
	寿安县	八关镇		
		三乡镇	商税务	2163 贯 148 文
			酒务	
		福昌镇	酒务	
		柳泉镇		

(续　表)

地　点		市镇名称	商、酒税务设置及商税额	
西京河南府	伊阳县	伊阙镇	商税务	1722贯989文
			酒务	
		小水镇		
	河清县	白波镇	商税务	2674贯418文
			酒务	
		长泉镇	商税务	836贯605文
	福昌县	韩城镇		
	偃师县	缑氏镇	酒务	
	长水县	上洛镇		
北京大名府	元城县	定安镇	商税务	1545贯648文
			酒务	
		安贤镇	酒务	
		故城镇		
	莘县	马桥镇	商税务	499贯687文
	朝城县	韩张镇	商税务	2684贯193文
	咸安县	洹水镇	商税务	2202贯896文
			酒务	
	魏县	李固镇	商税务	1046贯407文
			酒务	
	馆陶县	浅口镇	商税务	1045贯742文
			酒务	
	临清县	永济镇	商税务	2338贯119文
			酒务	
		延安镇	商税务	659贯502文
			酒务	
		曹仁镇	酒务	

（续　表）

地　点		市镇名称	商、酒税务设置及商税额	
北京大名府	宗城县	经城镇	酒务	
		盖馆镇		
		武道镇		
	夏津县	孙生镇	酒务	
	冠氏县	清水镇	酒务	
		普通镇	酒务	
		博宁镇	酒务	
		刘勔镇		
		桑桥镇	商税务	410 贯 349 文
			酒务	
	大名县	南乐镇		
	不详	潭城镇	商税务	1000 贯 764 文

上表主要从镇市的建置、数量与税务等方面对西京、南京、北京诸镇进行了简单的统计说明。可以发现，南京、西京、北京市镇的数量分别有13、27 和 22 个，北京与南京远远落后于西京。就北宋时期镇的分布而言，便捷的水陆交通无疑是其兴起与发展的必备因素之一，上述西京、南京、北京诸镇自很难例外。不过，位于水陆交通干线附近的镇，交通对其发展可能具有某种决定性的影响。西京伊水沿岸就分布有伊阙镇、彭婆镇、龙门镇，洛河沿岸主要有三乡镇、柳泉镇、孝义镇、洛口镇，谷水沿岸有延禧镇、慈涧镇，黄河沿岸有长泉镇、白波镇，境内颍水沿岸有曲河镇、费庄镇。南京汴河附近则有济阳镇、会亭镇，汴河沿岸之宋城县下辖河南镇、城东镇等的发展都无疑与汴河交通密不可分。北京御河附近则有洹水镇、李固镇、永济镇等。北流后的黄河附近则主要有南乐镇、故城镇、韩张镇、浅口镇、清水镇等。另，南京的葛驿镇和北京的桑桥镇、马桥镇等都无不透露着其发展与水陆交通的某种内在联系。西京

的三乡镇、伊阙镇、白波镇等都是商税额分别在 2163 贯、1722 贯和 2674 贯的大镇,税额占比达到诸镇商税的 63% 以上。北京的韩张镇、洹水镇、李固镇、浅口镇、永济镇的商税税额分别为 2684 贯、2202 贯、1046 贯、1045 贯、2338 贯,都是屈指可数的大镇,税额占比达到了诸镇商税的 69% 之多。可见,西京、北京诸镇中交通型的镇无疑占据了决定性的地位。而南京汴河沿岸诸镇则没有得到充分发展,最主要的还在于汴河沿岸南京京城及附近河市本身发展的影响。前揭,宋朝镇的大量出现本身就代表着经济力量的发展,因此其数量与分布也能在一定程度上反映经济发展的程度,但也只能停留在一定程度上,若需更加客观,还需进一步深入分析。

宋朝对镇的管理虽无一定之规,但商、酒税务机构的普遍设置,以财税为中心是毫无疑问的。如上表所示,置商税务的镇中南京、西京与北京分别为 2、9 和 10 个,置商税务镇占比分别达到了 15.4%、33.3% 和 45.5%;置酒务的地方分别为 3、10 和 14 个,酒务的设置要多一点,而且较为普遍,分布的县份更多。西京、南京与北京设置酒税与商税务镇的总数分别为 11、4 和 17 个,分别占域内诸镇总数的 40.7%、30.8% 和 77.3%,这深刻说明了在诸镇经济发展的基础上政府对当地财利的攫取程度。就置税务镇占比而言,南京的占比仅达到 15.4%,西京与北京置税务镇占比则分别达到了 33.3% 和 45.5%,都处于比较高的水平;就诸镇商税占比情况而言,南京亦只有 3.1%,而西京与北京则分别达到了 15.4% 和 14%。综上可见,南京不论是置镇总数、置税务镇占比还是诸镇商税均额、占比等,其都处于一个较低的水平,而汴河沿岸南京京城及附近河市本身的分流作用应是一个重要原因。西京与北京的置镇总数、置税务镇占比、诸镇商税均额及占比等都处于一个较高的水平,且都相差不多。但仔细分析后,仍有些许不同,最主要的差别还在于西京与北京置税务镇的数量与诸镇商税总额的占比之间的"倒置"。西京 33.3% 的置税务镇占比,其诸镇商税占比却达到了 15.4%,而北京置税务镇占比达到 45.5% 的情况下,其诸镇商税占比则仅有 14%。

针对这一倒置现象,再结合诸镇总数、诸镇商税均额和商税总额等情况,可以发现,相较北京而言,西京虽置镇数量较多,但诸镇的经济规模偏小,经济发育程度普遍较低;而诸镇对西京的财税贡献则显然要比北京更大,当然这主要由于西京经济发展较北京而言更为落后。但就个体而言,西京的三乡(2163贯)、白波(2674贯)等镇的商税额度与北京的韩张(2684贯)、洹水(2202贯)等镇相差不多。但就商税额超过1000贯的"官监镇"而言,在西京置有商税务的9镇中,商税额超过1000贯者,只有三乡(2163贯)、伊阙(1722贯)和白波(2674贯)3镇。而北京22镇中,商税额超过1000贯者就有安定(1545贯)、韩张(2684贯)、洹水(2202贯)、李固(1046贯)、浅口(1045贯)、永济(2338贯)、潭城(1000贯)等7镇。虽然二者在千贯以上镇的数量占比相近,但在规模上,西京3镇占西京诸镇商税额的63.2%,北京7镇则占北京诸镇商税额的88.3%,西京还是不能与北京相提并论。

表4.6 熙宁十年西京、南京及北京诸镇商税及其占比表

地区	诸镇总数	置商税务镇	置税务镇占比	诸镇商税总额(单位:贯)	诸镇商税均额(单位:贯)	商税总额(单位:贯)	诸镇商税占比
西京	27	9	33.3%	10375	1152	67558	15.4%
南京	13	2	15.4%	1400	700	45561	3.1%
北京	22	10	45.5%	13435	1343	95930	14.0%

以上主要对西京、南京与北京诸镇作了一个简单的对比,若将诸京的情况置于更大的路分区域看,应该会更加清楚全面,得出的结论会更加可靠,更能明白三京诸镇的发育与经济发展情况,故制成《熙宁十年京西、京东及河北诸镇商税额及其占比表》与《熙宁十年京西、京东及河北诸镇商税额及其占比表》二表,以分析之。《熙宁十年京西、京东及河北诸镇商税额及其占比表》一表的核心是要清楚诸镇的发育情况及其商税额度的占比情况,《熙宁十年京西、京东及河北诸镇商税额及其占比表》则主要是与州城作一比较,看看各地镇的经济规模分别占到府城的多少。

表4.7 熙宁十年京西、京东及河北诸镇商税额及其占比表

地区		诸镇总数	置商税务镇	置税务镇占比	诸镇商税总额（单位:贯）	诸镇商税均额（单位:贯）	商税总额（单位:贯）	诸镇商税占比
京西	京西北路	98	31	31.6%	32200.371	1038.7	240789.885	13.4%
	京西南路	82	9	10.9%	17884.354	1987.2	190497.515	9.4%
	合计	180	40	22.2%	50084.725	1252.1	431287.400	11.6%
京东	京东东路	65	37	56.9%	77755.656	2010.5	472584.911	16.5%
	京东西路	55	21	38.2%	30765.632	1465.0	313076.272	9.8%
	合计	120	58	48.3%	108521.288	1871.1	785661.183	13.8%
河北	河北东路	153	83	54.2%	112323.987	1353.3	530851.066	21.2%
	河北西路	56	32	57.1%	31396.457	981.1	286876.063	10.9%
	合计	209	115	55.0%	143720.444	1249.7	817727.129	17.6%

从镇的总数看,京西地区要比京东地区多60个,京西地区又少河北地区近30个之多。就各地区内部而言,京西北路与京西南路大致相当,双方总数保持在90个上下,京东东路和京东西路的总数亦在伯仲之间,约60个左右;而河北地区的河北西路较河北东路则有相当大的差距,河北西路镇的总数仅有50多个,仅占河北东路的37%左右。从置商税务镇的数量看,京西仅有40个,京东有58个,而河北有115个,几近京东的2倍。从置税务镇占比上看,京东则反超了京西,京东达到48.3%,京西则只有22.2%,且京东的这一占比也快逼近了河北的55%。可见,京西地区镇的数量虽多,但置商税务之镇的占比很低,说明其经济发育程度普遍比较低,而且内部发展极不平衡,京西南路镇的总数有82个之多,而置商税务的镇仅有9个,置税务镇占比也仅有10.9%。京东与河北地区置税务镇占比相当,且都比较高,说明此两地各镇的经济发育程度普遍都比较好,就两地内部发展差异而言,河北地区的差异更小,京东西路的38.2%要比京东东路的56.9%差不少,京东西路的这一占比与京西北路的倒也比较相近。

以上论述主要基于这样一个事实,即政府商税税务的设置有一个大致

的经济标准,如前所述,我们也确实能看到这样一个标准,此即政府的行政成本。因此,商税务的设置本身确能在一定程度上代表诸镇经济发展的水平,但除此之外还有一个剥削压榨程度的问题,因此考察各地区诸镇商税总额、每镇商税均额以及诸镇商税总额占比各地商税总额的情况,似更能反映诸镇经济发展的实际。

从诸镇商税总额看,京西、京东与河北分别为 50084.725 贯、108521.288 贯、143720.444 贯,京西只占京东的 46%,占河北的 35%,而且各地内部发展亦颇为不平,其中京西北路占京西的 64%,京东东路占京东的 72%,河北东路占河北的 78%,但就置商税务之每镇商税均额而言,京东地区的 1871.1 贯,则要远超河北的 1249.7 贯,河北的 1249.7 贯甚至还要少于京西的 1252.1 贯,尽管二者相差无几,这说明京东地区多有经济发达的巨镇,河北地区虽多有置商税务的镇,但多为中小水平的镇。除了地区总体之差,各地内部的差异似乎更应该关注,首先是京西南路,虽说其置商税务的镇仅有 9 个,置税务镇占比仅有 10.9%,但是其每镇的商税均额非常高,达到 1987.2 贯,仅低于京东东路的 2010.5 贯,这说明京西南路置商税务的这 9 个镇都为经济发达的巨镇,剩下的 73 个镇都是不置商税务的小镇。其次是河北西路,其镇的总数只有 56 个,置税务镇占比达到了 57.1%,甚至要稍高于河北东路,但其每镇商税均额只有 981.1 贯,说明河北西路不但镇的数量少,而且发展比较落后,多为小镇。京东东路与京东西路之间,每镇商税均额也有比较大的差异,但这种差异与京西、河北的有所不同,其主要差别在于大镇与巨镇的差异,前揭京东东路多经济发达的巨镇,而京东西路每镇商税均额亦达到了 1465 贯,远高于京西北路(1038 贯)、河北东路(1353 贯)和河北西路(981 贯)的额度。

诸镇商税总额、各地商税总额以及诸镇商税额占比商税总额的情况亦可以看到各地经济发展中各镇总体的贡献大小。京西、京东与河北诸镇商税总额的对比及其内部差异前文已有所论,兹不赘言。就商税总额而言,京西、京东与河北等地分别为 431287.4 贯、785661.183 贯、817727.129 贯,京西最少,京东次之,河北最高,京西占京东的 55%,占河北的 53%,京东比河北仅差32000多贯。就各地内部差异而言,京西北路、京东东路以及河北东路的税额仍处于领先地位,京西北路占京西的55%,京东东路占京东的60%,河北东路占河北的65%,京西北路、京东东路以及河北东路的这一比值则要远低于其诸镇商税税额所占地区的比值(诸镇税额中京西北路占京西的64%,京东东路占京东的72%,河北东路占河北的78%),说明京西、京东及河北地区在商税总额中的内部差异明显缩小,这一趋势则可从诸镇商税占比商税总额中看得更为清楚。诸镇商税占比商税总额中,京西、京东与河北分别为11.6%、13.8%和17.6%,也就是说以上各地经济发展中各镇总体的贡献都在10%~20%之间,诸镇在京东与河北的贡献约15%,京西则显得更低一点。就地区内部而言,京西北路、京东东路与河北东路则分别为13.4%、16.5%和21.2%,京西北路、京东东路比较接近15%的均值,河北东路则更高,超过了20%的关口。而京西南路、京东西路和河北西路诸镇的贡献则分别为9.4%、9.8%和10.9%,都保持在10%左右的水平,这说明在京西、京东及河北地区在商税总额中的内部差异较诸镇商税税额所占地区的比值明显缩小的情况下,京西南路、京东西路和河北西路的经济发展更多依靠镇以外的经济力量。

  综上可见,京西地区镇的总数虽多,但诸镇经济的发育程度普遍较低,诸镇对地区经济的贡献率仅有11.6%左右,在三地区中垫底,商税总额亦远远低于京东与河北,说明该地经济发展整体都相对比较落后。在京西地区内部,京西南路诸镇商税总额仅有17800余贯,对地区经济的贡献率仅有9.4%,但每镇均额则非常高,说明该地置商税务的9镇基本为经济发达的巨镇。京东地区镇的总数较少,同时由于诸镇发育良好,经济较为发达,多大镇与巨镇,每镇的商税均额达到1871贯,京东东路的均值甚至突破了2000贯,达到2010贯之多,对地区经济的贡献率较高,达到13.8%。京东西路诸镇商税总额虽只有3万余贯,但由于置商税务镇的设置较为合理,每镇商税均额仍处于高位运行,加上地区经济较为发达,商税总额较高,故诸镇商税占比较低,说明京东西路经济的发展更多地依靠镇以外的经济力量。河北地区,总体上看其置镇最多,但每镇商税均额甚至低于京西地区的1252

贯,达到最低的1249贯,说明多为经济发展比较落后的中小镇。而且地区发展极不平衡,河北东路置镇数竟为西路的2.7倍之多,河北西路置镇少,但每镇商税均额仅为981贯,诸镇对当地的经济贡献率仅达到10.9%。相比之下,河北东路诸镇对地区的贡献率则突破了20%大关,每镇商税均额亦达到1353贯,诸镇商税总额甚至比京东地区的总数还要高,说明该地置镇的数量仍与地区经济的发展呈正相关,仍处于较为合理的范围之内,但诸镇的均值与京东地区相比仍有不小的差距,这亦说明了在诸镇经济发展基础上,国家对河北东路的剥削与压榨程度更甚。而河北西路诸镇商税总额仅有3万余贯,仍置32镇,每镇均额仅有981贯,这进一步说明了国家对该地"竭泽而渔"式的剥削与压榨。关于国家对河北经济的压榨程度较高以及京西地区置镇总数较多原因的讨论,下文将做进一步的阐述,此不赘言。

在搞清楚了京西、京东及河北等路分的商税额度等情况后,我们再返回来看西京、南京及北京诸镇商税在其间的地位。西京33.3%的置税务镇的占比远超京西22.2%之整体水平,略高于京西北路的31.6%,说明西京诸镇的经济发育情况要稍好于京西其他地方。而西京诸镇商税均额为1152贯,虽低于京西的整体水平(原因在于京西南路置商税务镇都为经济发达的巨镇),但高于京西北路1038贯的平均水平,在西京67558贯之高(京西北路府州均值只有30098贯)的商税总额下,诸镇对西京的经济贡献率仍达到15.4%,高于京西北路13.4%,这进一步说明了西京诸镇的经济发育程度要远好于京西北路其他地方诸镇的事实。如前所揭,京西南路经济较为落后,置税务镇占比仅有10.9%,诸镇经济并非其经济发展的主要依靠,其发展自不能和西京诸镇媲美。南京置税务镇占比只有15.4%,远低于京东48.3%的平均水平,比京东西路38.2%的比值也要差得相当多,诸镇商税均额亦只有700贯,但商税总额却达到了45561贯,远高于京东西路39134贯的均值,说明南京经济发达。而诸镇商税占比却只有3.1%,远低于京东西路9.8%的均值,说明诸镇对南京经济发展的贡献有限,更多依靠镇以外的经济力量,这一结论与上文对京东西路的分析颇为一致,只是由于南京的经济更为发达,这一表现更为突出而已。北京

45.5%的置税务镇占比亦远低于河北整体的55%,和河北东路54.2%的水平,诸镇商税均额达到1343贯,略低于河北东路的1353贯,高于河北1249贯的均值,说明北京诸镇和河北东路诸镇的发展基本持平,其经济都处于一个较为合理的高位运行的状态。而诸镇对北京的经济贡献则只有14%,远低于河北东路的21.2%的平均水平,稍高于河北西路的10.9%,这其实主要是由于北京经济较为发达,拥有95930贯商税税额,远高于河北东路府州33178贯的平均税额。

如前所示,西京、南京与北京诸镇对该地商税税额的比值亦即经济发展贡献率分别达到了15.4%、3.1%和14%,这主要是针对西京、南京和北京的整体状况做出的基本判断。而镇作为一级重要的市场等级,其经济发展到什么程度?经济规模有多大?这些问题还应置于"市场"这一大原则下进行讨论。众所周知,我国古代的府州城市既是行政中心又往往是经济中心,因此将镇的商税额与府州城市的商税额作一比较既有可比性,又对了解诸镇经济发展程度与经济规模具有重要的意义。为此,特以熙宁十年为例,制成京西、京东及河北诸镇商税额及其占比表进行分析讨论。

表4.8 熙宁十年京西、京东及河北诸镇商税额及其占比表

地 区		诸镇商税总额(单位:贯)	诸镇商税均额(单位:贯)	诸州城商税额(单位:贯)	州城商税均额(单位:贯)	商税总额(单位:贯)	诸镇占比	州城占比	诸镇/州城占比	每镇/每城占比
京西	京西北路	32200.371	1038	107058.775	13382	240789.885	13.4%	44.5%	30.0%	7.8%
	京西南路	17884.354	1987	120387.108	15048	190497.515	9.4%	63.2%	14.9%	13.2%
	合 计	50084.725	1252	227445.883	14215	431287.400	11.6%	52.7%	22.0%	8.8%
京东	京东东路	77755.656	2010	134065.692	14896	472584.911	16.5%	28.4%	60.0%	13.5%
	京东西路	30765.632	1465	124315.267	15539	313076.272	9.8%	39.7%	24.7%	9.4%
	合 计	108521.288	1871	258380.959	15199	785661.183	13.8%	32.9%	42.0%	12.3%
河北	河北东路	112323.987	1353	236914.858	13936	530851.066	21.2%	44.6%	47.4%	9.7%
	河北西路	31396.457	981	167318.378	10457	286876.063	10.9%	58.3%	18.8%	9.4%
	合 计	143720.444	1249	404233.236	12249	817727.129	17.6%	49.4%	35.6%	10.2%

西京、南京与北京每镇商税均额分别为1152贯、700贯和1343贯,而其京城的商税额分别为37943.984贯、27886.28贯和38628.67贯,每镇商税税额占比府城商税额的比值分别为3%、2.5%和3.5%,都保持在3%左右,这一比值都要远远低于京西的8.8%、京东的12.3%和河北的10.2%(都在10%左右)。也就是说,就京西、京东及河北的平均水平而言,每府州的经济规模是每镇的10倍左右,而西京、南京及北京京城的经济规模则基本是其域内镇经济规模的33倍之多。之所以西京、南京与北京每镇与府城税额占比更低,最主要的仍在于三京京城经济的发达,商税税额较高的缘故。西京、南京与北京京城的商税税额分别为37943.984贯、27886.28贯和38628.67贯,而同期京西、京东与河北诸州州城的均值则分别为14215贯、15199贯和12249贯,分别是均值的2.7倍、1.8倍和3.2倍。因此,虽说镇的经济得到了很大的发展,但每镇的经济规模仍与府州城等存在非常大的差距,更不能与西京、南京及北京等这样的京城同日而语。各地诸镇与州城商税税额占比地区商税总额的情况更能说明问题,京西、京东与河北诸镇占商税总额比值分别为11.6%、13.8%和17.6%,而其府州城占比则分别为52.7%、32.9%和49.4%。可见,在诸镇发育不太好的京西地区,州城经济规模占比可达诸镇的4.5倍以上,在京东、河北等诸镇经济发展较好的地区,州城经济规模占比也分别达到了诸镇的2.4倍和2.8倍之多。在不太依靠诸镇经济的京西南路、京东东路与河北西路,州城经济规模占比也分别达到了诸镇的6.7倍、4倍和5.3倍。

以上主要讨论了西京、南京与北京每镇商税均额与京城商税的比值问题,但明确诸镇商税税额与京城的占比关系仍对正确认识三京诸镇市场的经济规模有重要意义。西京、南京与北京诸镇商税税额分别为10375贯、1400贯和13435贯,其京城的商税额分别为37943.984贯、27886.28贯和38628.67贯,因此西京、南京与北京诸镇商税税额占京城商税额的比值分别为27.3%、5%和34.8%。而京西、京东及河北诸镇商税税额占(府)州城商税额的比值分别为22%、42%和35.6%。可以发现,西京的比值略高于京西的平均值,北京的比值略低于河北的平均水平,南京与京东的差距可谓巨大,说明西京诸镇的发育与经济规模要高于京西的平均水平,北京诸镇的发育与经济规模要稍低于河北的平均水平。

如前所述,京西、京东及河北各地内部诸镇的发育极不平衡,因此还需进一步讨论。不难发现,西京22%的比值较京西地区中京西北路30%的平均水平有不小的差距,二者相差8个百分点,而前揭诸镇对西京的经济贡献率仍达到15.4%,高于京西北路13.4%,因此这种差距无疑是西京京城的经济发达,商税税额较高造成的,西京京城的商税税额为37943贯,占京西北路的35.44%,高出排名第二的许州18.31个百分点。北京的情况与西京类似,虽然北京诸镇和河北东路诸镇的发展基本持平,其经济都处于一个较为合理的高位运行的状态,而其34.8%的比值要远低于河北东路47.4%的平均水平,其原因仍在于北京京城经济的发达,商税税额较高,北京京城的商税额占河北东路诸府州城总额的16.4%,而排名第二的棣州仅占到11.3%。前揭,虽然京东地区诸镇发育良好,经济发达,多巨镇与大镇,但南京经济的发展并不依赖于诸镇,因此其诸镇商税税额远低于南京京城的结果,并不令人意外。而京东诸镇商税与其府州城商税比值达到了42%,京东东路更是达到了惊人的60%,这反过来进一步说明了京东诸镇对地区经济发展巨大的推动作用。

总之,虽然西京与北京诸镇发育程度较好,高于或持平于京西与河北地区中诸镇更为发达之京西北路与河北东路的水平,但其每镇商税税额占京城商税额的比值以及诸镇商税额与京城商税额的比值仍与地区平均水平存有不小的差距,这说明了在西京与北京诸镇经济发展的同时,西京京城与北京京城的经济得到了更为迅猛的发展。与京东地区多巨镇与大镇不同的是,南京诸镇的发育程度极为落后,但这并不意味着南京经济的不发达,只是诸镇并不是南京经济发展的主要动力,南京的商税总额在京东西路中仅次于郓州,达45561贯,占京东西路总额的14.6%,南京京城的税额也仅次于郓州的26.1%,占到京东西路的22.43%,比排名第三的濮州高出6个多百分点,因此南京诸镇与京城商税税额的巨大差距也就不难理解啦。

前揭,商税税额达到千贯是"官监镇"与"非官监镇"的重要区分标准,前文在比较西京与北京诸镇中发现千贯以上镇的商税税额占的比重非常大,因此也有必要对京西、京东及河北千贯以上镇的数量、分布、税额及其占比等情况作一汇总,以期弥补上文"笼统"分析研究的不足,进一步明确西京、南京及北京在其间的经济地位。

表4.9 京西、京东及河北千贯以上镇的数量、税额及其占比表

地区		置商税务镇数	千贯以上镇数	千贯以上镇数占比	诸镇商税总额（单位:贯）	千贯以上诸镇税额（单位:贯）	千贯以上诸镇均额（单位:贯）	千贯以上诸镇税额占比
京西	北路	31	12	38.7%	32200.371	21589.241	1799.1	67.0%
	南路	9	5	55.5%	17884.354	16661.524	3332.3	93.2%
	合计	40	17	42.5%	50084.725	38250.765	2250.0	76.4%
京东	东路	37	25	67.6%	77755.656	71318.226	2852.7	91.7%
	西路	21	12	57.1%	30765.632	29509.228	2459.1	95.9%
	合计	58	38	65.6%	108521.288	100827.454	2653.4	92.8%
河北	东路	83	29	34.9%	112323.987	85494.784	2948.1	76.1%
	西路	32	13	40.6%	31396.457	20037.575	1541.4	63.8%
	合计	115	42	36.5%	143720.444	105532.359	2512.7	73.4%

表4.10 京西、京东及河北千贯以上镇的分布及其商税额表

京西				京东				河北			
北路	税额（单位:贯）	南路	税额（单位:贯）	东路	税额（单位:贯）	西路	税额（单位:贯）	东路	税额（单位:贯）	西路	税额（单位:贯）
西京(3)	6559	邓州(5)	16661	青州	1515	南京	1039	北京(7)	11860	邢州(2)	3040
许州(3)	5158			密州(2)	14488	兖州	1663	沧州(3)	3868	怀州(4)	6381
蔡州	1004			齐州(15)	31387	徐州(2)	4510	瀛州(2)	2961	卫州(3)	5269
陈州	1217			沂州	1600	郓州(5)	12801	博州	8158	洺州	1146
颍州(3)	6451			登州	2145	济州(2)	4682	棣州(2)	3566	磁州(2)	3125
汝州	1197			莱州	12921	单州	4809	德州(3)	4180	祁州	1070
				淄州	1525			滨州(9)	48993		
				淮阳军(3)	5730			恩州	1893		
总12	21589	总5	16661	总25	71318	总12	29509	总29	85494	总13	20037

从以上两表格可以看出,京西、京东及河北千贯以上镇的数量与分布是极其不均衡的,京西、京东与河北千贯以上镇的数量分别为17、38和42个,而其占比则分别达到了42.5%、65.6%和36.5%,可见河北、京东地区千贯以上镇的数量相当,但其占比则河北远远低于京东,甚至要低于京西地区,这主要是河北地区置商税务的镇过多造成的,其数竟达到115个。而河北千贯以上诸镇商税总额及诸镇均额等均与京东地区相仿,可见虽然国家对河北地区压榨更甚,但其经济也在高速发展,京西无论是在千贯以上诸镇商税总额还是在千贯以上诸镇均额上都无法望京东与河北的项背。就千贯以上诸镇税额占比情况而言,京西与河北的比值接近,分别为76.4%和73.4%,说明虽然京西与河北诸镇经济发育程度与水平高低不同,但其对国家财利的贡献相当;而京东地区千贯以上诸镇税额占比竟高达92.9%,则说明京东诸镇经济异常发达,多巨镇与大镇,对地区经济与国家财利的贡献非常之大。总之,以上通过对京西、京东与河北千贯以上诸镇数量、商税额及其占比的分析,发现其结论与前文对三地诸镇的分析颇为一致。

如前所揭,西京千贯以上诸镇有3个,北京则有7个,千贯以上镇数量占比接近,分别为33%和32%,而其税额占比分别为63%和69%,相差亦不大。但这均低于京西与河北的平均水平,京西与河北千贯以上镇数占比分别达到了42.5%和36.5%,税额占比亦分别达到了76.4%和73.4%,若仅就京西北路与河北东路而言,西京与北京千贯以上镇数与税额占比亦相对较低。就千贯以上税额均值而言,西京千贯以上镇的商税均额达到了2186贯,大大高于京西北路的1799贯,说明西京千贯以上镇的规模要远大于地区平均水平(京西均值为2250贯,这主要是京西南路拉高的结果,京西南路的情况过于特殊,不具可比性)。北京千贯以上镇的商税均额仅为1694贯,远低于河北东路的2948贯和河北地区的2512贯。以上说明了较地区平均水平而言,西京千贯以上镇的数量偏少,但规模都比较大,北京千贯以上镇不仅数量占比少,而且规模小,西京与北京千贯以上镇对政府财税的贡献等都低于地区平均水平。

从京西、京东及河北千贯以上镇的分布及其商税额看,西京与北京千贯以上镇的这种表现倒也不足为奇。从表格中可以发现,千贯以上诸镇的分布极其不平衡,以京西南路为例,该路分仅有的 5000 以上镇都分布在邓州,而且税额都比较高,均值达到 3332 贯。京东东路的齐州千贯以上镇的数量竟达到 15 个之多,商税总额达到了 31387 贯,占京东东路诸镇商税总额的 40%多。河北东路的滨州千贯以上诸镇的商税总额更是达到了惊人的 48998 贯,占河北东路千贯以上诸镇商税总额的 57.3%。邓州、齐州及滨州诸镇商税税额为何如此之高,以及诸镇经济的发展等问题,已经超出了本书的研究主旨,待以后详论。总之,诸镇及其经济的发展情况虽然复杂,但其与所属州城的行政与经济地位存在不相称性应是可以肯定的,如上述邓州、齐州和滨州州城的商税额占路分的 17.75%、8.83%和 3.75%,与路分首州(府)襄州(46.07%)、青州(8.83%)和北京(16.4%)等自不能相比,而且像河北西路真定府、相州和定州等竟无一千贯以上镇。因此可以说,西京与北京以及南京诸镇的发展既在情理之中又在情理之外。

第三节　陪都与"全国市场"的形成与发展

这一节,关于全国市场的讨论,首先从剖析全国市场的概念入手,着力论述宋朝以首都开封为中心的全国市场的形成、发展及其动力。在此基础上再来集中探讨各陪都在全国市场形成与发展中的作用等问题。

一、"全国市场"概念及"开封模式"

"全国市场"(national market)显然是一个舶来的学术概念,早期还曾被翻译为"民族市场""国内市场"等。"民族市场"与欧洲民族国家的形成密切相关,而"国内市场"则很大程度上是一个与"国外市场"相对应的地域概念。这两个概念均与中国学者讨论的整合的、统一的市场旨趣不相符合,因而逐渐被"全国市场",或者更确切地说为"全国统一市场"的概念所取代。而关于鸦片战争以前中国是否存在"全国市场"的问题,学术界一直都有很大的争议：一方认为中国处于封建社会，而全国市场是一个资本主义的现象，因此中国不可能有全国市场；另一方认为1840年以前很久就已经形成了全国市场，而且这个市场的形成是中国资本主义萌芽的前提之一。①

可见，全国市场概念及其在中国古代社会有无的争论，都不脱西方中心论的色彩，对此李伯重曾指出，"由于在世界史研究中欧洲经验一向被置于中心的地位，因此全国市场的形成也被视为明显地具有'近代'特征的现象"，认为"只有抛弃西方中心论，才能真正看到中国历史发展的真正特点"。在观念上取得突破后，李氏认真总结中国历史的发展经验，指出各地的商品、劳动、资金及信息都必须能够在全国范围内大规模地自由流动是全国市场形成的必要条件，并以此为标志认为在鸦片战争以前，即1500—1840年就逐渐形成了全国市场。② 龙登高《内涵式发展与边际式变革——以传统市场为中心的中西比较》一文则从中西对比的角度，系统论述了中国明清时期与同时代西方传统市场发展路径与动力等问题，认为明清的经济发展是全国市场下经济的稳定发展，是一个传统技术条件下稳定发展的时期，属于斯密型增长；而19世纪以前西欧的发展，正是由于小国林立，关税壁垒高筑，内部未能形成统一市场，才相继转而对外扩张，开拓海外市场，并通过一系列制度创新，实现了经济的库兹涅茨增长，最终走向了社会经济的边际式革命。③

李伯重与龙登高关于明清全国市场的讨论都是新近非常重要的研究，读来颇有感触。与李伯重抛弃西方中心论，重建中国式"全国市场"概念相比，龙登高对于19世纪以来西方经济发展方式与动力的论述更能发人深省，其深刻地揭示了广为人知的西方的"全国市场"与"海外市场"的形成与发展，以及二者间复杂的历史关系。显然，西方"全国市场"概念本身及其形

---

① 以上主要参见李伯重《中国全国市场的形成，1500—1840年》[《清华大学学报》(哲学社会科学版)1999年第4期]一文的梳理。
② 上引李伯重观点可参见《中国全国市场的形成，1500—1840年》，《清华大学学报》(哲学社会科学版)1999年第4期。
③ 参见龙登高：《内涵式发展与边际式变革——以传统市场为中心的中西比较》，《思想战线》2005年第4期。

成并非像我们所理解与接受的那样理所当然,换句话说,西方"全国市场"概念本身就是一个可待进一步研究的问题。

不过总体看来,李伯重与龙登高的讨论都属于"经济史"的范畴。在全国市场的讨论中对"自由"等因素的强调,可以看出西方古典经济自由主义仍是其信守的主要原则。可是诚如李伯重所指,西方全国市场的整合"并非自发的,而是民族国家以及资本主义的发展所导致的一种经济整合的形式",换言之,李伯重亦不否认西方全国市场形成过程中政治、权力等因素的促进作用;龙登高则指出正是西欧传统市场(当然包括全国市场)本身的发展缺陷才导致了世界市场的发展,进而反作用于全国市场,全国市场亦远未达到应有的"自由"与"统一"。再者说,"自由""统一"的全国市场永远都只是一种幻象,历史上从未出现过完全自由放任的经济形式,萨缪尔逊曾言:"在消减政府对经济活动的直接控制的倾向达到完全自由放任的状态以前,潮流就开始向相反的方向转变。"①即使亚当·斯密也鼓吹政府应当担任"守夜人"的角色。可见,"自由"是研究者根据数条标准而形成的一个人工"造作",从这一角度看,李伯重对明清全国市场的定义不免有"削足适履"的嫌疑,尽管在这一问题上其已突破西方中心论的影响。其实,我们对于"统一"的强调,也无非是要说明商品物流等在全国范围内流通的顺畅程度,因此有学者就从物资流通的角度提出了早在西汉前期我国便已形成了一个独立于行政体系的以洛阳为流通体系的"全国性统一市场"的观点②,从这一角度讲,对于"自由""统一"的固守,反而限制了学者的想象。

2011年"加州学派"的代表人物王国斌与罗森塔尔合著《大分流之外:中国和欧洲经济变迁的政治》(*Before and Beyond Divergence: The Politics of*

---

① [美]萨缪尔逊著,高鸿业译:《经济学》,北京:商务印书馆,1986年,第59页。
② 可参见邓福秋:《西汉前期的商业经济区和全国性统一市场——读〈史记·货殖列传〉札记》,《中国史研究》1986年第4期。按:学界关于全国市场与资本主义萌芽的关系问题上文已有讨论,邓福秋关于西汉前期全国市场的论述亦无疑与此有关,其是战国资本主义萌芽的支持者,其西汉前期全国市场的讨论主要是宽舒政策下资本主义经济的成长表征。可详见邓福秋:《西汉前期的市场经济和我国历史上的资本主义萌芽问题——读〈史记·货殖列传〉札记之二》,《中国经济史研究》1994年第4期。邓文关于西汉前期全国市场的论述无疑有很强的理论预设,但其关于《史记·货殖列传》的深入解析并由此看到的全国范围内物资广泛流通的现象等亦是值得肯定的。

Economic Change in China and Europe)一书则从"政治经济"的角度重新分析了欧洲与中国不同经济模式的变迁,认为欧洲与中国在1000年左右(北宋初年)就出现了"大分流",这主要是在1000—1500年欧洲存在众多相互竞争的国家中,这些冲突与竞争无意间催生了资本密集型的生产方式。而中国则始终沿袭着统一帝国的模式,孕育了一个大规模的市场,并从劳动分工中获益,进而沿着斯密动力前行。相较于此前的"纯经济史"的研究,王国斌等强调"政治经济"的视角,并取得了不同以往的认识,的确受益匪浅。不过该书并未过多强调为何会在1000年左右这个节点上开始了所谓的大分流,也许是作者"互反比较"所得,但从作者的论述中亦可看到其对宋朝政治统治方式变革与制度创新的赞许。① 但不论如何,作者对宋朝孕育了一个大规模的市场,经济发展中斯密动力的强调,亦可为笔者从政治权力角度探索论述宋朝全国市场提供了一个有力的论据。

的确,从秦汉时期就存在商品物流的全国性流动,这是一个不争的事实。不过,这里就涉及两个必须回应的问题:其一,国家的疆域与经济重心的问题;其二,物品种类与流通规模。值得注意的是,包括全国市场以及任何有关物资在全国范围内流通讨论中的"全国",都是相对的,并非指全国的任何角落。而且,由于考虑到中国现今的疆域,对中国古代全国市场的讨论主要是以所谓的"大一统"王朝为参照。秦汉都是统一的中央集权国家,秦朝虽结束了春秋战国数百年的分裂情况,但二世而亡。而两汉及其后的晋、隋、唐等,其经济重心都在北方黄河流域,南方尤其是江南地区仍处在一个不断开发的过程之中。从全国范围内物品流通的种类与规模看,我们也大可不必固守明清以前主要是高附加值的"奢侈品",还是明清时期粮食等"大宗商品""大规模"流通的判断标准,因为从我国古代的物资流通的方向与动力上看,都主要是城市发展及其消费所引发的,因此,国家的疆域与经济重心的问题就无疑成为我们判断全国市场最主要的标准。

---

① 参见[美]王国斌、[美]罗森塔尔著,周琳译,[美]王国斌、张萌审校:《大分流之外:中国和欧洲经济变迁的政治》,南京:江苏人民出版社,2018年。

"安史之乱"一般被认为是全国经济重心南移开始的标志性事件,其实这主要是指国家中央财政格局方面的变化。"安史之乱"后,藩镇林立,中央财赋只得依赖东南一隅,这点应是毋庸置疑的。不过以此为标准,财政与经济的关系问题开始变得棘手起来,这种争论主要体现在经济重心南移完成时间的问题上,但是我们用以判断的史料,往往仍是财政方面的。因此,如前文所指古代社会财政与经济的发展是不能,也不可能截然分开的。不过从"安史之乱"后,南方由于保持了较为持久的和平,加上财政对经济发展的带动作用,南方尤其是江南经济的发展是可持续的。北宋统一南方时,对南方的经济破坏并没有致命影响,而且北宋财政对于江南的依赖并不亚于唐后期。虽然说北宋统一的只是一个"小天下",但其却完整地拥有北方黄河流域,基本具备古代全国市场讨论中"大一统"王朝的资质。而且,北宋财政有别于此前诸王朝的一个最大特点即财政物资的调配中对"市场"等经济因素尤其是对商税与专卖收入的依赖,这点在上节"原额主义"财政中有集中讨论,兹不赘言。

众所周知,市场的发展是离不开市场中心的。同理,全国市场的发展也自离不开中心地。而开封城无论是从政治上还是经济上都是北宋王朝的最大中心。对此全汉昇1937年所撰长文《北宋汴梁的输出入贸易》可资参考。全汉昇一文借鉴现代国际贸易中的财政概念,从汴梁商品输入与输出角度,系统论述了首都开封的经济发展,认为汴梁的商业在宋代达到了其"黄金时代",指出汴梁在"对外贸易"中常处于"入超"地位,但是由于汴梁有"好些居民"能够直接地或间接地把外地的钱输入汴梁,使汴梁无形中多得一大笔收入,以抵补它的入超,从而使之"持续繁荣"。[①] 全汉昇所言北宋汴梁的经济发展与动力问题等,本质上也与笔者下文即将探讨的开封城市经济发展的动力别无二致,无非也是由于当地聚集了大量的有消费能力与需求的人(全汉昇主要指地主阶级),并由此而引发的城市经济发展的消费动力。

---

① 全汉昇:《北宋汴梁的输出入贸易》,后收入氏著《中国经济史论丛》,北京:中华书局,2012年,第100—232页。

开封在宋代全国物资流通中处于最顶端的位置,当然也离不开其他地区区域经济市场与中心的支持。关于宋代的区域市场,学界亦多有论述①,但以首都为中心的全国市场也绝不是各区域市场的简单"拼盘",而是借由运河而连接的北方消费市场与南方生产市场而形成的具有内在稳定机制的结构,就这一格局而言,与明清全国市场的格局并无多大差别,此即笔者所谓的全国市场的"开封模式"。其间最主要的不同,也许在于其动力机制的不同,相信这也是李伯重、龙登高等将全国市场的上限推到明清的主要原因所在。② 中国古代政治中心与经济中心的统一无疑是一个基本常识③,本书也不止一次地强调财政对于经济发展的拉动作用。如果,我们不先入为主地拒绝财政对经济的刺激作用的话,那么我们应该承认宋代全国市场的形成及其形成过程中的权力动力。

其实,较早系统对宋代全国市场进行论述的应是日本学者斯波义信,其在成名作《宋代商业史研究》一书中就已作过重点论述。其认为由唐人

---

① 有关北宋区域市场,漆侠在1987年由上海人民出版社出版的《宋代经济史》中,将全国主要分为以汴京为中心的北方市场,以东南六路为主、苏杭为中心的东南市场,以成都府、梓州和兴元府为中心的川蜀诸路区域市场和以永兴、太原、秦州为支点的西北市场等。傅宗文《宋代草市镇》一书中将北宋全国分为华北经济小区、关中经济小区、四川经济小区、荆湖经济小区、东南经济小区及华南经济小区等六个经济区域。龙登高在《中国传统市场发展史》(第278页)一书中认为唐以前尚难以描绘出自成一体的区域市场网络,宋代由于市场的进步,有机整体的区域市场可以述之笔端,北宋时期形成了以汴京为中心的华北区域市场,南宋时形成了以临安为中心的区域市场。此外还有以成都平原为中心的区域市场。葛金芳《中国经济通史》(第五卷)(长沙:湖南人民出版社,2002年)主要分为中原经济区、东南经济区、西川经济区、中南经济区、广南经济区等五大区域市场。

② 龙登高认为唐宋时代传统城市市场和农村市场发生了革命性变化,从宋代开始中国传统市场开启了整合的趋势,并亦对宋代商品的远距离贸易作了详细的论述。但其并不认为宋代就已出现整合的全国市场,其中宋代的币值割据与分裂严重阻碍了商品流通尤其是远距离贸易,严重阻滞着全国统一市场的形成。笔者认为,币值的割据与分裂的确客观存在,但由此而得出"严重阻滞"的结论似稍欠考虑,因为割据与分裂并不影响兑换与流通。如并不能因当今世界各国币值虽不统一,就否认世界市场的存在一样。而且,诚如龙登高所论,直到19世纪传统市场的整合中,市场机制亦没有成为全国经济运行的轴心,但明清统一市场已趋形成。试想,就这点作者所言的明清全国市场与宋代又能有何区别呢?无非就是发展程度的问题。相关论述详见氏著《中国传统市场的整合:11—19世纪的历程》(《中国经济史研究》1997年第2期)和《内涵式发展与边际式变革——以传统市场为中心的中西比较》(《思想战线》2005年第4期)。

③ 宋代逐渐定型及明清进一步发展的市镇等一般被认为是市场突破政治因素的重要标志,但显然市镇的发展并不是作为帝国城市对立面而存在发展的,这点上文已有所论。

宋,由于国内外市场的扩大和城市消费的增加,促进了自然农业产品和手工业产品的特产化,而随着两地间商品的流通和交通诸条件的发达,在广域的经济空间中便相互建立了不同商品的分工关系,从而形成了全国性的特色产品市场。① 斯波义信"全国市场"概念的提出,尚未受到西方经济理论的强烈影响。② 70 年代,日本学界受到马克思主义政治经济学的影响,80 年代以后,日本学界关于专制体制下的流通经济成为热点。宫泽知之提出全国范围内展开的客商活动也即所谓的"全国性市场",不是从农村市场垂直积累而形成的,宋代全国规模的主要流通是国家财政组织起来的物流,其称为"财政性物流",民间自发组织起来的"市场性物流"还没有充分发展起来,"市场性物流"超过"财政性物流"是 16 世纪末或明末之事。③ 可以说,宫泽知之"财政性物流"概念的提出,有效补充了斯波义信关于"全国市场"的研究,个中差异只是形式与推动力量不同而已。

不论是斯波义信还是宫泽知之的"全国市场",都并未在中国学者中得到多少认同④,最大的抵制可能仍来自西方中心论及以其为基础的对西方古典经济主义信条的僵化信仰。此外,值得注意的是李晓关于宋朝"政府购买"的相关研究,其受宫泽知之等的影响,(亦即其所称的"宫泽假说"),关注到了国家政府的庞大的消费与市场的关系,承认政府是宋朝一

---

① 参见[日]斯波义信著,庄景辉译:《宋代商业史研究》,台北:稻禾出版社,1997 年,第 139—279 页。

② 后斯波义信赴美访学,对施坚雅地域分析法多有研习,但其有关宋代已形成全国市场的基本观点似并未因此而改变。而施坚雅在其"先决"的区域理论划分中,各城市间的联系即"城市体系"都不甚广泛,"全国市场"自是不可能出现的,其认为中国最早的城市体系,分别是在唐代的西北和宋代的华北发展起来的。参见[美]施坚雅主编,叶光庭等译:《中华帝国晚期的城市·导言》,第 15 页。

③ 可参见[日]宫泽知之:《北宋の财政と货币经济》,原载中国史研究会编:《中国専制国家と社会统合——中国史像の再构成Ⅱ》,京都:文理阁,1990 年。张北中译文《北宋的财政与货币经济》,收入刘俊文主编:《日本中青年学者论中国史·宋元明清卷》,第 75—135 页;[日]宫泽知之撰,李晓译:《日本关于唐宋变革时期流通经济史的研究》,收入李华瑞主编:《"唐宋变革"论的由来与发展》,第 286—292 页。

④ 国内则有朱舸博士《北宋社会经济的再认识——以军事财政与全国性市场为中心》(首都师范大学博士学位论文,2013 年)一文,其沿着宫泽的思路,主要从"军事财政"的角度对北宋以开封为中心的全国市场及北宋社会经济进行了重新分析。

个举足轻重的市场主体,促进了商品货币经济的发展,把宋代的市场水平推进到了一个更高的层次。这无疑是重要的学术创新,但是其所指的市场"更高的层次",也只是区域性的、地方性的,远不是全国性统一的大市场。之所以会得出相较于宫泽更为"保守"的结论,应当与其主要研究对象"粮食"的流通,及过分强调了所谓的"遏籴"现象有关。①

更深层次的原因,无疑亦与上述西方中心论及以其为基础的对西方古典经济主义信条的僵化信仰有关。若抛弃西方中心论及其加之于全国市场概念上的所有僵化原则,我们应该大胆地承认宫泽等所言的财政性物流,此即宋代特色的全国市场。"财政性物流"也清楚地表明了国家权力的强力推动是宋代全国市场形成并发展的初始与最主要的动力机制。如西方中心论所强调的以商人或私营商业等经济力量为推动力的全国市场(亦即宫泽所言的"市场性物流"),宋代亦得到了很大的发展,下文将以荔枝等果品流动为例进行详细的说明。相较于明清,二者只是发展程度的差异,并不是有抑或无的区别。因此,不论是国家权力推动还是市场经济力量推动,宋代业已形成全国市场则是无疑的。

二、开封城市经济发展的动力机制

关于北宋开封政治军事与经济发展的关系,前文亦有简要的论述,认为宋都开封城市经济的发展及水平在中国古代城市经济发展中无疑是"典型"的,但就我国古代城市及其发展的"本质"看,却也谈不上"典型",其发展的动力也无外乎是政治军事因素或者更直接地说是"权力"所促成的,其发展轨迹也和王朝兴衰密切相关。而开封的城市人口数量及其结构无疑是我们认识其性质与发展动力的着力点,这也是学界研究包括开封在内的城市及其经济的一般模式。

前揭,开封城市地位的真正提高,主要是"安史之乱"以后特殊的政治军事因素促成的。五代时期更是逐渐从与洛阳的首都争夺战中胜出,成为国

---

① 相关观点可详参李晓:《宋朝政府购买制度研究》,第489—496页。

家首都。而胜出的关键则在于首都便于且聚集了一支被称为天子近卫的强大的战兵——"禁军"。入宋以后，募天下精兵为天子禁军，屯于首都及其附近地区，募兵制得到了进一步的发展。据久保田和男的研究，太宗朝在京禁军数量骤增，由太祖朝 217 指挥增至 425 指挥，保守估计约 17 万人（定额 500 人，常缺额，按每指挥增 400 人计算），禁军及其家属人口数约 68 万人（以四口之家算），而同期民间人口约 55 万人（据吴涛的推算），超过民间人口，占当时总人口（130 多万人）的 50% 以上，这是开封城最主要的消费人口。与此同时，由于城内的军营用地逐渐不足，还在城外设置了军营。而北宋中期仁宗朝在京禁军人数达到顶峰，为 451 指挥，约 18 万人，禁军及其家属合计约 72 万人，一般民众人口数也超 60 万人，总人口可能达 140 多万人，禁军及其家属占总人口比仍超 50% 以上。到仁宗后期宋夏和谈后，在京禁军及其家属人口数开始减少，元丰末年在京禁军数量在制度上保持 278 指挥，约 11 万人，而实际上已跌破 10 万。徽宗朝在京禁军人数没有增加的迹象，据《建炎以来朝野杂记》所载推断，可能在 5 万至 10 万之间，若按 7 万计，禁军及其家属共有 28 万众。而随着禁军及其家属的减少，一般民众的人口数却持续上升，从元丰年间的 70 万升至崇宁年间的 80 万。因民众人口的增加速度比不上禁军及其家属减少的速度，因此开封总人口有所减少，北宋末可能有 120 万人左右。而北宋中期以后，在京禁军人数的急剧减少，被认为是与王安石变法有关。王安石变法是为解决北宋中期以来诸问题，并以"富国强兵"为目标的大改革，在军制上，改变"强干弱枝"的体制，实施更有利于实战的军事配置。与此相对，北宋末年开封民间人口数的增长，则可能是商业发展的结果。①

久保田和男关于北宋末年开封民间人口数的增长可能是商业发展的结果的定性，似亦有可议之处。如上引其所估计，一般民众的人口数从太宗时期的 55 万，到元丰年间的 70 万，再至崇宁年间的 80 万，相对于其庞大的基数而言，显然没有太过明显的增长率。而且，其消费能力都无疑有

---

① 以上参见［日］久保田和男著，郭万平译，董科校译：《宋代开封研究》，第 85—110 页。

限。也就是说,一般民户人数的数量及其缓慢的增长很大程度上是开封城市经济变迁中的一个"常量",并不具备决定性的影响力。相对于禁军及其家属的减少,北宋中后期首都的官僚、胥吏、商人、包含厢军在内的官营手工业者、僧尼道士、学生等人数的增长亦无疑具有某种普遍性。有研究指出,北宋的官吏数量一直呈增长的趋势,而作为官司集聚之地的首都的增长亦无疑更为迅猛。① 就"编外"添差官的发展而言,可以清楚地看到首都是添差官泛滥的重灾区,北宋中后期在内廷机构、中枢机构、侍奉机构以及皇宫、宫城禁卫等设置了大量的添差官员。② 由于茶盐等的改革,很多商人都需要亲到汴京换引等。

王安石变法时期,为培养变法人才,而重视太学的建设,其规模亦越来越大,熙宁四年创三舍法,定额 1100 人,元丰时期 2400 人,崇宁时期 3800 多人,加上国子学等的生员等,学生之数亦当有五千余众。③ 僧尼道士和妓女等各亦有数万之众。据久保田和男自言,其对北宋末开封的人口数估计可能有些保守,周宝珠和吴涛都估计约有 150 万人,若一般的民户按 80 万计④,除去军队及其家属的 28 万之众,官僚、胥吏、商人、包含厢军在内的官营手工业者、僧尼道士、学生等亦有 42 万众,若再加上军队及其家庭等,则亦有 70 万左右,亦占总人口比例的近半数。周宝珠在分析了首都开封的户口构成及各阶层人的经济生活状况后亦指出:"不论从东京的主要行业上看,或是从上层社会的奢侈生活观察,都可以看出它是一个典型的封建消费性城市。纯消费性的人口远远大于生产性人口,城市的主要财富是靠从全国掠取而来,而且主要用于消费。"⑤

从以上开封 150 余年的人口结构变化中,便可以清楚地看到开封城市

---

① 参见李弘祺:《宋代官员数的统计》,载《宋史研究集》第 18 辑,台北:台湾编译馆,1988 年,第 79—104 页。
② 可详参李勇先:《宋代添差官制度研究》,成都:天地出版社,2000 年,第 68—79 页。
③ 参见周宝珠:《宋代东京研究》,第 348 页。
④ 按:周宝珠按照每户 7 口之众算,估计有 100 万人。吴涛的相关估计可参见氏著《北宋都城东京》,第 35—40 页。
⑤ 参见周宝珠:《宋代东京研究》,第 343 页。

"消费经济"发展的动力所在及其转化机制,也即由前期以"军事经济"为主导向中后期"综合消费群体型"为主体拉动的转变。至于开封军人及其家庭如何参与并促进城市经济的发展,上一章讨论西京、南京城市经济发展中的军事因素或曰城市"军事经济"中已有较为全面的交代,而开封城市经济发展中的军事因素或城市"军事经济"无疑要比西京与南京更为典型,也就是说开封城市经济发展中的军事因素或开封城市军事经济对城市经济发展的作用力与贡献要远远超过同时期的其他城市。可见,北宋中后期开封城市"综合消费群体型"的发展是离不开"军事经济"的培育。宋代财政中十有七八是供军的,是典型的"军事财政"。就宋代蓬勃发展起来的"市镇"而言,其最初动力也无疑是应军事所需。因此,可以说,宋代社会及城市发展的深层动力是政治、军事变革的结果无疑。换句话说,"权力"不光是城市起源的最初动力,也是包括宋代在内的中国古代城市兴衰发展的"原动力"。

其实在开封城市经济动力由"军事经济"向以"综合消费群体型"为主转换的过程中,废弃营地的生产与商业开发无疑又是一个很好的例子。前述宋代首都开封拥有巨大的人口规模,而禁军及其家属被严格控制在禁军军营之中。久保田和男指出,禁军的军营一般是由障壁和营门区划组成的封闭空间组成,这些军营主要分布在开封城内的西部。这些军营管理非常严格,生活中有很多限制,与繁华的东部形成鲜明的对比。① 随着时间的推移,军营越来越与开封的繁华格格不入。仁宗庆历以后,就粮禁军增加,在京禁军人数逐渐减少,出现大量空额,熙宁初年出现并营现象,宋人王襄曾言"臣元丰间往来京师道中,京南自延嘉以北,废营坏垒三十余里"②。与此相应的是,北宋中期以来,民众大量地增加,城市用地越来越紧张,废营这些"空闲军营"占地的再利用就势在必行。不过,这些废弃军营地一般被视为

---

① 参见[日]久保田和男著,郭万平译,董科校译:《宋代开封研究》,第66—68、161—162页。
② [宋]王襄:《论彗星疏》,载[明]黄淮、[明]杨士奇等编:《历代名臣奏议》卷三〇五,台北:台湾学生书局,1964年,第3971页下。

"官地",因此对其的开发主要侧重于官府用地、宗教等公共设施以及达官贵人的甲第的建设,如北宋末王襄所言"京城废营之地,今为苑御甲第矣"①。如久保田和男所推断的,"不过将它(废营地开发)与《东京梦华录》中所见寺观与商业的关系以及士大夫商业行为在北宋末年大行其道等情况一同考虑,那么可以认为商业市民与废营地之间,间接存在着千丝万缕的联系"②。哲宗时期张舜民所担心的"间阎商贩小民"对废弃营地空间的渗透与改造③,也是必然要发生的,但不能对此有过高评估并进而否定宋都开封的城市本质。

三、"经济力量"与全国市场——以果品流动为例

前揭,若彻底摆脱西方中心论及西方古典自由主义基本信条的束缚,宋代全国市场的形成基本可以确信,只不过其最初的形成动力与最主要的驱动力是政治权力,更确切地讲,是财政因素推动的。而首都开封城市经济发展动力机制由军事力量主导,到北宋中后期以综合消费群体为主导的转换正体现了这一发展大势。当然,军事驱动与综合消费驱动不可能是截然分开的,不过二者在物流的规模及其种类上的差异还是相当明显的。以军事因素为主导的物流,宫泽等人称之为"财政性物流",主要是与财政相关的粮食与专卖物资;而以综合消费为主导驱动下的物流,主要表现为与城市生活密切相关的生产、生活用品,与城市市场联系密切,即宫泽所称的"市场性物流"。虽然可以说"财政性物流"中市场也发挥了重要的作用,但不可否认的是,"全国市场"毕竟是一个经济概念,因此,要真正说明宋代全国市场的存在,还必须在经济力量方面下功夫,故此仅以北宋果品的流动进行说明。

与粮食、茶、盐等关系国计民生的专卖物资相比,市场无疑是果品资源配置的基本力量。当然,上贡也是果品全国流动的重要形式,但这无疑只

---

① [宋]王襄:《论彗星疏》,载[明]黄淮、[明]杨士奇等编:《历代名臣奏议》卷三○五,第3972页上。
② [日]久保田和男著,郭万平译,董科校译:《宋代开封研究》,第82页。
③ [宋]张舜民:《上哲宗乞罢中懋造寺》,载[宋]赵汝愚编:《宋朝诸臣奏议》卷一二八,第1414页。

是非常小的一部分,在论述时也会格外注意其与市场流动的关系。漆侠曾指出,北宋时期某些地区的柑橘和荔枝这两类果品生产已脱离了种植业,成为一个独立于种植业的农业生产部门。① 北宋有些果品的种植规模相当大,从而形成当地颇有特色的商品。果品其实有很多种类,不过就本书主旨而言,采用现今商业经营果品的习惯可谓恰当,其主要可分为鲜果、干果、瓜类和它们的加工制品。而为了做好货源的组织和经营管理,鲜果按照其上市季节又可分为伏果和秋果。伏果,夏季采摘,不耐运输,需要及时运销和组织加工;秋果是在晚秋和冬初采收的果实,较耐储运,是组织远途运销和调节供应的重要果品。宋代果业与果品市场,程民生、魏华仙已有较为深入的研究②,这里先表列宋代果品及其种类、主产地分布等,以便下文论说。

表 4.11 宋代果品及其种类、主产地分布简表③

地区	果品名称	资料出处
东京	樱桃	《清异录》卷上《百果门》
	枣	
西京	梨(雪梨、夫梨、甘棠梨、凤栖梨)	《东京梦华录笺注》卷二;《宋会要辑稿》食货一之三六;《宛陵先生集》卷一五
	柿子	
	桃	
	橙子	
	大木瓜	
南京	金桃	
北京	樱桃	《东京梦华录笺注》卷二
	棠梨	

---

① 参见漆侠:《宋代经济史》,第155页。
② 可详见程民生:《宋代果品业简论》,《中州学刊》1992年第2期;魏华仙:《宋代四类物品的生产和消费研究》,成都:四川科学技术出版社,2006年。
③ 转引自魏华仙:《宋代水果种类及其分布表》,详见氏著《宋代四类物品的生产和消费研究》,成都:四川科学技术出版社,2006年,第79—80页。

(续 表)

地 区		果品名称	资料出处
京西	郑州	语儿梨	《曲洧旧闻》卷三
		冬桃	
	许州	奴李	《宋朝事实类苑》卷六一《风俗杂志·小窑李》
	唐州	柿子	《归田录》卷二
	邓州	柿子	
	孟州	河阴石榴	
		河阳查子	
京东	青州	乐氏枣	《东京梦华录笺注》卷二
	兖州	栗子	
河北	真定	梨	
	卫州	白桃	
	赵州	石榴	《太平寰宇记》卷六〇、六三
	深州	石榴	
陕西	陕州	凤栖梨	《铁围山丛谈》卷六
		桃子	
	永兴军	冰蜜梨	
		猕猴桃	
	凤翔、陈仓	核桃	《宋会要辑稿》食货三四之三九
	咸阳	水梨	
	同州	沙苑楂梓	
	鄜州、坊州	榛子	
河东	太原	金桃、大枣、葡萄	《清异录》卷上《百果门》
	晋州		
	潞州		
	绛州	大枣	

(续 表)

地 区		果品名称	资料出处
两浙	温州	橘子、韩梨	《橘录》；《四朝闻见录》戊集；《吴郡志》卷三〇
	苏州		
福建		荔枝、黄淡子、金斗子、菩提果、羊桃、橄榄	《荔枝谱》；《游宦纪闻》卷五
广南		香蕉、椰子、荔枝、龙眼、柑橘、槟榔、橄榄、甘蔗	《桂海虞衡志》；《复暄野录》；《鸡肋编》卷下
川峡		荔枝、柑橘、甘蔗	《蜀中广记》卷六三；《舆地纪胜》卷一六四

据上表统计可见，宋朝各地都有自己的特色果品，其中干果和瓜类极少，以鲜果为最主要类别。无疑，汴京果品市场的发展也是考察宋代果品全国流动最好的案例。关于汴京京城市场上的果品销售，汴京州桥夏月夜市上的果品有：生腌水木瓜、药木瓜、鸡头穰、荔枝膏、广芥瓜儿、香糖果子、间道糖、荔枝、越梅、金丝党梅、香枨元等。① 马行街的夜市有果木翘羹（水果羹）、香糖果子之类。即使冬月大风雪阴雨天，夜市亦有鹅梨、石榴、查子、楂梓等。② 不过，汴京果品市场最为学界熟知者即为《东京梦华录笺注》卷二《饮食果子》中托小盘于食店中卖"干果子"的场景，史曰："又有托小盘卖干果子，乃旋炒银杏、栗子、河北鹅梨、梨条、梨干、梨肉、胶枣、枣圈、梨圈、桃圈、核桃肉、牙枣、海红、嘉庆子、林檎旋、乌李、李子旋、樱桃煎、西京雨梨、夫梨、甘棠梨、凤栖梨、镇府浊梨、河阴石榴、河阳查子、查条、沙苑温桲、回马孛萄、西川乳糖狮子、糖霜蜂儿、橄榄、温柑、绵枨、金橘、龙眼、荔枝、召白藕、甘蔗、漉梨、林檎干、枝头干、芭蕉干、人面子、巴览子、榛子、榧子、虾具之类。"③不难看出，引文中"干果子"基本都为鲜果、干果的加工制品，从果品"材质"的最初来源看，其基本可覆盖大江南北，有来自西北的陕西沙苑榲桲，北方河北的镇府浊

---

① 详见[宋]孟元老撰，伊永文笺注：《东京梦华录笺注》卷二《州桥夜市》，第115—116页。
② 详见[宋]孟元老撰，伊永文笺注：《东京梦华录笺注》卷三《马行街铺席》，第313页。
③ [宋]孟元老撰，伊永文笺注：《东京梦华录笺注》卷二《饮食果子》，第189页。

梨,西南川峡地区的乳糖狮子,南方的橄榄、温柑、金橘、龙眼、荔枝、甘蔗等,汴京京城作为全国果品销售市场是显而易见的。不过值得注意的是,仅以"干果子"这一现实存在作为论证汴京京城为全国市场中心地位的论据略显不足。宋代果品的长途贩运及其动力机制等还需进一步分析。

北宋果品市场的物流与粮食等财政性物流一样,都是"消费端"拉动"供应端"。当然汴京的果品销售市场对临近地区果品的种植与生产的影响更是显而易见的。杨侃《皇畿赋》有曰皇畿"园茄早实,时果先熟。瓜重南门,笋宜修竹。鬻于市兮,利既兼倍;进于君兮,恩必沾沐",又曰"别有襄陵之桃,杨夏之柿。朱樱宜于谷林,丹杏出于尉迟。其或阳乡千树之梨,扶乐千树之栗,比封千户之侯,亦何让于昔日"。① 虽然北宋皇畿观念繁复,但杨侃所言之皇畿主要指开封府,引文"瓜重南门",以及对睢县的桃、太康县的柿子、祀县西郊谷林山的樱桃、尉氏县的杏子等各地著名特产果品的记载,都反映了"特产市场"与"特产果品"的形成。而阳乡的梨与扶乐的板栗,则不仅特色突出,而且种植规模非常之大,种植者积累的资本规模甚至比昔日的"千户之侯"有过之而无不及。

不可否认的是,宋代果品的长途贩运虽有很大的发展,如:"承平时,温州、鼎州、广州皆贡柑子,尚方多不过千,少或百数。其后州郡苞苴权要,负担者络绎,又以易腐,多其数以备拣择,重为人害。天圣六年(1028)四月庚戌,诏三州不得以贡余为名饷遗近臣,犯者有罚。然终不能禁也。今惟温有岁贡岁馈,鼎、广不复有之矣。"②可见,北宋中期以后从南方运至汴京的柑橘主要有两种用途:其一为岁贡,其二为州郡官僚为交结权要的礼品。显然这和商业因素并无多大牵涉。就汴京京城市场上的鲜果而言,其最主要的供应地还是距离较近的北方地区,如六月"时物"中的果品就主要有"义塘甜瓜、卫州白桃、南京金桃、水鹅梨、金杏、小瑶李子""药木瓜(瓜)、水木瓜(瓜)"等。③ 南方地区的特产水果作为商品性的"鲜果"流动,还是有非常

---

① [宋]杨侃:《皇畿赋》,收入[宋]吕祖谦编,齐治平点校:《宋文鉴》卷二,第21页。
② [宋]王栐撰,诚刚点校:《燕翼诒谋录》卷五《禁以柑遗朝贵》,第48页。
③ 可详参[宋]孟元老撰,伊永文笺注:《东京梦华录笺注》卷八《是月巷陌杂卖》,第771页。

大的困难。就经济价值而言,也无疑是不可取的。宋代果品尤其是南方特产果品流向位于北方地区的汴京市场最主要的方式仍是便于长途贩运的"秋果",以及鲜果等的加工制品。宋代所以形成以经济力量为主导的全国性果品流动,其最主要的原因还在于南方果品加工业及其加工技术的发展与进步,下文以荔枝为例进行集中说明。

荔枝,无患子科(*Sapindaceae*)荔枝属常绿乔木,原产中国广东大陆沿海地区,始传于汉高祖时期,有两千多年的栽培史,性畏寒,10℃以下基本停止生长,主要分布在北纬20度至28度的热带及亚热带地区,现今的两广、福建、台湾、四川等为荔枝主产区,云贵、浙江亦有少量栽培。荔枝,原作"离支"①,得名似与其采摘方式有关,后世多引《扶南记》,曰:"此木以离支为名者,以其结实时枝弱而蒂牢,不可摘取,以刀斧劙取其枝,故以为名耳。"以"荔"代"离"的现象最初很可能受到了汉武帝"扶荔宫"的影响。《三辅黄图》曰汉武帝元鼎六年(前111),破南越,起扶荔宫,以植所得菖蒲、山姜、甘蕉、留求子、桂、蜜香、指甲花、龙眼、荔枝、槟榔、橄榄、千岁子、甘橘等奇草异木,对"扶荔宫"的命名,《三辅黄图》作者自注曰"宫以荔枝得名"②。《三辅黄图》作者不详,一般认为是汉末魏初人,影响很大,广被征引。因此,可以确定的是,至迟在汉末魏初扶荔宫以荔枝得名就已传播开来,同时荔枝书写中以"荔"代"离"的现象当然也就自然传播开来了。③ 汉魏以后,以"荔"代

---

① 如司马相如《上林赋》作"离支",见[梁]萧统编,[唐]李善注:《文选》卷八,北京:中华书局,1977年,第126页上。
② 何清谷校注:《三辅黄图校注》卷三《扶荔宫》,西安:三秦出版社,2006年,第247页。
③ 值得注意的是,成书更早的《史记》等,就已著有"荔枝"字样,其实这存在一个后人改易的问题,对此清人王念孙《读书杂志·史记杂志》指出:"索隐本(《史记》)及《汉书》《文选》并作离支,是古皆通用离支也。今本(《史记》)正文及注皆改为荔枝,又改注内之离字……斯为谬矣。"详见王念孙:《读书杂志》,南京:江苏古籍出版社,1985年,第158页上。而扶荔宫则不存在改易现象,这已为考古发掘所证实。1960年陕西省文物管理委员会在韩城市芝川镇南门外(汉属冯翊夏阳县)发现一座汉代宫殿遗址,出土一块"夏阳挟荔宫令壁,与天地无极"十二字篆书方砖,方砖所载"挟荔宫"一般认为即文献所载之"扶荔宫"。可参见王玉清、陈值:《陕西韩城芝川汉扶荔宫遗址的发现》,《考古》1961年第3期。另,徐卫民认为此非"扶荔宫",而是另一离宫"挟荔宫"(详见徐卫民:《秦汉历史地理研究》,西安:三秦出版社,2005年,第301—302页)。但是文献上从未有过"挟荔宫"的记载,笔者认为"扶荔宫"为是。至于徐卫民指出的夏阳县不属上林苑范围的问题,上引王玉清、陈值一文认为夏阳县可能属于水衡都尉上林令兼管的一部分。

"离"书写的逐渐定型,很可能与"荔"字"用字雅洁"有关,对此宋人陈叔方所著《颍川语小》就言:"荔,草名,非木也。然字既雅洁,用之有自来。"①"用之有自来",也许汉武帝命名"扶荔宫"时就已经考虑到用"雅洁"之"荔"来代替"离"字了。

荔枝始传于汉高祖时期,汉武帝灭南越国,上林苑扶荔宫移植荔枝失败后,就令"交趾(州)七郡"岁岁进贡②,东汉中期始罢③。曹魏时期,魏文帝又兴荔枝之贡,史曰:"魏文帝诏群臣曰:'南方果之珍异者,有龙眼、荔枝。'令岁贡焉,出九真、交趾。"④至迟到西晋时期,荔枝的种植就已经扩展到我国西南地区。⑤ 由于历史开发较晚,与荔枝原产地自然环境相似的福建地区的荔枝种植直至唐朝才有零星记载,如初唐人丁儒在其《归闲诗二十韵》中曾言闽地漳州的荔枝情况,曰"锦苑来丹荔,清波出素鳞"⑥。另据《灯影记》载,玄宗天宝年间(742—756)亦曾于长春殿"漫撒闽中红锦荔枝,令宫人争拾之"⑦,此故事发生在正月十五晚,应是加工后的干荔枝。⑧ 因此唐代岭南、川蜀,甚至福建等地都多有上贡,因唐都长安,离蜀中为近,因此"蜀中之品在唐尤盛"⑨。

唐代,随着南方的开发,以及文人仕宦的南北流动,许多北方人都曾亲至蜀中摘取过荔枝,如唐朝巩县(今河南巩义市)人杜甫在其《解闷十二

---

① [宋]陈叔方:《颍川语小》卷下,文渊阁《四库全书》第853册,第23页a。
② 关于岁贡之地,主要有"交趾(州)七郡"和"南海郡"两种说法。"交趾(州)七郡",指南海、苍梧、合浦、郁林、交趾、九真、日南等,包括今广东广西大部分地区,及越南顺化以北的广大地区;"南海郡"即今广东中东部一带。从荔枝的生长环境和"任土作贡"的性质看,交趾(州)七郡都应产荔枝并有所进贡,但考虑到交通远近及荔枝的保鲜等问题,南海郡无疑是最主要的供给地。
③ 东汉下诏罢贡荔枝的具体年代,有以下两种说法:其一,和帝时说,如《后汉书·和帝纪》及其所引谢承《后汉书》;其二,安帝时说,如《三辅黄图》"后汉安帝时,交趾郡守唐羌极陈其弊,遂罢其贡"。
④ [晋]嵇含撰,王根林校点:《南方草木状》卷下《果类·龙眼树》,上海:上海古籍出版社,2012年,第149页。
⑤ 左思《蜀都赋》便有"旁挺龙目,侧生荔枝"句。
⑥ 陈尚君辑校:《全唐诗补编》,北京:中华书局,1992年,第98页。
⑦ [清]陈元龙:《格致镜原》卷七五引《灯影记》,文渊阁《四库全书》第1032册,第16页b。
⑧ 参见[清]陈元龙:《格致镜原》卷七五引《灯影记》,文渊阁《四库全书》第1032册,第16页b。
⑨ [宋]苏颂编撰,尚志钧辑校:《本草图经》,合肥:安徽科学技术出版社,1994年,第549页。

首》"其十"中便言:"忆过泸戎摘荔枝,青枫隐映石逶迤。京华应见无颜色,红颗酸甜只自知。"①杜甫曾于大历元年(766)六月荔枝成熟时过泸、戎等州,是诗乃其居夔州期间所作,追忆居泸、戎时亲摘荔枝的场景,并联想到京都长安所贡应无此颜色与口感。但是,对唐代北方大部分士人而言,荔枝仍显得颇为神秘,并未有多少人真正见过荔枝,元和十四年(819)白居易任忠州(今重庆忠县)刺史,第二年命画工绘了一幅荔枝图,并亲自为之作序,详细描写了荔枝的外形、味道等,曰:"大略如彼,其实过之。若离本枝,一日而色变,二日而香变,三日而味变,四五日外,色香味尽去矣。"而其作《荔枝图序》的目的便是打破人们对荔枝的不了解及片面认识,曰:"盖为不识者与识而不及一、二、三日者云。"②北宋蔡襄《荔枝谱》言,直至唐代,"生荔枝,中国未始见之也"③。此中"中国"实则为中原,自汉朝以来北方都城就多有生鲜荔枝之贡,④此论显然失之偏颇,但这也仅供极少数统治者享用,"未始广见"倒也是事实。

北宋时福建荔枝的生产异军突起,逐渐形成了岭南、川蜀和福建三大主要产区,而福建荔枝的品质尤佳,蔡襄曰"今之广南州郡与夔梓之间所出,大率早熟,肌肉薄而味甘酸,其精好者仅比东闽之下等",并称福建荔枝为"真荔枝"。⑤ 而北宋政治中心东移,定都开封,大运河又紧紧联通着北方政治中心和正在形成中的南方经济重心,与此同时,福建经济自中唐以后人口的大量移入,商业及海运交通的发展而逐渐发展起来,福建荔枝也因此声名大噪,对此蔡襄《荔枝谱》有曰:"水浮陆转,以入京师,外至北戎、西夏,其东

---

① [唐]杜甫著,冯至编选,浦江清、吴天五合注:《杜甫诗选》卷七《解闷十二首》,北京:人民文学出版社,1956年,第218页。
② 以上参见[唐]白居易撰,顾学颉校点:《白居易集》卷四五《书序·荔枝图序》,第974页。
③ [宋]蔡襄撰,彭世奖校注:《历代荔枝谱校注·荔枝谱第一》,北京:中国农业出版社,2008年,第4页。
④ 如《后汉书·和帝纪》曰:"旧南海献龙眼、荔支,十里一置,五里一候,奔腾阻险,死者继路。"及李贤注引谢承书曰"旧献龙眼、荔支及生鲜"。(以上详见北京:中华书局,1965年,第194页)此处标点误,应为"旧献龙眼、荔支,及生鲜献之",意即趁其尚未成熟、新鲜之时便献之,可参邬国义:《〈后汉书〉标点一误》,《古籍整理研究学刊》1992年第3期。
⑤ [宋]蔡襄撰,彭世奖校注:《历代荔枝谱校注·荔枝谱第一》,第4页。

南,舟行新罗、日本、流求、大食之属,莫不爱好,重利以酬之。"福建荔枝的种植,"唯四郡有之:福州最多,而兴化军最为奇特,泉、漳时亦知名"①。其中福州"种植最多,延迤原野,洪塘水西,尤其盛处,一家之有,至于万株",城中越山"郁为林麓",即从平地到山脚都是茂密的荔枝林。福州荔枝"品目至众,唯江家绿为州之第一"②。而兴华军则"园池胜处惟种荔枝。当其熟时,虽有他果,不复见省。尤重陈紫,富室大家岁或不尝,虽别品千计,不为满意"③。国内外"莫不爱好,重利以酬之"的需求亦带动了生产的极大发展,"商人贩益广,乡人种益多",一年的出产量,"不知几千万亿"。这种巨大的需求,刺激了买方市场端的竞争,如荔枝初着花时,就有商人"计林断之以立券",待到成熟时亦有以"断林鬻之"者,使得"乡人得饫食者盖鲜"。④

前揭,自汉至唐除少数统治者有幸品尝过荔枝外,荔枝在北方基本是"未始广见"的难致之物。而北宋荔枝能够飞入北方"寻常百姓家"的原因就在于其大规模的商品化,而其商品化及其商业圈形成的前提亦如上文所述的果品加工业尤其是加工技术的进步。关于福建荔枝的加工技术主要有红盐、白晒及蜜煎三种:所谓红盐之法,即以"盐梅卤浸佛桑花为红浆,投荔枝渍之,曝干"而成,经此加工过的荔枝"色红而甘酸,可三四年不虫";白晒之法,即"烈日干之,以核坚为止",不过晒干后还需"畜之瓮中,密封百日,谓之出汗,去汗耐久,不然逾岁坏矣";蜜煎之法则"剥生荔枝筶去其浆,然后蜜煮之"。⑤就加工而成的荔枝干的品质而言,红盐法所成的荔枝干"绝无正味",远远比不上依白晒法制成的荔枝干,但红盐法所制荔枝干可三四年不虫,"修贡与商人皆便之"。上引荔枝的商业圈,都是"不计美恶,悉为红盐者"之荔枝干。因此,与福建荔枝"其为果品,卓然第一"⑥"荔枝于百果为殊绝"⑦的果品地位

---

① [宋]蔡襄撰,彭世奖校注:《历代荔枝谱校注·荔枝谱第一》,第4页。
② [宋]蔡襄撰,彭世奖校注:《历代荔枝谱校注·荔枝谱第三》,第9、10页。
③ [宋]蔡襄撰,彭世奖校注:《历代荔枝谱校注·荔枝谱第二》,第8页。
④ [宋]蔡襄撰,彭世奖校注:《历代荔枝谱校注·荔枝谱第三》,第10页。
⑤ [宋]蔡襄撰,彭世奖校注:《历代荔枝谱校注·荔枝谱第六》,第15页。
⑥ [宋]蔡襄撰,彭世奖校注:《历代荔枝谱校注·荔枝谱第一》,第5页。
⑦ [宋]曾巩撰,陈杏珍、晁继周点校:《曾巩集》卷三五《福州拟贡荔枝状》,北京:中华书局,1984年,第497页。

相比,其之所以成为开封、北戎等国内外的紧俏商品,更多的是因福建商业尤其是水陆交通的发展。

当然,说北宋时期北方统治者及富商大贾吃不到生鲜荔枝倒也未必确切。北宋末年宋徽宗曾试图移荔枝于开封,《铁围山丛谈》载,宣和末徽宗在艮岳正门阳华门内夹道植有荔枝八十株。① 陆游《老学庵笔记》甚至有徽宗曾在保和殿下种荔枝,结实赐臣下,并赋诗的例子,有曰:"保和殿下荔枝丹,文武衣冠被百蛮。思与近臣同此味,红尘飞鞚过燕山。"② 而其实质则是将已结实的小株荔枝以盆栽的方式从南方移植北方开封,史曰:"宣和间,以小株结实者置瓦器中,航海至阙下。"③ 从更宽泛的角度而言,北宋以前的历代统治者所食的上贡荔枝基本是生鲜荔枝。

荔枝商业圈的形成与扩展无疑是巨大的消费需求发动的,荔枝在汴京城市市场上的成功也非个例,这当然得益于汴京果品市场的整体发展,前引《东京梦华录》卷二《饮食果子》中的销售情况无疑只是很小的一个侧面,但已足以说明问题。汴京果品市场成熟的另一主要标志即"果子行"的设立。众所周知,行是商品经济发展到一定阶段的商业组织形式,因此"果子行"的设立充分说明了汴京果品市场的发展与成熟,史载"州桥投(头)西大街,乃果子行"④ "果木亦集于朱雀门外"⑤,即果子行集中在开封州桥西大街及朱雀门外,而州桥是开封商业最繁华的地方,开封果品销售的兴盛亦可想而知。

荔枝对于南方产地之人,尤其是荔枝最大种植区的岭南当地人或长期旅居之人而言,无疑就是一种普通的果品而已,如北宋初的郑熊《番禺杂记》就言:"余在南中五年,每食荔枝,几与饭相半。"⑥ 氏著《广中荔枝谱》又言:

---

① 参见[宋]蔡绦撰,冯惠民、沈锡麟点校:《铁围山丛谈》卷六,第116页。
② [宋]陆游撰,李剑雄、刘德权点校:《老学庵笔记》卷三,第36页。
③ [宋]梁克家纂修,李勇先校点:《淳熙三山志》卷三九《土俗类一·土贡》,《宋元珍稀地方志丛刊·甲编》,成都:四川大学出版社,2007年,第1619页。
④ [宋]孟元老撰,伊永文笺注:《东京梦华录笺注》卷二《宣德楼前省府宫宇》,第82页。
⑤ [宋]孟元老撰,伊永文笺注:《东京梦华录笺注》卷三《天晓诸人入市》,第357页。
⑥ 郑熊《番禺杂记》已佚,此引自《施注苏诗》,详见[宋]苏轼撰,[宋]施元之注,[清]邵长蘅等删补:《施注苏诗》卷三七《食荔枝二首》,文渊阁《四库全书》第1110册,第2页a。

"好事者作荔枝馒头,取荔枝榨去水,入酥酪辛辣以含之。又作签炙,以荔枝肉并椰子花,与酥酪同炒,土人大嗜之。"①而荔枝之所以重要,最主要的原因即北方人尤其是统治者的青睐。自西汉以来的荔枝贡虽有很强的"任土作贡"的政治宣示意味,但荔枝作为一种特产果品,其满足统治者口腹之欲的基本功能应是毋庸置疑的。不过从上引汉武帝、魏文帝等对荔枝的认识也多少有些"异"与"奇"的成分,似不完全是因其果品价值,魏文帝亦曾有言:"南方有龙眼、荔枝,宁比西国蒲陶、石蜜乎?今以荔枝赐将吏,啖之,则知其味薄矣。"②又曰:"中国珍果甚多,且复为说,蒲萄奇味……道之固已流涎咽唾,况亲食之耶?他方之果,宁有匹之者?"③对此,晋人张载则指出"龙眼、荔支,徒以希珍难致为奇"。不过,在果品价值之外,似也有统治者看重了其"延年益寿"的"食疗"功能,如东汉临武长唐羌在劝皇帝罢龙眼、荔枝之贡时就曰:"臣闻上不以滋味为德,下不以贡膳为功……此二物升殿,未必延年益寿。"④晋朝道教学者、医药学家葛洪亦曰荔枝有"蠲渴补髓"的功能。⑤

北宋时随着商业及交通等的发展,人们在对荔枝的认识上前进了一大步,但是其"难致为奇"的情况并未得到根本性的改变,北方人们食用的绝大多数还是荔枝的加工品"荔枝干"。另北宋士人如蔡襄对荔枝"其为果品,卓然第一",曾巩"荔枝于百果为殊绝"等的赞誉无疑加重了人们对荔枝的喜爱程度。就荔枝本身的形象而言,又现"仙果"之称,如陈襄《荔枝歌》曰:"炎炎六月朱明天,映日仙枝红欲燃。"⑥苏轼亦曰:"海山仙人绛罗襦,红纱中单白玉肤。"⑦因此,从"消费心理"的角度考量,荔枝干受到北方人的青

---

① 郑熊《广中荔枝谱》早佚,转引自[宋]吴曾:《能改斋漫录》卷一五《荔枝谱》,北京:中华书局,1960年,第458页。
② [宋]李昉等:《太平御览》,北京:中华书局,1960年,第4306页。
③ [宋]李昉等:《太平御览》,第4306页。
④ 《后汉书》卷四《和帝纪》,第195页。
⑤ 此条不见载于葛洪的现存相关著述,转引自蔡襄《历代荔枝谱校注·荔枝谱第四》(第11页),此条亦为后世谱录荔枝者所广引。
⑥ [宋]陈襄:《古灵集》卷二二《古诗·荔枝歌》,文渊阁《四库全书》本,第10页a。
⑦ [宋]苏轼撰,[清]王文诰辑注,孔凡礼点校:《苏轼诗集》卷三九《四月十一日初食荔支》,北京:中华书局,1982年,第2121页。

睐,及成为汴京等果品市场的紧俏商品也不足为奇。另,荔枝作为珍贵的礼品,亦可以想见。当然,北宋时期荔枝从"帝王家"的上贡之物变为普通商品(主要是荔枝干)进而流入"百姓家"而激起的"消费热情",我们也是可以想象的。汴京市场对于荔枝(干)的喜欢,也催生了"荔枝文化"的扩展,《东京梦华录》卷二《饮食果子》所载"荔枝腰子"即荔枝饮食文化的进一步扩展。伊永文指出"荔枝腰子"一般是于动物食物之腰子上划荔枝纹制作而成。① 在肉块上切出类似荔枝花纹的烹饪法亦可见于元末倪瓒所著《云林堂饮食制度集》中的《佘肉羹》和《腰杜双脆》。②《云林堂饮食制度集》中所见主要是烹饪技法,而宋人在菜品名称上特色鲜明地打出荔枝旗号,从商业营销的角度而言无疑是有很大影响力的。就"荔枝腰子"这道菜而言,也是声名在外,南宋初张俊宴请宋高宗时所上荤菜就有此品。这亦可从侧面说明荔枝在汴京果品市场的地位。

前揭,虽有如宋徽宗"以小株结实者置瓦器中,航海至阙下",并成功吃到鲜荔枝的例子,但北宋的荔枝上贡基本上都为荔枝干无疑,即前文所言之红盐荔枝"修贡与商人皆便之"的记载。同样,红盐、白晒及蜜煎等方法加工而成的荔枝干在商业上的成功,也并未抑制荔枝上贡的发展,史载"福州旧贡红盐、蜜煎二种。庆历初,太官问岁进之状,知州事沈邈,以道远不可致,减红盐之数,而增白晒者,兼令漳泉二郡亦均贡焉"③,可见荔枝贡的数量不减反增,上贡地域也更为扩大。当然,先秦以来"任土作贡"的传统首先是一种作为对统治区域内的"政治宣誓",有很强的政治象征意义,但北宋时期统治者对荔枝贡的态度与荔枝商业发展的进程则显得格格不入,其间的张力之大可谓前所未有。

而荔枝贡对荔枝加工及商业发展的影响非常大,甚至是致命的,史曰:"然修贡者皆取于民,后之主吏,利其多取以责赂,晒煎之法不行矣!"④蔡襄"晒煎之法不行矣",似并未言及"红盐"之法,如前揭其言"修贡与商人皆便

---

① 参见[宋]孟元老撰,伊永文笺注:《东京梦华录笺注》卷二《饮食果子》,第218页。
② 具体做法详参倪瓒《云林堂饮食制度集》中的《佘肉羹》和《腰杜双脆》,北京:中国商业出版社,1984年,第15、16页。
③ [宋]蔡襄撰,彭世奖校注:《历代荔枝谱校注·荔枝谱第六》,第15页。
④ [宋]蔡襄撰,彭世奖校注:《历代荔枝谱校注·荔枝谱第六》,第15页。

之"的正是采用红盐之法加工过的荔枝。梁克家《三山志》曾对北宋福建荔枝干历年上贡的情况有所记载，曰："大中祥符二年，岁贡六万颗。元丰四年，增减价本钱一百七十二缗有奇，岁以银输左藏库。三年条次贡物，如祥符之数。元祐元年，定为常贡，数亦如之。崇宁四年，增一万三千颗。大观元年，又增三千。政和增贡一万。宣和于祥符数外，进八万三千四百。七年，损抑贡物，减政和之半。"① 可以发现，北宋中期以后尤其是徽宗政和、宣和年间有所增贡，但在绝大多数时间里还是基本以"祥符之数"亦即六万颗为准。因此，北宋荔枝贡、"多取以责贿"等虽对荔枝干的商业发展有负面影响，但这与一年出产量"几千万亿"数量相比还是显得微不足道的，北宋荔枝（干）在全国商品市场的发展浪潮终成不可逆之势。

最后需要特别指出的是，本节所着力论述的宋代即已形成全国市场的问题，并不是要美化宋朝，说明宋朝开封城市经济有多么发达。诚如前文所指，北宋开封城市经济本质上与我国古代其他城市及其经济并无二致。虽然亦用坚实的史料基础论证了北宋中后期开封城市经济的发展动力已经实现了从"军事经济"到以"综合消费"为主的成功转型。但是在深入思考之后，认为还是逃不出前引漆侠"我国古代城市不是在经济发展的基础上形成和发展的，而是在政治军事需要的基础上形成和发展起来的。因而越是政治军事中心，城市发展就越是迅速和特别茂盛。正是由于这一点，所以它缺少坚实的经济基础，一旦政治军事发生了变化，或者政治军事中心转移，这些城市便随即表现出它的盛衰。即使是帝都所在，也是如此"的经典论述。这就是开封城市经济在宋以后的几个世纪中再无如宋朝辉煌的最终原因。宋朝开封城市经济包括全国市场的形成与发展可以说都是权力促成的。不过，我们也不必就此太过悲观，如果承认古代城市经济发展的权力动力的话，那么其最终出路还得从权力因素方面去考量，我们认为作为第二权力中心的"陪都"之经济发展倒也可为这种脆弱的单一核心的全国市场的发展提供某种支撑。

---

① ［宋］梁克家纂修，李勇先校点：《淳熙三山志》卷三九《土俗类一·土贡》，第1619页。

四、多核支撑:陪都与全国市场

如前文所指,中国古代城市本质上是政治军事权力促成的,其经济发展是典型的消费经济,而城市人口结构往往是我们展开分析的有效工具。从陪都为以首都为中心的全国市场提供某种支撑的角度出发,我们认为北宋末期首都宗室人口输往西京与南京的事件颇为典型,也符合以城市人口结构为基本框架的分析理论。

北宋末期宗室人口输出的具体原因与过程,本书第二章里已有详细的论述。这里主要从经济的角度来阐明其对西京和南京经济发展的影响,并进一步论述其在全国市场发展中的作用。如前所述,北宋末年疏属宗室外迁西京与南京,并不是简单的人员迁移,而是在"敦宗院"体制下设置包括"经济配置"在内的一项系统工程。就"经济配置"而言,"宗室官庄"是最主要的形式。"宗室官庄"是由蔡京提出来,通过取西京、南京及邻近州府未卖官田来建立的。宗室官庄的管理,是由所委宗室与当地通判共同管理,每庄设两名指使处理日常事务,收成的三分之一储备起来以备水旱灾荒,其余的则主要用于支付宗室成员的日常开销。蔡京打算从西京开始,划拨土地一万顷。崇宁三年(1104)九月,到达南京的宗室就已经有三百二十五人①。大观三年(1109)徽宗下令废止敦宗院,官庄财用则"令常平司拘收封桩,舍屋并拨充公宇"。政和二年(1112)五月蔡京复相,三个月后重新恢复敦宗院。宣和二年(1120)南外敦宗院就有庄田四万四千顷,而仍"日患不给"②。当时西外宗室每年食米量,史载曰"合用食米三万硕",系令泗州排岸司于上供米纲内拣发之白粳米。③ 根据前揭两外宗子"每一口月给米一硕、钱二贯"的规定,三万硕米可供养两千五百人。何兆泉指出,若按照宋代壮丁"日食二升(米)"的较高标准看,三万硕米可足够四千多成年壮丁一年的饱食之需。④ 据贾志扬

---

① 参见《宋会要辑稿》职官二〇之三四—三五,第 2837 页下—2838 页上。
② 《宋会要辑稿》职官二〇之三六,第 2838 页下。
③ 参见《宋会要辑稿》职官四二之四五,第 3257 页上。
④ 参见何兆泉:《两宋宗室研究——以制度考察为中心》,上海:上海古籍出版社,2016 年,第 67 页。

估算,北宋末西京与南京的宗室人员总数至少有一万人,①除每月领取钱、粮外,还有酿酒用的曲麦,以及结婚和丧葬补助等。北宋末年西、南外宗司无官宗室分食之众、俸料之厚对中央及地方财政造成的负担无疑是非常沉重的。

按蔡京的规划,西京、南京的官庄都是依靠"未卖官田"建立起来的,但我们很难相信,如此规模庞大的官庄有不侵占农民田产的情况,可惜诚如贾志扬所言,我们如今并未看到任何有关两敦宗院(主要指官庄)对两京影响的证据。② 对宋代官庄的内涵和性质等,魏天安研究认为:"官庄是在国有土地上由国家投资设置(提供房屋、农具、耕牛、种粮等主要生产和生活资料),以'甲'或'庄'为单位统一管理的国有土地经营方式,实行分田到户的包耕制。"③政和二年(1112)《敦叙宗室依大观三年以前处分诏》中亦曾明言"岁收田租,支外有余,婚嫁、丧葬、月给量与增数"④。可见,两京官庄采取当时最为先进的农业生产组织管理方式"租佃制",这无疑会极大地促进当地农业生产的发展,尤其是对无主官地的开发利用。当然,从道德层面上,对宗室通过特权便可轻易占有大量农田的行为也要提出批评,而且要供养日用浩大的宗室,我们也很难想象宗室官庄对官庄农户的田租剥削比一般出租官地持平或更轻。

从消费与流通的角度来讲,外迁西京与南京的宗室对当地经济的影响无疑会更大。前揭,宗室就有大量的剩余粮食,若不出意外,此应大量流向商品粮市场,因为只有这样才可以实现其价值。宗室钱、粮及其他生活补助之外的日常用度,无疑也要大量求取于市场。比如酒的消费,应南京留守司之奏请,崇宁法规定"诸宗室不得私造酒曲,许于公使库纳曲麦价钱寄造,每月不过一硕,遇节倍之",西京亦"依此"。⑤ 宣和二年(1120)在西京和南

---

① 参见[美]贾志扬著,赵冬梅译:《天潢贵胄:宋代宗室史》,第101页。
② 参见[美]贾志扬著,赵冬梅译:《天潢贵胄:宋代宗室史》,第101页。
③ 魏天安:《宋代官营经济史》,北京:人民出版社,2011年,第96页。
④ 《宋会要辑稿》职官二〇之三五,第2838页上。
⑤ 《宋会要辑稿》帝系五之一八——九,第120页下—121页上。

京依"崇宁法"恢复敦宗院时,特意取消了这一规定,曰:"崇宁法于公库寄造酒及遇节管设,仍并罢。"①对此,可有两种解释:其一即对两京宗室自造酒及酒曲并不加限制,其二即所需酒一切求诸市场。从宋政府严格榷酒(曲)的历程看,两京宗室显然还不具备从根本上动摇这一专卖体制的能力,宋政府也绝不会允许其扰乱榷法,因此宗室对酒的巨大消耗,就不得不求诸市场。西京与南京万余高消费能力的宗室迁入,加之其繁盛的繁殖能力,其无疑会从很大程度上改变陪都的经济尤其是消费经济的发展,从而起到对以首都为核心的全国市场的有力支撑。

前揭,西京与南京虽号陪都,但是政治权力对其的影响显然要比首都弱很多,其经济实现商品市场拉动的转型要比首都更加容易,也无疑更有前途,真正实现全国市场经济发展的多核心驱动。总之,从宗室人口的大量输出及其影响的角度看,陪都及其经济发展未来可期。当然,以上分析很大程度上侧重于理论上的分析,在实际执行中的变数也是很大的,而且更为致命的是,宣和二年(1120)北宋联金灭辽,签订"海上之盟",开启战端,灭辽后随即又与金发生冲突,靖康二年(1127)首都开封外城破,钦宗投降,北宋最终灭亡。在外宗室大量南逃,以上所论都成为空谈,终成美好愿景,令人叹息。

---

① 《宋会要辑稿》职官二〇之三七,第 2839 页上。

第五章　宋室南渡与陪都建康

第一节　宋室南渡与高宗驻跸之所

一、南渡维扬

靖康二年(1127)首都开封外城被金兵攻破,钦宗投降。金人无法直接统治急剧扩大的疆域,遂实行"以汉制汉"的策略,于是年三月初七册立主和派大臣张邦昌为"大楚"皇帝,都于金陵(今江苏南京),暂居开封,授其"自黄河以外,除西夏新界,疆场仍旧。世辅王室,永作藩臣"①,于开封正式建立了一个非赵姓的傀儡政权。张邦昌虽百般不从,但仍被金人强行推上帝位。金人安排妥当后,于四月初,押着宋徽宗、宋钦宗及宗室四百七十余人以及搜刮的大量财富北返。

惟时在相州(今河南安阳)的康王赵构幸免于难,金人北撤之后,宋人纷纷上书赵构,请其称帝以复兴大宋王朝。而金人北撤后,伪楚皇帝张邦昌失去依靠,"不御正殿,不受常朝,不山呼,不称圣旨"②。吕好问、马伸等亦劝张邦昌早日退位,"奉迎康王"。张邦昌于四月癸亥(初十日)便迎立哲宗废

---

① [宋]宇文懋昭撰,崔文印校证:《大金国志校证》卷三二《立楚国张邦昌册文》,北京:中华书局,1986年,第452页。

② [宋]徐梦莘:《三朝北盟会编》卷九三《靖康中帙六十八》,靖康二年四月庚午,第685页上。

后孟氏入居延福宫,恢复元祐皇后之号,垂帘听政,自己则退位称太宰。由于"京城有贼臣张邦昌僭窃,与范琼辈擅行威福","恐其阴与敌结,未可深信",康王赵构乃趋太祖兴王之地,漕运方便的南京(今河南商丘)驻跸。① 赵构于靖康二年(1127)五月庚寅(初一日)在南京应天府改元建炎,正式称帝,建立南宋。

高宗废掉了金人所立的伪楚皇帝张邦昌,严重挑战了金人不立赵姓的原则。高宗当然知道金朝是不会善罢甘休的,于是不断向金人解释,求其承认,希望得到金人宽恕。建炎元年(1127)五月戊戌(初九日)即命修职郎王伦为大金通问使、进士朱弁为大金通问副使,从事郎傅雱为大金通和使,武功大夫赵哲为副使,欲正式出使通和金朝。后黄潜善、汪伯彦共议,决定暂不遣王伦、朱弁和赵哲等,改傅雱为祈请使,阁门宣赞舍人马识远为副使,除持国书外又带着张邦昌写给宗翰和宗望的书信,拟以黄河为界,乞请议和。② 未及行,"朝论欲更遣重臣以取信",终于五月戊午(三十日)派遣太常少卿周望、武功大夫赵哲为大金通问使,通问金朝,试探金人的态度。高宗对金抱有幻想乞请议和,当然并不能完全指望议和成功,所以其一直逗留南京观望局势的发展,若议和乞请不成,则随时准备南逃。对此情形,尚书兵部员外郎张所说得再明白不过了,曰"行在留南京","不过缓急之际,意在南渡"。③

高宗的逃跑主义路线,决定了其坚决不回首都开封的态度,而高宗即位,继承大宋王朝法统,理当迁居首都开封,于是就形成了与回銮开封经理山河主张严重的冲突。早在五月甲午(初五日),即高宗即位的第四天,赵子崧在举荐傅亮防守滑州时,傅亮便直言"陛下能归东都,则臣能守滑"④,间接表达了对高宗逗留南京的不满。五月丙午(十七日),天章阁待制、知同州唐重就上疏曰,当今"所谓急务者,大率以车驾西幸为先"⑤。五月丙辰(二

---

① [宋]李心传编撰,胡坤点校:《建炎以来系年要录》(以下简称《建炎以来系年要录》)卷六,建炎元年六月乙酉,北京:中华书局,2013年,第187页。
② 参见《建炎以来系年要录》卷五,建炎元年五月戊午,第143—144页。
③ 《建炎以来系年要录》卷五,建炎元年五月丙辰,第155页。
④ 《建炎以来系年要录》卷五,建炎元年五月甲午,第137页。
⑤ 《建炎以来系年要录》卷五,建炎元年五月丙午,第151页。

十七日),前揭尚书兵部员外郎张所亦指出当下"应急还京城",依托东京开封的八十里重城,和其控制河东、河北天下根本之地的地缘优势"坐抚中原以制强敌"①。南逃的声音中"迁都建康"是一种较为普遍的看法。对此尚书祠部员外郎喻汝砺曾有针对性地指出:"都不可迁。汴都者,天下之根本也,若舍汴都而都金陵,是一举而掷中州之地以资于敌矣。"②在回銮开封中,主战派宗泽是最为卖力的,从建炎元年六月开始上疏"乞回銮"东京,至建炎二年春正月先后上十二疏。

还有较为现实而综合的处置措施。如建炎元年六月庚申(初二),李纲即上疏分析指出,不能"留应天,或欲幸建康",曰"汴梁,宗庙社稷之所在,天下之根本也",应"先降敕榜,以修谒陵寝为名,择日巡幸","以安都人之心";接着又针对"今日之事,欲战则不足,欲和则不可"的局面,从重视"天下形势"的角度,提出应"巡幸四方""不置定都""除四京外,宜以长安为西都,襄阳为南都,建康为东都",以达到"使国势不失于太弱""使敌国无所窥伺"和四方"奸雄无所觊觎"的目的。③

纵有大臣不断乞求回銮开封,但是高宗已经坚定了南逃的决心,建炎元年六月乙酉(二十七日)则直接除宗泽为东京留守,杜充为北京留守,④可以说,高宗不回开封的态度,其实已经很明显了。七月防秋时,高宗"诏奉迎元祐太后,津遣六宫,及卫士家属置之东南",高宗南逃行动已萌,群臣自然心知肚明,于是高宗"将幸东南"的议论甚嚣尘上。对此高宗还故作姿态,七月辛丑(十三日)下诏曰"朕权时之宜,法古巡狩,驻跸近甸,号召军马,以防金人秋高气寒再来犯界。朕将亲督六师,以援京城及河北、河东诸路,与之决战";"朕与群臣将士独留中原,以为尔京城及万方百姓请命于皇天,庶几天意昭答,中国之势寖强,归宅故都,迎还二圣"。⑤

建炎元年七月乙巳(十七日)高宗正式决定逃跑,手诏曰"京师未可往,当

---

① 《建炎以来系年要录》卷五,建炎元年五月丙辰,第155页。
② 《建炎以来系年要录》卷六,建炎元年六月丁卯,第176页。
③ 《建炎以来系年要录》卷六,建炎元年六月庚申,第162—163页。
④ 《建炎以来系年要录》卷六,建炎元年六月乙酉,第187页。
⑤ 《建炎以来系年要录》卷七,建炎元年七月辛丑,第204页。

巡幸东南,为避敌之计","令三省枢密院条具合行事件"。李纲极论其不可,高宗乃收还其巡幸东南手诏,令李纲与执政议之。李纲建议高宗"幸南阳",高宗"乃许",令修城池,治宫室,储粮草。① 然而"上虽用李纲议营南阳,而朝臣多以为不可",此诚如中书舍人刘珏所指出的,"南阳密迩中原,易以号召四方,此固然矣。然今日兵弱财殚,陈、唐诸郡新刳于乱,千乘万骑何所取给,南阳城恶,亦不可恃。夫骑兵金之长技,而不习水战,金陵天险,前据大江,可以固守。东南久安,财力富盛,足以待敌。于是汪伯彦、黄潜善皆主幸东南,故士大夫率附其议"。② 至此,幸东南可谓定议矣。建炎元年九月高宗下诏"暂驻跸淮甸"③。于建炎元年十月丁巳(初一日)"登舟幸淮甸,翌日发南京"④,在金人建炎元年十二月大规模南下进攻之前,提前逃离了南京。

宗泽听闻高宗已经"南幸",又急忙上疏请高宗还东京,曰"臣窃观陛下践胙大宝,权时之宜,驻跸近甸。天下之民,延颈企踵,日望銮舆之归,经理中原,以建中兴之业","伏愿陛下亟还京阙,以系天下之心"。⑤ 高宗不理会,于建炎元年(1127)十月癸未(二十七日)行抵扬州,安顿下来。而不久李纲就遭到了清算,十一月戊子(初二日)诏使李纲鄂州居住,其中张浚给李纲捏造的一条重要的罪名即反对巡幸东南,曰:"纲来自江淮,知巡幸东南为便,既抗章力陈矣。及至行在,闻小人不乐东去者,即遽为幸邓之计。当是时,虽三尺童子知其不可,而纲决为之。盖纲之心急于盗名,虽使国家颠沛,一切不可。"⑥建炎二年(1128)正月丁未(二十二日),宗泽又上疏请还京⑦,二月乙丑(十一日)宗泽表至,高宗还故作姿态"谕以旦夕北归之意"⑧。后宗泽又数有所请,高宗都不为所动。然建炎二年五月乙酉(初二日)高宗遽下诏还京,诏略曰:

---

① 《建炎以来系年要录》卷七,建炎元年七月丙午,第210页。
② 《建炎以来系年要录》卷七,建炎元年七月癸丑,第214页。
③ 《建炎以来系年要录》卷九,建炎元年九月己酉,第251页。
④ 《建炎以来系年要录》卷一〇,建炎元年十月丁巳,第261页。
⑤ 《建炎以来系年要录》卷一〇,建炎元年十月壬戌,第264—265页。
⑥ 《建炎以来系年要录》卷一〇,建炎元年十一月戊子,第271页。
⑦ 可详参《建炎以来系年要录》卷一二,建炎二年正月丁未,第316—317页。
⑧ 《建炎以来系年要录》卷一三,建炎二年二月乙丑,第329页。

朕即位之初,踌躇近服。会李纲上江左之章,继执南阳之议,鸠工葳事,寖失时几。旋为淮甸之行,就弭寇攘之患,守中原而弗远,见朕意之所存。昨稽时措之宜,默辨言还之计。设施有序,播告未先,或者不知,尚乃有请,可无委积,以谨备虞。宜令发运司尽起淮浙入京物料及军须辎重等物,以次发遣赴京师。朕将还阙,恭谒宗庙。仍令三省枢密院御营使司条具合行事件。应臣僚将士自应天府扈从至扬州者,并进官一等。①

高宗诏文言辞恳切,说明了南下之由及北归京师之意。高宗此反常之举是因为朝廷收到了从金人逃归的信王赵榛的奏章,"或言榛有渡河入京城之谋"②。这无疑严重挑战了高宗统治的合法性基础,高宗自然不能不有所行动,这也从侧面说明了尚有苟且偷安机会的话,高宗自然是能偷安便偷安。赵榛之事或多传闻,事后证明此更多的是宰相黄潜善为打击尚书右丞许景衡"建请渡江"的主张而设的阴谋,建炎二年八月庚申(初八日)殿中侍御史马伸提及此事时曰:"然前日下还都之诏,以谪许景衡。至于今日当如之何,其不慎诏令有如此者!"③

对金战事方面,建炎元年十二月金人大规模南下,在北方义军以及宗泽等宋军在东京的顽强抵抗下,金人攻取东京的计划暂未实现。在扬州安顿下来的高宗遣使议和,但都被扣押,金人对高宗是欲除之而后快。建炎二年五月辛卯(初八日)高宗收到陕西、京东诸路及东京、北京留守的奏报,称金人分道渡黄河,大规模南下。宋方也是分道抵抗,基本抵挡住了金人的这波攻势。七月乙巳(二十三日)高宗又遣使向金请和,不想金人不但不欲和,还下诏伐宋。外交上失利,军事上也紧张起来了,不过总体而言,宋方尚可应付。但高宗仍缺乏信心,十月癸丑(初二日)当御营使司都统制王渊上奏说"金人在河阳,恐其奄至"时,高宗当即就下诏:"濒江州县官渡口,并差官主之,应公私舟船遇夜,并泊南岸。"④宋代的河阳即孟州,在黄河北岸,基本威

---

① 《建炎以来系年要录》卷一五,建炎二年五月乙酉,第367页。
② 《建炎以来系年要录》卷一五,建炎二年五月甲申,第366页。
③ 《建炎以来系年要录》卷一七,建炎二年八月庚申,第405页。
④ 《建炎以来系年要录》卷一八,建炎二年十月癸丑,第417页。

胁不了扬州。

不过建炎二年十月局势确实发生了比较大的变化,准备好了的金人又大规模南下,前军直抵澶州、濮州等地,癸亥(十二日)高宗命御营平寇左将军韩世忠从彭城至东平,中军统制官张俊自东京至开德府(即澶州)防御金人。十月庚辰(二十九日),金国两大元帅完颜宗翰和完颜宗辅又于濮州相会。十一月乙未(十五日),金人取濮州。十二月丙辰(初七日),完颜宗弼又取开德府。庚申(初十日)金人渡过黄河又攻陷东平府(今山东东平县),京东西路安抚制置使权邦彦和御营使司同都统制范琼引兵南逃淮西。金人陷东平府后,又进围迫降济南府。甲子(十四日)完颜宗辅又克孤悬河北的北京大名府。辛未(二十一日)金人又攻青州。对金战事可谓急转直下。高宗对于这次金兵大规模南下的态度,可从其安置隆祐太后事窥探一二。十月甲子(十三日),也即高宗命韩世忠、张俊等分兵抗金的次日,高宗就令常德军承宣使孟忠厚和武功大夫鼎州团练使苗傅等"奉隆祐太后幸杭州",公开的说法是"先措置六宫定居之地",而后高宗"以一身巡幸四方,规恢远图"。① 可以想见,这是高宗为战事不利,进一步南逃方便而进行的提前谋划。

金人横行山东,欲"自东平历徐、泗以趋行在"扬州之时,此前一直准备南逃的高宗却在这关键时候大意了。这主要归咎于宰相黄潜善、汪伯彦的擅权,黄潜善、汪伯彦认为东京、南京及泗州皆有重臣防守不足为惧,将淮北的警报误认为是盗贼李成的余党作过。金人通过间谍得知了高宗君臣的误判,也就将计就计伪装成了李成的党徒行事。当然高宗也知道局势艰难,十二月戊寅(二十八日)遂诏群臣商量对策,这时户部尚书叶梦得提请高宗南巡,"阻江为险,以备不虞",凭借长江天险来阻挡金人,高宗说道:"扬州至瓜州五十里,闻警而动,未晚。"②看来选择何时逃跑,高宗心里早就有数了。叶梦得又请"以重臣为宣总使,一居泗上,总两淮及东方之师以待敌;一居金陵,总江浙之路以备退保"。中军统制官张俊亦上奏说"敌势方张,宜且南渡,复请移左

---

① 《建炎以来系年要录》卷一八,建炎二年十月甲子,第420页。
② 《建炎以来系年要录》卷一八,建炎二年十二月戊寅,第437页。

藏库于镇江"。吏部侍郎刘珏曰扬州兵无粮,城防不备,亦主南逃。对这些意见,主政的黄潜善、汪伯彦不以为然,"笑且不信","晏然不为备"。①

建炎三年(1129)正月戊戌(十九日)经御史中丞张澂提请,朝廷也进行了一次御戎会议。吏部尚书吕颐浩首先指出,金人渐逼东京,要高宗下"哀痛之诏",存拊两路百姓;接着要高宗"大为拒敌之资,申饬诸将,训习强弩,以俟夹淮一战",实际上要"阴为过江之备";接着指出应构筑长江防线,在镇江至池阳和池阳至荆南这两段分别设置提举造船使者,加强水战之具;最后指出应在盱眙和寿春两地屯军,以加强扬州的防御。户部尚书叶梦得请高宗应远斥候,加强情报收集工作,并为可能的过江南渡行为对百姓做好宣传安抚工作。起居郎兼权直学士院张守亦主张远斥候,加强情报工作,并指出了防淮河和过长江二策及其利弊得失。② 以上臣僚的这些提议,黄潜善等都令先抄送御史台,接着申尚书省,实际上都在尚书省这里压下来了,根本没有引起应有的重视。

反观金人一方,金左副元帅完颜宗维自袭庆府(原兖州,治今兖州瑕丘县)长驱而袭行在扬州。建炎三年正月丙午(二十七日)就已攻破徐州,接着又在沭阳(治今江苏宿迁市沭阳县)击溃了御营平寇左将军韩世忠在山东地区防守的大军。韩世忠原屯兵淮阳,被完颜宗维击败后才逃至沭阳的,现在又败于沭阳,这样扬州的正面防线彻底被撕裂。更危险的是,完颜宗维在与韩世忠对决前,还分兵万人直驱扬州,并伪装成李成余党,打着"议事"的旗号,来迷惑妄图活捉宋高宗。己酉(三十日)金人侵泗州,"于泗州之上数十里间,计置渡淮"③。这天傍晚泗州"金人且至"的上奏抵达扬州时,高宗大惊,才开始昼夜不停地搬运"内帑所有",准备南逃。泗州确切的奏疏送抵之前,礼部尚书王绹还曾以"敌骑且南侵,率从官数人同对"于都堂,不料被黄潜善、汪伯彦嘲笑以"三尺童子皆能及之"④。

---

① 《建炎以来系年要录》卷一八,建炎二年十二月戊寅,第437—438页。
② 以上参见《建炎以来系年要录》卷一九,建炎三年正月戊戌,第446—448页。
③ 《建炎以来系年要录》卷一九,建炎三年正月己酉,第451页。
④ 《建炎以来系年要录》卷一九,建炎三年正月己酉,第451页。

建炎三年二月庚戌(初一日)高宗登上御舟,暂停泊在运河岸边,扬州城内士民大惊,争着涌出城门,践踏而死者不计其数。这时黄潜善、汪伯彦还力请高宗稍留片刻等前线的军报。高宗从之,并趁机抓紧搬运金帛财物。有不明所以的官员至都堂问黄潜善、汪伯彦,二人皆言"已有措置,不必虑",于是百官"复自相慰","居民亦以为然"。① 二月壬子(初三日)高宗遣左右内侍邝询前往天长军(治今安徽天长市)侦查,邝询侦知金人攻陷天长军,金人即将到达,遂奔还扬州。高宗得到邝询的消息后,连忙穿上甲胄,仅带着御营都统制王渊和内侍省押班康履等五六骑走马出门。城内百姓见状指曰"大家去也"。不一会儿,"有宫人自大内星散而出",于是城中大乱,高宗与城内百姓"并辔而驰"。这时黄潜善、汪伯彦还在都堂会议,有问及疆事者仍以"不足畏告之"。当有堂吏大呼来报高宗"驾行矣"后,二人便连忙"戎服鞭马南骛",可怜的军民则因"争门而出",又一次造成了"不可胜数"的死伤。军民怨黄潜善"刻骨",结果在逃亡途中司农卿黄锷被当作黄潜善而遭误杀。②

二、临安与建康之间

建炎三年(1129)二月壬子(初三日)高宗出扬州乘船南逃后,先次扬子桥,后泊长江边的瓜洲镇。从瓜洲渡长江至镇江城西的西津渡上岸,上岸后高宗暂息于西津渡西北角玉山上的水帝庙,据称此时"百官皆不至,诸卫禁军无一人从行者"③,狼狈之状可见一斑。这时镇江的百姓听闻高宗仓皇南逃,城中居民亦是"奔走山谷",镇江城为之一空。④ 好在镇江的守臣钱伯言并未奔逃,而是率兵士前来迎接高宗,高宗遂转危为安了,军士和官吏亦稍有集。一方面高宗逃得快,另一方面金人也确实追得急。就在当天晚上,金人的前锋就已经抵达了扬州城,城无守备,金人入城不得高宗,奔至瓜洲又

---

① 《建炎以来系年要录》卷二〇,建炎三年二月庚戌,第453页。
② 以上参见《建炎以来系年要录》卷二〇,建炎三年二月壬子,第454页。
③ 《建炎以来系年要录》卷二〇,建炎三年二月壬子,第454页。
④ 《建炎以来系年要录》卷二〇,建炎三年二月壬子,第455页。

不得,遂望江而回。

次日癸丑(初四日)一大早高宗召集宰执、从官及诸将讨论下一步的去处,曰:"姑留此,或径趋浙中耶?"很明显,高宗是打算继续南逃的。但是众人多不愿马上南逃。奉国军节度使、都巡检使刘光世首先上前叩首痛哭道:"都统制王渊专管江上海船,每言缓急济渡,决不误事。今诸军阻隔,臣所部数万人二千余骑,皆不能济,何以自效?"看穿了高宗心思的黄潜善说道:"已集数百舟渡诸军。"黄潜善替高宗挡下了刘光世的问题后,高宗又继续提问曰"济诸军固已处置,今当议去留",这时吏部尚书吕颐浩、户部尚书叶梦得等三人降阶拜伏不起,吕颐浩以首叩地曰:"愿且留此,为江北声援,不然金人乘势渡江,愈狼狈矣。"吕颐浩之言,终于使众人从高宗预设的继续逃亡的问题中清醒过来,于是高宗也决定暂留镇江,派宰相至长江边"号令江北诸军,令结阵防江",渡官吏百姓过江,并安排安义为江北统制,收集兵马保护瓜州渡。①

刚决定暂留镇江为江北声援,并安排布置了江防,高宗听闻了都统制王渊所言金人可能自通州渡江,占据姑苏的分析后,马上又决定逃跑。中午时分,高宗召宰执询问王渊的担心。黄潜善亦是心领神会,说道:"渊言如此,臣复何辞以留陛下。"于是与宰执议定"径往杭州",②独留中书侍郎朱胜非暂居镇江以处理相关事务。当然在离开前,高宗还是安排了镇江及巡幸浙江的相关人员,命龙图阁直学士知镇江府钱伯言为枢密直学士充巡幸提点钱粮顿递,吕颐浩为资政殿大学士充江浙制置使,刘光世为行在五军制置使,屯镇江府控扼长江渡口,以建武军节度使主管侍卫马军司公事杨惟忠节制江南东路军马屯江宁府。③ 作了基本安排后,高宗都没在镇江过夜,马上就出发了,是夜便沿运河南下宿吕城镇,次日甲寅高宗就到达了常州(今江苏常州市),次日又到了无锡县,次日丙辰(初七日)高宗到达了平江府(今江苏苏州市)。这时高宗才放下心来,"始脱介胄,御黄袍",随行侍卫"皆有生意",④可算是

---

① 以上参见《建炎以来系年要录》卷二〇,建炎三年二月癸丑,第456页。
② 《建炎以来系年要录》卷二〇,建炎三年二月癸丑,第457页。
③ 《建炎以来系年要录》卷二〇,建炎三年二月癸丑,第457页。
④ 《建炎以来系年要录》卷二〇,建炎三年二月丙辰,第459页。

摆脱了金人的威胁。

　　高宗在平江府待了两天,戊午(初九日)下午就又离开了平江府乘船沿运河前往秀州(今嘉兴市)。不过高宗在离开平江府时,并未带上一直护驾的御营都统制王渊,而是留下了王渊总兵守平江府。次日(初十日)高宗御舟即到达秀州,稍作停留,次日庚申(十一日)又出发前往了崇德县(治今浙江桐乡市崇福镇)。在崇德县高宗才又认真考虑布置长江防线,乃命吕颐浩为同签书枢密院事、江淮两浙制置使还屯镇江,节制刘光世、杨惟忠等。于是吕颐浩率领着王渊部下二千精兵还镇江府。吕颐浩到镇江后,令大将杨惟忠守金陵,刘光世守镇江府京口,王渊守姑苏,整肃建设长江防线。当然,高宗亦重视沿海的防御,命监察御史林之平募集六百余艘海船防遏太平州至杭州一线。辛酉(十二日)抵达临平镇,壬戌(十三日)终于到达了目的地杭州。高宗到杭州后"以州治为行宫,显宁寺为尚书省"①,重建了中央临时政府。

　　癸亥(十四日)高宗在行宫召见群臣,下罪己诏。宰相黄潜善、汪伯彦等亦上疏请罪。汪伯彦奏曰"虽世忠控要路于淮、徐,而范琼顿劲兵于宿、泗,对垒两军之相拒,轻兵间道以潜来。臣偶以沉疴所缠,不能密志而虑,致銮舆之遑遽,拿舟楫以播迁",主动承担了高宗被迫从扬州南逃的责任,然高宗"诏不许",并无责怪汪伯彦的意思。② 高宗渡江,黄潜善、汪伯彦的对金主和政策并未改变,乙丑(十六日)颁下曲赦百姓、士大夫的德音中,唯独不赦李纲,"犹罪李纲以谢金"。然"宗社播迁"的误国之罪,终不得不正,于是御史中丞张澂上疏弹劾黄潜善、汪伯彦二人,条二十大罪。高宗虽欲用二人定和议之策,但众意难平,于是己巳(二十日)罢黄潜善知江宁府,汪伯彦知洪州。③ 去黄、汪二人后,高宗以户部尚书叶梦得为尚书左丞,御史中丞张澂为尚书右丞,主持朝廷大政。

　　对金战事方面,从崇德县北上的吕颐浩于二月丁卯(十八日)正式到达镇江府,次日吕颐浩、刘光世便移兵江北屯瓜洲渡,与盘踞在扬州一带的金

---

① 《建炎以来系年要录》卷二〇,建炎三年二月壬戌,第464页。
② 《建炎以来系年要录》卷二〇,建炎三年二月癸亥,第465页。
③ 《建炎以来系年要录》卷二〇,建炎三年二月己巳,第469—470页。

人形成对垒之势。庚午(二十一日)金人离开扬州北返。金人北返,江淮两浙制置使吕颐浩便先率大军往真州收榷货务钱物,后又派军进入扬州。金人退去,高宗压力减轻,黄、汪二人的价值下降,壬申(二十三日)以观文殿大学士黄潜善提举南京鸿庆宫,汪伯彦提举西京嵩山崇福宫,二人被降为闲职,并被去除职名中的"大"字①。甲戌(二十五日)又落职奉祠,直接取消了二人的职名。② 丙子(二十七日)高宗诏曰"朕以菲躬,遭时多故,举事失当,知人不明。昨以宰臣非才,任用既久,专执己见,壅塞下情,事出仓皇,匹马南渡,深思厥咎,在予一人",指出并承担了匹马南渡的责任,并要改过维新,希望"中外士民直言陈奏"。③ 这样高宗至少是颁布了公开层面上的政策,逐渐从黄、汪的轨道上得到了一些扭转。

金人已退,建炎三年三月己卯(初一日)高宗亦摆出了进取之姿,下诏准备巡幸江宁府,以经理中原。④ 然对于高宗幸江宁府以经理中原的决定,应召言事的和州防御使马扩却并不认同,认为此为下策,指出幸巴蜀、都武昌的上、中之策。⑤ 对于如何经理中原,以礼部侍郎充御营使司参赞军事张浚为代表的大多数人认为应建藩镇守之,宰相朱胜非亦主"淮北为藩方",曰"宜仿艺祖初议,权时制宜,行在为京师,淮北为藩方,淮南为郡县"。⑥ 不久高宗亲军苗傅、刘正彦不满高宗一味南逃,发动了史称"苗刘兵变"的事件。苗傅、刘正彦逼迫高宗退位,请隆裕太后垂帘,立年仅三岁的皇太子赵旉为帝,苗傅又乞改年号为明受,其间刘正彦还曾乞隆裕太后及赵旉驻跸江宁府。在朱胜非的斡旋及各地勤王军的压力下,苗傅、刘正彦在取得高宗免死铁券的保证下从朝廷出逃,四月辛亥(初四日)隆裕太后撤帘,次日高宗复辟,御殿受朝。

"苗刘兵变"虽然失败了,但因一味南逃而引起的诸如苗、刘等北方军士

---

① 《建炎以来系年要录》卷二〇,建炎三年二月壬申,第472页。
② 《建炎以来系年要录》卷二〇,建炎三年二月甲戌,第473页。
③ 《建炎以来系年要录》卷二〇,建炎三年二月丙子,第474页。
④ 《建炎以来系年要录》卷二一,建炎三年三月己卯,第479页。
⑤ 《建炎以来系年要录》卷二一,建炎三年三月庚辰,第479—480页。
⑥ 《建炎以来系年要录》卷二一,建炎三年三月辛巳,第482页。

的不满情绪,高宗再也不能忽视了。于是是月丙寅(十七日),高宗便命两浙转运司运封桩米四十万斛赴江宁府,准备巡幸江宁府。① 丁卯(二十日)就从杭州出发了。这次高宗行程比较慢,出发后 11 天即五月戊寅(初一日)高宗才到达常州。不过这时对于此次巡幸的目的地,高宗君臣又有了新的想法,那就是巡幸武昌,而非江宁府。高宗接受知枢密院事兼御营副使张浚的建议,以其为宣抚处置使,宣抚川、陕;以吕颐浩护高宗大驾先去武昌,进而去蜀地;以韩世忠等镇守淮南地区。② 后在左谏议大夫滕康及御史中丞张守等的极力反对下,高宗还是决定按原计划巡幸江宁府。由于滕康这次出色的表现,高宗迅速提拔滕康为翰林学士,侍从左右出谋划策。辛巳(初五日)高宗抵达镇江府。癸未(初六日)高宗又以翰林学士滕康为端明殿学士,签书枢密院事,滕康位列执政,标志着张浚西行之议彻底破产。乙酉(初八日)高宗抵达了江宁府,驻跸在神霄宫,并下诏改江宁府为建康府,曰:

  建康之地,古称名都,既前人创业之方,又仁祖兴王之国。朕本縢代邸,光膺宝图,载惟藩屏之名,实符建启之兆,盖天人之久属。况形势之具,存兴邦正议于宏规,继体不失于旧物。其令父老再睹汉官之仪,亦冀士夫无作楚囚之泣。江宁府可改为建康,其节镇之号如故。③

同时,起复朝散郎洪皓为徽猷阁待制,假礼部尚书充大金通问使,准备对金妥协,"愿去尊号,用正朔,比于藩臣"④。

  高宗在建康积极措置长江及建康府附近的防线,五月丁未(十八日)还应尚书省的请求,设置了以江、池、饶、信州诸州组成的江州路,和以建康府、太平州、宣州、徽州、广德军等地组成的建康府路。六月庚申(十三日)隆祐皇太后一行也抵达建康府。乙丑(十八日)又以显谟阁直学士知建康府连南夫兼建康府、宣、徽、太平州、广德军制置使。⑤ 戊辰(二十一日)高宗又下诏以防

---

① 《建炎以来系年要录》卷二二,建炎三年四月丙寅,第553页。
② 《建炎以来系年要录》卷二三,建炎三年五月戊寅,第559页。
③ [宋]徐梦莘:《三朝北盟会编》卷一二九《炎兴下帙二十九》,五月九日丙戌,第935页下。
④ 《建炎以来系年要录》卷二三,建炎三年五月乙酉,第562页。
⑤ 《建炎以来系年要录》卷二四,建炎三年六月乙丑,第577页。

秋在近,"自南京至镇江府沿江巡检五十有五员,令枢密院各择材武可仗者一人为之贰,其土军有阙者,并招填之"①。甲戌(二十七日)建康府行宫完成,高宗自神霄宫入居建康府行宫。从这些措施看,高宗似有意常驻建康府。

然而高宗内心仍着意后方尤其是对杭州的防务,心存退避之意。在五月丁亥(初十日)高宗仍在去江宁府的路上,即命龙图阁待制、沿江措置使陈彦文为徽猷阁直学士、都大提领水军"措置江、浙防托事务"②。六月乙卯(初八日)应御营使司之请,以"知杭州康允之兼浙西制置使,自镇江府至江阴军,悉令允之措置"③。高宗驻跸建康,但有些臣子仍担心金骑兵的可能进击,如是月甲戌(二十七日)中书舍人季陵便请高宗"预诏郡邑,各备巡幸,使人不骇,相时而动"④。六月乙亥(二十八日)高宗下诏:"于七月下旬恭请隆祐皇太后率六宫、宗室近属迎奉神主,前去江表。朕与谋臣宿将戮力同心,以备大敌,进援中原,应官吏、士民家属南去者,官司毋得禁。"⑤高宗提前安排太后及宗室南下江西,自己留守备大敌,这样的操作并不新鲜,无非是为方便逃跑而已。七月辛卯(十五日)高宗诏升杭州为临安府,提高杭州的政治地位。高宗如此行为,其内心的真实想法难以确知,但若将其置于对金军事防御发展的脉络中,亦不难理解,无非就是为逃跑驻跸计而已。七月丁酉(二十一日)高宗又遣使赴金求和。壬寅(二十六日)高宗又诏:"迎奉皇太后率六宫往豫章,且奉太庙神主、景灵宫祖宗神御以行,百司非预军旅之事者悉从。"⑥

此时,高宗虽下诏坚守建康,但是意欲逃跑、"阴为避敌之计"已是公开的秘密了。故此八月壬子(初六日)吕颐浩请"宜量留嫔御,掌批奏牍,以固人心"⑦。八月丁卯(二十一日)高宗为"缓师",又遣朝散大夫、京东路转运判官杜时亮为秘阁修撰,假资政殿学士,充奉使大金军前使。⑧闰八月丁丑

---

① 《建炎以来系年要录》卷二四,建炎三年六月戊辰,第580页。
② 《建炎以来系年要录》卷二三,建炎三年五月丁亥,第562页。
③ 《建炎以来系年要录》卷二四,建炎三年六月乙卯,第576页。
④ 《建炎以来系年要录》卷二四,建炎三年六月甲戌,第583页。
⑤ 《建炎以来系年要录》卷二四,建炎三年六月乙亥,第584页。
⑥ 《建炎以来系年要录》卷二五,建炎三年七月壬寅,第598页。
⑦ 《建炎以来系年要录》卷二六,建炎三年八月壬子,第604页。
⑧ 《建炎以来系年要录》卷二六,建炎三年八月丁卯,第608页。

(初一日)高宗下御笔曰"朕欲定居建康不复移跸",然"敌人猖獗,迫逐陵范,未有休息之期,朕甚惮之",遂令"三省可示行在职事、管兵官条具以闻"。虽是征求意见,但其实说白了就是商议往哪里逃跑的问题。结果虽不一,但基本倾向仍是守江保东南,于是"卒定东巡之策"①。次日即命尚书工部侍郎兼知建康府汤东野提举应副六宫事务,先往平江府;又令徽猷阁待制知庐州胡舜陟知建康府,充沿江都制置使。丁亥(十一日)高宗又召诸将问移跸之地,御前右军都统制张俊、御营都统制辛企宗劝高宗自岳、鄂幸长沙;而左军都统制韩世忠则主张守江、淮。

高宗早定好了移跸之地,这次故意问诸将移跸之地,其实是试探诸将的对金态度,一心逃跑的高宗听了张俊、辛企宗等人的话后,"怫然,至晚不食"②。毕竟得有将领在前线抵抗,自己逃到后方才可安稳。高宗对金的基本军事思想乃"金人所恃者,骑众耳。浙西水乡,骑虽众,不得骋也"③,因此军事上放弃了淮河防线,令韩世忠守镇江府,刘光世守太平及池州,着意长江防线。面对高宗巡东南之策,起居郎胡寅又上策反对,曰"欲强进取之资,而无形势之失",那么宜以荆、襄为"根本",④这样的逆耳之言,高宗与宰相吕颐浩不喜自是可预见的,但不承想高宗竟还罢免了胡寅。

闰八月辛卯(十五日)高宗命尚书右仆射杜充兼江淮宣抚使,领行营之众十余万守建康;御前左军统制韩世忠为浙西制置使,守镇江府;太尉御营副使刘光世为江东宣抚使,守太平及池州;御营使司都统制辛企宗守吴江县;御营后军统制陈思恭守福山口,统制官王琼守常州。军事上布置妥当后,高宗就准备动身逃跑了,次日壬辰(十六日)高宗就命承议郎、监都进奏院周元曜奉迎艺祖以下神位前往临安了。闰八月壬寅(二十六日)高宗正式下诏巡幸浙西临安。十月癸未(初八日)高宗到达目的地临安府。这次行程前后历时一月有余,这当然是高宗出逃得早,未如扬州被金人追着跑的缘

---

① 《建炎以来系年要录》卷二七,建炎三年闰八月丁丑,第613页。
② 《建炎以来系年要录》卷二七,建炎三年闰八月丁亥,第616页。
③ 《建炎以来系年要录》卷二七,建炎三年闰八月丁亥,第616页。
④ 《建炎以来系年要录》卷二七,建炎三年闰八月己丑,第626页。

故。不过就在高宗巡幸临安路上的这段时间,金中路军完颜宗弼及东路军完颜昌在山东、淮北地区势如破竹,取得了重要的进展。九月金兵连陷单州、沂州、兴仁府与南京,又破登州、莱州和密州。九月丙辰(十一日)高宗又以迪功郎张邵为奉议郎、直龙图阁,假礼部尚书充大金军前通问使。

九月壬申(二十七日)高宗还未到既定的目的地临安,而暂驻于平江府时,就有臣僚给高宗建议,过临安府进而移跸浙东越州。高宗自是赞成,但又担心"人情未孚",对大臣说:"宜降诏具述,初非朕意,悉出宰执,庶几军民不怨。"①高宗将进一步逃到越州的责任,完全推给了宰执大臣。十月戊寅(初三日)高宗从平江府出发,癸未(初八日)到达原定目的地临安府,停留了七天后,高宗便于庚寅(十五日)登上御舟继续巡幸浙东。两日后高宗便到达了越州,"入居州廨"②。十月戊戌(二十三日)也即高宗逃到越州的第八天,完颜宗弼前军便攻陷了寿春府(今安徽寿县)。完颜宗弼攻陷寿春府后,不入城,便兵分两路急向南下,一路追击江西的隆祐太后,自己亲将一路大军趋江浙追击宋高宗。

建炎三年十一月壬戌(十八日)完颜宗弼军自马家渡过江,守备松懈的杜充大军溃退。杜充大军溃,韩世忠则不战而逃至江阴军,南宋的长江防线彻底崩溃。甲子(二十日)知临安府康允之进言高宗,曰"有归朝官自寿阳来报,金人数道并进,已自采石济江",高宗大惧,急诏侍从商议,"或谓且遣兵将,或谓宜募敢战士以行","议未决"。③ 丙寅(二十二日)高宗命汪藻草诏书,谕中外言自己将前往浙西迎敌。次日正式下诏,曰"近报金人一项自采石,一项自黄州渡江,生民嗷嗷,何时宁息?今诸路兵聚于江、浙之间,朕已移跸浙西,为迎敌之计",并"遣兵三千先行"。④ 这时高宗还不知道杜充大军崩溃的消息,己巳(二十五日)高宗也确实动身,前往浙西迎敌,到达了越州与杭州之间的钱清堰。不过,当天晚上高宗终于得到了杜充大军失败

---

① 《建炎以来系年要录》卷二八,建炎三年九月壬申,第652页。
② 《建炎以来系年要录》卷二八,建炎三年十月壬辰,第657页。
③ 《建炎以来系年要录》卷二九,建炎三年十一月甲子,第673页。
④ 《建炎以来系年要录》卷二九,建炎三年十一月丁卯,第675页。

的消息,于是便紧急问策身边臣僚,说杜充守江失败,"金国人马必临浙江追袭","事迫矣,卿等意如何?"这时吕颐浩献策"车驾乘海舟以避敌",待金人不耐江浙地热,"俟其退去,复还二浙"。① 第二天一大早高宗就返程归越州,晚上到达越州城下,又与群臣集议,大多赞成吕颐浩之策,遂决定先逃往明州(今浙江宁波)。十一月辛未(二十七日)金人攻陷建康。高宗稍事准备后,癸酉(二十九日)晚便从越州出发,十二月己卯(初五日)抵达了明州。

十一月辛未(二十七日)完颜宗弼攻下建康后,为抓获宋高宗,便采取避实击虚之策,绕开平江府、秀州等地,直趋广德军(今安徽广德市),十二月壬午(初八日)又攻破安吉(今浙江安吉县),乙酉(十一日)完颜宗弼就兵临临安府,十五日就破临安城而入。当完颜宗弼攻破临安城时,宋高宗就已经决定逃往定海县(今镇海县),准备出海了。完颜宗弼破临安后,自己就留驻临安,遣将阿里、蒲卢浑等继续追击宋高宗。戊戌(二十四日)金大将巴哩巴攻陷越州。同时,金人又分兵从诸暨趋嵊县直插明州,己亥(二十五日)高宗乃召集大臣商议,准备逃到温、台等地以避敌人。庚子(二十六日)高宗便从昌国(今舟山市定海区)出发,航海南逃。三天后,金兵也追至明州城下了。不过,在明州城下,一路势如破竹的金兵被张俊伏击而败北。建炎四年(1130)正月初二,金兵再攻明州,不胜,初七日,金人又增兵攻明州,十六日明州城破。金人攻破明州后,便急趋攻破定海县。随即亦出海南下温、台,二十三日便航至温州湾的碛头,差点就追上宋高宗,惜在此被张公裕击败而北去。② 至此,完颜宗弼"搜山检海"追击宋高宗的行动最终失败。

三、从温州到临安府

完颜宗弼"搜山检海"捉宋高宗的行动失败后,便开始撤退。建炎四年(1130)二月丙子(初三日)焚毁明州城并还兵临安。丙戌(十三日)刘洪道奏高宗说已收复明州。同日完颜宗弼亦自临安退兵。庚寅(十七日)高宗便

---

① 《建炎以来系年要录》卷二九,建炎三年十一月己巳,第 677 页。
② 对此可详参黄纯艳:《宋高宗海上避难研究》,《历史研究》2024 年第 5 期。

入温州驻跸州治。庚子(二十七日)户部侍郎叶份就提议说应为高宗车驾巡幸浙西早做准备。此后,高宗应该是准备巡幸浙西的,不过三月丙午(初四日)御史中丞赵鼎却劝谏说:"敌骑始还,当俟浙西宁静,及建康之寇尽渡江,然后回跸。万一敌去未远,或作回戈之期,何以待之?"①高宗从之,于是暂缓回跸。这时完颜宗弼归路被韩世忠切断,迟迟不能渡江。十五日金兵从苏、秀等地撤兵,至镇江府,而韩世忠已移师八千屯焦山寺。完颜宗弼不得渡,乃溯流而上,韩世忠亦循行北岸,且战且行,宗弼终被困于黄天荡。完颜宗弼北撤,高宗亦觉安全了,于是便从温州北上还浙西。四月甲戌(初三日)高宗御舟就已抵达明州城外,这时御史中丞赵鼎对驻跸地又提出了新意见,说"宜以公安为行阙,而屯重兵于襄阳",然后可"运江、浙之粟,资川、陕之兵",以进取中原。② 高宗不置可否,次日又从明州出发前去越州。

四月癸未(十二日)当高宗移驾越州后,这时被韩世忠困在黄天荡的完颜宗弼呈"穷蹙"之势,于是吕颐浩就请高宗"幸浙西","下诏亲征,以为先声",出兵策应韩世忠,以图"擒兀尤"。③ 备受鼓舞的宋高宗次日就下诏亲征。这时御史中丞赵鼎又以万一韩世忠敌骑穷蹙事不实,及"建康之众未退,回戈冲突,何以待之"④之论站出来反对高宗亲征。吕颐浩听说后,便"移鼎翰林"⑤,提请高宗命为翰林学士,而赵鼎则坚决不就职,二者矛盾激烈化。十四日高宗得到消息说镇江、建康等处金人已节次渡江后,欲亲征。次日,赵鼎又进言"车驾欲亲御六师,为追袭之举,万一已渡浙西,而敌骑起袭我之计,能保其必胜乎"⑥,反对亲征。四月丙申(二十五日)在赵鼎等的不断弹劾下,吕颐浩被罢相,以参知政事范宗尹摄行宰相事,赵鼎则为签署枢密院事,而"请浙右之行,则力违于众论"⑦,成为吕颐浩罢相的一项重要

---

① 《建炎以来系年要录》卷三二,建炎四年三月丙午,第732页。
② 《建炎以来系年要录》卷三二,建炎四年四月甲戌,第742页。
③ 《建炎以来系年要录》卷三二,建炎四年四月癸未,第743页。
④ 《建炎以来系年要录》卷三二,建炎四年四月甲申,第743页。
⑤ 《建炎以来系年要录》卷三二,建炎四年四月乙酉,第743页。
⑥ 《建炎以来系年要录》卷三二,建炎四年四月丙戌,第744页。
⑦ 《建炎以来系年要录》卷三二,建炎四年四月丙申,第747页。

罪状。于是亲征之议罢,高宗也就暂时留在了越州。

就在吕颐浩罢相的当天,完颜宗弼则从黄天荡逃出渡过了长江。五月壬子(十一日)留在建康的金兵在焚毁了建康城后也渡江北去。乙卯(十四日)高宗便从三省处得到"金人渡江尽绝"的确切情报,但此时主政的赵鼎并未如其此前所论请高宗离开越州巡幸浙西,直到绍兴元年(1131)十一月高宗在越州居留了一年半以后才下诏移跸临安府。当然在这期间并不是没有臣僚提请讨论高宗驻跸之地者,如五月末就有臣僚因高宗车驾所至"官吏兵卫颇众",而提出讨论"积粟聚财之计","以备巡幸"。高宗特别重视,就在六月辛未(初一日)召集侍从、台谏、三衙诸军统制并赴都堂集议驻跸事宜,怕都堂集议事有未尽者,还特许"实封以闻"。① 六月戊寅(初八日)中书舍人季陵入对时就首言"大驾时巡,未有驻跸之地"②的问题,要高宗认真思虑。然而现实则是完颜宗弼大军仍屯"淮甸",驻长江北岸真州的六合县,时刻威胁着江南地区。长江南岸的建康自不用说,而临安等地亦都成为高宗心中的"边地",如六月己卯(初九日)高宗就"以防秋在近,欲责任之专故"而诏罢临安府守臣兼浙西同安抚使。③ 除了江浙地区,六月二十一日和二十二日高宗分别诏荆南镇抚使解潜和夔路监司、帅臣,归、峡州守臣等措置计备,拘收系官舟船等"以备巡幸"。④ 七月初五又诏婺、衢、信、饶等州豫蓄钱粮,以备巡幸⑤,然最终都未成行。

金朝方面,虽然完颜宗弼追袭高宗失败,但其在河南、山东及江北获得了大量的新占领土。对于这些新占地区,金人仍欲实行以宋人治宋地的战略,因此便于建炎四年九月初九立投降的原宋济南府知府刘豫为大齐皇帝,实行间接统治。刘豫即皇帝位,高宗自是百般不愿意,但慑于金人之威,在正式往来文书之中还是以"大齐名之"⑥。当然,册立刘豫后,金兵并未完全北撤,而

---

① 《建炎以来系年要录》卷三四,建炎四年六月辛未,第777页。
② 《建炎以来系年要录》卷三四,建炎四年六月戊寅,第780页。
③ 《建炎以来系年要录》卷三四,建炎四年六月己卯,第782页。
④ 《建炎以来系年要录》卷三四,建炎四年六月辛卯,第789页。
⑤ 《建炎以来系年要录》卷三五,建炎四年七月乙巳,第796页。
⑥ 《建炎以来系年要录》卷四九,绍兴元年十一月辛丑,第1023页。

是继续进攻淮南、陕西等地的未下城池,九月癸亥(二十四日)在富平之战中击败宋知枢密院事宣抚处置使张浚大军,戊辰(二十九日)金左监军完颜昌终于攻破了宋淮南重镇楚州。富平之战失败的消息还未传至朝廷,十月初二宣抚处置使司参议官王以宁还进言请高宗"幸蜀","俾敌人罔测乘舆所在",①高宗以诏令当取信于民而不从。金人破楚州后,南宋非常紧张,认为金人有南渡之意,而且不时有游骑至长江边,高宗甚至还曾"议放散百司"②。

高宗一方面要外防金兵,对内又要镇压巨寇李成,十一月甲子(二十五日)建康府路安抚大使吕颐浩请增兵,同知枢密院事李回进建言请高宗曰"亲帅六师,移跸饶、信间,则成破胆矣"③,高宗曰"决意须亲往,俟敌骑稍北,遣世忠先行,朕继总兵临之"。对于高宗亲征李成的计划,中书舍人胡交修坚决反对,曰"郡盗猖獗,天子自将,胜之不武,不胜贻天下笑,此将帅之责"。④ 中书舍人洪拟亦言:"舍四通八达之郡,而趋偏方下邑,道里僻远,非所以示恢复。形势卑陋,不足以坚守御,水导壅隔,非漕挽之便,轻弃二浙,失煮海之利。"⑤十二月辛卯(二十三日)刘光世奏牒报"敌不渡江",这样高宗等紧张的神经终于可以放松一下了。金人"不渡江",高宗亦"止饶、信之行",乃命神武右军都统制张俊为江南路招讨使,进兵讨李成,解江州之围。⑥ 得到金人不渡,有意退师的消息后,翰林学士汪藻即进言高宗"暂都金陵"⑦,着力与刘豫争淮南之地。

绍兴元年(1131)四月庚午(初四日)金左监军完颜昌自楚州渡淮河而北,五月高宗又败巨寇李成等,内外压力得到了很大地减轻。六月戊寅(十三日)就有臣僚提出要高宗移跸图恢复,曰"朝廷暂驻江左,盖非得已,当为攘却恢复之图",要高宗预定"今岁战守之策"。⑧ 九月甲午(初一日)高宗

---

① 《建炎以来系年要录》卷三八,建炎四年十月辛未,第848页。
② 《建炎以来系年要录》卷三九,建炎四年十一月庚戌,第869页。
③ 《建炎以来系年要录》卷三九,建炎四年十一月甲子,第874页。
④ 《建炎以来系年要录》卷四〇,建炎四年十二月辛未,第879页。
⑤ 《建炎以来系年要录》卷四〇,建炎四年十二月辛未,第880页。
⑥ 《建炎以来系年要录》卷四〇,建炎四年十二月乙未,第884页。
⑦ 《建炎以来系年要录》卷四〇,建炎四年十二月,第885页。
⑧ 《建炎以来系年要录》卷四五,绍兴元年六月戊寅,第955页。

对辅臣说:"金人既去,陕西必可经理,荆楚以南亦须措画。庶几形势相应,有收复之渐。"①十月尚书吏部员外郎廖刚言"今乃图新之时,故经营建康,殆不可缓,岁晚固所未暇,俟有机会可乘,当亲拥六师,往为固守之计","东南建国,无易金陵","宜出其不意而徙居"建康府,"先事制人"与刘豫争衡。② 此后吕颐浩又建言曰"今国步多艰,中原隔绝,江淮之地尚有巨贼,驻跸之地,最为急务",要高宗"先定驻跸之地","发中兴之诚心,行中兴之实事"。当然对驻跸之地,吕颐浩并未明言,但其却在表奏中言驻跸之地应"使号令易通于川、陕,将兵顺流而可下,漕运不至于艰阻",要移跸"上流州军",保全江、浙、闽、广数路。再考虑到吕颐浩第一次罢相后曾长期任建康府路安抚大使,坐镇建康向西控遏上游的池州,北向宣抚淮南等,劝高宗移跸建康府应是其奏表应有之义,而且奏表中还特意提到了浙西、浙东的不足,曰"浙西郡县往往已遭焚劫,浙东一路在今形势、漕运皆非所便"。③

终于高宗决定移跸,而目的地却并非某些臣僚所奏请的建康府、荆南等地,而依旧是临安。十一月戊戌(初五日)高宗以"会稽漕运不继"为由正式下诏移跸临安,命"两浙转运副使徐康国兼权临安府,与内侍杨公弼先营公室"。④ 就在高宗下诏移跸临安府三天后,襄阳镇抚使桑仲还请高宗"进幸荆南",高宗还是故作姿态,表示"荆南形势,固可驻跸,但以粮运未通,已令参知政事孟庾计置,俟就绪进发"⑤。绍兴二年正月癸巳(初一日)高宗令从官先行出发去杭州。壬寅(初十日)高宗正式从绍兴出发。丙午(十四日)高宗终于又到达了临安,重新安定了下来。

四、驻跸地中的建康府与临安府

高宗建炎南渡,在其众多的驻跸地中,建康府和临安府无疑是有重要地位与特殊意义的。建康府,也即此前的江宁府,在宋高宗南京即位后,就成

---

① 《建炎以来系年要录》卷四七,绍兴元年九月甲午,第985页。
② 《建炎以来系年要录》卷四八,绍兴元年十月甲戌,第1008页。
③ 《建炎以来系年要录》卷四九,绍兴元年十一月戊戌,第1021—1022页。
④ 《建炎以来系年要录》卷四九,绍兴元年十一月戊戌,第1021页。
⑤ 《建炎以来系年要录》卷四九,绍兴元年十一月辛丑,第1023页。

为意欲南渡的臣僚心里的理想定都之地。建炎三年二月高宗南渡过江,至绍兴二年正月高宗回到临安府为止,这段时间里建康府成为经理中原的一个象征。建炎三年五月至闰八月这四个多月,高宗确实来到了建康府,其间还将江宁府改为了建康府。但面对金人的威胁,高宗最终还是觉得不安全。六月,也即高宗去了建康府一个月以后,高宗就准备安排太后的逃跑行程了。绍兴元年,也有臣僚不断地催促高宗驻跸建康,但高宗不从,最终还是回到了临安府。

相较于建康府,高宗本人对临安府则是情有独钟。如上文所述,建炎二年十月,金军大举南下时,高宗就准备让苗傅护送隆裕太后幸杭州。建炎三年二月高宗刚一逃过长江后,其亦有意"趋浙中"。建炎四年高宗驻跸建康时,面对金人的威胁,高宗的避敌之地仍选择了杭州。绍兴元年高宗不从臣僚的建康、荆南之论,从绍兴府北返的目的地仍是杭州。当然,高宗之所以心有定计,执意选择临安府,那是因为其对金人军队及临安府所在的浙西地理有一个基本的认识,即"金人所恃者,骑众耳。浙西水乡,骑虽众,不得骋也"。

而建康府及临安府之所以在众驻跸地中显得重要,还在于二者"府制"的建制。众所周知,北宋中后期以来府制规模急剧扩大,但是,高宗南渡以后,除了绍兴元年十一月辛亥(十八日)高宗以康州(治今广东德庆县)为潜邸故而升德庆府外①,所建立的府就只有建康府、临安府和绍兴府。绍兴府相关事比较特殊,下文详论。就建康府和临安府的建制而论,显然不能仅仅停留在其"崇名"的表面,不能说完全没有更深层次尤其是"都城"建制上的考量。如上所论,从发生端而言,唐宋都城的建立无不以府制为基础,高宗南京即位就决意南逃,坚决不回首都开封,而且当时讨论建都、迁都之论甚嚣尘上,建都之事根本就不是什么秘密,也无须讳言。

建炎三年高宗南渡长江以后,高宗以驻跸地为"行在所",先后驻跸多地。但从"常驻不移跸"的角度而言,行在所就是事实上的首都无疑,而且

---

① 《建炎以来系年要录》卷四九,绍兴元年十一月辛亥,第1027页。

诚如《绪论》中所言,尽管有天下之中的观念,有理想的建都之地,但是天子四海为家,都城事实上都是围绕着天子居地转移的,重要的是人而非地。绍兴八年以后,高宗建都临安,临安首都地位的确立,也是在"常驻不移跸"这种事实基础上形成的。建炎三年五月高宗移跸建康,据高宗自言,其也是抱着一种"欲定居建康,不复移跸"①的态度去的。奈何金人威逼太甚,才不得已选择离开。因此,在这种态度下去理解高宗刚一到达建康府就改江宁府为建康府,不排除高宗君臣有以建康为都的打算。同理,也就不难理解,在金人持续的压力下,高宗在七月十五日,仍驻跸建康时,诏升杭州为临安府的决定,其以临安府代建康府为都再明显不过了,因为高宗深感建康不安全,早就决定逃跑了。后来高宗移驻温州、越州等地,纯粹是为了逃命,无涉建都之事。

在高宗的众多驻跸地中,越州即后来的绍兴府在此不得不单独讨论。首先是驻跸时间较长,从建炎四年四月至绍兴元年十一月一直驻跸于此,长达一年半。虽然驻跸时间长,但是高宗君臣从来没有常驻的打算,如上文所论,建炎四年四月癸未(十二日)高宗刚到达越州,次日高宗就在吕颐浩的奏请下欲"亲征"而"幸浙西"②。六月辛未(初一日)还召群臣讨论驻跸、移跸事宜。③ 而高宗之所以逗留越州主要是外有金兵、内有巨寇的形势所决定的,这点上文已有详论。其次,就是绍兴府的府制建制。绍兴元年十月己丑(二十六日)高宗诏升越州为绍兴府,此事并非高宗主观意愿所为,而是在高宗准备离开越州前,越州守臣陈汝锡"车驾驻跸会稽,阅时滋久,它日法驾言还,恢复之功必自越始。愿加惠此州,易一府额,锡之美名,以彰临幸之休"④如此般的奏请下才设立的。而关于绍兴府的寓意,诚如引文"易一府额,锡之美名,以彰临幸之休"所言,仅在于以美名彰显高宗曾经驻跸之意,显然是不能和都城的制度建制扯上任何关系的。因此,绍兴府从来就没有

---

① 《建炎以来系年要录》卷二七,建炎三年闰八月丁丑,第613页。
② 《建炎以来系年要录》卷三二,建炎四年四月甲申,第743页。
③ 《建炎以来系年要录》卷三四,建炎四年六月辛未,第777页。
④ 《宋会要辑稿》方域六之二二,第7416页下。

进入南宋君臣都城的讨论范围之内,不论是常驻的角度还是绍兴府的府制建制方面。当然,南宋时期绍兴府后来也有"陪都""留都"的叙事,但这多是士大夫,尤其是当地士大夫和地方文献的溢美之词,不足为论。最后,需要说明的一点即其属县的地位。如上文所论,随着唐五代都城的频繁改易与府制的扩大,都城的地位逐渐由属县的级别来标识,而绍兴府终南宋一朝,其属县地位从未跃升,这也与临安府属县称赤县、畿县,建康府属县称次赤、次畿形成了鲜明的对比。

第二节 "直把杭州作汴州":定都临安过程中的亲征之行

如上所论高宗对杭州可谓是情有独钟,其早就"直把杭州作汴州"了。绍兴二年正月高宗又一次驻跸临安,并对临安进行了一些营缮,管理制度上亦多"援东京旧例",可以说这次不复移跸,定都临安亦无多大疑义。但是战争形势的发展,并不以高宗的个人意志为转移,高宗先后于绍兴四年和绍兴六年两次以亲征之名离开临安。也因此,建都之论又起,尤其是绍兴六年高宗驻跸建康期间,高宗在建康营宫室,筑太庙,大有建都建康之势。但随着"淮西兵变",张浚倒台,以及金人态度的转变,绍兴八年高宗终于又回到了心心念念的临安,从此不复移跸,终于定都临安。

一、高宗再驻临安与宋金和战

绍兴二年(1132)正月丙午(十四日)高宗从绍兴府到达临安后,显然并不是将其作为临时的驻跸之地,而是积极营缮,为常驻不移之备。前揭绍兴元年十一月戊戌(初五日)高宗下诏移跸临安时就命徐康国、杨公弼等先行营建宫室。正月戊午(二十六日)三衙又奏定临安府左右厢巡为百有十五铺。① 己未(二十七日)又以修内司所集湖、秀等五州役卒

---

① 《建炎以来系年要录》卷五一,绍兴二年正月戊午,第1053页。

就筑修临安城之颓圮者。① 二月癸亥(初一日)又以民于临安高可阜可下瞰宫中为由,诏临安府近行宫高阜,禁人毋得至其处。② 己巳(初七日)高宗听说在"措置营缮"过程中"颇取材于民,违背初旨",还特以诏令监察御史黄龟年"取索,仍给银、绢、度牒,计市价偿之",③这只能说明这次营缮的规模之大,牵涉之众。基本的营缮完成后,对于临安城的管理也开始"依开封府法","援东京旧例"展开。如三月乙未(初四日)就诏临安府城内强盗,及纵火焚有人居止之室,依开封府法治罪。④ 又如四月癸未(二十二日)下诏临安府,令援东京旧例将马步军司分左右厢巡警照管。⑤

与高宗大力营缮临安,按照东京旧例管理临安形成鲜明对比的是,其对建康府哪怕是行宫的营建都显得异常谨慎与克制。六月己亥(初十日)江东安抚大使李光乞建康行宫"北临安,增创后殿,仍修盖三省、密枢院百司及营房等",高宗"许之",⑥后高宗又诏李光"具体而微,毋困民力"⑦。规划出来后,辅臣进呈高宗,高宗曰:"但令如州治足矣,若止一殿,虽用数万缗,亦未为过。必事事相称,则土木之侈,伤财害民,何所不至。"⑧"但令如州治足矣",这无疑是高宗内心真实的想法,建康府从来都不是高宗理想的驻跸地,修建行宫只不过是碍于群臣之请罢了。八月乙卯(二十八日)高宗还曾以"防秋"故,下诏其间停止修建康府大内。⑨

宋高宗移跸临安,毕竟给了主战大臣以"恢复"的希望。在吕颐浩等的不断鼓动下,高宗也终于在四月戊子(二十七日)下诏以吕颐浩为都督江、淮、荆、浙诸军事,总师镇江,讨伐伪齐刘豫。闰四月壬子(二十二日)

---

① 《建炎以来系年要录》卷五一,绍兴二年正月己未,第1053页。
② 《建炎以来系年要录》卷五一,绍兴二年二月癸亥,第1054页。
③ 《建炎以来系年要录》卷五一,绍兴二年二月己巳,第1055页。
④ 《建炎以来系年要录》卷五二,绍兴二年三月乙未,第1071页。
⑤ 《建炎以来系年要录》卷五三,绍兴二年四月癸未,第1090页。
⑥ 《建炎以来系年要录》卷五五,绍兴二年六月己亥,第1129页。
⑦ 《建炎以来系年要录》卷五五,绍兴二年六月己亥,第1129页。
⑧ 《建炎以来系年要录》卷五五,绍兴二年六月己亥,第1129页。
⑨ 《建炎以来系年要录》卷五七,绍兴二年八月乙卯,第1162页。

吕颐浩还奏请高宗:"今岁防秋,当用兵江、淮之间,若车驾时巡,则诸将孰敢不尽力?"①希望高宗在用兵江淮时能巡幸督师。五月初四,吕颐浩出师,但不久宋军发生内乱,前军赵延寿反叛,继而宋将桑仲、翟兴等被杀,吕颐浩无奈,只得派参谋官傅崧卿将自己的部众领回建康,并引疾求罢。高宗不允,并于六月二十五日召吕颐浩还朝奏事,北伐刘豫之事实际上已经失败。然而,军事上的失败,并未尽灭臣僚定都建康,以图恢复的决心。胡安国《时政篇》中就言高宗"履极六年,以建都则未有必守不移之居"为论,进言应"都建康","不宜数动","与敌人逐水草"同。七月乙丑(初七日)胡安国正式入对时,又劝高宗"保国必先定计,定计必先定都"。②

虽然金人立伪齐以为藩辅,但"沿河、沿淮及陕西、山东等路皆驻北军"③,因此高宗对金人的威胁有清醒的认识。当绍兴二年形势有所缓和之际,高宗还时时担心金人再次渡江南下。绍兴二年八月庚寅(初三日)高宗还在与臣僚讨论"寇或南来,避与不避"④的问题。这种情况下,想要高宗定都建康自是不可想象之事。高宗恐惧归恐惧,但此时金人对高宗的态度却也逐渐发生了变化,八月癸卯(十六日)高宗得到淮南宣抚使刘光世的奏言,说通问使、朝奉郎王伦从金国返还。⑤ 这是金国首次放归高宗的使者,其意义不言而喻。九月辛酉(初四日)王伦到达了临安,且带来了完颜宗翰"既欲不绝祭祀,岂肯过于吝爱,使不成国"的话语。此时主政的吕颐浩虽是强硬派,但还是"以骄敌意"的名义,派出了潘致尧、高公绘等出使金朝。⑥ 当然,吕颐浩也对和议是不抱完全希望的,十一月己巳(十二日)吕颐浩又请高宗举兵北向,以复中原。次日,高宗又与来朝的韩世忠等面议用兵事。韩世忠等的劝谏似乎也起了一些作用,壬申(十五日)高宗与辅臣说道:"自昔中兴,岂有端坐不动于四方者?"并表示其将

---

① 《建炎以来系年要录》卷五三,绍兴二年闰四月壬子,第1103页。
② 《建炎以来系年要录》卷五六,绍兴二年七月乙丑,第1138页。
③ 《建炎以来系年要录》卷五三,绍兴二年四月庚寅,第1094页。
④ 《建炎以来系年要录》卷五七,绍兴二年八月庚寅,第1149页。
⑤ 《建炎以来系年要录》卷五七,绍兴二年八月癸卯,第1156页。
⑥ 《建炎以来系年要录》卷五八,绍兴二年九月辛酉,第1166页。

来将"抚师江上"。① 吏部侍郎韩肖冑便附和高宗,曰"今日之势,终当用兵",后韩肖冑再次与高宗单独面谈时,进而指出"贼豫盗据中原,人心不附,宜出不意,遣兵将鼓行进讨,声言翠华再幸金陵,督使过江"。② 十二月丁亥(初一日)黄州布衣又上表,表示"臣观东南之地,本非帝王之都,历考古今,未有卜世之久者。况吴、越之地,形势尤薄,万一未复神京,而建康古都,亦可暂驻銮舆,无久居于海隅也"③。

绍兴三年五月,潘致尧使金还,同时带来了"金人要大臣来议和"的意思。④ 高宗对此自是十分高兴,随即就以吏部侍郎韩肖冑为端明殿学士、同签书枢密院事,充大金军前奉表通问使,以给事中胡松年试工部尚书充副使,共同出使金朝。⑤ 而且为保证议和不被干扰破坏,高宗还令枢密院约束缘边武将不得"辄发人马,侵犯齐界","如敢违犯,令宣抚司依法施行"。⑥ 尽管"再遣枢臣,衔命出疆",但左朝奉郎、监尚书六部门孙苬上言要高宗吸取靖康以来的教训,不可因"议和好则忘备御之方言",高宗从之,令沿边守帅还是要做好"防秋之备"。⑦ 八月韩肖冑等终于抵达云中,见到了金国左副元帅完颜宗翰。十一月甲子(十三日)高宗就得到了韩肖冑和胡松年使金返还,金左副元帅完颜宗翰亦遣安州团练使李永寿、职方郎中王翊等九人来议和的消息。

对于这次议和,高宗明显感到了金人的"诚意",次日高宗便诏"沿淮诸寨乡兵,毋得辄擅侵扰齐国界分"⑧,丙寅(十五日)又曰"金来议和与往日不同","令内外诸军帅分明说谕"。⑨ 不过这时右迪功郎、新监广州置口场盐税吴伸又提出了不同的意见,十二月壬辰(十二日)上言"请

---

① 《建炎以来系年要录》卷六〇,绍兴二年十一月壬申,第1200页。
② 《建炎以来系年要录》卷六〇,绍兴二年十一月壬申,第1201页。
③ 《建炎以来系年要录》卷六一,绍兴二年十二月丁亥,第1209页。
④ [宋]徐梦莘:《三朝北盟会编》卷一五五《炎兴下帙五十五》,绍兴三年五月,第1123页上。
⑤ 《建炎以来系年要录》卷六五,绍兴三年五月丁卯,第1278页。
⑥ 《建炎以来系年要录》卷六五,绍兴三年五月乙亥,第1280页。
⑦ 《建炎以来系年要录》卷六六,绍兴三年六月乙巳,第1298页。
⑧ 《建炎以来系年要录》卷七〇,绍兴三年十一月乙丑,第1366页。
⑨ 《建炎以来系年要录》卷七〇,绍兴三年十一月丙寅,第1366页。

伐刘豫",曰"金人虽强,实不足虑;刘豫虽微,其祸可忧",要高宗在与金人议和,金使还报之际,"乘其不疑,一怒亲征,刘豫可擒",届时达到"先擒刘豫,则金人自定"的目的。① 对此,高宗自是不屑一顾。丙午(二十六日)金使李永寿、王翊到达了临安,带来了归还伪齐俘虏及在东南的西北士民和尽划长江以北地区给刘豫的议和条件。面对这等苛刻条件,高宗等亦并未关上议和的大门,在选择继续谈的同时,亦在军事上进行了一系列的准备。

绍兴四年正月乙卯(初五日)也即高宗在接见了金使四天后,高宗就选定了龙图阁学士、枢密都承旨章谊为大金军前奉表通问使,请还两宫及河南地。正月丙寅(十六日)金使李永寿、王翊等辞行,高宗遂命章谊等偕行。当然,和谈之时,战争亦并未停息。绍兴三年十月,投靠伪齐的巨寇李成,在金兵的帮助下,占领襄阳六郡。是年十二月完颜宗弼又攻下了和尚原。绍兴四年二月辛丑(二十一日)完颜宗弼又自宝鸡入犯攻仙人关。面对金人与伪齐咄咄逼人的态势,宋方也在军事上进行回应。绍兴四年四月丙戌(初七日)吴玠败完颜宗弼,收复凤、秦及陇州。五月庚戌(初一日)高宗为打通川、陕,又令岳飞北伐襄汉地区。岳飞也不负厚望,当月就收复郢州、襄阳府和唐州等地。岳飞不断胜利的消息,高宗内心反而开始有些害怕了,对执政说:"岳飞已复襄、郢,尼玛哈闻之必怒,况今正是六月下旬,便可讲究防秋。傥敌人尚敢南来,朕当亲率诸军迎敌,使之无遗类,即中原可复也。若复远避,为泛海计,何以立国耶?"②亲征迎敌,不为泛海计,此为后话,不可具知,但岳飞复襄、郢,粘罕(尼玛哈)闻之必怒倒是高宗的真情流露。此时虽说形势渐趋有利,但"士气未振,难以议战,但当谨守封疆"仍是高宗君臣的基本共识。不过为守御东南,知建康府吕祉等还是请求高宗"移跸向前",以"系南北离散之心,慰四海来苏之望,鼓作士气,以待天命",③事实上又一次提出了驻跸建康府的建议。

---

① 《建炎以来系年要录》卷七一,绍兴三年十二月壬辰,第1374页。
② 《建炎以来系年要录》卷七七,绍兴四年六月丙午,第1466页。
③ 《建炎以来系年要录》卷七七,绍兴四年六月,第1467页。

二、高宗平江总师抗金、齐

宋金开始议和谈判,最紧张的莫过于伪齐刘豫。刘豫先是以岳飞夺取荆襄之地为由,请金太宗完颜晟发兵伐宋。完颜晟以高宗遣韩肖胄、章谊等来聘,拒绝起兵。这时伪齐就有大臣如奉议郎罗诱者预感到了切实的威胁,给刘豫上《南征议》,论宋金和议可能带来的危害,曰"使彼和间稍行,将不我援,则豪杰四起,不待赵氏之兵,而齐已诛矣",要刘豫"方以卑辞通旧主,告以大金敦迫不得已之意","速求翦伐"南宋。刘豫听后"大悦","赐诱帛百匹,乘传赴阙,以诱为行军谋主"。① 在宋金议和方面,七月辛未(二十四日)章谊、孙近等也出使金国还朝。章谊带来了完颜宗翰"淮南毋得屯驻军马"的条件,很明显这是要宋割让长江以北领土"以益刘豫也"。② 从表面上看,这对于刘豫是非常有利的,可不战而获得大片领土,但是刘豫也非常清楚自己的价值,一旦宋、金达成妥协,自己就很可能没有了利用价值,于是企图阻挠宋金和议,还曾企图扣留出使的章谊等。

刘豫听从了罗诱的建议后,再次乞师于金。在完颜宗辅等的支持下,金太宗终于同意出兵,以完颜宗辅权左副元帅,右监军完颜昌权右副元帅,调渤海、汉儿军五万人以策应刘豫,又以完颜宗弼为前军杀奔而来。金大军南下,刘豫也是下了血本,以其子诸路大总管、尚书左丞相梁国公刘麟领东南道行台尚书令,联合金军分步、骑两路南下,骑兵自泗州攻滁州,步兵自楚州攻承州。金齐联军准备南下,高宗虽有耳闻,但还是以"正是淮阳有舟船来运麦,此不足虑"为由,于九月乙丑(十九日)派吏部员外郎魏良臣、阁门宣赞舍人王绘为金国军前通问,③继续做着和议的美梦。当宋间谍得到了金齐联军南下的确切消息后,"举朝震恐",这时又有人劝高宗"散百司","它幸"逃命,④高宗也是非常担心金人再次南下

---

① 《建炎以来系年要录》卷七八,绍兴四年七月丁丑,第1482—1484页。
② 《建炎以来系年要录》卷七八,绍兴四年七月辛未,第1479—1480页。
③ 《建炎以来系年要录》卷八〇,绍兴四年九月乙丑,第1512页。
④ 《建炎以来系年要录》卷八〇,绍兴四年九月乙丑,第1514页。

江浙地区,战事结束后还曾有人言"敌人南侵,诸名将皆在其中,盖有侵噬江、浙之意"①。高宗显然没了此前亲征迎敌的豪言壮语,准备再一次逃命了。这时唯独赵鼎站出来要高宗试做抵抗,"战而不捷,去未晚也"②。高宗还是面子上过不去,勉从赵鼎议。高宗留下来后,要大臣讨论具体的防御事宜,张俊指出:"避将何之?惟向前一步,庶可脱。当聚天下兵平江,俟贼退,徐为之计。"③赵鼎又与张俊密议,获得张俊支持,彼此一唱一和,遂定下了高宗"亲征"的计划。

九月庚午(二十四日)通问使魏良臣等硬着头皮,带着厚礼出发求和了。壬申(二十六日)金齐军队就开始分道渡淮。魏良臣等到秀州后就听说金兵已渡淮河,于是加快了求和的脚步。金齐联军渡淮,宋军还是一贯的逃跑作风,大将韩世忠也自承州直接逃到了长江南岸的镇江府。对此高宗一面以御札赐韩世忠曰"敌气正锐,又皆小舟轻捷,可以横江径渡浙西,趋行朝无数舍之远,朕甚忧之。建康诸渡,旧为敌冲,万一透漏,存亡所系",首先说明利害,接着以"累世涵养之恩""千载忠谊之烈"为说,要韩世忠还屯扬州进行防守;④另一方面高宗面对"存亡"的危局,还是决定调兵遣将,"亲统六军,往临大江,决于一战",御驾亲征。⑤ 高宗"往临大江"当然是说辞,此前就已与赵鼎、张俊等商定了试做抵抗,向前移跸到平江府的计划。十月己卯(初四日)韩世忠率所部自镇江渡长江后回到了扬州。然关于亲征,高宗也还是迟迟没有行动,丙戌(十一日)高宗便派遣签书枢密院事胡松年先往镇江、建康府与诸将会议进兵,并观察敌情。

战场方面,首先是十月戊子(十三日)坐镇扬州的韩世忠利用前去议和的魏良臣,让金人相信自己已经退守长江瓜洲渡,使金人无备,败金人先头部队于大仪镇。另一路进攻承州的金军先头部队亦于己丑(十四日)被韩世忠部将解元击败。金人两路先头部队被击败,但并未影响魏良臣的议和行

---

① 《建炎以来系年要录》卷八四,绍兴五年正月壬申,第1600页。
② 《建炎以来系年要录》卷八〇,绍兴四年九月乙丑,第1514页。
③ 《建炎以来系年要录》卷八〇,绍兴四年九月乙丑,第1514页。
④ 《建炎以来系年要录》卷八一,绍兴四年十月己卯,第1525页。
⑤ 《建炎以来系年要录》卷八一,绍兴四年十月丙子,第1523页。

程,魏良臣由宝应县用渡船渡泗州见驻扎于此的金元帅完颜昌。金人前军受挫后,又于十月己丑(十四日)以大兵围濠州。面对金人进攻,高宗当然不能完全指望魏良臣的议和,最终还是决定兑现亲征之事。高宗向前移跸亲征,但其却将后宫、宗室安排到了泉州和后方郡县,这无疑有万一亲征失败,金人渡江,方便逃跑的考虑。丙申(二十一日)金人攻陷濠州城。戊戌(二十三日)高宗终于登上发往平江府的御舟。壬寅(二十七日)高宗就到达了平江府行宫。攻下濠州,略作休整的金军,又自濠州进攻滁州,于十一月戊午(十三日)攻破了滁州。攻破滁州后,前锋进军至六合县,可以说这时金军兵锋又直指宋的长江防线,宋方急忙撤军重新部署。高宗令淮西江东宣抚使刘光世移军建康府,淮东宣抚使韩世忠移军到了镇江府进行防守,命浙西江东宣抚使张俊移军于常州保卫高宗驻跸的平江府。面对此危局,张浚上书请收复襄汉地区的岳飞入淮西,牵制淮东的金军,高宗从之。时岳飞正在洞庭湖地区围剿杨幺领导的农民起义军,收到牵制命令的岳飞,随即就移屯池州。在宰相赵鼎的支持下,高宗命张浚为知枢密院事,重掌军政。

十一月戊午(十三日)金人攻破滁州后,就在此"造舟,有渡江之意"。高宗君臣等高度紧张,赵鼎找到高宗密议,要高宗做好敌人渡江后的预案,说"万一金人渡江,陛下当亲总卫士,趋常、润,督诸将,乘其未集,并力血战",万一不胜后"则由他道复归临安,坚守吴江",劝高宗"惟不可闻渡江便退",这样"诸将各自为谋,天下事再不集矣"。高宗当然不愿冒险从平江府往前迈一步,辛未(二十六日)便命新上任的知枢密院事张浚前往镇江视师。① 就在张浚前往镇江视师的同一天,完颜昌便遣回了求和的魏良臣和王绘等人,谈判虽未有实质的进展,但金人约定宋可再遣使臣,以决和议。十二月乙亥(初一日)魏良臣和王绘等便回到了平江府见到了高宗。高宗等借机问金人兵马,王绘曰"勿轻此敌"②。十二月辛巳(初七日)高宗就派行宫留守司中军统制王进以所部进屯泰州,防备通州、泰州,并应援淮东水寨。

---

① 以上参见《建炎以来系年要录》卷八二,绍兴四年十一月辛未,第1564页。
② 《建炎以来系年要录》卷八三,绍兴四年十二月乙亥,第1569页。

这时从顺昌攻下寿春的一路金军,在击败淮西安抚使仇悆后又乘势围攻庐州(今安徽合肥),仇悆向岳飞求救,壬辰(十八日)岳飞派牛皋、徐庆于庐州击败了金军。这样,宋军在各条战线上勉强抵挡住了金齐联军的进攻,双方陷入了相持阶段。完颜宗弼等又与韩世忠等约战而不得,而此时金人这边"大雨雪,粮道不通,野无所掠,至杀马而食,蕃汉军皆怨",加之高宗"亲征",自己这边又得到金太宗"疾笃,内或有变"的消息,于是十二月庚子(二十六日)金人就开始退兵,伪齐这边得知金人已退,刘麟亦"弃辎重遁去"。①

金齐联军退去,宋军追击,最终尽复淮南地区。但是高宗显然没有追亡逐北,乘机收复中原的打算,而是命三大将韩世忠、刘光世及张俊等仍分别屯镇江、太平州及建康府,直到绍兴五年(1135)三月甲申(十一日)韩世忠才又渡过长江移屯楚州。② 高宗也以建康府行宫"营葺未就绪"③为由,否决了大臣提出的,以及自己之前"往临大江"的许诺。高宗为"还临安,故"特意于绍兴五年(1135)正月戊午(十四日)下令江东帅、漕司继续营缮建康府,曰:"缮治建康行宫,修筑城壁,须管日近了毕。其省部百官仓库等,具图来上,务从简省,毋得取给于民。"④癸亥(十九日)高宗假参知政事行宫留守孟庾之请,正式表示要返回临安府驻跸。

绍兴五年二月丁丑(初三日)高宗正式乘御舟从平江府出发,壬午(初八日)高宗又回到了临安府行宫。建康府行宫"营葺未就绪"无疑是高宗返回临安,企图常驻临安的借口,但是面对高宗的"一意"之行,很多臣僚内心都是不赞同的。二月乙丑(十五日)也即高宗返回临安的七天后,侍御史张致远就借高宗于临安"修盖瓦屋十间,权充太庙"事上书批评高宗企图久驻临安的企图,曰"陛下顷自平江自进发间,先降指挥,暂回临安,委江东帅漕缮治建康路,逐省部百司仓库等,具图来上。驾方至临安,又首议差官奉迎太庙神主,令梁汝嘉雅饰同文馆权充太庙,中外闻之,靡不忭蹈,咸谓陛下进

---

① 以上参见《建炎以来系年要录》卷八三,绍兴四年十二月庚子,第1581页。
② 《建炎以来系年要录》卷八七,绍兴五年三月甲申,第1665页。
③ 《建炎以来系年要录》卷八五,绍兴五年二月丁亥,第1616页。
④ 《建炎以来系年要录》卷八四,绍兴五年正月戊午,第1593页。

都之意决矣","以为朝廷创建太庙,兹焉定都,人人解体",劝高宗在建康府而非临安府营建太庙,道"所有别建太庙指挥,乞改付建康先次计置营造,以慰祖宗在天之灵,以系将士军民之望,以绝敌人窥伺之谋"。① 殿中侍御史张绚亦奏:"陛下去岁建明堂,今年立太庙,是将以临安府为久居之地,不复有意中原矣。万一此疑不释,至于蕃伪见窥,将士解体,有误社稷之计,则祖宗在天之灵,反以为忧矣。"②张致远、张绚抬出祖宗在天之灵,将士军民之望,敌人窥伺之谋来劝谏,高宗自然不能无视"悠悠众口"。于是两天后终于下诏知临安府梁汝嘉"随宜修盖,不得过兴工役,俟移跸日复充本府使用"③。"俟移跸日",结合此前之论当然不难得出此系指移跸定都建康府,这是高宗对于将来移跸定都建康府的明确表态。此后,殿中侍御史张绚亦时刻关注着建康府的营建进程,三月壬辰(十九日)张绚还指出建康府城池浚濠的修建不应仅靠经历战乱的建康府诸县的人民,应"令帅司权于邻近太平、广德、宣、池诸郡,均差厢军,及在城人兵,赴本府执役",高宗"从之"。④ 当然高宗也在极力加强临安府的事权,三月丁酉(二十四日)高宗又以临安府"驻跸之地,理宜增重事权故"而复移浙西安抚司于临安府。⑤

绍兴五年三月高宗诏问宰执以战守方略,癸卯(三十日)镇南军节度使、开府仪同三司、提举临安府洞霄宫吕颐浩上十事,其中第四论就讲到了分道进兵之策以恢复中原,第六论又讲到了大兵进发之日乞高宗移驾驻跸镇江府。⑥ 观文殿大学士、提举临安府洞霄宫李纲言"若夫措置之方,则臣愿先定驻跸之所",指出"临安、平江皆泽国,褊迫所据,非用武之地",而建康府"推引二浙,襟带江湖,漕运财谷,无不便利","莫若权宜且于建康驻跸",待"淮南有藩篱形势之固",然后"建康可都"。⑦ 资政殿大学士、提举临安府洞

---

① 《建炎以来系年要录》卷八五,绍兴五年二月乙丑,第1618—1619页。
② 《建炎以来系年要录》卷八五,绍兴五年二月乙丑,第1619页。
③ 《建炎以来系年要录》卷八五,绍兴五年二月乙丑,第1619页。
④ 《建炎以来系年要录》卷八七,绍兴五年三月壬辰,第1668页。
⑤ 《建炎以来系年要录》卷八七,绍兴五年三月丁酉,第1670页。
⑥ 《建炎以来系年要录》卷八七,绍兴五年三月癸卯,第1675页。
⑦ 《建炎以来系年要录》卷八七,绍兴五年三月癸卯,第1677页。

霄宫王绚亦言高宗"诏诸帅,各分士卒之半,分据淮南要害之地",然后"驻跸建康,经理中原",并指出"驻跸之地,未有过于建康者","使今冬敌不侵轶,则来春銮舆可驻建康"。① 以上可见,移跸定都建康是高宗不得不重视的一种主张。

三、张浚北伐刘豫与高宗驻跸建康

绍兴四年十二月金人退军,伪齐溃逃,但是伪齐刘豫出于自身存在的必要性,其亡宋之心不死。绍兴五年正月又命将引兵趋光州,二月又攻陷信阳军(今河南信阳),并在此牵制岳飞军队,声援洞庭湖杨幺。杨幺,又名杨太,先于建炎四年随钟相起事,钟相死后,杨幺成为主要首领。南宋政府多次进讨,都不能彻底平定。此时,刘豫积极争取利用杨幺,宋也决意彻底消除杨幺这一长江上流之患,于是绍兴五年二月高宗再命岳飞进讨杨幺。是月,高宗还命张浚出居潭州,置都督行府,督诸军进讨杨幺。六月丁巳(十五日)杨幺之乱终于平定。平定杨幺后,张浚命岳飞进军屯荆襄地区,以图中原,自己则率官署还临安。当张浚奏捷的文书到临安后,高宗非常高兴,手书赐张浚说:"奏到之日,中外欢贺,万口一词,以谓上流既定,则川陕、荆襄形势连接,事力增倍,天其以中兴之功付之卿。"②于是在这种"万口一词""中兴有望"的形势下,北伐刘豫、恢复中原就成为弦上之箭,不得不发。

绍兴六年(1136)二月准备妥当的张浚,终于开始具体布置北伐进军事宜。张浚遂命京东宣抚使韩世忠自承、楚以图淮阳;命淮西宣抚使刘光世屯合肥,以招北军;命江东宣抚使张俊,练兵建康,进屯盱眙,以权主管殿前司公事杨沂中,领中军为后援;命湖北京西招讨使岳飞屯襄阳。当然,刘豫也是一直没闲着,绍兴五年冬,刘豫还献海道图及战船木样于金熙宗。金熙宗从之,调燕云河夫四十万入蔚州,采木为筏,开河道运虎州,造船南侵。只是由于盗贼蜂起,才中途作罢。当绍兴六年二月,张浚准备

---

① 《建炎以来系年要录》卷八七,绍兴五年三月癸卯,第1681页。
② 《建炎以来系年要录》卷九〇,绍兴五年六月乙丑,第1743页。

北伐之时,刘豫也聚兵淮阳,准备南侵。二月韩世忠军收到北伐的布置后,欲急攻淮阳军,很快便兵围淮阳军。刘豫便急遣使到河间去向金右副元帅完颜宗弼求援,完颜宗弼率兵南下,与刘豫大将刘猊共攻韩世忠,韩世忠南还楚州。五月,张浚奏请宋高宗幸建康府督师,但高宗还是以建康府行宫未营缮推脱,于是张浚就特地奏请高宗有关建康府的营建进程的事宜,曰"画到行宫寝殿制度简省,可以副陛下崇俭之意,乞降下本府,依此修盖",高宗从之。① "行宫寝殿制度简省",实际上是为了赶工修成,争取高宗早日移跸。

六月,张浚准备渡江都督诸军谋北伐,并进言宋高宗"东南形势,莫重建康,实为中兴根本。且使人主居此,则北望中原,常怀愤惕,不敢自暇自逸。而临安僻居一隅,内则易生安肆,外则不足以号召远近,系中原之心",又乞请高宗"以秋冬临建康,抚三军而图恢复"。② 驻跸建康图恢复,道理高宗当然明了,但高宗还是不愿临江冒险,六月甲寅(十八日)高宗谕意负责建康行宫修建的江东帅臣叶宗谔"要当以爱惜民力为先",行宫的修建"若缓为之,亦无伤","他时巡幸,粗庇风雨足矣"。③ "爱惜民力"当然只是借口,"粗庇风雨",很显然高宗从来都没想着要在此常驻的。

绍兴六年六月张浚渡江后,命淮西宣抚使刘光世自当涂进屯庐州,使之与韩世忠、张俊成鼎立之势,又遣权主管殿前司公事杨沂中进屯泗州。张浚的总体战略是"时防秋不远",谕意诸大帅"大抵先图自守以致其师,而后乘机击之"。④ 但是在局部,宋军还是不等防秋"自守",而是积极发起了攻势。七月,刘光世首先在淮西发动攻势,攻克伪齐重镇寿春。八月,岳飞一面遣牛皋从信阳军北上蔡州,一面又令王贵等从邓州北上攻克了伪齐虢州。这时张浚回临安,"力陈建康之行为不可缓",催促高宗幸建康府,朝廷对此莫衷一是。时又有眉州布衣师维藩上《中兴十策》,"请车驾视师",高宗请朝

---

① 《建炎以来系年要录》卷一〇一,绍兴六年五月丙戌,第1918页。
② 《建炎以来系年要录》卷一〇二,绍兴六年六月己酉,第1929页。
③ 《建炎以来系年要录》卷一〇二,绍兴六年六月甲寅,第1930页。
④ 《建炎以来系年要录》卷一〇二,绍兴六年六月己酉,第1929页。

廷讨论,张浚支持,"以为可用",又听说"刘豫有南窥之意",于是高宗决定采用宰相赵鼎"幸平江"的折中之策。① 八月戊申(十三日)高宗手诏沿江诸帅曰:"将时巡于郡国,以周视于军师。尔其慎守封圻,严戒侵扰,虔共乃职,谨俟朕行。"②高宗对沿江诸帅说"谨俟朕行",而自己却只决定去平江府,这当然不能如沿江诸帅意,也为日后进一步巡幸建康府埋下了伏笔。八月辛亥(十六日)高宗命臣僚携太庙神主先从临安出发。绍兴六年九月丙寅(初一日)高宗从临安府出发,癸酉(初八日)高宗就到达了平江府。

高宗移跸向前,刘豫也是大为紧张,派人向金熙宗完颜亶求兵为援,并请求自己先行攻江上。金熙宗召众臣议,金领三省事完颜宗磐曰:"先帝所以封豫者,欲豫辟疆保境,我得安民息兵也。今豫进不能取,又不能守,兵连祸结,愈无休息。从之则豫受其利,败则我受其敝。况前年因豫乞兵,尝不利于江上矣,奈何许之?"金熙宗于是令完颜宗弼提兵黎阳观望,让刘豫自行率军南下。③ 求援不得,自己存在的必要性受到了严重的质疑,于是刘豫孤注一掷,并力南侵,以其子刘麟为东南道行台尚书令,亲统中军由寿春进犯合肥,以其侄刘猊为东路军主帅攻定远县,趋宣、徽二州,以宋降将孔彦舟为西路统帅,由光州攻六安。刘麟为恐吓宋军,还特地令乡兵穿金人服装,宋谍信以为真,报金齐联军南下。刘豫大军这次避实击虚,避开了前出的张俊、杨沂中、韩世忠及岳飞等军,插空威胁到了"皆无军马"④的沿江一带。高宗君臣大为紧张,九月庚寅(二十五日)张浚不得不又亲往镇江府视师。

宋军将领也对这次所传的金齐联军南下颇为惧怕,刘光世谓庐州难守,欲还太平州,刘光世与张俊俱要求增兵,于是"众情汹惧","议欲移盱眙之屯,退合肥之戍,召岳飞尽以兵东下",并欲令张俊、杨沂中稍做抵抗后就退师保江。甚者有大臣又给高宗提出了"且回临安",召诸将守江防海的逃跑计划。⑤ 张浚首先分析敌方"来此必皆豫兵",必无金兵,高宗还亲自给张浚写信要其"退

---

① 《建炎以来系年要录》卷一〇四,绍兴六年八月甲辰,第1958页。
② 《建炎以来系年要录》卷一〇四,绍兴六年八月戊申,第1959页。
③ 《建炎以来系年要录》卷一〇五,绍兴六年九月庚寅,第1976页。
④ 《建炎以来系年要录》卷一〇五,绍兴六年九月庚寅,第1977页。
⑤ 以上参见《建炎以来系年要录》卷一〇六,绍兴六年十月丁酉,第1982—1983页。

师还江南,为保江之计"①,而张浚则欲力保淮南,曰"若一有退意,则大事去矣"。吏部侍郎都督府参议军事吕祉亦言"贼锋可挫","榻前力争,至于再四",高宗最后勉从之,并派吕祉往刘光世军中督师。② 张浚亦亲至采石渡口,遣人对刘光世说"若有一人渡江,即斩以徇",督刘光世还庐州。③ 高宗又亲笔付杨沂中,曰若不进军,当行军法,命其开赴濠州。又派遣统制官王德、郦琼将精卒自安丰出谢步。王德、郦琼在霍邱、正阳及前羊市击败伪齐军队,当天阁门祗候孙晖又趁夜劫寨,败伪齐攻寿春的军队。十月壬寅(初八日)伪齐东路军主帅刘猊以众数万过定远县,趋宣城以犯建康,结果又在越家坊被杨沂中击败,刘猊怕孤军深入,欲还军与刘麟会师。这时高宗君臣也得知了这次军事行动并无金人参与,于是决定"鏖击",命张俊与刘光世合兵,尽扫淮南之寇。④ 甲辰(初十日)杨沂中大军又与刘猊在藕塘相遇,大败刘猊军,刘猊仅率数骑逃遁。刘麟听说刘猊大败,于是便拔寨北归,杨沂中与王德乘势追击刘麟军至南寿春(今安徽寿县)而还。刘猊、刘麟败退,围光州而久攻不下的伪齐西路军孔彦舟亦退师。这样,伪齐刘豫的南侵企图就以彻底的失败告终了。

这次击败伪齐刘豫大军,张浚可谓居功至伟。张浚此前就一直催促高宗幸建康,而高宗从赵鼎计只行至平江府。战争刚胜利,在外督军的张浚尚未还平江府,赵鼎就已经与折彦质等怂恿高宗并成功获准"回跸临安,以为守计"之策,而张浚则是不遗余力地劝高宗"车驾宜乘时早幸建康"。⑤ 赵鼎与张浚起初关系很好,"赵鼎得政,首引浚共事",后二人在高宗驻跸等诸多问题上存在分歧,"遂不协"。⑥ 现张浚立大功,成功击败伪齐大军,于是赵鼎不安求去。绍兴六年十二月甲午(初一日)左司谏陈公辅又弹劾赵鼎,赵鼎复求去,这时高宗也决定罢黜赵鼎,曰"卿只在绍兴,朕他日有用卿处"⑦。

---

① 《建炎以来系年要录》卷一〇六,绍兴六年十月丁酉,第1983页。
② 《建炎以来系年要录》卷一〇六,绍兴六年十月丁酉,第1983页。
③ 《建炎以来系年要录》卷一〇六,绍兴六年十月丁酉,第1984页。
④ 《建炎以来系年要录》卷一〇六,绍兴六年十月癸卯,第1987页。
⑤ 《建炎以来系年要录》卷一〇六,绍兴六年十月癸亥,第1995页。
⑥ 《建炎以来系年要录》卷一〇六,绍兴六年十月癸亥,第1995页。
⑦ 《建炎以来系年要录》卷一〇七,绍兴六年十二月甲午,第2007页。

张浚回平江后,右司谏王缙弹劾签书枢密院事折彦质"抽军退保之计"之罪,虽未将矛头指向赵鼎,但赵鼎作为宰相退保逃跑之责岂能推脱,于是赵鼎惶惧,复乞去。入见高宗的次日,张浚又上书力主高宗幸建康府,高宗这才"翻然从公计",决定移跸建康府。① 高宗与张浚君臣"独对"时,张浚又乞高宗乘胜取河南地,擒刘豫父子,惩治骄怠不战的刘光世。这些建议都与赵鼎之谋格格不入,于是赵鼎与折彦质俱罢,十二月正月壬寅(初九日)高宗就按之前承诺的,贬宰相赵鼎为两浙东路安抚制置大使,兼知绍兴府。绍兴七年(1137)二月骄怠不战的刘光世也最终按张浚的意思被罢了兵权。

赵鼎被罢,张浚独掌朝政,朝廷很多事就按照张浚的想法进行。张浚就筑南寿春城,以固淮西之重镇。又命韩世忠复趋淮阳军,为北伐先声。在驻跸建康问题上,高宗也于绍兴七年正月癸亥(初一日)正式下手诏同意移跸建康府,曰:"重念两宫征驾,未还于殊俗;列圣陵寝,尚隔于妖氛。黎元多艰,兵革靡息。永惟厥咎,在予一人。其敢即安,弥忘大业?将乘春律,往临大江,驻跸建康,以察天意。"②第二天高宗就命巡幸随军都转运使梁汝嘉先往建康府"趣缮行宫,及按视程顿"③。正月丁丑(初三日)资政殿大学士王绚又积极鼓说驻跸建康府,曰"稽之古昔,揆之时宜,驻跸之地,未有过于建康","将图恢复中原,驻跸之地信未有过于建康者,岂钱塘、苏台所可比拟"。④ 二月庚子(初八日)高宗下诏巡幸建康,先令有司择日进发。⑤ 辛亥(十九日)高宗下诏"俟至建康日,奉安太庙神主于天庆观,天章阁神御于法宝寺"⑥ 己未(二十七日)高宗正式从平江府出发。三月辛未(初九日)高宗到达了目的地建康府。不过这时的建康府行宫还远未修缮完成,"寝殿之后,庖圊皆无",高宗"既驻跸",才又"加葺小屋数

---

① [宋]朱熹:《晦庵集》卷九五上《少师保信军节度使魏国公致仕赠太保张公行状上》,文渊阁《四库全书》第1146册,第251页上。
② 《建炎以来系年要录》卷一〇八,绍兴七年正月癸亥,第2025页。
③ 《建炎以来系年要录》卷一〇八,绍兴七年正月甲子,第2026页。
④ [宋]徐梦莘:《三朝北盟会编》卷一七五《炎兴下帙七十五》,绍兴七年正月十五日,第1263页下—1264页上。
⑤ 《建炎以来系年要录》卷一〇九,绍兴七年二月庚子,第2040页。
⑥ 《建炎以来系年要录》卷一〇九,绍兴七年二月辛亥,第2045页。

间,为燕居及宫人寝处之地"。① 想必若非张浚一再催促,若按照高宗之前行宫修缮完成再行驻跸的话,高宗移跸之日不知就到何年何月了。

高宗虽然移跸到了建康府,满足了一众主战派的意愿,但是高宗对北伐消灭刘豫还是态度消极,是月岳飞来建康,请由商、虢取关陕,然后"并统淮右之兵而行"以北伐刘豫,然而宋高宗却说:"朕驻跸于此,以淮甸为屏蔽。若辍淮甸之兵便能平定中原,朕亦何惜?第恐中原未复,而淮甸失守,则行朝未得奠枕而卧也。"②可见驻跸地的安全是高宗最高原则,丝毫不能触碰的。当然,此时宋方形势大好,对于张浚主导的北伐,高宗在确保两淮地区安全的情况下还是支持北伐,并打算常驻建康府的,四月癸巳(初一日)还曾下诏"筑太庙于建康,以临安府太庙充本府圣祖殿"③。关于太庙的营建,如上所论,这事实上已经成了高宗是否常驻的重要标准,至少在众大臣的心里如是想。因此,在建康府营建太庙释放的信号,给主战北伐大臣们的鼓励亦是显而易见的。

当然,相较于北伐金藩属臣刘豫,高宗更倾向于通过与金和谈讨回河南地,因此对与金的议和谈判的态度非常积极。绍兴七年正月丁亥(二十五日)阁门祗候充问安使何藓,承节郎都督行府帐前准备差使范宁之等从金国返还。何藓出使是在绍兴五年五月,此时返还虽然带来了"道君皇帝、宁德皇后相继上仙"④的坏消息,但这无疑也代表了金人所表现出的某种程度上的"友好"姿态。高宗就抓住机会很快做出回应,二月庚子(初八日)高宗就命右文殿修撰、主管台州崇道观王伦为徽猷阁待制,充奉使大金国迎奉梓宫使,武节郎、阁门宣赞舍人高公绘为武经大夫、达州刺史为副使准备出使金朝。四月丁酉(初五日)王伦、高公绘正式出使,高宗交给王伦等的任务是希望他们通过谈判索回河南地,曰"河南之地,上国既不有,与其付刘豫,曷若见归"⑤。

---

① 《建炎以来系年要录》卷一〇九,绍兴七年三月辛未,第2050页。
② 《建炎以来系年要录》卷一〇九,绍兴七年三月乙亥,第2051页。
③ 《建炎以来系年要录》卷一一〇,绍兴七年四月癸巳,第2059页。
④ 《建炎以来系年要录》卷一〇八,绍兴七年正月丁亥,第2036页。
⑤ 《建炎以来系年要录》卷一一〇,绍兴七年四月丁酉,第2060页。

四、淮西兵变与高宗回銮定都临安

就驻跸地而言,绍兴七年六月左朝奉大夫蒲贽还曾乞请高宗驻跸江陵,高宗言道:"荆南形胜,自古吴、蜀必争之地。宜谕王庶益浚治城堑,招徕流移,练兵积粟,为悠久之计。"①高宗根本就没接话茬。不仅乞高宗驻跸江陵不可能,而且驻跸地建康府相较于临安的弊端,也即财赋收入不足的问题也早就显露出来了,五月直龙图阁、知建康府张澄就言"临安、建康均为驻跸之地,而财赋所入,多寡殊绝。本府所得仅支半年,不惟军储窘乏,兼虑阙于供亿"②。而八月戊戌(初八日)爆发的"郦琼兵变"(又称"淮西兵变")则成为高宗从建康移跸临安,最终定都临安的导火索。

郦琼(1104—1153),字国宝,宋相州临漳(今河北临漳西南)人,先从宗泽抗金,宗泽死后归刘光世部,官至中侍大夫、武泰军承宣使,行营左护军副都统制。绍兴七年二月刘光世被张浚削了兵权。四月张浚往太平州视师,以刘光世爱将,行营左护军前军统制王德为淮西军都统制,然后又命其都督府参议吕祉总领之。王德为淮西军都统制,原行营左护军副都统制郦琼等不服。六月,吕祉往淮西抚慰诸军,而郦琼等列状控诉王德,吕祉以王德为是,不理会。郦琼又诉至御史台,而王德也言郦琼之过。于是高宗下诏王德还建康,以淮西军隶都督府,复命吕祉往庐州节度之。吕祉到庐州后,郦琼又一次在其面前诉王德,吕祉密奏高宗欲罢郦琼,事泄。于是郦琼等不安,遂于八月戊戌(初八日)先杀中军统制官张景、刘永衡,又执杀吕祉等,率全军四万人渡淮降伪齐。八月壬寅(十二日)张浚引咎,九月甲戌(十五日)张浚正式罢相,丙子(十八日)张浚政敌赵鼎再相,这使得南宋朝廷的政策发生了一系列新的变化。

郦琼兵变,张浚引咎去位,为"谋改图",于是"进临建康为失",将回跸临安之论又纷纷而起。对此也曾力主高宗移跸建康府的权礼部侍郎

---

① 《建炎以来系年要录》卷一一一,绍兴七年六月乙卯,第2089页。
② 《建炎以来系年要录》卷一一一,绍兴七年五月甲子,第2071页。

陈公辅就于八月癸丑(二十三日)上书请"当镇静",息纷纷之论,以"使敌无所窥"。① 然朝论终是不可能放过张浚的,九月乙丑(初六日)御史中丞周秘就列二十大罪状上书弹劾张浚,其中第十五条就专门提及了张浚"谋不素定",仓促移跸建康府之事,曰"建康兵火之后,全乏第舍,而浚建议移跸,谋不素定,使仓卒迁徙之家暴露失所"②。赵鼎入见,高宗首论淮西事,赵鼎进言曰"虑不在淮西",真正可怕的是诸将"自此骄纵,益难号令"。③ 丁丑(十九日)也即赵鼎任相后的第二天,高宗就主动问起了回跸临安,"去留如何"之事,赵鼎答曰"来已失之,遽去不可尔",当即就议定回跸临安之计,但"今国威少挫,维勉强自振",主张稍缓方可回临安。④

九月辛巳(二十二日)高宗又召刘光世赴建康府,这时陈公辅又冒死进谏,曰"今则陛下赫然改图,所罢帅果已复召",而张浚"又以无谋赐罢","惟未回跸临安尔"。说到回跸临安,陈公辅言道"至于回跸,则臣愚深以为不可",并以高宗曾经"建康若不可居,临安又岂能保"语劝谏,说"但恐群臣主进者少,主退者多",希望高宗"勿因小害而沮,则中兴之功可望"。⑤ 然刘豫威胁淮南,淮西宣抚使张俊又引兵还建康,于是欲退还临安之论不息,起居舍人勾涛又进言"今江、淮列戍犹十余万,若委任得人,尚可用。方此危疑,讵宜轻退示弱,以生敌心",高宗也清楚遽退临安的危害,于是便命刘琦以所部兵守合肥。⑥ 然而赵鼎等所主的回跸临安之策,终究是纸包不住火,已经成了公开的秘密,于是闰十月李纲又进言劝谏,曰"自昔用兵以成大业者,必先固人心,作士气","今日之事,岂可因一叛将之故,望风怯敌,遽自退屈?果出此谋,恐六飞回驭之后,人情动摇,莫有固志,士气销缩,莫有斗心。我退彼进,使敌马南渡","今幸疆埸未有警急之报,兵将初无不利之失,朝廷正

---

① 《建炎以来系年要录》卷一一三,绍兴七年八月癸丑,第2118页。
② 《建炎以来系年要录》卷一一四,绍兴七年九月乙丑,第2126页。
③ 《建炎以来系年要录》卷一一四,绍兴七年九月丙子,第2134页。
④ 《建炎以来系年要录》卷一一四,绍兴七年九月丁丑,第2135页。
⑤ 《建炎以来系年要录》卷一一四,绍兴七年九月辛巳,第2139页。
⑥ 《建炎以来系年要录》卷一一四,绍兴七年九月戊子,第2141页。

可惩往事、修军政、审号令、明赏刑,益务固守,而遽为此扰扰,弃前功、蹈后患,以自趋于祸败,岂不重可惜哉!"①

壬午(二十四日)高宗下诏临安的太庙"且令留存"不必改为圣祖殿,②这无疑在某种程度上官宣了回跸临安的消息。戊子(三十日)赵鼎与高宗谈起回跸临安之事,赵鼎提醒高宗要考虑来年春天"回跸之后,中外谓朝廷无意恢复"的舆论,而高宗却说"张浚措置三年,竭民力,耗国用,何尝得尺寸之地,而坏事多矣。此等议论,不足恤也"。③高宗如此斩钉截铁,可见回跸临安决心之坚定。高宗等虽已议定回跸临安事,然十二月壬午(二十五日)吏部员外郎蒲贽仍进言"建都"一定要居"险要之地",企图说服高宗建都建康府,这当然是于事无补的。次日高宗就命"有司奉九庙神主还浙西"④。绍兴八年(1138)正月戊戌(十一日)高宗正式下诏"复幸浙西,以二月七日起发"⑤。二月壬戌(初六日)六宫先发,二月癸亥(初七日)高宗如期从建康府出发去了临安,南宋最终定都临安事也就终于落下帷幕了。

如上所论,高宗驻跸及建都之事,一直与金朝的战和关系息息相关。在绍兴七年八月郦琼兵变后,高宗等大为紧张,准备为退避临安之计。但当高宗等准备回跸临安时,南宋与金及伪齐的关系却也发生了急遽的变化,也即金废伪齐,宋金议和。话说郦琼投降伪齐刘豫后,刘豫大喜过望,一扫绍兴六年战败的颓势,又一次乞师于金熙宗,曰"郦琼过江自效,请用为乡导,并力南下",金熙宗担心刘豫兵多,不好控制,于是就"阳许之",又遣使者至汴梁,以防郦琼诈降为名,散其众。⑥ 金人之所以对刘豫如此态度,其实还是和绍兴六年刘豫南侵战败有关。绍兴六年刘豫战败后,金人就遣使问罪,"始有废豫之意"⑦,刘豫为保皇位计就以废刘猊为庶人谢罪,同时复攻陷随州,围泗州,

---

① 《建炎以来系年要录》卷一一六,绍兴七年闰十月辛巳,第2163—2164页。
② 《建炎以来系年要录》卷一一六,绍兴七年闰十月壬午,第2165页。
③ 《建炎以来系年要录》卷一一六,绍兴七年闰十月戊子,第2166页。
④ 《建炎以来系年要录》卷一一七,绍兴七年十二月癸未,第2185页。
⑤ 《建炎以来系年要录》卷一一八,绍兴八年正月戊戌,第2190页。
⑥ 《建炎以来系年要录》卷一一四,绍兴七年九月戊子,第2142页。
⑦ 《建炎以来系年要录》卷一一六,绍兴六年十一月壬辰,第2003页。

并向金人不断乞师。金左副元帅完颜昌谓之曰:"吾非不欲出兵也。顾以用兵以来,无往不捷,而自立齐国之后,动辄不利。恐蹈覆车,挫威武耳。"刘豫犹力请,完颜昌于是令伪齐兵权听元帅节制,分戍于陈、蔡、汝、亳、许、颍之间。① 绍兴七年十一月金熙宗令完颜昌与完颜宗弼以侵江南为名率兵南下,十七日完颜宗弼设计先于武城县(今山东武城县西)擒刘豫子刘麟。次日完颜宗弼与完颜昌合兵一处,直逼汴梁,顺利擒住刘豫,废为蜀王。

就在高宗正式下诏官宣"复幸浙西"的前八天,高宗从泗州官员那里得到消息说绍兴七年四月派去出使金朝的王伦、高公绘返回了,高宗得知王伦返回的消息后,非常兴奋与期待,曰:"朕以梓宫及皇太后、渊圣皇帝未还,晓夜忧惧,未尝去心。若敌人能从朕所求,其余一切非所较也。"到王伦正式入见高宗,果然带回了金人"许还梓宫及皇太后,又许还河南诸州"的消息,高宗于是大喜,厚加赏赐了王伦等。② 四天后,高宗又命王伦充大金国奉迎梓宫使,高公绘为副使,出使金朝。③ 从时间点上可以清楚地看到,宋金议和时间基本与高宗官宣决定回跸杭州是同期进行的,因此高宗再也没有必要驻跸建康府声援收复中原了,也再不必为回跸临安后金人打过长江而担心了。绍兴八年二月回跸临安后,南宋的首都也就最终尘埃落定了。高宗这次回跸临安,其实就是定都临安,在高宗下诏官宣"复幸浙西"的前夕,高宗君臣已经不再遮掩,径直把建都之事摆在了台面上,时"群臣上殿多论建都事","蒲贽谓当择险要之地,勾龙如渊谓在修德而不在险",高宗"以二人之论校之,如渊为胜矣",④高宗最终选择了勾龙如渊的修德不在险之论而决意定都临安。

以上主要是从高宗与群臣的互动中谈论定都事,其实在高宗内心对定都临安的态度是一以贯之的,对驻跸建康府之事的定位亦是非常清楚的,也即因亲征才去驻跸的,事毕回銮临安那也是理所当然的。对此,高宗绍兴八

---

① 以上参见《建炎以来系年要录》卷一一七,绍兴七年十一月乙巳,第2171页。
② 以上参见《建炎以来系年要录》卷一一七,绍兴七年十二月癸未,第2185页。
③ 《建炎以来系年要录》卷一一七,绍兴七年十二月丁亥,第2186页。
④ 《建炎以来系年要录》卷一一八,绍兴八年正月戊戌,第2190—2191页。

年(1138)三月丁亥(初二日)回到临安时发布的诏书中说得再清楚不过了,曰:"朕荷祖宗之休,克绍大统,夙夜危惧,不常厥居。比者巡幸建康,抚绥淮甸,既已申固边圉,将率六军复还临安。内修政事,缮治甲兵,以安基业,非厌霜露之苦,而图宫室之安也。"①因此,若将定都临安事置于长时段,视为一个过程的话,那么这个起点,无疑还应从绍兴二年正月高宗从绍兴府回到临安时算起。

五、临安"行在所"的意义:从现实政治到观念史

虽然事实上已经定都临安,但公开的说法临安仍是"行在所"。因此,绍兴八年后,仍不断有建议定都建康者,如绍兴九年(1139)五月张行成所献《刍荛书》"议都"篇中还提出"今地之可都者,莫如金陵"②。不过绍兴十一年(1141)十二月宋金达成和议后,高宗还曾亲口对秦桧说:"和议已成,军备尤不可弛。宜于沿江筑堡、驻兵,令军中自为营田,则敛不及民,而军食常足,可以久也。仍修建康为定都之计,先宗庙,次太学而后宫室。"③引文"仍修建康为定都之计",结合高宗前后的行为看,当然只是嘴上说说而已,此后的二十年高宗再也没去过建康,直到绍兴三十一年(1161)底金海陵王败盟南下。绍兴三十二年正月高宗再临建康督师,此时殿中侍御史吴芾又奏请高宗"大驾宜留建康,以系中原之望"④,高宗决定回跸临安后,给事中金安节等仍建言:"宜颁诏旨,明谕以建康、临安,犹唐之东、西都。今虽暂还临安,自此当往来巡幸,不常厥居。"⑤至于都建康还是都临安,朱熹的分析可谓入木三分,曰:"建康形势雄壮,然淮破则止隔一水,欲进取则都建康,欲自守则都临安。"⑥孝宗隆兴元年(1163)陆游还曾质疑临安的都城地位,曰"车

---

① [宋]徐梦莘:《三朝北盟会编》卷一八三《炎兴下帙八十三》,绍兴八年三月二日,第1325页下。
② 《建炎以来系年要录》卷一二八,绍兴九年五月癸卯,第2416页。
③ 《建炎以来系年要录》卷一四三,绍兴十一年十二月乙丑,第2691页。
④ 《建炎以来系年要录》卷一九六,绍兴三十二年正月丁亥,第3856页。
⑤ 《建炎以来系年要录》卷一九六,绍兴三十二年正月丁亥,第3855—3856页。
⑥ [宋]朱熹撰,[宋]黎靖德编,王星贤点校:《朱子语类》卷一二七,北京:中华书局,1986年,第3055页。

驾驻跸临安,出于权宜,本非定都",但其质疑的背后并非本之于东京开封,而是主张定都建康,曰"闻江左自吴以来,未有舍建康他都者",建康"天造地设,山川形势,有不可易者"。①

正因为临安称"行在所",文献中亦多以"行都"称临安府,如孝宗乾道六年(1170)吕孟宗在《临安都茶场提辖官题名记》中还曾以"行都"来称临安府,曰:"乾道六祀,始胪分有定数,岁总为钱二百四十万万,行都受藏之所为数八十万万,于建康者一百二十万万,于镇江者四十万万。外府之藏,皆自行都分置。"②孝宗淳熙时期(1174—1189)郑兴裔《请止高丽入贡状》中亦称临安为"行都",曰:"且国家行都在临安,与东都事体大异。昔高丽使人之来,率由登、莱。登、莱距梁汴山河之限甚远也。今日三韩直趋四明,四明距行都限一浙江尔,虽自四明至高丽海道渺弥,中隔洲岛,然南北行各遇顺风,则历险如夷。"③众所周知,"行都"通常又是"陪都"的同义词,就南宋而言,建康府亦有被称为"行都"者,如史浩《贺张丞相判建康启》中即有曰:"伏审敷纶显册,留钥行都。六代江山,风烟改观;九重宫阙,金碧生辉。草木知名,衣冠相贺。"④

因此,从更加现实的意义上,至少在很多有进取心的臣僚的内心来看,定都建康是理所当然的,与对临安情有独钟的宋高宗间的冲突亦是非常明显的。高宗为政权的合法性计,当然不能完全无视这种强烈的呼吁,是故,临安只称"行在所",某种程度上也是针对建康府来讲的,是为了平息定都建康的声音而采取的权宜之计。建炎南渡以后,虽然一直北望恢复中原,但几乎再没人提及汴京开封,而恰恰是建康府,成了众人北望中原的代名词与符号,一种进取之姿态,也即都城的首选之地。

---

① [宋]陆游:《陆游集》卷三《上二府论都邑札子》,北京:中华书局,1976年,第2000页。
② [宋]潜说友纂修:《咸淳临安志》卷八《榷货务都茶场》,《宋元方志丛刊》第4册,北京:中华书局,1990年,第3433页上。
③ [宋]郑兴裔:《郑忠肃奏议》遗集卷上《请止高丽入贡状》,文渊阁《四库全书》第1140册,第206页下—207页上。
④ [宋]史浩:《鄮峰真隐漫录》卷二五《贺张丞相判建康启》,《宋集珍本丛刊》第43册,北京:线装书局,2004年,第114页下。

靖康之变北宋灭亡,高宗于南京应天府即位,建立南宋,然后高宗君臣又南渡长江。因此,从观念上讲,北宋、南宋从来都是一个"大宋",所谓的北宋灭亡,在时人看来只是王朝"中衰"而已,高宗君臣所要致力于做的无非"中兴"大宋。也即,从法理上讲,东京开封仍是大宋的首都,是必须要致力恢复的。因此,临安称"行在"而非京都,那自然有东京开封的考量,在南宋君臣的观念里,开封依然是东京,是京师,如绍兴二十七年(1157)宋高宗就有言:"朕在京师时,惟开封府颇类外方官司,如大理寺、御史台法令严密,官吏谨畏,无敢干以私者。"①宋理宗时杭州人耐得翁亦指出大宋的都城仍是汴梁,而杭州仍是"驻跸"之地,曰:"圣朝祖宗开国,就都于汴,而风俗典礼,四方仰之为师。自高宗皇帝驻跸于杭,而杭山水明秀,民物康阜,视京师其过十倍矣。虽市肆与京师相侔。"②南渡杭州者仍称京师人,如《咸淳临安志》记载"京师人鲁畤,绍兴十一年在临安,送所亲于北闸下,忘携钱行,解衣质于库"③,所言京师无疑就是北宋时期的东京开封。

　　从前文所论,府属官司官吏称号及属县地位的变化是唐以来都城地位的重要标识。临安府称"行在",终南宋一朝,临安府府属官司官吏与东京开封不同,仍保留了州郡的规格,临安府最高长官称知府,而非府尹;至于府院,开封府为司录参军,而临安府仍沿用杭州州格称录事参军,至于开封府功、仓、户、兵、法、士的六曹参军,而临安府仅如州府只置司户参军、司法参军等。但是临安府属县的地位却发生了重要的变化。当然,因为临安府称"行在",临安府属县地位的提升相信与"定都"临安府一样,应该也没有一份升临安府属县地位的诏书,这样划一的叙述似有可能是后来的历史书写。

　　关于临安府属县的地位,《宋史·地理志》曰"绍兴中"仁和县、钱塘并升赤县,余杭、临安、富阳、新城、盐官、昌化等县并升畿县。④"绍兴中",不

---

① 〔元〕佚名撰,汪圣铎点校:《宋史全文》卷二二下《宋高宗十七》,绍兴二十七年十月丙申,第1830页。
② 〔宋〕耐得翁:《都城纪胜·序》,《全宋笔记》第八篇第五册,郑州:大象出版社,2019年,第5页。
③ 〔宋〕潜说友纂修:《咸淳临安志》卷九二《纪事》,《宋元方志丛刊》第4册,第4202页。
④ 《宋史》卷八八《地理志四·临安府》,第2174页。

可确知为何年,《宋史》这样划一的叙述似有可能受到了南宋人历史书写的影响。从宋代的其他文献中,也可以看到临安府的属县尤其是附郭县钱塘、仁和二县地位确有一个因具体事务而"比开封、祥符""视赤县"而逐渐提升的过程,如高宗绍兴二十七年因"事体寖重,他郡邑莫敢望",下旨"钱塘、仁和比开封、祥符两赤县,中书择才授任,秩满许以升擢,于是选任又重"①。孝宗淳熙十一年(1184)仁和县令陈巩建无倦堂,倪思为《无倦堂记》,其中有言"自辇毂驻东南,仁和遂视赤县,事之繁剧,不待问而知"②。但是随着时间的推移,南宋人便直接以赤县称钱塘、仁和二县了,如宁宗嘉泰三年(1203)华庚作《钱塘尉司记》便径直称"盖自驻跸为行都,钱塘为赤县,尉职始冗,百府百需悉倚办焉"③。从行文表述看,好像高宗驻跸临安为行都与钱塘县为赤县存在着天然的联系,定都与升赤县在时间上好似存在一致性。绍定四年(1231)宋理宗在《条约遇暑虑囚事诏》中言:"今后行在遇暑虑囚,命所差官将临安府三狱见禁公事除情重例不原外,余随轻重尽行减降决遣,大理寺、三衙、两赤县一体裁决。"④这反映了最高统治者在官方文书中对临安府钱塘、仁和二县"赤县"地位的确认。

临安府属县地位的提升,无疑是临安府首都地位在人们观念中确立的重要标志。与临安府属县地位提升的过程一样,人们不得不向现实低头,在观念上逐渐放弃东京开封府,逐渐认可了临安府。就放弃东京开封府而论,其实宋高宗早在建炎元年(1127)七月所下的手诏中即称东京开封为旧京、旧都,曰:"肆朕纂承,永念先烈,眷怀旧京,潸然出涕。思欲整驾还京,谒款宗庙,以慰士大夫军民之心。"⑤新都未定,就已称开封为"旧京"了。建炎南渡,绍兴八年回銮"定都"临安,高宗称东京为旧京、旧都自是可以想见的了,即使绍兴九年(1139)宋金达成和议,宋收复东京,高宗派员接收东京之时,敕书亦云:"朕慨念旧都,中更戎垒,封圻千里,田野萧

---

① [宋]楼钥:《攻媿集》卷五八《钱塘县厅壁记》,《四部丛刊初编》本,第2页a。
② [宋]倪思:《无倦堂记》,载[宋]潜说友纂修:《咸淳临安志》卷五四,第3833页。
③ [宋]华庚:《钱塘尉司记》,载[宋]潜说友纂修:《咸淳临安志》卷五四,第3835页。
④ [元]佚名撰,汪圣铎点校:《宋史全文》卷三二《宋理宗二》,绍定四年五月庚戌,第2667页。
⑤ [宋]李纲撰,王瑞明点校:《李纲全集》卷一八〇《建炎时政记下》,第1673页。

然。比命迩臣,往司管钥。"①

虽然,南宋中后期亦多称临安为京都、京师,但是如上文所述,整个南宋时期观念上仍然未曾放弃东京开封。这一观念重要的基点无疑是因东京开封而称临安为"行在所"观念的建构。然而,南宋时期这种观念的建构,无疑是建立在忘却的基础上的,忘却了南渡君臣们据建康以北望恢复中原的现实与期望,忘却了南宋初期在"现实政治"基础上的建康与临安的首都之争。南宋中后期,临安的"行在所"称呼,却成了回望东京梦华的姿态,成了一种彻底的观念史。

第三节 建康府的"陪都建制"与"陪都叙述"

绍兴八年二月高宗不复移跸,正式定都临安。然临安只称"行在所",并无京都之名,从这个意义上讲南宋的陪都也是毫无意义的。但是高宗及有些臣僚早就"直把杭州作汴州"了,"行在所"从更为现实的角度看,无疑只是一个为退避计的借口而已,由此,陪都也就有了存在的必要与意义。虽然,绍兴七年底和绍兴八年初不断有臣僚乞请将建康府设为陪都,高宗囿于形势终不允。但这并不意味着高宗心里无此念,高宗在绍兴八年二月初四,也即高宗正式离开建康府的前三天,就已经在任命建康留守章谊的制书中称建康府为"陪都"了。南宋一朝不论是历代皇帝诏敕还是各种官私中都充斥着建康府的"陪都叙述"。

一、建康府的"别都"之议及陪都建设

绍兴七年底,高宗回跸临安已成公开的秘密后,有些臣僚继续劝谏高宗留驻建康府。但左中大夫、参知政事张守看到了移跸临安乃不可挽回之

---

① [宋]刘一止著,龚景兴、蔡一平点校:《刘一止集》卷四三《季追京畿都转运使》,杭州:浙江古籍出版社,2012年,第427页。

事,于是采取折中之策,希望高宗定都临安的同时,以建康府"为别都,以图恢复",曰:"建康自六朝为帝王都,江流险阔,气象雄伟。且据要会以经理中原,依险阻以捍御强敌,可为别都,以图恢复。"张守每次跟高宗奏对时,"必为上言之",高宗不许。① 在绍兴八年正月戊戌(十一日)高宗下诏"复幸浙西"的前夕,张守又"与赵鼎议于都省,不合,又谋诸朝"②,然最终还是无济于事,设建康府为别都之论就此夭折。至于高宗及赵鼎为什么坚决不同意在建康府设"别都",不可确知,但若结合"首都"一起来考量的话,也应是可以理喻的。虽然高宗君臣已经将定都的问题摆在台面上说了,但毕竟也是在朝廷的小范围内进行的,临安后来公开的身份也是"行在所",因此首都尚不敢名实相副,更遑论建立"别都"了。从宋金关系方面言之,绍兴八年前后,金人已经答应归还河南地,因此东京、西京及南京收复指日可待,此时又如何能再立首都与别都呢? 虽然建康府"别都"之议不果,但这并不影响高宗等人视建康为陪都者,在《章谊端明殿学士建康留守制》中则有曰:"朕远御中原,时巡吴会,眷金陵之近屏,视京邑之陪都。必资御侮之雄,用畀居留之重。肆求迩列,爰属宝臣。……升华秘殿,增贲侯藩,大连城师帅之权,专行台管钥之寄。……尔其固龙蟠虎踞之势,以为干城;宣风声鹤唳之威,以恢土宇。庶几嘉绩,无愧古人。"③这份制书无系年,但是端明殿学士章谊有且仅有一次出知建康府的经历,其时间非常明确,即绍兴八年(1138)二月庚申(初四日)④,此时高宗尚在建康府,三天后高宗才离开建康去临安的。

绍兴三十一年(1161)底金海陵王败盟南下,高宗又一次亲征赴建康视师。绍兴三十二年(1162)正月壬申(初五日)至建康。不久殿中侍御史吴芾又奏请高宗"大驾宜留建康,以系中原之望",又有臣僚踵吴芾而"陈驻跸利害者",宰相陈康伯不能决,于是高宗"命侍从、台谏同赴都堂集议",吴芾

---

① 《建炎以来系年要录》卷一一八,绍兴八年正月戊戌,第2191页。
② 《建炎以来系年要录》卷一一八,绍兴八年正月戊戌,第2191页。
③ [宋]李弥逊:《竹溪先生文集》卷五《章谊端明殿学士建康留守制》,收入《全宋文》(第180册)卷三九四六,第184页。
④ 《建炎以来系年要录》卷一一八,绍兴八年二月庚申,第2197页。

指出"建康可以控带襄汉,经理淮甸,若还临安,则西北之势不能相接"。①给事中金安节等亦言"建康江山险固,从昔以为帝王之都。盖以南控楚、越,西连巴、蜀,北接中原,最为形胜,实东南之要会地。今将图回经略,指挥号令,固宜驻跸于此",然而"两淮师旅之后,藩篱未立,自昔所以壮根本而固形势者,一切未备。至于宗庙宗室、官寺城壁、仓库营垒,皆非仓卒所能办集",因此主张"宜颁诏旨,明谕以建康、临安,犹唐之东、西都。今虽暂还临安,自此当往来巡幸,不常厥居"。②高宗降旨再交群臣讨论,结果"群臣皆不能言,但唯唯请回浙西而已"③。驻跸建康不得,设建康为陪都之议亦没有得到众臣的支持。于是正月戊子(二十一日)高宗还是"故技重施",在下诏"暂还临安"的同时,仍令有司增修建康府"百官吏舍、诸军营寨,以备往来巡幸"④。二月癸卯(初六日),高宗正式离开建康返还临安。

如上文所论,其实建康府不能仅从陪都的角度去理解,其很大程度上是按照首都来建设的,不论是行宫、太庙、百司衙门还是皇城司等,这些首都设施一应俱全。而且绍兴十一年(1041)十二月高宗"为定都之计",仍然按照"先宗庙,次太学而后宫室"的原则继续以首都的标准修建康城,高宗此言当然是说说而已。如上文所论,其实绍兴八年高宗离开建康府,在任命建康府留守章谊时就已经以"陪都"称建康府了,并且事实上也已经按照北宋陪都"西京之例"进行管理行宫了。绍兴八年高宗在离开的同时,对宰相赵鼎说"建康诸官司及百官廨舍,皆令照管,他时复来幸,免更营造,以伤民力",赵鼎等奏曰"已令建康府拘收"。⑤这当是建康府留守司的渊源了。绍兴八年二月癸亥(初七日)高宗从建康府离开的当天,又下诏"行宫留守司合行事,并依西京体例。"⑥建康府建立了行宫留守司,"并依西京体例"进行管理运行,虽然没有"京都"之名,但依西京例。这事实上已经将建康府视作陪都

---

① 以上参见《建炎以来系年要录》卷一九六,绍兴三十二年正月丁亥,第3856页。
② 《建炎以来系年要录》卷一九六,绍兴三十二年正月丁亥,第3855—3856页。
③ 《建炎以来系年要录》卷一九六,绍兴三十二年正月丁亥条引赵甡之《遗史》,第3856页。
④ 《建炎以来系年要录》卷一九六,绍兴三十二年正月戊子,第3856页。
⑤ 《建炎以来系年要录》卷一一八,绍兴八年正月戊戌,第2190页。
⑥ 《建炎以来系年要录》卷一一八,绍兴八年二月癸亥,第2198页。

了。建康府行宫留守司置于南宋绍兴八年(1138),以吕颐浩除少傅、镇南定江军节度使、江东安抚制置大使兼知建康府、行宫留守,但是吕颐浩年老请辞,于是就以户部尚书、权知建康府章谊充端明殿学士、江南东路安抚大使兼知建康府、兼行宫留守司公事。

绍兴八年后,建康府"行宫留守司合行事,并依西京体例"进行管理,事实上成了陪都。因此,作为陪都,其相关制度皆"类天府""拟王畿"就显得非常有必要,其中最突出无疑的就是建康府属县地位的提升。如上所论,属县地位的提升是唐宋都城制度里最重要的体现,是一个重要的标识。由于南宋时期没有公开的首都,临安一直是作为"行在所"而名于世的。因此,如上文所论,临安府属县地位的提升很可能有一个因具体事务而"比开封、祥符""视赤县"逐渐提升的过程。但是可以肯定的是,至迟到宋宁宗、宋理宗时期,南宋人便直接称临安府的附郭二县钱塘、仁和为"赤县"了。同理,建康府属县地位的提升,也不大可能有专门的诏书,在建炎三年高宗改江宁府为建康府的诏书中也未涉及属县地位事宜,因此,建康府属县地位的提升也很可能存在一个历史书写的问题,尤其是南宋中后期。

检阅宋代相关史料,称建康府属县上元、江宁为次赤县,句容、溧水、溧阳三县为次畿县者,仅见于《景定建康志》[①]和《宋史·地理志》[②]。《宋史》的成书较晚,其关于建康府属县地位的书写可能受《景定建康志》及元代人当时的思想[③]影响。《景定建康志》约成书于南宋末年的景定二年(1261),此时临安作为首都,建康作为陪都的观念已经深入人心,而作为唐宋以来陪都地位最重要标识的属县地位的提升也应是理所当然之事,因此,《景定建康志》的作者称上元、江宁为次赤县,句容、溧水、溧阳三县为次畿县也就不难理解了。

这里还需格外说明一下建康府"次赤"与"次畿"地位的问题。如前文所论,北宋时期就已经打破了唐五代"京都所治县为赤县,京之旁邑为畿县"

[①] 可详见[宋]马光祖修,[宋]周应合纂,王晓波等点校:《景定建康志》卷一五《疆域志一·地所统县名》,《宋元珍稀地方志丛刊·甲编》,成都:四川大学出版社,2007年,第732—734页。

[②] 《宋史》卷八八《地理志四·江宁府》,第2186页。

[③] 元代人直接将高宗改江宁府为建康府视为设立陪都的标志,详见《元史》卷六二《地理志五·集庆路》,北京:中华书局,1976年,第1501页。

的"立都意识"。北宋庆历二年(1042)北京的设置,其属县的地位亦并未提升为"赤县"与"畿县",而是仅提升为"次赤"与"次畿"。北宋"京府"观念的形成,及其属县全部提升为"赤县"与"畿县",最终完成并定型于宋神宗元丰三年(1080)成书的《元丰九域志》。因此,《景定建康志》中上元、江宁为次赤县,句容、溧水、溧阳为次畿县,其地位当然是能够标识建康府的陪都地位的,建康府陪都地位也是建康府属县提升为"次赤"与"次畿"的根本原因,这种情况与北宋北京大名府的情况相同,大可不必以"赤县""畿县"的标准来质疑建康府属县"次赤""次畿"地位作为其陪都的建制与标识。

二、皇帝诏、敕等文书中建康府的"陪都叙述"

皇帝诏敕等官文书中有关建康府"陪京""留都""陪都"等的叙事,无疑是最能体现建康府陪都地位的。如上文所述,绍兴八年(1138)二月庚申(初四日),也即高宗正式离开建康府的前三天,高宗就已经在任命建康留守章谊的制书中视建康府为"陪都"了。高宗绍兴二十三年(1153)正月戊午(二十八日)高宗以王循友知建康府①,其命官的制书中亦有言建康府"控江山之都会",应是德高望重之人官其地,故又有"望莫重于陪京"之论,以"陪京"字眼加诸建康府,又一次明确地指出了建康府的陪都地位。②

淳熙五年(1178)闰六月孝宗所下刘珙辞免知建康府江东安抚使不允诏中就称建康为"陪都",诏曰:"朕深惩守帅之数更,遴择循良而久任。眷陪都之重地,烦宥府之旧人。逮此累年,底于多绩。召公南国,当自适于憩棠;裴度北门,顾奚妨于卧镇?宁容引疾,遂欲合符。勉思自养之方,庸体仰成之意。所请宜不允。"③宋孝宗时期,洪适所草江南东路安抚大使知建康府兼行宫留守的制书中亦称建康府为"陪京",曰:"惟秣陵之沃壤,乃今日之陪京。襟带江、淮,

---

① 《建炎以来系年要录》卷一六四,绍兴二十三年正月戊午,第3118页。
② [宋]周麟之:《海陵集》卷一九《外制·王循友知建康府》,文渊阁《四库全书》第1142册,第147页下。
③ [宋]周必大撰,王蓉贵、[日]白井顺点校:《周必大全集·玉堂类稿》卷八《观文殿学士大中大夫知建康府充江南东路安抚使兼行宫留守刘珙乞检会前奏除外宫观不允诏》,成都:四川大学出版社,2017年,第993页。

控扼吴、楚。龙蟠虎踞,列山川形势之雄;箕张翼舒,总师旅屯营之众。"①

宋光宗绍熙元年(1190)春在《赐知建康府江东安抚使章森御札》中亦称建康府为"陪都",曰:"陪都重地,军籍尤备,联校束伍,必有营垒之固,而事功创举,实资长才。卿禁涂之英,折符守钥,政平讼理,民用安业。乃能以其余力体国远虑,列楹旧址,缮治一新。夫经画有方,则民不病扰;居处既定,则士不知劳。"②光宗绍熙四年(1193)在给郑侨知建康府的诏书中亦称建康府为"陪京",曰"召还选部,行领从臣之班;居守陪京,复分方面之任","顷由天官,出镇闽部。旋界保厘之寄,实资镇抚之功"。③

宁宗时期韩侂胄北伐失败后,命叶适为建康府知府的制命中,亦给予建康府极高的政治地位,称建康府为"陪京",曰:"朕缅怀函夏,式重陪京。维昔秣陵,有孙仲谋、刘玄德之论在;于今江左,与汉河内、唐东都之地均。"④嘉定元年(1208)宋宁宗在追述丘崈坐镇建康府的功绩时亦以"留都"称建康府,曰:"自复寄于留都,实统临于方面。先声甫震,外侮自消。克全道德之威,遂底和平之福。边陲清晏,朝野欢愉。"⑤。

宋理宗端平元年(1234)以右文殿修撰张嗣古权知建康府江东安抚的制书中亦有"陪京"之论,曰:"秣陵槃槃一都会,进可以控中原,朕方规复舆图,思得魁垒俊伟之彦,付以留籥。尔起自久间,入对便殿,敷陈攻守大要,具有颠末。擢承密旨,出总陪京。恤民以厚根本,厉兵以壮形势,巩护天堑,应接汴洛。地以人重,毋谓事权之非昔也。"⑥同年,宋理宗在除工部侍郎沿

---

① [宋]洪适:《盘洲文集》卷二七《观文殿大学士醴泉观使兼侍读除保平军节度使开府仪同三司江南东路安抚大使知建康府兼行宫留守制》,《四部丛刊初编》本,第1页b。
② [宋]马光祖修,[宋]周应合纂,王晓波等点校:《景定建康志》卷三《留都录三·赐知建康府江东安抚使章森御札》,《宋元珍稀地方志丛刊·甲编》,第45页。
③ [宋]楼钥:《攻媿集》卷三九《新除吏部尚书郑侨龙图阁学士依旧知建康府制》,《四部丛刊初编》本,第14页a。
④ [宋]张守:《毘陵集》卷二《叶适宝谟阁待制知建康府兼沿江制置使制》,文渊阁《四库全书》第1127册,第1页a。
⑤ [宋]徐自明撰,王瑞来校补:《宋宰辅编年录校补》卷二〇《丘崈同知枢密院事制》,北京:中华书局,1986年,第1353页。
⑥ [宋]洪咨夔:《平斋文集》卷一九《副都承旨张嗣古除右文殿修撰权知建康府江东安抚制》,《四部丛刊续编》本,第4页a—b。

江制置使兼江东安抚使知建康府陈韡的制书中亦称建康府为"陪京",为"别都",曰"朕顾詹陪京,控扼天堑。折冲有术,武骑千群,奚所用之?设险无方,衣带一水,何足恃者?茂选从涂之隽,往开制阃之雄","进起部之妙选,总别都之重权。虎踞龙蟠,遗风犹昔;鱼丽鹅鹳,胜算方新"。① 后宋理宗在给陈韡赐夏药的敕书中亦有"卿法从名流,陪京重寄"②之语。宋理宗在给马光祖的制书中亦有曰:"朕简求近弼,重镇陪京。念昔全江淮以济中兴,允资硕望;矧今崇诗书而谋元帅,讵舍旧人?起之燕闲,付以居守。爰疏茂渥,申锡赞书,""朕慨念留都,控扼天堑。虽千群奚用,已屹立金汤之形;然一物不牢,敢少怠衣袽之戒?孰宽忧顾,无若老成。兵将素服其抚循,民吏夙安其条教,龙蟠虎踞,山川不易于镇临。鱼钥麟符,麾帜一新于号令。以壮外攘敌人之略,以恢北定中原之规。"③景定元年(1260)宋理宗在《赐马光祖辞免不允诏》中又称建康府为"陪都",曰"陪都为经营四方之根本,中兴以来,如浚、如俊卿,皆以元勋硕辅再镇抚是邦,草木知其威名,敌人不敢起饮江之想"④。宋度宗咸淳二年(1266)正月在《赐马光祖丐祠不允诏》中有曰:"卿以文武威风,三尹陪京,江浒经营,厥功茂焉。召伯有成,王心则宁,朕用宽北顾之忧。"⑤

三、其他官、私文献中建康府的陪都书写

高宗绍兴三十一年(1161)杨万里贺宰相张浚判建康府的书启中即有:"恭审制诏旧德,藩宣陪京。留丞相于关中,深寄本根之重;用真儒于天下,

---

① [宋]洪咨夔:《平斋文集》卷二二《陈韡除工部侍郎沿江制置使兼江东安抚使知建康府制》,《四部丛刊续编》本,第18页a。
② [宋]洪咨夔:《平斋文集》卷一六《赐工部侍郎沿江制置使知建康府陈韡银合夏药敕书》,《四部丛刊续编》本,第6页a。
③ [宋]马廷鸾:《碧梧玩芳集》卷五《观文殿学士提举临安府洞霄宫马光祖依前职特授沿江制置大使兼知建康府兼江东安抚大使兼行宫留守制》,文渊阁《四库全书》第1187册,第2页a—b。
④ [宋]马光祖修,[宋]周应合纂,王晓波等点校:《景定建康志》卷三《留都录三·赐马光祖辞免不允诏》,《宋元珍稀地方志丛刊·甲编》,第56—57页。
⑤ [宋]马光祖修,[宋]周应合纂,王晓波等点校:《景定建康志》卷三《留都录三·赐马光祖丐祠不允诏》,《宋元珍稀地方志丛刊·甲编》,第64页。

大和朝野之瞻。"①宋孝宗隆兴二年(1164),张浚推荐张孝祥,称其"可负事任",升迁为中书舍人,迁直学士院兼都督府参赞军事,领建康留守,崔敦礼在《贺建康留守张舍人启》中称建康府"江左之奥区,有陪京之巨镇。云屯貔虎,今号要冲;天设金汤,古称地险"②。崔敦礼在《代建康倅贺张舍人启》中亦称建康府"陪京留钥之司"③。宋孝宗乾道五年(1169)八月张椿所撰《建建康清溪阁记》中就称建康府为"留京",曰:"今大帅史公繇甘泉法从,宅牧留京,政修户庭,而人自得。于一路十州之外,凡地之胜与景之殊者,悉表出之。"④宋孝宗淳熙五年(1178)杨万里在给宰相陈俊卿判建康府的书启中言曰:"畴咨上宰,居守陪京。一相揭日月之光,俯江淮而下烛;万乘分旌旗之半,俾夷夏之耸观。"⑤崔敦礼在贺陈俊卿判建康府的书启中亦曰:"拜恩中陛,分镇陪京。天语粹温,亲授保厘之册。"⑥淳熙八年(1181)二月,宋孝宗命史浩判建康府,史浩时年七十六岁,故连连上表请免,在《辞免判建康府第三札子》中曰:"臣窃惟建邺重地,今之留都。内蕃王室,外折遐冲。必得其人,乃可委寄。方今德望素著,已试见效,及材猷出众,韫积未施者,天下不为无人。"⑦孝宗淳熙八年(1181)三月奚商衡《上元县社坛记》中就有曰:"国朝天禧间,升州为节度府,中兴岳狩,列于陪京,一同之寄,视昔为重矣。"⑧淳熙十年(1183)范成大在建康府任上求得祠禄官,曾丰贺信中亦有建康府"陪京"之论,曰:"久图均佚,累疏叩祈。天眷优隆,曲遂石湖之乐;

---

① [宋]杨万里:《诚斋集》卷四九《贺张丞相判建康启》,《四部丛刊初编》本,第6页a。
② [宋]崔敦礼:《宫教集》卷一〇《贺建康留守张舍人启》,《宋集珍本丛刊》第56册,第456页下。
③ [宋]崔敦礼:《宫教集》卷一〇《代建康倅贺张舍人启》,《宋集珍本丛刊》第56册,第456页上。
④ [宋]马光祖修,[宋]周应合纂,王晓波等点校:《景定建康志》卷二一《城阙志二·清溪阁》,《宋元珍稀地方志丛刊·甲编》,第986页。
⑤ [宋]杨万里:《诚斋集》卷五二《贺陈丞相判建康启》,《四部丛刊初编》本,第8页a。
⑥ [宋]崔敦礼:《宫教集》卷八《贺陈丞相帅建康启》,《宋集珍本丛刊》第56册,第432页上。
⑦ [宋]史浩:《鄮峰真隐漫录》卷三〇《辞免判建康府第三札子》,《宋集珍本丛刊》第43册,第145页下。
⑧ [宋]奚商衡:《上元县社坛记》,载[宋]马光祖修,[宋]周应合纂,王晓波等点校:《景定建康志》卷四四《祠祀志一》,《宋元珍稀地方志丛刊·甲编》,第1838页。

琳宫清邃,雅宜朝迹之收。数出颇劳,一间并偿。恭惟某官肯轻亚相,留护陪京,一心久空,万物俱厌。"①

宋光宗绍熙二年(1191)五月杨万里在《荐刘起晦、章燮堪充馆学之任奏状》中亦称建康为"陪都",曰:"陛下畀以陪都之漕寄,宠以延阁之隆名,临遣丁宁,恩意备极。臣朝夕懔懔,思报万分,惟有荐进人才,可以裨益圣世。在法监司到所部半年,许举所知贰人,辄缘公论,冒渎聪闻。"②宋光宗绍熙三年(1192)三月杨万里在荐举求扬祖政绩奏状中称建康府为"留都",曰:"奉议郎、知建康府江宁县求扬祖,惠而能断,明而不苛。顷为婺源幕僚,已著能称。今为留都郭内之宰,事之繁伙视他邑十之,公廉自持,人不敢干之以私。"③

宋宁宗庆元四年(1198)何武仲《通判西厅〈壁记〉》中亦有言曰:"建康为今留都,地重事夥。"④宋宁宗嘉定五年(1212)七月建康府知府黄度在《养济院碑跋》中亦称建康为"留都",曰:"度守留都之二年,岁比有秋,疮痍浸复,思广上施,爱及今人。共惟祖宗至仁,同符三代,在郡国实有养济之政,高宗驻跸,诏旨如丹。"⑤嘉定十四年(1221)岳珂在《复置平籴仓申省状》中亦称建康府为"留都",曰:"照得本司所管九郡,建康留都,民物繁庶,绝在下流,因船脚道路之遥,平时米价最高于它郡。"⑥

宋理宗宝庆元年(1225)七月邓文举在《建康军签判厅续题名记》中亦曰建康府为"陪京大府,又非他郡比,其选任亦不轻矣"⑦。宋理宗嘉熙元年

---

① [宋]曾丰:《缘督集》卷一〇《代贺范参政自建康得祠启》,文渊阁《四库全书》第1156册,第107页上。
② [宋]杨万里:《诚斋集》卷七〇《荐刘起晦、章燮堪充馆学之任奏状》,《四部丛刊初编》本,第3页b。
③ [宋]杨万里:《诚斋集》卷七〇《荐举徐木、袁采、朱元之、求扬祖政绩奏状》,《四部丛刊初编》本,第8页a。
④ [宋]何武仲:《通判西厅〈壁记〉》,载[宋]马光祖修,[宋]周应合纂,王晓波等点校:《景定建康志》卷二四《官守志一》,《宋元珍稀地方志丛刊·甲编》,第1238页。
⑤ [宋]马光祖修,[宋]周应合纂,王晓波等点校:《景定建康志》卷二三《城阙志四》,《宋元珍稀地方志丛刊·甲编》,第1111页。
⑥ [宋]马光祖修,[宋]周应合纂,王晓波等点校:《景定建康志》卷二三《城阙志四·诸仓·嘉定省札》,《宋元珍稀地方志丛刊·甲编》,第1079页。
⑦ [宋]马光祖修,[宋]周应合纂,王晓波等点校:《景定建康志》卷二四《官守志一·职官厅》,《宋元珍稀地方志丛刊·甲编》,第1146页。

(1237)十一月吴葳《建康府贡院记》中即称建康府为"陪京",曰:"金陵大都会,六朝风流未远,我宋淑人心以道德,翕然尽归醇厚。中兴南渡,天跸驻临,行阙岩峣,龙盘增秀,光涵玉井,瑞产金莲。……端平初元,皇上嘉惠陪京,增贡士额,登名天府者十三人。"①宋理宗淳祐年间(1241—1252)舒滋所撰《复置平籴仓奏》中称建康府为"留都",曰:"建康为留都会府,兵民繁庶,岁事小歉,米价易翔,即有待哺嗷嗷之窘,若非官司预为储蓄,则何以为水旱之备?"②宋理宗宝祐年间(1253—1258)余晦在《创建实济院奏》中亦称建康为陪都,曰:"窃念建康为今陪都,生齿繁阜,前参知政事臣真德秀将漕日,曾置慈幼一局。凡婴孩之遗弃于道、有能收养者,月给钱米,至七岁乃止。逾四十年相仍不废。"③宋理宗开庆元年(1259)倪垕以左曹郎中兼权建康府沿江大使留司事务兼茶盐所,其在《野亭祠堂记》中亦称建康府为"陪京",曰"陪京之钥,非重臣不可授钺"④。宋理宗景定元年(1260)七月吴季子《建康通判南厅〈壁记〉》中亦称"金陵为留都",曰:"国家驻跸钱塘,而金陵为留都,地望雄重,东南会府莫先焉。以旄钺出镇者,率宰执大臣,故别驾之选特重,盖古河南少尹职也。他郡别驾一人,或二人,此独视行在所,又有员外,置三,例以处廷绅补外者。职清事简,府公不尽吏之,号方外司马,人以为荣。顾其创置岁月且深,前人氏名漫不可考,非阙欤!"⑤景定二年(1261)姚希得《建康府都金厅记》中开篇即言"留都幕府之重尚矣",接着回顾西京洛阳"僚佐多贤称于天下"的历史,说"陪京巨镇,非他幕府比",将建康府比作如西京洛阳这样的"陪京巨镇"。⑥

---

① [宋]吴葳:《建康府贡院记》,载[宋]马光祖修,[宋]周应合纂,王晓波等点校:《景定建康志》卷三二《儒学志五》,《宋元珍稀地方志丛刊·甲编》,第1481页。
② [宋]马光祖修,[宋]周应合纂,王晓波等点校:《景定建康志》卷二三《城阙志四·平籴仓·淳祐省札》,《宋元珍稀地方志丛刊·甲编》,第1081页。
③ [宋]马光祖修,[宋]周应合纂,王晓波等点校:《景定建康志》卷二三《城阙志四·实济院》,《宋元珍稀地方志丛刊·甲编》,第1117页。
④ [宋]马光祖修,[宋]周应合纂,王晓波等点校:《景定建康志》卷三一《野亭祠堂记》,《宋元珍稀地方志丛刊·甲编》,第1454页。
⑤ [宋]马光祖修,[宋]周应合纂,王晓波等点校:《景定建康志》卷二四《官守志一·建康通判南厅〈壁记〉》,《宋元珍稀地方志丛刊·甲编》,第1143页。
⑥ [宋]马光祖修,[宋]周应合纂,王晓波等点校:《景定建康志》卷二五《建康府都金厅记》,《宋元珍稀地方志丛刊·甲编》,第1203页。

同年，家之巽在《都作院记》中亦称建康为"陪都"，曰："金陵国家陪都，襟江带淮，虎视京、洛，常宿重兵，根本三边。有警，水行陆骛，百道并出，戈矛剑甲，累巨万计，率顷刻立具。用广数夥，以故缮治益急。"①

《景定建康志》是最能反映南宋建康府各方面情况的一部书，景定二年（1261）七月周应合在《景定修建康志本末》中即曰"开庆己未春三月，裕斋先生金华郡公以大制帅再尹留都"②，称建康府为"留都"。《景定建康志》卷一至卷四还专设《留都录》；卷二一《城阙志二·楼阁》"青溪阁"条亦有称"留京"者。《景定建康志》中"陪都"一词亦多见，如卷二三《城阙志四·庐院》"实济院"条有"建康为陪都""建邺为今陪都"等语。关于"陪京"，《景定建康志》卷一《留都录一》亦有称"陪京"者，卷二一《城阙志二·楼阁》"东南佳丽楼"条亦有"自六飞驻跸东南，兹地实为陪京"③。至于"行都"，《景定建康志》卷二二《城阙志三·亭轩》"迎晖亭"条则曰"迎晖亭，门拱行都"④。

综上可见，绍兴七年底、绍兴八年初及绍兴三十二年有关建康府的"别都"之议，虽然都无疾而终，但是这并不影响建康府实际上仍为陪都的历史事实，甚者，绍兴八年二月高宗在离别之际就已经在诏敕文书中以"陪都"称建康府了。此后南宋历朝历代皇帝诏敕中基本都有关于建康府为陪都的叙事。除此之外的其他官私文献中称建康府为陪都者亦史不绝书。南宋人的这种陪都叙事，亦深刻影响了后世的历史书写，如《至正金陵新志》卷三《金陵世年表》亦有"高宗南渡，建都杭州，建康为行都"，卷四《疆域志》记建康府"南宋为行都地，凡一百三十九年"之论；⑤《元史》卷六二《地理志五》亦

---

① ［宋］马光祖修，［宋］周应合纂，王晓波等点校：《景定建康志》卷三九《武卫志二·军器》，《宋元珍稀地方志丛刊·甲编》，第1688—1689页。
② ［宋］马光祖修，［宋］周应合纂，王晓波等点校：《景定建康志》附录一《景定修志本末》，《宋元珍稀地方志丛刊·甲编》，第2123页。
③ ［宋］马光祖修，［宋］周应合纂，王晓波等点校：《景定建康志》卷二一《城阙志二·楼阁》，《宋元珍稀地方志丛刊·甲编》，第980页。
④ ［宋］马光祖修，［宋］周应合纂，王晓波等点校：《景定建康志》卷二二《城阙志三·亭轩》，《宋元珍稀地方志丛刊·甲编》，第1041页。
⑤ ［元］张铉：《至正金陵新志》，《宋元方志丛刊》本，北京：中华书局，1990年，第5502页。

有载"高宗改建康府,建行都"①语。

第四节　建康府的权力配置与经济发展

建炎三年二月,宋高宗从维扬渡江而南后,便"命诸将分守沿江",长江边的建康府(时称江宁府)就成为江防的重点之一。绍兴八年之后,为退守计而定都临安,建康府仍为江防的核心。建康府还成为临安之北大门,"北门留钥""独当北门"等论述不绝于书。南宋时期,建康府以陪都及临安北门之重而称于世,故此集中了诸多的政治与军事资源。这些政治、军事等权力资源的大量配置,无疑深刻影响了建康府的经济结构与发展趋势。

一、建康府的政军机构与军、民人口结构

建炎三年(1129)五月宋高宗诏改江宁府为建康府,建康府与北宋江宁府一样,仍辖上元、江宁、句容、溧水、溧阳五个县。但作为江防重地,建康府又先后设置了很多的政治与军事机构。绍兴元年(1131)九月,又于建康府置江东安抚使。绍兴十一年(1141)又在建康设置总领两淮军马钱粮的总领官,是年五月,建康的总领官又改为总领淮西江东军马钱粮,乾道六年(1170)四月,又并入淮东总领所,称总领两淮军马钱粮所。开禧三年(1207)二月又于此置江淮制置使,嘉定十年(1217)正月省,绍定三年(1230)十一月复置,绍定六年(1233)七月以后,改沿江制置使,淳祐七年(1247)六月省,淳祐九年(1249)正月复置沿江制置司。嘉熙四年(1240)八月设制置茶盐使,以户部尚书岳珂任之,淳祐元年(1241)五月,岳珂被召省制置茶盐使,设置提领,置司不定,由太平州守臣兼任者便在太平州置司,不由太平守臣兼领的便在建康置司。这些众多的政治军事机构的设立,进一步增重了建康府的地位。

建康府以上众多军政机构之间亦多有人员的兼制情况,若从主管官员

---

① 《元史》卷六二《地理志五·集庆路》,第1501页。

及僚属的数量看,其对建康府的经济尤其是城市消费经济的发展很难有决定性的影响。真正能够影响建康府人口结构并进而深刻影响建康府经济发展的无疑是大量的驻军。

建炎三年(1129)二月,宋高宗从维扬渡江而南以后,长江边的建康府就成为江防的重点之一。随着对金及伪齐战争的持久化,前线也逐渐形成了五大主力固守的相对固定的驻防区域,即刘光世军所领江东、淮南路;韩世忠军所领镇江、建康、淮东路;王䕫军所领荆南、岳、鄂、潭、鼎、澧、黄州、汉阳军等;岳飞军所领江西路、舒、蕲州;吴玠军所领利州路。绍兴五年(1135),高宗厘定军制,置行营护军,重新编制这些前线军队,以韩世忠军为行营前护军,驻防在淮东地区,约八万人;以岳飞军为后护军,以鄂州为大本营,约有十万之众;以刘光世军为左护军,驻防在池州、庐州等地,有五万之众;以张俊军为中护军,驻防在江防的核心地带建康,以屏障临安,有八万之众;以吴氏兄弟的四川军为右护军,有六七万大军。

绍兴十一年(1141)底"绍兴和议"达成以后,大军纷纷撤守长江防线,而高宗为集权,就罢了岳飞、韩世忠及张俊等三大将的军权,改行营诸军为御前诸军。罢了张俊军权以后,屯驻建康府的大军,交由都统制王德统辖,王德还奉高宗密旨,将驻军由八万人缩编至五万人①。此后,这五万都统司大军的编制基本固定。建康都统司的这五万屯驻大军,分游奕军、前军、右军、中军、左军和后军六个军,这六个军全部驻扎于建康城内,游奕军与左军分别屯驻右北厢的新街清化坊和北门里大街东,右军屯驻左北厢的高阳楼及城东门外,后军屯驻左北厢西景阳台南,中军则屯驻右南厢秦淮河南的保宁寺街,前军则屯驻左南厢武定坊桐树湾以北地区。②

乾道七年(1171)宋孝宗为北伐故,接受宰相虞允文的建议,"徙侍卫马军司戍建康"③。后北伐未果,而侍卫马军司诸军则长久地留驻在了建康,

---

① [宋]马光祖修,[宋]周应合纂,王晓波等点校:《景定建康志》卷三九《武卫志二》,《宋元珍稀地方志丛刊·甲编》,第1674页。
② [宋]马光祖修,[宋]周应合纂,王晓波等点校:《景定建康志》卷二三《城阙志四·营寨》,《宋元珍稀地方志丛刊·甲编》,第1699—1700、1699页。
③ 《宋史》卷三四《孝宗纪二》,第651页。

所部三万人六个军皆"置寨建康"①,全部驻扎在建康城内与建康的城郊地区。除了选锋军屯驻建康城的右北厢西门内之崇道桥,东邻行宫之外,其余五军均屯驻建康城外要地,马军司的前军驻扎于南门外之虎头山,右军驻扎于南门外之黄家塘北,中军驻扎于南门外之黄家塘南,左军驻扎于南门外之阴山东,后军则驻扎于东门外的蒋山之南。

建康府除了都统司和侍卫马军司所属的这些主力作战部队外,还屯驻有安抚司的禁厢军和沿江制置使司招募的新军。南宋时期,南方地区大体保留了北宋晚期的禁厢军番号,但都成了"无用"的非正规军,备盗及应各种杂役。建康府的禁厢军合计共五千人。而南宋后期,蒙古军队的侵袭愈演愈烈,长江防务日益紧迫,于是南宋朝廷不断增置沿江制置使司的军额,达四万五千人左右,数量直追都统司的军队。

由上可知,南宋前期建康府及其城郊的驻军就常达八万之众,加上南宋后期增置的新军,合计共有十三万多。若按军人四口之家的标准算,南宋前期军队及其家属的人口就可达 30 多万,南宋后期更是高达 50 万;若按照三口之家算的话,南宋前期军队及其家属亦有 24 万,南宋后期亦有近 40 万。而南宋时期建康府的民户数量,前期遭到了金人的兵火之灾,并无多少民户,诚如宋高宗所言"建康兵火之后,已无遗民"②。而后来朝廷出优惠政策,所招来的多是农业人口,他们无疑大多居住在建康城外及所属各县从事生产生活。而建康府的军队及其家属数量,甚至也远远多于北宋晚期和平时期的城居人口数量,北宋晚期建康府城居的人口数量,叶梦得有"民之籍于坊廓,以口计者十七万有奇,流寓、商贩、游手往来不与"③之论,若加上这些贩夫走卒、流寓游手之人,建康府的城内人口也就 20 万左右。

这些家庭的主要劳动力在军中服役,家属自多非劳动人口,亦主要靠军士的军饷供养。这些士兵的待遇还是不错的,如马光祖时增给衣装等下钱,

---

① [元]张铉:《至正金陵新志》卷一〇《兵防志·营寨教场》,第 5675 页。
② [宋]马光祖修,[宋]周应合纂,王晓波等点校:《景定建康志》卷一四《建康表十》,《宋元珍稀地方志丛刊·甲编》第 616 页。
③ [宋]叶梦得:《石林居士建康集》,道光二十四年(1844)叶廷琯刻本。

每名士兵三百贯,"般家钱,并起发券食钱共一百三十贯文、银环一对、花一支、红斑绢十段","每名支军装钱三百贯,赡家稻一十硕,日支十八界三百文、米三开"等,甚者在士兵婚嫁时还"支婚嫁钱、酒、米、帛,以乐其家"。①这些数量巨大且有消费能力的消费人口,为建康城市的发展带来了巨大的动力。可以说,这些数量巨大而且有消费能力的消费人口,走到哪里哪里就会迅速繁荣起来,建康城南门外的繁荣就深刻说明了这点,对此下文详论。

二、建康府城的城市经济发展

南宋时期建康府城的基本结构还是延续南唐的规模,由外城和子城组成"回"字形的两重城。外城城周二十五里四十四步,城北、东、南、西各一门,并有护城河环绕其间。建康城又西临长江,江水通于城外为护城河,并横穿城南,是为秦淮河。子城原为府治,因南宋初年时高宗驻跸之故,在原城基之上增筑修成了行宫,周四里二百六十五步。府治改作行宫后府衙便迁到原子城前公署区中的转运司衙内。在此的机构除了府治,南宋期间还有江东安抚司、沿江制置司、淮西总领所、江东转运司、江淮提领所、江淮都督府、御前马步军、行宫留守司等众多机构。

行宫的西北分别驻有都统司的游奕军和左军,以及马军司的选锋军,行宫东北方向驻扎着都统司的右军和后军。整个秦淮河的南岸都是驻军的,都统司的右南厢中军和左南厢前军,戎司前军、游击新军、亲兵部、制效军等多处营寨,居民相对较少,故只设武定一坊。

而到宋代时,街巷及其两旁的聚居地构成开放式的空间,标志着旧的封闭式的里坊制度的崩溃,新的开放式的厢坊制度建立起来。建康府亦设厢坊制管理,乾道年间的方志所载为建康城内有"四厢二十坊",即左南厢(东南)、右南厢(西南)、左北厢(东北)和右北厢(西北),具体为左南厢的嘉瑞、长乐、翔鸾、武定四坊,左北厢的钟山和招贤二坊;右北厢的立德、修文、来

---

① 以上参见[宋]马光祖修,[宋]周应合纂,王晓波等点校:《景定建康志》卷三九《武卫志二·游击军》,《宋元珍稀地方志丛刊·甲编》,第1681页。

苏、金陵、清化五坊以及右南厢的承贤、舜泽、建业、兴政、雅政、凤台、滨江、永安、敦教九坊。

而南宋末年《景定建康志》中所载的建康城内已经变成"五厢"①三十六坊的结构了"。城内五厢的具体划分不得细知,若仍以东南、西南、东北及西北四厢的空间结构划分的话,右北厢(西北)则有石城坊、西锦绣坊、嘉会坊、广济坊、安乐坊、报恩坊六坊;左北厢(东北)有钟山坊、细柳坊、尊贤坊、东锦绣坊、武胜坊、青溪坊、九曲坊、北状元坊、招贤坊和经武坊十坊;左南厢(西南)有嘉瑞坊、南状元坊、长乐坊、武定坊四坊。其中左南厢的翔鸾坊,右北厢的立德、修文、来苏三坊等都没有出现在南宋末年的《景定建康志》中。左南厢(东南)和右北厢(西北)主要是军政机构及军营的集中区,坊的数量基本没有什么变化,而左北厢(东北)坊数的增加亦主要集中在秦淮河北岸和建康府府治以南的区域,而且这些地方的坊的相对面积都较右南厢(西南)地区为大。

建康城右厢的西南部地区,作为最重要的居民及商业区,其空间结构上的变化无疑是最显著的。乾道年间的承贤、兴政、雅政、滨江、永安和敦教等六坊的坊名均已消失;数量上,亦由乾道年间的九坊之地,变成了景定年间的十六坊之多,几占全城总坊数的一半。右南厢(西南)各坊具体为金泉坊、舜泽坊、金陵坊、建业坊、长春坊、凤台坊、宽征坊、鹭州坊、东市坊、西市坊、钦化坊、清化坊、佳丽坊、朝宗坊、崇胜坊、保宁坊。据新坊的坊名推测,这些新增、归并的坊大多与工商业的繁荣有关,东市坊、西市坊和宽征坊的出现就再明显不过了。而紧邻秦淮河北岸的宽征坊,其物流规模巨大,亦成为都税务和置制司的抵当库所在地。而就在宽征坊之北,由凤台坊、东市坊、鹭州坊和西市坊自南顺时针组成的这样一个区域空间,它们都是围绕着"鱼市"这一地标展开叙述的,也就是说建康府城中形成了规模巨大的、专业化程度非常高的"鱼市"。当然这一区域紧邻秦淮河北岸,外又与长江相通,其"鱼市"规模之大,自是可以想象的。

---

① [宋]马光祖修,[宋]周应合纂,王晓波等点校:《景定建康志》卷二三《城阙志四·平止仓须知》,《宋元珍稀地方志丛刊·甲编》,第1077页。

相对于建康城内经济的发展,建康城外经济的发展亦很好,南宋后期发展出了"城外二厢"①。但需格外注意的是,这并不是城内经济发展到一定程度城区"溢出"城墙的结果,而是由于城外驻军。"城外二厢"中城南厢的发展,史料记载较为清楚,这直接导源于乾道时期侍卫马军司前、右、中、左四军的驻屯,对此嘉定八年(1215)真德秀即有明言,曰"马军行司移屯之始,连营列戍,军民憧憧,聚彼贸易,市廛日以繁盛",而且城南经济发展亦有相当规模,真德秀亦曰"建康府南门之外有草市,谓之城南厢,环以村落,谓之第一都、第二都、第三都,皆隶本府江宁县",江宁县是建康府的附郭县,县治就在行宫的西面一里处。"第一都、第二都、第三都"等虽仍是乡村都保制的管理制度,但是其上专设厢来管理,说明城市化水平已经很高了,事实上已经属于城市的区域,只不过基层管理制度尚未改过来而已。然兴衰都由此,城南军队移屯它处,后嘉定时期,此地则不复往日辉煌,军队移屯后"民亦流亡,居舍贾区,萧疏颓废",当地居民已无法承受"昔年创增和买定额"。虽说城南渐衰,但城南经济绝非一蹶不振,故此真德秀才以此地与"坊郭别门,相去咫尺"为由,按照与"府城坊郭"一样的标准来减免"诸门外"城郊的和买定额,这体现了城南经济发展及城郊与城内管理一体化发展的趋势。② 建康府城城南经济的发展,不光表现为厢制的扩展和农村都市化的发展,还表现在城南长干桥下的"西市口"和偏东一点的"东市口"③这些固定的城郊市场的发展上。

建康府这样的官司集聚地,官府的各种营造建筑,也往往要依靠市场进行,如宋理宗开庆元年(1259)马光祖重建公使酒库,就雇佣匠人修建,"计佣二万一千二百一十楮",而且公使酒库所需的东西都是从市场购买的,"物以市直收,而不科扰"。④ 建康府这样的营造自不在少数。而且建

---

① [宋]马光祖修,[宋]周应合纂,王晓波等点校:《景定建康志》卷二三《城阙志四·平止仓须知》,《宋元珍稀地方志丛刊·甲编》,第 1077 页。
② 以上参见[宋]真德秀:《西山先生真文忠公集》卷六《奏乞为江宁县城南厢居民代输和买状》,《四部丛刊初编》本,第 2 页 b。
③ [宋]马光祖修,[宋]周应合纂,王晓波等点校:《景定建康志》卷一六《疆域志二·镇市》,《宋元珍稀地方志丛刊·甲编》,第 748 页。
④ [宋]马光祖修,[宋]周应合纂,王晓波等点校:《景定建康志》卷二三《城阙志四·诸库·公使酒库》,《宋元珍稀地方志丛刊·甲编》,第 1093 页。

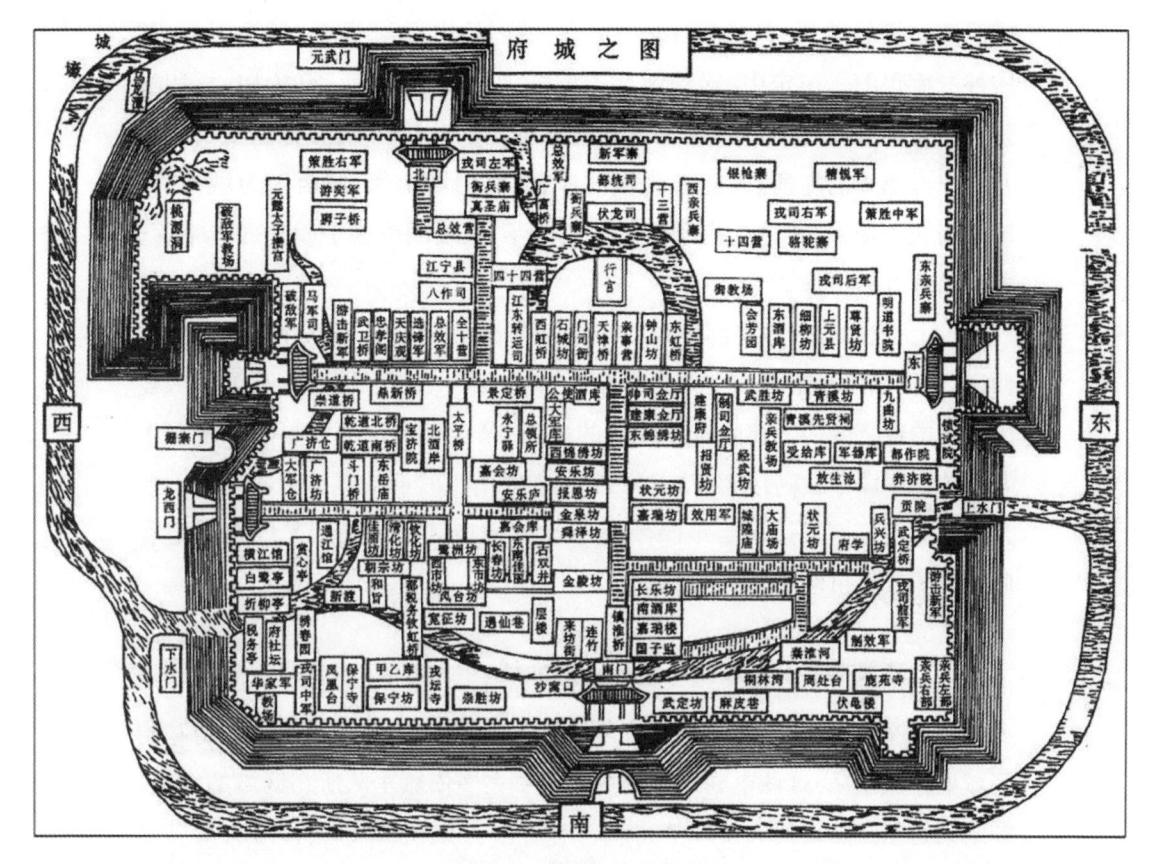

图 5.1 南宋建康府城图

康府还设置有杂买务和杂卖务、榷货务和市易务等和市场有密切关联的众多机构,想来或有强制的因素,但总之还是要依靠并利用市场的。建康府的城市市场发展,还可从官府的专卖管窥一二。众所周知,酒是经营性很强的商品,南宋政府为解决财政困难,为筹措军费,就在建康府设置大量酒库卖酒。孝宗时,建康府共有二十九个酒库,分属于行宫一库、建康府三库、江东安抚司二库、淮西总领所四库、侍卫马军司一库、御前诸军都统制司十八库。乾道年间,又置户部赡军酒库所,并入了这二十九个酒库,城内置东、南、西、北、中五库,及嘉会、镇淮、凤台三库,城外置丰裕、龙湾两库,共为十库。至嘉定年间,又于石井、韩桥、湖孰增置三库。淳祐二年,又将在城八库并作三库,凤台、镇淮为一库,东西北及嘉会为一库,南、中为一库。淳祐十二年,又省东南西北中五库,城内只作嘉会、凤台、镇淮三库,其城外二库仍旧。绍定中,赵善湘又于城外创置防江一库。淳祐初,吴渊又创置激赏等五库,此六库,皆隶沿江制置司。淳祐十一年,又将制置司六库并入户部赡军酒库所,改防江为城北库,激赏为城南库,城西门为城西库,靖安为龙湾新库,天禧为南子库。宝祐二年,又将城南西子库并入丰裕库,龙湾新库并入旧库。

以上不难看出,这些酒库大多在建康府城,城外的丰裕酒库在南门外的西街,龙湾酒库在附郭的上元县金陵乡,距府城一十五里,似亦都可纳入建康府城的经济圈内。建康府如此多的酒库,景定年间户部赡军酒库所二十九库的酒库课额就高达75万贯(息钱)①,而南宋时期的酒课岁收统计一般是以每天销售额累计得出年课额②,因此建康府高昂的酒课是能在一定程度上反映其城市经济发展情况的。

三、建康府的财经政策与府域经济发展

如上文所论,南宋初年随着战争的持久化,前线逐渐形成了有固定驻防区域的作战军队,这些屯驻大军的军需粮草大多依靠军队所在区域的供给,如绍兴初年江东安抚大使叶梦得就曾有言曰:"见在建康府,每月支费已是浩瀚。建康府亦是昨经残破,钱粮窘迫,所入自不了本府使用,逐急无可那移。"③可见建康府是建康府等地屯驻大军的重要供应方。绍兴十一年(1141)宋金"绍兴和议"以后,各大军纷纷撤守长江中、下游,于是分别在江陵府、鄂州、江州、池州、庐州、建康、镇江等地屯驻大军。

但是各地屯驻的御前大军的军粮供应并不完全遵循"属地原则"和"就近原则",绍兴三十年(1160)朝廷就对各地屯驻大军的供应及朝廷的上供问题作了详细的规定,其中建康府大军"岁用米五十五万余石,系于吉、抚、

---

① [宋]马光祖修,[宋]周应合纂,王晓波等点校:《景定建康志》卷二六《官守志三·提领建康府户部赡军酒库所》,《宋元珍稀地方志丛刊·甲编》,第1272页。
② 李华瑞:《南宋的酒库与军费》,《人文杂志》2016年第3期。
③ [宋]叶梦得:《石林奏议》卷七《奏乞令马承家取拨钱米状》,《续修四库全书》第474册,第423页。

饶州、建昌军科拨"①,除了这四州军外,筠州、临江军等地也是有部分物资解送至建康府供应驻屯大军的②,而建康府则要与太平、宣州和两浙负责行在临安的"合用米一百十二万石"的供应。③ 规定是一回事,实际上则未必会解送到临安的,如绍兴二年正月高宗就有诏发运使汤东野"往建康,收簇江东、西路上供岁额米斛"④,命令发运司将江东、江西路的上供米集中到建康府供军需。当然,这是之前的诏书,而后来成立的总领所也主要是截留上供临安的粮食来赡军的。但是孝宗乾道年间,又有侍卫马军司的三万大军移屯建康,这些剧增的大军供应,建康府是否还有余粮解送到临安则要打问号的,更何况景定年间建康府秋税中的苗米收入实际总共才有一十九万九千余石。

  建康府与太平、宣州和两浙负责行在临安的上供粮食,这并不是说建康府就不供应建康府屯驻御前大军的粮食了,这些规定其实都是遵循"额度"原则的,也即建康府在满足行在临安一定的上供额度后,剩下的粮食基本都要赡养当地屯驻的御前大军,更何况以上只是涉及粮米上供这一项,而且建康府并非只有屯驻的御前大军,还有禁军、厢军及沿江制置使司所属的大量新军。因此,建康府供应着建康府屯驻军队的军需是毋庸置疑的,这点可从建康府的两税结构中得到进一步的确证。如上元县夏料折帛钱中,防江军寨就支走了三百九十三贯二百八十八文,张府北庄地段税钱一百三贯四百五十三文就被分给了游击军寨;建康所属五县秋税中的二千四百五十七匹布,就全部用于应副本府厢、禁军等的春、冬衣赐。

  除了供应军队,江东路转运司等各地方机构也要拘收两税中的部分收入,如建康府夏税中的折帛钱,江圩寨和转运司就支走了江宁、句容县和买役钱共一万一千二百四贯二百五十五文,公使酒库就支走了上元、江宁两县

---

① 《建炎以来系年要录》卷一八四,绍兴三十年正月癸卯,第3553页。
② 参见张勇:《宋代江南东、西路物资转输地理格局的演变》,《武汉大学学报》(人文科学版)2014年第5期。
③ 《建炎以来系年要录》卷一八四,绍兴三十年正月癸卯,第3553页。
④ 详见《建炎以来系年要录》卷五一,绍兴二年正月庚申,第1053页。

小麦二千石(搭上加耗)以供建康府公使酒库造酒曲使用,句容、溧水、溧阳三县还拘占夏税中的小麦一千六十一石一斗二升二合(搭上加耗)以应副各县酒务踏曲之用,转运司还拘收了上元、江宁两县供纳夏税中的二千五百斤麻皮和秋税中的一十六万七千束穰草、一万五千领芦蕟,建康府则支用江东转运司支用剩余的三万四千五百四十三领芦蕟。

众所周知,两税收入中的类别各地是很不相同的,这一方面说明了各地生产结构上的差异,当然也在一定程度上反映了各地政府的"需求导向"。建康府两税供纳的类别多样和专门应某部门需求的现象,说明了建康府在中央与地方双重财政支出压力下的某种"无序"结构。周应合在《景定建康志》中指出,与乾道年间相比,两税各有增损,"若夏料所入,则今多于昔。秋料所入,则昔多于今。其间赋税寘名,又有昔无而今有者,或昔有而今无者,皆未详其所以然之故。意者田有坍毁,或有拨隶,赋有因革,或有增除"①。这一变化,无疑是根据政府需求的。宋代上供正赋的立额,虽不能说是完全以各地两税收入为依据,但主要还是以此为据的。

若从财政结构的角度来看,南宋占国家财政开支比例较大的东南总领所,李心传曾称"淮东、西、湖广三总领所,自休兵后,朝廷科拨诸州县财赋及榷货等钱与之"②,可见东南总领所的收入主要分为两部分,一是朝廷科拨的州县上供,即以两税为主的上供正赋,二是东南榷货务的征榷收入,两者在数量上大致相等。前者又称"户部经常钱",顾名思义,实际担负了总领所"经常"性的开支,在承平年代,"正赋"部分即可满足军队的日常补给,具有重要的保障意义。而在军兴时期,开支激增,则需中央调拨榷货收入加以补充。南宋榷货务由都司提领,其收入属于朝廷钱物,君主与宰执正是通过这部分财赋,实现对御前大军的机动管控,两税与征榷各司其职。③

---

① [宋]马光祖修,[宋]周应合纂,王晓波等点校:《景定建康志》卷四〇《田赋志一·赋税》,《宋元珍稀地方志丛刊·甲编》,第1723页。
② [宋]李心传撰,徐规点校:《建炎以来朝野杂记》甲集卷一七《淮东西湖广总领所》,第390页。
③ 以上参考了周曲洋:《概念、过程与文书:宋代两税研究的回顾与展望》,《唐宋历史评论》第4辑,北京:社会科学文献出版社,2018年,第206页。

表 5.1　景定年间建康府夏料征收总量统计表

种类	数量
折帛钱	三十四万一千四百三十三贯九百四十二文,钱、会各一半;实催三十三万二百二十九贯六百八十七文,钱会中半
绢绸	八万六千七十一匹五丈四尺二寸八分五厘
丝	五千二百七十五两(加耗在内)
绵	三十三万九千六百九十四两四钱六分;合催正绵二十三万七百二十两五钱,耗绵一十万八千九百七十三两九钱六分
小麦	三千六十一石一斗二升二合
麻皮	二千五百斤

表 5.2　景定年间建康府夏料征收各县明细表

属县	种类		数量
上元县	折帛钱		六万九千八百三十五贯七百九十三文。除豁外实催六万四千八百九十四贯六百八十五文
	绢	绢	一万七千八十六匹二丈八寸五分。省税绢一万二千八百九十六匹三丈一尺六寸五分
		和买绢	四千一百八十九匹一丈一尺二寸
	绸		五百七匹三丈六尺五寸
	丝		二千三百一十七两六钱
	绵	绵	五万五千三百四十九两五钱。除豁省税绵一万两改科税绢外,实催四万五千三百四十九两五钱。省税绵三万三千四百九十七两
		和买绵	一万一千八百五十二两五钱
	小麦		正催一千五百石
	麻皮		正催一千三百斤
江宁县	折帛钱		四万七千六百六贯八百九十一文。除豁抱数外,实催四万五千一百七十八贯七百六十三文

（续 表）

属县	种类		数量
江宁县	绢	绢	万一千四百八十三匹六寸。省税绢八千七百四十三匹一丈九尺六寸
		和买绢	二千七百三十九匹二丈一尺
	绸		三百七匹九尺七寸
	丝		四百六十八两七钱
	绵	绵	三万六千三十四两五钱。除豁省税绵六千四百两改科土绢催纳外，实催二万九千六百二十四两五钱。省税绵一万五千八百八十六两五钱
		和买绵	一万三千七百三十八两
	小麦		正催五百石
	麻皮		正催一千二百斤
句容县	折帛钱		五万二千一百五十七贯九百二十八。除豁抱认数外，实催四万八千三百二十二贯九百九文
	绢	绢	一万九千八百四匹一丈八尺五分。省税绢一万四千九百九十七匹四尺九寸九分
		和买绢	四千八百七匹一丈三尺六分
	绸		七百八十七匹九尺七寸
	丝		六百二十七两八钱九分
	绵	绵	四万四千四百六十五两五钱。除豁省税绵七千九百二十两改科税绢催纳外，实催三万六千五百四十五两五钱。省税绵一万六千五百六十七两五钱
		和买绵	一万九千九百七十八两
	小麦		正催四百四十五石七斗五升五合

（续　表）

属　县	种　类		数　量
溧水县	折帛钱		八万六千五百五十六贯九十八文
	绢	绢	一万六千九百五十五匹三丈六尺八寸一分五厘。省税绢一万一千九百八十九匹二寸七分三厘
		和买绢	四千九百六十六匹三丈六尺五寸四分二厘
	绸		六百三匹一丈八尺五寸
	绵	绵	八万五千一百三十八两八钱。除豁省税绵一万五千一百二十两，改科税绢催纳外，实催七万一十八两八钱。省税绵四万五千六百九两八钱
		和买绵	二万四千四百九两
	小麦		正催三百二十九石九斗九升
溧阳县	折帛钱		八万五千二百七十七贯二百三十文
	绢	绢	一万七千九百二匹二丈七分。省税绢一万六百九十七匹二丈七分
		和买绢	七千二百五匹
	绸		六百三十四匹二丈一尺五寸
	丝		二百六十八两四钱五分
	绵	绵	五万九千八百二十二两二钱。除豁省税绵一万六百四十两改科税绢催纳外，实催四万九千一百八十二两二钱。省税绵二万六千六百三十六两二钱
		和买绵	二万二千五百四十六两
	小麦		正催二百八十五石三斗七升七合

表 5.3　景定年间建康府夏料征收总量统计表

种　类	数　　量
管催苗米	二十万七千七百一十二石一升九合，除豁外，实理米一十九万九千一十七石九斗三升四合三勺
穰草	一十六万七千束，元额本色正草九万四千八百八十六束，并搭上加七分六厘耗样草，共计上项数
布	二千四百五十七匹，系五县分理应副本府厢禁军等春冬衣赐等用
芦蕟	四万九千五百四十三领。正蕟本色三万五千三十九领，并搭上前项粳米一百六十石改折科催蕟一万领，贴凑共科正苇四万五千三十九领，并搭上加一耗蕟四千五百四领，共计上项
折草豆钱	二万三千六百八十三贯八百五十七文，十八界钱会中半

表 5.4　景定年间建康府秋料征收各县明细表

属县名	种　类	数　　量
上元县	苗米	两万九千五百九十石八斗四升五合
	正草	三万九千束
	布	五百二匹
	正蕟	二万六千六百领
	折豆钱	一万二千三百八十九贯九百五十四文
江宁县	苗米	二万二千六百五十五石八斗四升一合五勺
	正草	三万八千束
	布	四百二十二匹
	正蕟	一万八千四百三十九领
	折豆钱	八千三百二十三贯九百六十二文
句容县	苗米	四万七千三百四十二石二斗九升九合七勺
	正草	一万三千三百八十六束
	布	五百八十八匹
	折草钱	二千四百六贯四百文
	折豆钱	二百六十九贯一百文

(续　表)

属县名	种　类	数　　量
溧水县	苗米	四万八千二百三十八石六斗二升二合七勺
	正草	四千五百束
	布	四百七十三匹
	折草钱	二百九十四贯四百文
溧阳县	苗米	五万一千一百九十石三斗二升五合
	布	四百七十二匹
	折布钱	二十四文

从以上景定年间建康府的两税结构中可以看到，"和买"这种在北宋时期政府与民间交易的方式都已经明确成为一种有固定额度的税收。"和买绢""和买绵"等自是"和买"，无须多说，而"折帛钱"亦是将原来夏税绢、和买绢折钱缴纳而来的，与和买也有莫大的关系。建康府"和买绢""和买绵"及折帛钱的缴纳，说明了和买不但成了定额税收，还成了重复剥削的工具。

"和买"虽然成了税收，但是南宋政府和各官方机构充当"经济人"，利用市场扩大、增加财税的努力和北宋如出一辙，并未改变，典型者如上所论的建康府城市经济发展中的经营酒类。从两税中各县专辟小麦这一项税收用来造酒曲，亦可知官府对酒类这一专卖收入的依赖。上元、江宁两县小麦二千石(搭上加耗)，句容、溧水、溧阳三县缴纳小麦一千六十一石一斗二升二合(搭上加耗)以应副各县酒务踏曲之用，从这些数量可知，其规模之大，专卖收入之高自是可以想象的。江东路建康、池州驻军需淮西总领供馈，且总领驻于建康，该路自是在淮西总领辖区之内，蔡戡云："淮西总领所饷军十万，比之他所供亿最繁，全仰建康务场入纳应副支遣。"①

南宋时期茶盐榷货主要实行钞引制，在建康、镇江、临安三处设榷货务都茶场负责卖钞，三场务的收入属中央财政系统，主要用于赡军。建康务的卖钞收入主要归淮西总领所作军费，"建康屯驻大军支遣万数浩瀚，别无朝

---

① [宋]蔡戡：《定斋集》卷三《奏场务亏额状》，文渊阁《四库全书》第1157册，第592页上。

廷科降钱物,全借务场入纳茶盐等钱应副,每岁立定额钱一千二百万贯"①。从中可知,为应付朝廷与军需,以上府州的上供征调不断增加,两税仅能勉强应付,地方"留州"部分的开支则多依靠酒税、商税等收入补充。而建康府的商税数据,史无明文,但咸淳三年(1267)有一项商税减免政策,从中可以推断一二。咸淳三年建康府"减河税务岁额商税钱一分,计钱、会一万九千六百七贯"②,减"一分",为一万九千六百七贯,那么可以推断出建康府河税务岁额商税钱即有十九万六千零七十贯之多。尽管也是"岁额"制,但这也一定程度上反映了建康府河上经济的发展。这些财经专卖政策的实施都不可能不对地方经济的发展产生重要影响。

建康府商业及市场经济的发展还表现在"镇市"的发展上。从设置上看,建康府在北宋时有淳化镇、金陵镇、常宁镇三处,其余大部分集中在南宋时设立。镇在宋代是一级行政单位,凡民聚居区域达不到县级而又有税收之处则设置镇。从镇市数量来看,镇市主要集中在上元县和江宁县,因为这两县是建康府的附郭县,最先卷入府城经济之中,这使得两县的商品经济发展较快,而其他三县的镇市数量则少一些,特别是溧阳县由于距府城最远,竟没有草市。这也反映了建康府农村商品经济发展的不平衡性。

值得注意的是,《景定建康志》中并不是所有的市都是按照属县来叙述的,还存在六个直接以建康府为叙述中心的市。其中的东口市和西口市,这两个市都是在建康府城外,分别在城南长干桥下东的乌衣巷口和长干桥下的西街口。以建康府城为叙述中心可以理解,但是新林、板桥、铜井和路口这四个市距离建康府城都比较远,分别在府城西南二十里、在城西南三十里、在城西南八十里及在城南七十里。为什么要以建康府城为叙述中心,是否与建康府有某种紧密的经济联系,从而在叙述时"无意识的"纳入以府城为中心的叙述逻辑中,这些就不得详知了。

---

① [宋]蔡戡:《定斋集》卷三《乞依行在场务优润状》,文渊阁《四库全书》第 1157 册,第 592 页下。

② [宋]马光祖修,[宋]周应合纂,王晓波等点校:《景定建康志》卷一四《建康表十·咸淳三年七月》,《宋元珍稀地方志丛刊·甲编》,第 711 页。

第五章　宋室南渡与陪都建康　343

表 5.5　建康府镇及其位置表

序号	属县	镇名	位置	序号	属县	镇名	位置
1	上元县	淳化镇	县东四十五里凤城乡	8	句容县	东阳镇	县西北六十里
2	(2个)	土桥镇	县东南六十里	9		邓步镇	县南一百二十里
3	江宁县	金陵镇	县南六十里	10		孔家埂镇	县南四十五里
4	(3个)	秣陵镇	县南五十里	11	溧阳县	固城镇	县南九十五里
5		江宁镇	县西南六十里	12	(6个)	高淳镇	县南一百里
6	句容县	常宁镇	县东南五十里	13		举善镇	县南三十五里
7	(3个)	下蜀镇	县北六十里	14		社渚镇	县西南六十里

表 5.6　建康府诸市及其位置表

属县	市名	位置
上元县	汤泉市	在上元县神泉乡汤山延祥院之前,去城六十里
	栖霞市	在上元县长宁乡摄山栖霞寺之前,去城四十五里
	索墅市	市有索墅坊,在上元县清化乡,去城五十里
	泉都市	在上元县泉水乡,亦名龙都,去城五十五里
	东流市	市有桥曰东流,以水流自东因名之,在上元县宣义乡,去城四十里
	花林市	在上元县清风乡,去城三十五里
	龙湾市	在上元县金陵乡,去城一十五里
	竹德市	在上元县长宁乡,去城二十里
	蛇盘市	在上元县开宁乡,去城二十里
	麒麟市	在上元县开宁乡,去城三十里
	西干市	在上元县开宁乡,去城四十五里
	章桥市	在上元县长宁乡,去城五十里
	石井市	在上元县长宁乡,去城二十五里
	五城市	在上元县崇礼乡,去城二十五里
	土桥市	在上元县丹阳乡,去城六十里
	湖熟市	在上元县丹阳乡,去城六十里

(续 表)

属县	市名	位置
江宁县	小口市	在城西南江宁县安德乡
	水桥市	在江宁县归善乡
	杜桥市	在江宁县万善乡,去城四十里
句容县	仓头市	在句容县仁信乡,去城九十里
	柴沟市	在句容县琅琊乡,去城七十五里
	白土市	在句容县来苏乡
溧阳县	高友步	俗名上步,在溧阳县南二十五里
	周城步	在溧阳县西南四十五里
	上兴步	在溧阳县西六十里
	黄连步	在溧阳县西北五十五里

建康府所有的商业、市场的发展,无疑都要以农业的发展为基础。如前所述,南宋初年建康府频遭战火,人口大量逃往死亡,土地荒芜。战后为了发展经济,出台各种优惠政策,招徕人口,进行垦荒。乾道年间(1165—1173)建康府通管田数达到了七百七十七万二千八百六十三亩。而南宋末的景定年间(1260—1264)建康府各县各类田总数为四百三十四万一千六百四十三亩三角二十六步,政府通管田数不增反降,减少了三百多万亩。根据《景定建康志》卷四〇《田赋志一·田数》条可制成景定年间建康府各县通管田数的类型与数量表如下:

表 5.7　景定年间建康府各县通管田数的类型与数量表

属县名	田地类型	田地数量
上元县	山田	四十一万五千九百二十一亩一角四十七步
	圩田	二十万三千九百八十三亩三角五十五步,隶总领所者六百一十二亩
	沙田	一十一万二千二百二十六亩六分
	营田	二千八百八十九亩二十三步

（续　表）

属县名		田地类型	田地数量
江宁县	江宁县	山田	二十六万二千一百一十三亩三角三十四步
		圩田	一十八万七千三百二十四亩一角一十七步
		沙田	四万四千三百一十亩二角二步
	营租田地隶总领所者	田	九千六百九十七亩一角一步
		地	一千八百二十七亩二角二十步
		草塌	七十三亩一角五十一步
		水漾	六十六亩一角四十步
	营租田地隶转运司者	田地	二千一十四亩三角一十六步半
溧阳县		田	九十五万五千七百五亩一角一十二步半
		地	八十万一千四百七十四亩二角九步半
		圩田	三万一千七百七十六亩二角二寸四
句容县		田	七十四万三百一亩二十三步
		地	二十六万一千四百一十六亩三角五步
		沙田	一千一百二十三亩一角三十三步半
		沙地	芦场、草塌、白面沙、溪滩等三千五百九亩一十四步
		营田	五千八百九十五亩三角九步
		营地	一千八百九亩三十步
溧水县		圩田	二十九万一千一百九亩一角
		沙田	一千三百九十亩三角五十九步
		营田	三千四百七十八亩四十五步
		营地	一百六十二亩一角五十五步

从上表可见，景定年间建康府各县的主户有 103545 户，主户一般是有土地等重要资产者，若此，则可知景定年间建康府每户平均的占田数，每家为 41.91 亩。从上表亦可见各县的土地数量是极其不均衡的，上元县的土地占比为

16.97%,江宁县为 11.41%,句容县为 24.42%,溧水县为 6.84%,溧阳县为 41.34%。结合各县主户情况,亦可推算出各县每家大致的土地占有情况,上元县平均每户占有土地 65.09 亩,江宁县为 43.52 亩,句容县为 45.13 亩,溧水县为 13.16 亩,溧阳县为 27.96 亩。① 可以看出,江宁县、句容县每户平均的占田数,约等于建康府每家的 41.91 亩,而上元县的 65.09 亩,竟高出平均值 23.28 亩。溧水县和溧阳则远低于平均值,分别低 28.75 亩和 13.95 亩。上元县每家的土地占有数量之所以高,最主要的原因无疑是主户较少,因为其土地数量 16.97% 的占比,要高于江宁县的 11.41% 和溧水县的 6.84%,上元县的主户占比才 60.17%,是在各县户主占比中最低者,而上元县的主户占比低,客户多,当然并不能说上元县经济落后,这恰恰说明了作为建康府附郭县的上元县,经济繁荣,流动人口多,工商业发达的情况。就农业而言,上元县也不差,其高产稳产的圩田竟也达到了 23 万亩之多,仅次于溧水县的 29 万亩。溧水县和溧阳县每户土地占有量远低于平均值,其原因还不太一样,溧水县的主户占比 90.88%,而土地占比仅为 6.84%,在五县中处于最少者,低于倒数第二的江宁县 4.57 个百分点,低于最高的溧阳县 34.5 个百分点,显然,其每户土地占有低最主要的原因,无疑是土地太少。而溧阳县的情况恰恰相反,其每户土地占有低应主要归咎于主户的数量多,溧阳县全县无客户,都为主户,主户的数量为 63983 户,数量是建康五县中最多的,高于次高的溧水县 41481 户,其数量是主户数最低的上元县的 5.67 倍。

关于建康府及其各县每户的土地占有情况,史料还提供了考察这种变化趋势的线索。就句容县而言,《乾道旧志》记载的主户有 25897,主丁口 67050 口,客户 2496 户,客户丁口 5766 口②,可以得知乾道年间的客户占比为 8.79%;如上表所示,客户占比为 15.16%,客户占比乾道年间增加了 6.37 个百分点,增幅达到了 72.47%。客户的急剧增多,意味着民户大量失去土地等重要资产,一定程度上反映了土地兼并的加剧。主户的每家人口

---

① 各县的土地占比,此处仅考虑民户,计算时除去了隶总领所和转运司的土地。
② [宋]马光祖修,[宋]周应合纂,王晓波等点校:《景定建康志》卷四二《风土志一·民数》,《宋元珍稀地方志丛刊·甲编》,第 1759 页。

数,乾道年间每家2.59人,景定年间2.24人,主户每家的人丁数量进一步下降,这当然代表了政府掌握的纳税的编户数量在进一步减少,大量的民户隐匿到了地主家,这也说明了土地兼并的发展。句容县的例子,至少也部分解释了建康府通管田数从乾道年间770余万亩,减少到景定年间的434余万亩的历史事实。

表 5.8　景定年间建康府各县主客人口及客户占比表①

	主户	主户丁口	客户	客户丁口	主客户占比(%)	总人口
上元县	11280	15785	7466	8757	60.17∶39.83	24542
江宁县	11345	16485	2257	2047	83.41∶16.59	18532
句容县	22370	50130	3996	7213	84.84∶15.16	57343
溧阳县	63983	130750	0	0	100∶0	130750
溧水县	22502	44866	2259	8259	90.88∶9.12	53125

史料还记载了溧阳县的人口情况,据乾道旧志记载,乾道时期主户31212户,主户丁口68931口,客户无;景定年间主户为63983户,口130750,客户无,皆主户也。② 主户增加32771户,主户人口增加61774口,主户户数增长率为104.99%,主户丁口增加了89.62%。溧阳县无客户,说明了每家都有一定数量的田产,而景定年间溧阳县的土地数量近179万亩,占建康府各县土地的41.34%。溧阳县的发展无疑是伴随着人口的大量增加和土地的大量开垦实现的。而溧阳县之所以如此,应和其远离建康府的行政中心,远离形势之家和行政权力的干预有关,距离建康府较近的两附郭县,都有隶属于总领所、转运司等官司的土地。当然,溧阳县无客户,人口翻倍增长,人地矛盾不突出,并不意味着溧阳县经济超过其他县份,溧阳县位于山区,大量的土地都是旱地,达到了80万亩之多,优质的高产水田圩田仅有3万多亩,是所有五县里面最少的,约为溧水县的1/10。

---

① 该表主要根据《景定建康志》卷四二《风土志一·民数》条制成,可详见[宋]马光祖修,[宋]周应合纂,王晓波等点校:《景定建康志》,《宋元珍稀地方志丛刊·甲编》,第1758—1760页。
② [宋]马光祖修,[宋]周应合纂,王晓波等点校:《景定建康志》卷四二《风土志一·民数》,《宋元珍稀地方志丛刊·甲编》,第1759页。

以上从区域、财税和产业结构等方面分析了建康府的经济状况,可以发现,建康府城城市经济尤其是商业消费经济非常发达,而这无疑是建康府城政治与军事权力作用的结果,从建康府城的驻军及其家属数量来看,将建康府城视作一大军营亦不为过。而建康城的繁荣与发展无疑是建立在对包括其属县在内的广大农村地区剥削的基础上的。建康府各属县除了繁重的两税负担外,还要应付政府通过所谓的"市场"进行盘剥。当然,政府通过利用并控制市场是可以在一定程度上刺激当地经济的发展,建康府各县亦都有一定数量的镇、市,但其分布都是极度不平衡的,都主要集中在两附郭县。就建康府农村农业经济在南宋时期各地的整体水平而言,发展还是较好的,梁庚尧按照南宋的农村社会中客户所占比率,将其划分为三个等级,即20%以下,20%至40%之间,40%以上,而以20%至40%的部分为最多,约占总数一半。① 就此而论,建康府江宁、句容、溧水三县客户比率都小于20%,说明对比南宋其他郡县发展为好,客户少,主户偏多,说明江宁、句容、溧水三县大多民户都有固定田产,生活较安定。上元县、溧阳县的情况,上文已有说明,此不赘言。关于建康府的经济,宋人有言曰:"今之建康,号为乐国,勤无旷土,富无负租,本根所由固也。"②这当然系溢美之辞。建康府还有大量赤贫之人,建康府知府黄度在创建养济院时即曰建康府"留都繁会之地,四方失所流徙之民往往多聚于此"③。

---

① 详参梁庚尧:《南宋的农村经济》,北京:新星出版社,2006年,第22页。
② [宋]马光祖修,[宋]周应合纂,王晓波等点校:《景定建康志》卷四〇《田赋志序》,《宋元珍稀地方志丛刊·甲编》,第1707页。
③ [宋]马光祖修,[宋]周应合纂,王晓波等点校:《景定建康志》卷二三《城阙志四·养济院》,《宋元珍稀地方志丛刊·甲编》,第1110页。

结　　语

　　行文至此,有必要交代一下笔者对宋朝陪都兴衰的整体看法,认为北宋王朝的兴亡无疑是都城与陪都兴衰的根本原因。下文就结合宋朝陪都的发展及其历史命运,再做"余论",以为结语。

　　关于古代都城的地域迁转,前引南宋人章如愚有高屋建瓴之论,有曰"自古帝王之作莫不更都三河之间,而周秦以降,继宅两京,五季而下,又都大梁"。可以看出,北宋的都城选择确实面临着前所未有的变局。众所周知,北宋都城体系直接继承自五代后周,随后建立的南京与北京很大程度上也是五代典型的都城体制的"复活",只不过北宋的兴王之地变成了宋州,此前叛将的大本营成为抵御外侮的基地。亦如前文所论,五代时期开封在与洛阳的首都竞争中胜出的最终因素无疑是五代纷繁的战乱格局下开封"便于战"的地缘格局。而五代藩镇体制下的募兵制则决定了天子与能战之兵禁军结成了密不可分的统一体。可以说,五代定都开封也一定程度上反映了"天子守都"的特点。

　　而开宝九年(976)太祖"据山河胜而去冗兵,循周、汉故事,以安天下"的迁都洛阳之策的失败,随即继承大宝的太宗便真正"开创了一个必须聚兵于开封的体制"①,加强并扩大了募兵体制,可以说太宗真正开创了一个加强版的"藩镇国家"体制。换句话说,北宋定都开封就不能真正走出五代的

---

① [日]久保田和男著,郭万平译,董科校译:《宋代开封研究》,第41—47页。

体制与格局。北宋中期仁宗时期,随着西夏的崛起,这一国家体制随即逐渐开始瓦解,开启了国家体制的转型,直到神宗时期欲恢复汉唐规模努力的最终失败,可以说北宋国家的建立与转型背负了五代以来的巨大历史包袱。而神宗以后变法派与反变法派的互相倾轧对北宋政权造成了极大的内耗,对北宋的衰亡亦产生了很大的影响。

当然,在北宋王朝的建立与发展过程中,来自北方的辽朝始终是一个挥之不去的梦魇。辽朝的建立,一开始就受到中原体制的深刻影响,尤其是来自北方燕地的影响。从宋辽关系,或者从五代以来中原王朝与辽的关系而言,辽一直是很大的"玩家",从结盟李克用,到石晋联兵契丹灭亡后唐,攫取燕云十六州,再到契丹攻灭石晋,可以说契丹一直扮演了重要的角色。随着辽穆宗继位,辽朝"南望"的南疆大战略逐渐收缩,但是并未放弃对中原王朝的抑制,五代后期积极扶持北汉与后周、北宋对抗。后周世宗时期,对辽实施强硬政策,还曾一度攻取了辽关南地,北宋建立后太祖亦不断攻取北汉,但这都并未引起辽的强力反弹,此时辽朝对中原王朝的干预主要是"有限介入",主要目标是"阻延中原统一的考虑","没有像扶植后晋那样,支持北汉入主开封"。① 宋太宗即位后大举灭亡北汉,随即又以收复燕云为名挑起宋辽战端,直到真宗时期双方才签订澶渊之盟,双方才又保持了相对的和平局面。但辽朝对中原的"有限介入",对北宋的抑制并未随着北汉的灭亡而结束,随着太宗削藩的失策,西夏的崛起,辽很大程度上是借助于西夏来抑制宋朝。从这个角度讲,倒可以将北汉与西夏联系起来,集中探讨一下10—13世纪辽朝对中原的战略及其变化。

澶渊之盟确定的格局,可以说至少在"法理"上标志着宋朝对燕云地区统治的结束。澶渊之盟主要确定的是宋辽河北段的疆界,在河东段宋辽双方亦维持此前的旧态,澶渊之盟后和平局面的出现,宋朝亦很难在云州等地发动攻势,这无疑是牵一发而动全身之举。澶渊之盟,宋辽双方都依赖,但都并不真正信赖,双方都将对方视作最大的对手与潜在威胁。就

---

① 参见曾瑞龙:《经略幽燕:宋辽战争军事灾难的战略分析》,第117页。

宋朝而言,在河北派驻重兵防御,神宗即位后,大举经略西夏,在河北亦"大力兴作",虽有兼制契丹的雄心,但更多地可能还是出于备御辽朝的需要,包括神宗在内的北宋诸帝对辽的恐惧前文已有深度剖析。就辽朝而言,尤其是其国家战略收缩的大背景下,澶渊之盟对辽朝的重要性也就得以凸显,黄纯艳引刘六符"大辽虽与中国通和,要当十年、二十年必以事挠之,使中国知吾非怯而忘战者"之言,认为这无疑是辽朝抑制宋朝的基本指导思想。① "以事挠之,使中国知吾非怯而忘战者"无疑亦反映了在维持澶渊之盟总体格局下的战略博弈。可以说,澶渊之盟亦是宋辽双方内心深处的心理防线,若一方试图有大的动作,都必然很紧张,格外敏感。《辽史·兴宗本纪》所载庆历宋辽危机的缘起时,曰兴宗"闻宋设关河,治壕堑,恐为边患"②,遂与南北枢密"谋取宋旧割关南十县地"。前揭,宋辽庆历危机最主要的原因在于辽朝在宋对夏战争大败后的趁火打劫,这点毋庸置疑,但是上引兴宗闻宋设关河,治壕堑,恐为边患的深层忧虑亦未尝不是其缘由之一。仁宗庆历年间的危机中,宋朝建都北京大名府,伐谋之策成功的深层原因也在于此。此后,神宗在河北的"大力兴作"所引发的契丹忧虑亦无疑有类似的演进逻辑。

总之,从北宋的都城选择、都城体系的发展,宋朝国家体制以及宋辽关系等的发展演变等方面看,都不脱五代的衣钵。从这个角度讲,笔者很难对北宋王朝给予很高的评价,因为中国古代不论在观念上还是事实上都是典型的"大一统"王朝。因此上引章如愚将宋都大梁与周、秦已降继宅两京的都城体系相提并论,其实很大程度上是没有可比性的,当然从宋人章如愚观念出发来讲是没有问题的。若从更广阔的时空看,北宋的发展无疑处于从唐王朝"安史之乱"后逐渐走向元朝大一统过程中的一个环节,一个与辽朝并立的南北朝格局。就契丹辽而言,其从唐前期的羁縻体制到"安史之乱"后的独立建国,中原的文物制度对其有深刻的影响,亦可

---

① 参见黄纯艳:《宋代朝贡体系研究》,第109页。
② 《辽史》卷一九《兴宗纪二》,第226页。

视为唐前期大一统王朝走向崩溃的产物。基于此,笔者对学界所谓的"唐宋变革"也略呈管见。唐宋在都城体制及城市经济发展等具体领域,笔者在正文里已表达了明确的看法。从上述唐到元朝大一统格局这一更广阔视域看,"安史之乱"以后的唐朝、五代乃至宋辽金都无疑是一个分裂的乱世,中国历史的变革发展前途为什么要在乱世中求索呢!当然我们在这一发展阶段中看到了某些重要的发展变化,但很多都无疑是特定政治军事影响下的产物,一旦这一特定的政治军事结构发生改变,我们所总结的很多变革特征便荡然无存。走出"断代"无疑是20世纪以来学界的重要追求,但又何以能够真正走出古代的王朝叙述模式,不过这亦提醒研究者用更宏观的视域来看王朝治乱兴替,可将此视为"大周期"。不论是"大周期"还是"小周期",古代历史的发展轨迹还是逃不出王朝治乱这一根本模式。当然,历史发展总的趋势还是螺旋式上升的,就历史发展前景与出路而言,北宋时期培育发展起来的"镇"及"镇制"无疑是一个重要的变革因素,这深刻体现了经济发展的内在规律,但其对历史发展是否有真正的突破性影响至今尚未可知。①

  北宋的陪都是中唐、五代及北宋特定政治、军事发展下的产物,"因循"者多,"创新"者少。就建都立制而言,继承了唐玄宗以来的府制,但相比于唐的京府行政建制,宋代反而不及唐之规整,我们再熟悉不过的北宋"京府"体制其实是神宗熙丰时期发展建构起来才被著录进《元丰九域志》中的,而唐制的规整其实主要是"安史之乱"以后国家离乱的表现,因为名义上的"建都立制"其实要不了太多的行政成本。宋代在"京府"行政建制上的滞后,很大程度上是晚唐、五代以来府制发展扩大的结果。宋代在建都立制时更侧重天子宫城的改名及皇恩浩荡的表现。虽说在行政建制上较为滞后,但是在恩赦等中"京都"观念形成,以及结合各陪都的

---

① 宋元明清以经济力量为基础发展起来的"镇",无疑是中国古代王朝统治体系中的"异质"因素,这也当应是诸多学者关注并深入研究的动力之一。但是不论从其起源还是发展壮大看,其从来都不是作为政治军事统治权力的对立面出现的,并不存在一个以发展壮大了的经济力量来消解传统政治势力的模式。就社会发展模式及前景来看,"城镇化"道路还是"城市化"道路至今仍处于一个探索的过程。

特色进行所谓的"京都之制"的建构上,宋政府亦用力颇深。其实就"京都之制"本身来讲,其也是随着北宋具体形势的发展而变化的,如作为"京都之制"的榷曲在北宋神宗时期便已经难以为继,北京、西京及南京都相继改为官榷酒制,而南京榷酒实行十余年后回归到榷曲制也实属偶然,主要是应苏辙郊赦之请的特殊恩典。而对于陪都的发展,宋政府亦以"实用"尤其是以弥补首都功能缺失为至上原则,因而表现各有侧重。若一定要找出各陪都在实体与仪制上的共同特征,那么恐怕前引南京宫城上飘扬的画有蛟龙与日月的"皇家旗帜"①是难得的一致之处。

如前所论,中国古代城市及其经济的发展本质上都是政治军事权力促成的,北宋时期西京虽仍有陪都之重,但不复往日繁华,城市经济仍处于不断"恢复发展"的地位。尽管如此,西京的城市经济以及河南府经济发展都在京西具有举足轻重的地位,这在京西经济发展逐渐趋于衰落的过程中仍是难能可贵的。南京京城的格局一仍唐五代之旧,其城市经济的发展主要表现在运河两岸的河市上,充分体现了其"孔道经济"的特点。南京应天府在京东区域经济的发展中的地位亦不甚突出,域内镇的发展亦相当滞后,可以说南京的经济发展主要是属于首都经济圈。

北京是北宋政府最倾注全力经营的陪都,有必要在此略作发挥。就北京而言,其经济发展确也处于高位运行并不断发展着。就北京城市经济而言,由于大量官司机构与官僚,以及军队的进驻对城市经济发展的拉动作用尤为明显。北宋后期对北京区域及城市发展影响最大的无疑是黄河北流后的河防问题,如晁说之曾言"今魏南不及邺,北不及邯郸,桑麻沃野为浸泽者十七八,商贾农畎之资十减八九"②。但就城市经济而言,其最主要的发展动力无疑是官僚、军队及其家属等非直接生产者的消费带动,而这无疑是不受上述河防等因素影响的。如前所示,庆历八年(1048)黄河北流后马陵道口的崛起反而促进了北京城市经济格局的变

---

① 详见[宋]张耒撰,李逸安等点校:《张耒集》卷二二《七言律诗·戏同小儿作望南京内门》,第403页。
② [宋]晁说之:《嵩山文集》卷一四《北京策问》,《四部丛刊续编》本,第35页a。

迁。就北京府域的"经济地理"而言,有史曰:"北都畿邑十三,出其东者,桑麻沃野,人物富盛,皆大邑也。其西则披河之隈,泆流漂荡,地多瘠卤,而俗亦凋敝,才得东十一。"①的确,庆历八年(1048)黄河北流以及嘉祐五年(1060)又分而形成的东流,都流经大名府城东,对府东各地经济发展的影响在所难免,而元丰四年(1081)小吴决口后黄河流经府西,后虽一度回河东流,但都归于失败,对府东经济的影响逐渐消减。而黄河冲淤过的河退地皆为"上腴"之地,元丰五年(1082)政府便募人租垦大名至乾宁军一带河徙淤地七千顷②。可以说,由于北宋政府的积极照护,黄河对北京大名府的浸泽并未如晁说之所言那样严重,未出现明显的衰退。③

北京的商税额、城镇的发展等都相当可观。但与南方多生产型的镇相比,北方各镇主要还是处于各水陆交通沿线,与物流关系密切,流通性特点更强。但不论是属于"财政性物流"还是经济力量促成的"市场性物流",其都与政治军事权力的发展有莫大的关系,因为"市场性物流"最主要的流向仍是各大治所城市。可以认为,由于特定政治军事因素的影响,北京京城以及府域经济的发展得到国家力量的重点支持与培护,是不太可能出现大的衰退的。就北京的人口而言,太宗时主客户总数为76972户(主户约占73%,客户约27%);神宗时主客户共为141869户(主户102321、客户39548),较太宗时增长率为45.7%,主户增长率为45.3%,客户增长率为46.9%,主客户增长比基本相同;徽宗时户数增至155253户,较神宗时期增长率达到了8.6%。可以看出,从宋初到神宗时期户数增长率非常高,神宗至北宋末徽宗时明显放缓,其实这应是普遍情况,西京与南京亦呈类似情况。如西京神宗时期的增长率为29.2%,南京则达到了32.2%,北宋末二者的增长率则分别降到了

---

① [宋]秦坦:《大名府宗城县新修庙学记》,收入《全宋文》(第145册)卷三一一九,第75—76页。
② 参见《宋会要辑稿》食货一之二九—三〇,第4816页上—下。
③ 日本学者吉冈义信亦指出:"北宋时期的大规模黄河治理活动,并未使中华文明停滞不前,反而促进了文明的进步。黄河流域的人民尽管每年苦于河役,但人口也不断增长,集镇也随之急剧膨胀。黄河非但没有使宋代的人口减少,反而带来了人口的增加和集中。"详见[日]吉冈义信著,薛华译:《宋代黄河史研究》,郑州:黄河水利出版社,2013年,第100页。

9.4%和16%。① 因此,北宋末北京的户数增长率放缓应主要是因基数过大。这与北宋末战争导致的人民流徙、赤地千里形成了鲜明的对比,也充分说明了王朝兴亡是陪都发展兴盛与否的根本原因。

就中国古代都城的兴衰而言,洛阳无疑是一个典型。北宋的洛阳,程民生有概括曰政治失落,文化崛起,朝廷迁走,园林发展;权力削弱,魅力突出了,认为这是古都史上的"洛阳现象",进而说明政治的盛衰对一个城市来说并非致命,洛阳在北宋并未一落千丈,而是在新的历史条件下,走出了新的发展道路。② 洛阳在北宋还能保持相当的地位,主要还在于保留了陪都的地位,换句话说主要是来自国家层面的权力消退并不彻底,因此所谓的"洛阳现象"表现得尚不明显。不过就"洛阳现象"这一概念而言,北宋灭亡后的首都开封及陪都南京与北京的渐趋衰落无疑又是一次"洛阳现象"的重现。

北宋以后,全国政治重心东北移动至今北京地区,经济重心移动至江南,终成为一种不可逆的历史趋势,并通过运河将二者紧紧联系起来,这是全国政治、经济发展的基本格局。王明德将我国古都变迁划分为黄河时代与运河时代,认为宋代是实现从黄河时代到运河时代这一转变的关键。③ 当然,这在"现象"层面上是没有问题的,但是从黄河时代与运河时代却也模糊了全国政治重心与经济重心变迁的关系。但包括王明德在内的有些学者所论,将北宋定鼎开封视作政治重心东移的必然趋势,④对此笔者则持保留

---

① 以上太宗、神宗及徽宗时期的人口数据分别来自《太平寰宇记》《元丰九域志》和《宋史·地理志》。不过,《元丰九域志》所载神宗时期南京的户数为91334,而徽宗时期则降为79741户,反而减少了一万多户。笔者认为《元丰九域志》所载南京户数可能失实。幸检得神宗熙宁九年判应天府张方平所言"畿内七县共主客六万七千有余户",笔者认为这可能更接近事实,故文中推算据此统计。详见[宋]张方平撰,郑涵点校:《张方平集》卷二六《论率钱募役事》,第415页。

② 参见程民生:《宋代洛阳的特点与魅力》,《河南大学学报》(社会科学版)1994年第5期。

③ 参见王明德:《从黄河时代到运河时代:中国古都变迁研究》,成都:巴蜀书社,2008年,第316—345页。

④ 对此进行专题讨论并持此论的主要还有王永太:《宋初迁都洛阳的考辨及其意义》,《中国史研究》2005年第2期;马强:《唐宋时期关于定都与迁都之议》,《人文杂志》2009年第1期;李合群:《再论北宋定都开封——兼与宋长安和洛阳之比较》,《河南大学学报》(社会科学版)2010年第3期。

意见。的确，从唐入宋政治重心东移是一种历史趋势，这无疑是政治军事斗争发展的结果，而定鼎开封正是这一斗争的产物。但笔者认为东移的程度是可以商榷的，定鼎洛阳在条件上是完全可行的。在国家漕运上，从开封到洛阳之间并无难以逾越的障碍，唯一的障碍便是成本的问题，但是中国古代王朝又何时真正考虑过经济成本呢？若此，则直接迁都江南便了。再者看，"安史之乱"后处于藩镇割据、战乱纷繁中的唐王朝，仍能通过各种努力，包括不断开辟新的迂回的漕运线路将南方的粮食源源不断地运送到远在关中的长安。① 因此，有些研究者所谓的宋代都城东移开封的"必然"趋势，其实只是基于历史事实的一个"概念游戏"而已，对实际的历史解析实无多大裨益。首都的定位最关键的还是政治军事发展需要，运河的头角是随着政治重心的迁转而变化的。

由于金元明清全国政治重心与经济重心的变迁，北宋时期特定的"以南御北"政治军事局势一变而为"以北临南"的格局。因此，北宋的首都与各陪都得以存在的政治军事基础无存，包括首都与陪都在内的城市都不可避免地出现衰落。当然，在这一宏观格局下，开封、洛阳、大名及商丘的具体情况还有待进一步说明。

靖康二年(1127)金攻灭北宋，显然此时金尚无能力控御广大的宋地，遂在汴京册立张邦昌为帝，号大楚，史称"伪楚"。待金兵北退，张邦昌继而退位迎立康王为帝，前后仅存有月余。后金人又于天会八年(宋建炎四年，1130)七月册命刘豫以原北宋北京大名为都，建立"大齐"傀儡政权进行间接统治。九月，刘豫在大名府受册命为齐帝，以大名府为北京，东平府为东京，汴州为汴京，即位后仍回东平府。绍兴二年(1132)迁都汴京，仍以大名府为北京，以东平府为东京，以宋之南京为南京归德府。可以说，伪齐政权的都城选择很大程度上是受北宋影响。绍兴七年(1137)伪齐被废，金人直接统治中原地区。

---

① 关于"安史之乱"后唐廷"运路危机"及其解决，可详参李碧妍：《危机与重构：唐帝国及其地方诸侯》，第78—95页。

金人立国后,以攻灭辽朝为最主要目标,其都城选择亦很大程度上受辽的影响,金熙宗(1135—1150年在位)时,除了上京会宁府(今黑龙江省哈尔滨市阿城区南白城)外,辽代的上京临潢府(已改为北京)、中京大定府、东京辽阳府、西京大同府、南京析津府等名号犹存。贞元元年(1153)海陵王正式迁都中都(今北京),改辽析津府为大兴府,同时又定开封为南京开封府,改中京大定府为北京大定府,仍以西京大同府、东京辽阳府为都。金世宗大定十三年(1173)又以会宁府为上京,遂成五京之式。金朝末年,由于受到蒙古的极大威胁,金宣宗贞祐二年(1214)迁都开封,次年中都陷落,兴定元年(1217)升洛阳为中京,改河南府为金昌府。天兴二年(1233),金哀宗在开封被蒙古军围困,逃出汴京开封,曾迁都到归德府(今河南商丘)。可以发现,宋元之间原北宋的四都开封、洛阳、大名及商丘等虽都曾一度作为京都存在,但其作用却大不如前。

元朝以大都(今北京)为都城,同时又立上都(今内蒙古锡林郭勒盟敦达浩特东北)为陪都,实行两都巡幸制度,与原北宋四京再无瓜葛。元末群雄并起,朱元璋以今南京为根据地逐渐翦灭南方各股势力,元至正二十七年(1367)十月命将北伐元廷。洪武元年(1368)正月朱元璋在今南京称帝,国号大明。三月北伐军打下山东、河南后,朱元璋亲至汴梁部署军事,准备建都于此,八月正式下诏"以金陵为南京,大梁为北京,朕于春秋往来巡狩"①。就在下诏的第二天,北伐军便攻占元大都,顺帝远遁塞北。政治形势发生重大变化,朱元璋"会议群臣"并再次亲去开封考察,考虑到开封民生凋敝,水陆转运艰辛,最终于洪武二年(1369)九月决定以凤阳(今安徽凤阳县)为中都,以控御中原。洪武八年(1375)朱元璋以劳费罢建中都,着重建设南京。洪武十一年(1378)南京改称"京师",正式成为首都,同时罢北京,仍称开封府,开封10年的北京之称最终结束。以中都凤阳为陪都。后燕王朱棣"靖难"夺建文帝之位,永乐十九年(1421)正月初一朱棣迁都北京(今北京),以原京师为南京,为陪都。继明而立的清朝仍以今北京为首都,其陪都亦再与

---

① 《明太祖实录》卷三四,洪武元年八月己巳,"中研院"史语所校印本,1962年,第599页。

原北宋四京无涉。总之,随着元明清大一统王朝的建立,全国政治重心已经稳定在今北京,明朝初年一度以开封为北京是在明朝统一全国的特殊情境中产生的。

元朝以后,洛阳、商丘及大名彻底进入后都城时代,一直作为地方府州治所城市继续发挥政治统治中心的作用。明初废去开封北京名号后,其亦继续以开封府的角色参与到地方政治统治之中。就城市形态而言,以上四城亦都发生了巨大的变化。宋洛阳城,在宋金战争中外城墙毁坏殆尽,金在原皇城之东、洛水以北的东城区和里坊区构筑了一个小土城。正隆初年(1156年左右)迁府治入城宣仁门里。前揭,金宣宗"贞祐南迁"开封后,洛阳的政治军事地位亦愈显重要,遂于兴定元年(1217)升洛阳为中京,改河南府为金昌府。金哀宗正大初年(1224年左右)金筑洛阳土城,"东临瀍水,南仍承福门迤东,西据东城之西故皇城,北缩于东城之郭仅一里"①,城周八里三百四十五步。《河南志》曰:"元仍金制。然皇城内地,半犁为田,内城止十四坊,居人稀少,无复隋唐镫火矣。"②明清亦沿用金末所筑之城,其间最大的变化则为洪武六年(1373)河南卫使、明威将军陆龄将金、元土城墙改筑为青砖城墙,并挖掘城壕,改建后的洛阳城有史曰:"周围八里三百四十五步,高四丈,基广如之。壕深五丈,阔三丈。复减门为四,东曰建春,西曰丽景,南曰长夏,北曰安喜。城之四门上覆重楼,外筑月城,又构角楼四座,献台三十九座,固守之略于是始严。"③

明代大名、商丘等均毁于水患,大名府于明建文三年(1401),卫河(宋时之御河)、漳河同时发大水,城毁于水患。同年,都指挥使吴成在距原城西南十里的艾家口,重新筑造了一座新的府城,此即今大名县城。重建后的大名府城为土方城,"周九里,高三丈,池深阔……有体仁、乐义、崇礼、端智四门",后成化、弘治时亦多有增修。④ 商丘,在建炎二年(1128)黄河南流"夺

---

① [清]徐松辑,高敏点校:《河南志·周城古迹》,第36页。
② [清]徐松辑,高敏点校:《河南志·宋西京城图》,第221页。
③ [清]魏襄修,陆继辂纂:《(嘉庆)洛阳县志》卷四〇《营建志》,嘉庆十八年(1813)刻本。
④ 以上可参[明]石禄修,[明]唐锦纂:《(正德)大名府志》卷一《城池》,《天一阁藏明代方志选刊》,第23页a。

淮入海"后，一直处于黄泛区，直到清咸丰五年（1855）黄河才重新北流入现今河道，南流历时七百余年。宋商丘城亦终于在明弘治十五年（1502）毁于黄河大水。不过此时所毁坏的商丘城已非宋时原貌，嘉靖《归德志》载"国朝洪武初，有司议以城阔民少，裁其四分之一，指挥张晟等重筑，周围九里三百一十步，高二丈五尺，广一丈五尺"①，已经缩小了很多。弘治十六年（1503）开始在原城北高地重建新城（此即现存的归德府城），正德八年（1513）土城墙、瓮城及门楼才最终建好。嘉靖十九年（1540）又筑环形城堤，形成方形城池、城湖及护城堤三位一体的空间结构。② 宋开封的城市结构，金元以来并未发生根本性的变化，明末农民战争中，以水灌城，城毁。清康熙年间有重建。可以说，以上四城虽历经沧桑，结构形态等都已有很大的改变，但毕竟仍是重要的地方治所城市，其在国家政治统治链条上的地位决定了其仍不失为一地的经济发展中心。

在北宋以后，全国政治重心东北移动及经济重心东南移动之后，中原地区的城市发展若想在地方治所城市上更进一步的话，那么处于运河沿岸的"运河城市"就不失为受国家瞩目、支持的一类城市。而元朝大运河"截弯取直"后直接从淮北进入山东，进而北上河北，直至大都（今北京）。大运河"截弯取直"后，隋唐以来大运河沿岸的洛阳、开封、商丘等地逐渐被运河甩开，而河北段虽然仍部分利用了隋唐永济渠，但截弯取直北上的运河与原永济渠（北宋的御河）的结合点亦不在大名府，而是在大名府东北不远的临清县。北宋临清为大名府属县，县治原在仓集镇东月洼，在大名府治"东北一百五十里"③。神宗熙宁时曾一度废临清为镇，寻复置，后徙于县东南四十里曹仁镇，元因之。④ 当然，在大运河修筑之前，元政府亦试行海运，但海运

---

① ［明］黄钧、［明］李嵩纂修：《（嘉靖）归德志》卷二《建置志·城池》，《天一阁藏明代方志选刊续编》第60册，上海：上海书店出版社，2014年，第55页。
② 关于明清归德府的营建，可详参张涵：《明清商丘古城营建史研究》，华南理工大学博士学位论文，2014年。
③ ［宋］乐史撰，王文楚等点校：《太平寰宇记》卷五四《河北道三·魏州》，第1112页。
④ 参见［明］陈循、［明］高谷等纂修：《寰宇通志》卷七二《东昌府·临清县》，北京：国家图书馆出版社，2013年。

风险很大,常有沉船事故。在行海运的同时积极探索运河运输。起初元政府亦曾从江淮逆黄河而上经封丘中滦,再经陆运百余里至淇门入御河,终至大都的运输线。这条线主要是利用南宋初黄河夺淮入海后的航道,其航道已与北宋的汴河不一样了,但大都还经商丘、开封、大名附近,后由于"劳费甚巨"渐罢,终被新修的大运河取代。但元大运河的全线贯通并非一蹴而就,而是次第修筑的。首先是至元十八年(1281)济州河的开修,至元二十年(1283)济州河修通后,由江淮而来的漕船便可直接水运至济州河,然仍需万三千人的陆运方可抵达御河,再至大都,其费不赀,且转运不便。遂于至元二十六年(1289)开通济州至临清的会通渠,由临清直接入御河北上。随着至元三十年(1293)通惠河的开通,从江南至大都的运河终全线贯通。元代临清虽在会通河与卫河的交汇点上,但由于会通河本身较浅,本身运量有限,元世祖后时有疏浚,于泰定二年(1325)才"始克毕事",元时其区位优势并未得到充分的发挥。

明初朱元璋定都南京,北部边疆的军需供应等全部由海路而上,史曰"海运饷北平、辽东为定制"①。但元时因大运河发展起来的临清,亦是朱元璋练兵、储粮的重要基地。洪武二年(1369)更是将临清治所由曹仁镇迁往由汶(即会通河)、卫二河环抱而成的中洲地区的临清闸附近。不过,洪武二十四年(1391)"河决原武(今河南原阳县),漫安山湖而东,会通尽淤"②。临清真正发展兴盛起来,则是永乐九年(1411)明成祖朱棣决定重新疏浚会通河以后,在宋礼等人的精心治理下漕道大通。永乐十二年(1414)正式罢海运,及永乐十九年(1421)正月初一朱棣正式迁都北京后,首都及军需用度依赖运河。作为南北运河枢纽的临清也就由此发展起来了。关于临清的商业繁荣,许檀有详细的论述③,兹不赘言。

前揭,临清亦是北宋御河(明清卫河)沿线的重要城市,而北宋后期御河由于受到黄河的侵扰,水运功能时断时续。但南宋初年黄河夺淮而入海后,

---

① 《明史》卷七九《食货志三·漕运》,北京:中华书局,1974年,第1915页。
② 《明史》卷八五《河渠志三·运河上》,第2080页。
③ 详见许檀:《明清时期的临清商业》,《中国经济史研究》1986年第2期。

御河也不再受黄河的侵扰(偶尔北泛),水运功能得到了很好的发展,这无疑给包括大名府在内的沿线城市的发展提供了重要助力。但如上文所论,南方的漕粮等物资主要是通过截弯取直后的京杭大运河进行的。卫河水运只是发挥卫河沿岸物资流通的工具,是区域性的水运系统,是京杭大运河的辅助系统。当然,卫河还承担着调节大运河水量的重要作用。总之,不论是从京杭大运河这样的全国性水运系统还是卫河区域性水运系统看,临清无疑都是必由之地。

临清水运作用的发挥,其重要性也随即凸显,史曰"自开渠运,始为要津"①,因此,其城市建设与行政建制亦逐渐发展起来了。景泰元年(1450),临清开始正式建筑砖城,结束了此前一直有仓无城的历史②,史载砖城墙"高三丈二尺,厚二丈四尺,围九里一百步",略呈方形结构,开四城门,"东曰武威,南曰永青,西曰广积,北曰镇定",城墙的外边开挖深池加以环绕。③弘治二年(1489)临清由县升为州,领馆陶、邱县,隶东昌府(治今山东聊城)。由于经济的发展,"城西及南隅,商贾丛集,自弘治而后,生聚日繁,城居不能什一"④。明朝正德年间兵备副使赵继爵下令在砖城与会通河之间增扩边城又名"罗城","以卫商贾之列肆于外者"⑤。嘉靖二十一年(1542)在山东巡抚、都御使曾铣和兵备副使王杨的主持下又夯筑了跨越会通河与卫河两条支流的土城,至此临清土城最终形成。临清土城延袤二十余里,开六城门,"东曰宾阳、景岱,西曰靖西、绥远,各有月城,南曰钦明,北曰怀朔"⑥。以上临清城市建制的发展及行政地位的提高,说明临清的发展已经超越了运河要津的经济层面,上升到了国家地方统治的政治层面。

临清之所以重要,最根本的还在于其与首都北京的关系,即所谓"南北

---

① [清]王俊修,[清]李森纂:《临清州志》卷二《建置志》,乾隆十四年(1749)刻本。
② 临清城市形态的发展可详参周嘉:《运河城市的空间形态与职能扩张——以明清时期的临清为个案》,《城市史研究》第34辑,北京:社会科学文献出版社,2016年。
③ [清]王俊修,[清]李森纂:《临清州志》卷三《城池志》。
④ [清]张度、[清]邓希曾修,[清]朱钟纂:《临清直隶州志》卷二《建置志·城池》,乾隆五十年(1785)刻本。
⑤ [清]张度、[清]邓希曾修,[清]朱钟纂:《临清直隶州志》卷二《建置志·城池》。
⑥ [清]王俊修,[清]李森纂:《临清州志》卷三《城池志》。

之要冲,京师之门户"①。这点上文已在运河与政治重心的关系的宏观层面上有所论述。临清之于北京的重要,明人亦有清楚的认识,大学士丘浚曾言京师"南则以临清为辅,坐镇闸河而总扼河南、山东之冲;又自此而南屯兵于徐州,以通两京之咽喉"②。明正统十四年(1449)土木之变发生以后,更是"公卿咸议,不守则燕蓟不可居,而中原不可保"③,加强了临清的军事防卫,于谦议筑城,此即景泰元年(1450)开始筑城的直接原因。清代定都北京,仍仰漕江南,临清的行政地位亦有了进一步的提升,清顺治元年(1644)称临清州,仍隶属东昌府,不领县。清代自康熙二十三年(1684)海禁开放以后,海运有所发展,上海、天津等沿海港口迅速崛起,临清的经济地位逐渐下降,但仍是华北各省中最重要的商城之一,乾隆四十一年(1776)临清又升为直隶州,辖武城、夏津、邱县三县,政治地位进一步提升。道光四年(1824)黄河决口,运河淤塞不通。在漕粮完全依靠海运的情况下,临清商业也渐趋式微,繁华不再。

  许檀在论述明清时期临清城市形态变迁,经济繁荣的表征后,亦颇为精辟地指出了其经济繁荣的性质与根本原因,认为"临清的繁荣并非基于自身工农业生产的发展,恰恰相反,它的繁荣是当时南北经济发展不平衡的产物,是北方消费市场对较为先进的江南经济的高度依赖的产物","临清的商业多为转运贸易,是沟通产品与消费的桥梁。它以生产过程的终结为前提,并不介入生产之中,因而不是资本主义的商品流通。……在中央集权制度下……临清的商业并不是地主经济的对立物,而是它的重要组成部分,从而也就决定了这座繁荣的商城的封建性"。④ 可以说,临清在元明清的兴起与发展,及其经济地位与政治地位的关系等,与隋唐五代以及北宋的大名府的发展有非常相似的地方。大名府与临清的兴衰

---

① [清]王俊修,[清]李森纂:《临清州志》卷二《建置志》。
② [明]张萱:《西园闻见录》卷六五,载周骏富辑:《明代传记丛刊·综录类》,台北:明文书局,1991年。
③ 张自清、徐子尚修,张树梅、王贯笙纂:《临清县志》卷七《建置志》,民国二十三年(1934)铅印本。
④ 许檀:《明清时期的临清商业》,《中国经济史研究》1986年第2期。

变化历程深刻反映了王朝兴亡背景下政治军事因素对城市及其经济的根本性影响。

然临清的发展绝非个例，临清在山东的兴衰发展很大程度上是运河影响下山东经济发展的一个缩影。对此许檀有曰鲁西平原的经济发展进程与运河的兴衰密切相连，随漕运而来的商品流通使鲁西平原首先被纳入了全国南北经济的区域性分工之中。但是康熙年间开放海禁，道光年间漕运试行海运的成功，以及咸丰五年以后黄河北流会通河的逐渐淤塞等，导致山东的流通格局从以运河流通为主转向了以沿海流通为主。① 当然，许檀是从经济史的视角立论的，认为明清"山东经济的发展从整体上来说是一个商品经济发展与市场体系形成的过程，是一个经济结构的变化过程"②，但在结论中亦不得不承认上述国家政治形势对区域经济格局的深刻影响。而国家政治形势对区域经济发展的影响，主要体现在转运与流通上，也即不论是上引临清等单个城市，还是山东区域经济的发展都离不开全国流通市场。李伯重认为明清经济的发展很大程度上应归功于以斯密动力为基础的全国市场的形成与发展，而1820年以后一个多世纪的长期经济衰退的主要原因就是在西方的政治、经济打击下中国全国市场的瓦解。③ 笔者虽不赞成其过分追求"统一"因素，而将全国市场的形成定位在明中后期的做法，但其关于晚清以来传统全国市场崩溃后经济长期衰退的论断亦颇为赞同。

就晚清、民国以来包括开封、商丘、大名、临清等在内的传统的大运河与黄河交汇附近的山东、河南、河北等曾是"中国咽喉"的非沿海地区兴衰的讨论中，美国学者彭慕兰的观点无疑是值得重视的，其将上述区域称之为"黄运"地区。其从"政治经济"的视角，论述了晚清、民国政府在"自强"逻辑下，将政府提供的服务集中配置在能给政府带来贸易顺差的沿海地区，而在

---

① 以上参见许檀：《明清时期山东商品经济的发展》，北京：中国社会科学出版社，2007年，第401—403页。

② 许檀：《明清时期山东商品经济的发展》，第398页。

③ 参见李伯重：《中国全国市场的形成，1500—1840年》，《清华大学学报》（哲学社会科学版）1999年第4期。

上述"黄运"地区,则由于政府提供的治水、救灾等传统服务的缺失,以及与沿海等新经济网络整合不力等的影响下,则明显的"边缘化"了,并导致了进一步"衰落"。① 彭慕兰所谓的"国家提供的服务",用本书的话语则可称为国家层面的权力施为。可见包括开封、商丘、大名等在内的"黄运"地区的发展来自国家的权力关照、支持是何等的重要,这无疑亦从更长的时段进一步说明了北宋及其后开封、洛阳、商丘及大名兴衰的根由。

靖康之变后,金人扶植张邦昌为"大楚"皇帝,金军则押送徽钦二帝北返。然人心不附张邦昌,纷纷上书幸免于难的康王赵构。张邦昌碍于形势,亦主动退位称太宰。赵构遂于靖康二年(1127)五月初一日在南京应天府(今河南商丘)称帝,改元建炎。高宗即位,严重挑战了金人不立赵姓的原则,高宗便派遣使者积极取信于金,然金人态度颇为强硬。高宗即位后,亦迟迟不归首都东京开封府,而是"缓急之间,意在南渡"。建炎元年(1127)在金人大规模南下之前,高宗早已南渡维扬。建炎三年二月,金人再次南下,高宗立即放弃扬州,过长江逃到镇江。又先至杭州,五月又移跸江宁府,改江宁府为建康府。后金人连败宋军,高宗又觉濒临长江的南京不安全,遂又准备移跸杭州,七月升杭州为临安府。临安府虽有临安之名,显然亦有高宗常居之意,闰八月高宗下诏巡幸浙西。然而金人很快越过长江南下,高宗又先后逃往越州、明州等地,最后泛舟海上才躲过一劫。建炎四年(1130)三月金军北撤,高宗返回越州。在大臣的不断催促下,高宗于绍兴元年(1131)十一月驻跸越州一年多将近两年后才又移跸临安府。绍兴四年(1134)金与

---

① 上引彭慕兰(Kenneth Pomeranz)的观点最早出自1993年作者 The Making of a Hinterland: State, Society, and Economy in Inland North China,1853–1937(Berkeley and Los Angeles: University of California Press)一书,笔者所参与2017年由上海人民出版社出版的马俊亚最新修订译本《腹地的构建——华北内地的国家、社会和经济(1853—1937)》。按:作者亦对国家权力施为消退后,地方政府为维护当地利益而对流通"市场"的阻断及切割有精彩的论述。而且作者亦关注到了"黄运"区域内部的差异,指出晚清民国中央政府及外来者在改变黄运地区经济结构及传统中,黄运北部更为容易,更多地表现为与官僚指挥渠道无甚关联的"水平核心形态",而黄运南部则相反,更多地表现为"垂直核心形态",遇到的阻力更大(详见氏著第381—382页)。这似乎恰好说明了接近首都的黄运北部是此前元明清政府的最核心、最有力的控制区域,地方势力没有充分发展起来,晚清民国以来中央政府及外来势力更容易控制渗透,说明了传统大一统王朝权力退却后该地所处的权力真空状态。

其扶植的傀儡政权伪齐联兵进犯,在战事将近结束时,高宗于十月以亲征之名幸平江府(今江苏苏州)。战罢,次年二月又回到了临安。绍兴六年(1136)秋伪齐刘豫进犯,高宗又亲征,绍兴七年(1137)正月又至平江府,并下诏移跸建康府。三月,至建康。绍兴八年(1138)二月,发建康至临安,后不复移跸,定都于临安。

如上所论,高宗在不断南逃驻跸的过程中,于建炎三年(1129)七月升杭州为临安府,虽名为临安,然实际上亦有常驻之意。泛舟海上会越州后,亦不断有臣僚奏请北上建康府。在随高宗南逃的一众大臣尤其是主战派的心中,建康府才是理想的都城。高宗虽北返,但仍仅留驻于临安。从绍兴元年至绍兴八年的这七年时间看,高宗两次离开临安都是军事上"亲征"之需要,非此,想必高宗断无离开临安之举。

关于绍兴八年(1138)高宗不复移跸,定都临安,仅称"行在"一事。学界往往认为是心存北归之意,仍以开封为首都之举。此论当然不假,然细究仍有可发挥的空间。笔者认为从更为现实的角度而言,高宗都临安而称"行在"的行为,更多是为了堵住南渡臣僚中建都建康府的呼声,因为从高宗即位开始,"建都论"一直都是一个臣僚们颇为关注的话题,也提出过诸多方案。也就是说,高宗南渡以后,建都问题在臣僚之中都是一个并不讳言的话题,像宗泽坚定主张回銮开封的人在南渡臣僚中几乎没有。而在众多呼声中,建康府无疑是最为臣僚所认同的,绍兴七年(1137)高宗在伪齐兵退,战争胜利后移跸建康府就是一众臣僚不断催促的结果。高宗移跸建康府后,还曾下令修缮宫城、建太庙等,这使得主建都建康府之大臣喜出望外,大有建都建康府之势。然而,随着"淮西兵变",主战派大臣张浚倒台,高宗终究还是返回临安,使得一众大臣空欢喜一场。因此,从这个角度而言,绍兴八年高宗建都临安,称"行在"的行为,显然是为了堵住建都建康府臣僚的悠悠众口。若从建炎以来"建都论"的角度而言,称"行在"则更多是搁浅了这一颇具争议的话题。这也显示了南宋初年高宗应对颇为复杂政治局面的权谋与政治妥协。

随着绍兴八年高宗幸临安,不复移跸,人们"直把杭州作汴州",逐渐在事实上接受了临安作为首都的事实。与此同时,建康府作为事实上的陪都,其地位亦越来越多地得到了人们的认同。从朝廷的官方诏书和文人书写中,都有称建康府为"陪京""陪都""留都"者,而在陪都的相关建制上,建康府亦多有体现。建康府事实上的陪都地位的确立,朝廷在对其资源配置方面都格外着意,更因为建康府作为扼守长江的要隘,常被称为首都临安的"北门留钥",而留重兵驻守。因此,建康府经济很快便从南宋初年的战乱中得到恢复。建康府除生产性经济的发展外,其流通性经济,更是因为靠近业已兴盛起来的以太湖为中心的江南区域的经济联系而得到极大的发展。而南宋时期之于江南经济的发展而言,最大的特点便是政治中心与经济中心的合一,政治军事力量的加入极大整合并促进了江南经济的发展,而与临安相近,且被称为其"北门留钥"的建康府亦多有受益,其与江南区域经济的发展逐渐形成了一种休戚与共的关系,最终在明清时期成为"大江南"①的一部分。

---

① 明清时期的"大江南"范围即所谓的"八府一州",具体包括苏州府、松江府、常州府、镇江府、应天府(即南京)、杭州府、嘉兴府、湖州府以及从苏州府分离出来的太仓州。

主要参考文献

（主要按作者姓氏拼音排序）

（一）古代文献

《汉书》，北京：中华书局，1962年。

《隋书》，北京：中华书局，1973年。

《旧唐书》，北京：中华书局，1975年。

《新唐书》，北京：中华书局，1975年。

《旧五代史》，北京：中华书局，2015年。

《新五代史》，北京：中华书局，2015年。

《宋史》，北京：中华书局，1977年。

《辽史》，北京：中华书局，1974年。

《明史》，北京：中华书局，1974年。

[唐]白居易著，顾学颉点校：《白居易集》，北京：中华书局，1999年。

[宋]包拯撰，杨国宜校注：《包拯集校注》，合肥：黄山书社，1999年。

北京大学古文献研究所编：《全宋诗》，北京：北京大学出版社，1998年。

[宋]毕仲衍撰，马玉臣辑校：《〈中书备对〉辑佚校注》，开封：河南大学出版社，2007年。

[宋]蔡絛撰，冯惠民、沈锡麟点校：《铁围山丛谈》，北京：中华书局，1983年。

[宋]蔡襄撰，彭世奖校注：《历代荔枝谱校注》，北京：中国农业出版社，

2007年。

[宋]蔡襄著,[明]徐渤等编,吴以宁点校:《蔡襄集》,上海:上海古籍出版社,1996年。

[宋]晁补之:《鸡肋集》,《四部丛刊初编》本,上海:商务印书馆,1929年。

[宋]晁公武撰,孙猛校证:《郡斋读书志校证》,上海:上海古籍出版社,1990年。

[宋]晁说之:《嵩山文集》,《四部丛刊续编》本,上海:商务印书馆,1934年。

[宋]陈次升:《谠论集》,文渊阁《四库全书》第427册,上海:上海古籍出版社,1987年。

[宋]陈规等:《守城录》,《丛书集成初编》本,北京:中华书局,1985年。

[宋]陈均编,许沛藻等点校:《皇朝编年纲目备要》,北京:中华书局,2006年。

[清]陈梦雷编纂:《古今图书集成》,北京:中华书局、成都:巴蜀书社,1985年。

[宋]程颢、[宋]程颐著,王孝鱼点校:《二程集》,北京:中华书局,1981年。

[日]成寻著,王丽萍点校:《新校参天台五台山记》,上海:上海古籍出版社,2009年。

[清]董诰等编:《全唐文》,北京:中华书局影印,1983年。

[宋]窦仪等详定,岳纯之校证:《宋刑统校证》,北京:北京大学出版社,2015年。

[宋]杜大珪:《名臣碑传琬琰集》,台北:文海出版社,1980年。

[唐]杜佑撰,王文锦等点校:《通典》,北京:中华书局,1988年。

[宋]范纯仁:《范忠宣公文集》,《宋集珍本丛刊》本,北京:线装书局,2004年。

[宋]范仲淹著,李勇先、王蓉贵校点:《范仲淹全集》,成都:四川大学出

版社,2002年。

[宋]范祖禹:《范太史集》,文渊阁《四库全书》第1100册。

[清]顾炎武:《历代宅京记》,北京:中华书局,1984年。

[清]顾祖禹撰,贺次君、施和金点校:《读史方舆纪要》,北京:中华书局,2005年。

[宋]韩琦:《安阳集》,《宋集珍本丛刊》第6册,北京:线装书局,2004年。

[宋]胡宿:《文恭集》,《丛书集成初编》本,北京:中华书局,1985年。

[明]黄淮、[明]杨士奇等编:《历代名臣奏议》,上海:上海古籍出版社,1989年。

[明]黄钧、[明]李嵩纂修:《(嘉靖)归德志》,《天一阁藏明代方志选刊续编》第60册,上海:上海书店出版社,2014年。

[宋]黄庭坚著,刘琳、李勇先、王蓉贵校点:《黄庭坚全集》,成都:四川大学出版社,2001年。

[宋]江少虞:《宋朝事实类苑》,上海:上海古籍出版社,1981年。

[宋]乐史撰,王文楚等点校:《太平寰宇记》,北京:中华书局,2007年。

[宋]李昉等编:《文苑英华》,北京:中华书局,1966年。

[宋]李纲著,王瑞明点校:《李纲全集》,长沙:岳麓书社,2004年。

[宋]李格非:《洛阳名园记》,文渊阁《四库全书》第587册。

[唐]李吉甫撰,贺次君点校:《元和郡县图志》,北京:中华书局,1983年。

[唐]李泰等著,贺次君辑校:《括地志辑校》,北京:中华书局,1980年。

[宋]李焘:《续资治通鉴长编》,北京:中华书局,2004年。

[清]李卫:《(雍正)畿辅通志》,文渊阁《四库全书》第504—506册。

[宋]黎翔凤撰,梁运华整理:《管子校注》,北京:中华书局,2004年。

[宋]李心传撰,崔文印点校:《旧闻证误》,北京:中华书局,1981年。

[宋]李心传编撰,胡坤点校:《建炎以来系年要录》,北京:中华书局,2013年。

[宋]李心传撰,徐规点校:《建炎以来朝野杂记》,北京:中华书局,2016年。

[宋]李攸:《宋朝事实》,北京:中华书局,1955年。

[宋]梁克家纂修,李勇先校点:《淳熙三山志》,《宋元珍稀地方志丛刊》本,成都:四川大学出版社,2007年。

[宋]刘安世:《元城先生尽言集》,《四部丛刊续编》本。

[宋]刘攽:《彭城集》,《丛书集成初编》本,北京:中华书局,1985年。

[宋]柳开撰,李可风点校:《柳开集》,北京:中华书局,2015年。

[汉]刘熙:《释名》,北京:中华书局,1985年。

[宋]楼钥:《攻媿集》,《四部丛刊初编》本。

[宋]陆游撰,李剑雄、刘德权点校:《老学庵笔记》,北京:中华书局,2005年。

[宋]吕本中撰,故宫博物院编:《童蒙训》,《故宫珍本丛刊》第344册,海口:海南出版社,2001年。

[宋]吕中撰,张其凡、白晓霞整理:《类编皇朝大事记讲义》,上海:上海人民出版社,2014年。

[宋]吕祖谦编著,黄灵庚、吴战垒主编:《吕祖谦全集》,杭州:浙江古籍出版社,2008年。

[宋]吕祖谦编,齐治平点校:《宋文鉴》,北京:中华书局,1992年。

[宋]马端临:《文献通考》,北京:中华书局,2011年。

[宋]孟元老撰,伊永文笺注:《东京梦华录笺注》,北京:中华书局,2007年。

[元]倪瓒撰,邱庞同注释:《云林堂饮食制度集》,北京:中国商业出版社,1984年。

[宋]欧阳修著,李逸安点校:《欧阳修全集》,北京:中华书局,2001年。

[宋]庞元英:《文昌杂录》,《丛书集成初编》本,北京:中华书局,1985年。

[宋]彭百川:《太平治迹统类》,文渊阁《四库全书》第408册。

[清]彭定求等编:《全唐诗》,北京:中华书局,1960年。

[宋]彭□辑撰,孔凡礼点校:《墨客挥犀》,北京:中华书局,2015年。

[宋]钱若水修,范学辉校注:《宋太宗皇帝实录校注》,北京:中华书局,2012年。

[宋]潜说友纂修:《咸淳临安志》,《宋元方志丛刊》本,北京:中华书局,1990年。

[宋]强至:《祠部集》,《丛书集成初编》本,北京:中华书局,1985年。

[清]阮元校刻:《十三经注疏》,北京:中华书局,1980年。

[宋]邵伯温撰,李剑雄、刘德权点校:《邵氏闻见录》,北京:中华书局,1983年。

[宋]邵雍著,郭彧整理:《邵雍集》,北京:中华书局,2010年。

[宋]沈括撰,胡道静校注:《新校正梦溪笔谈》,北京:中华书局,1957年。

[宋]石介著,陈植锷点校:《徂徕石先生文集》,北京:中华书局,1984年。

[明]石禄修,[明]唐锦纂:《(正德)大名府志》,《天一阁藏明代方志选刊》,上海:上海古籍书店,1981年。

[宋]司马光:《温国文正公文集》,《四部丛刊初编》本。

[宋]司马光撰,邓广铭、张希清点校:《涑水记闻》,北京:中华书局,1989年。

[宋]司马光编著,[元]胡三省音注:《资治通鉴》,北京:中华书局,1956年。

[宋]宋敏求编:《唐大诏令集》,北京:中华书局,2008年。

[宋]宋敏求撰,诚刚点校:《春明退朝录》,北京:中华书局,1980年。

[宋]宋祁:《景文集》,《丛书集成初编》本,北京:中华书局,1985年。

[宋]苏轼著,[明]茅维编,孔凡礼点校:《苏轼文集》,北京:中华书局,1986年。

[宋]苏轼撰,王松龄点校:《东坡志林》,北京:中华书局,1981年。

[宋]苏舜钦著,沈文倬校点:《苏舜钦集》,北京:中华书局,1961年。

[宋]苏颂编撰,尚志钧辑校:《本草图经》,合肥:安徽科学技术出版社,1994年。

[宋]苏颂著,王同策等点校:《苏魏公文集》,北京:中华书局,1988年。

[宋]苏辙撰,俞宗宪点校:《龙川略志·龙川别志》,北京:中华书局,1982年。

[宋]苏辙著,曾枣庄、马德富校点:《栾城集》,上海:上海古籍出版社,1990年。

[宋]孙逢吉:《职官分纪》,北京:中华书局,1988年。

[宋]孙升口述,[宋]刘延世笔录,杨倩描、徐立群点校:《孙公谈圃》,北京:中华书局,2012年。

天一阁博物馆、中国社会科学院历史研究所天圣令整理课题组校证:《天一阁藏明钞本天圣令校证:附唐令复原研究》,北京:中华书局,2006年。

[宋]王安石著,王水照主编:《王安石全集》,上海:复旦大学出版社,2016年。

[宋]王安中:《初寮集》,文渊阁《四库全书》第1127册。

[宋]王称:《东都事略》,《宋史资料萃编》第2辑,台北:文海出版社,1980年。

[宋]王存撰,王文楚、魏嵩山点校:《元丰九域志》,北京:中华书局,2005年。

[宋]王巩:《闻见近录》,文渊阁《四库全书》第1037册。

[宋]王瓘:《北道刊误志》,《丛书集成初编》本,北京:中华书局,1991年。

[宋]王珪:《华阳集》,《四部丛刊三编》本,上海:商务印书馆,1935年。

[宋]王明清:《挥麈录》,上海:中华书局,1961年。

[宋]王明清:《玉照新志》,《丛书集成初编》本,北京:中华书局,1985年。

[宋]王辟之撰,吕友仁点校:《渑水燕谈录》,北京:中华书局,1981年。

［宋］王溥：《唐会要》，上海：上海古籍出版社，1991年。

［宋］王溥：《五代会要》，上海：上海古籍出版社，2006年。

［宋］王钦若等编：《册府元龟》，北京：中华书局影印，1960年。

［宋］王应麟辑：《玉海》，扬州：广陵书社，2003年。

［宋］王应麟著，［清］翁元圻等注，栾保群、田松青、吕宗力校点：《困学纪闻（全校本）》，上海：上海古籍出版社，2008年。

［宋］王栐撰，诚刚点校：《燕翼诒谋录》，北京：中华书局，1981年。

［宋］王禹偁：《王黄州小畜集》，《中华再造善本》，北京：北京图书馆出版社，2004年。

［宋］汪藻：《浮溪集》，《四部丛刊初编》本。

［宋］汪藻著，王智勇笺注：《靖康要录笺注》，成都：四川大学出版社，2008年。

［清］魏襄修，陆继辂纂：《（嘉庆）洛阳县志》，嘉庆十八年（1813）刻本。

［宋］文彦博：《文潞公文集》，《宋集珍本丛刊》第5册，北京：线装书局，2004年。

［宋］夏竦：《文庄集》，《宋集珍本丛刊》第2册，北京：线装书局，2004年。

［宋］徐梦莘：《三朝北盟会编》，上海：上海古籍出版社，1987年。

［汉］许慎撰，［清］段玉裁注：《说文解字注》，上海：上海古籍出版社，1981年。

［清］徐松辑：《宋会要辑稿》，北京：中华书局影印，1957年。

［清］徐松辑，陈智超整理：《宋会要辑稿补编》，北京：全国图书馆文献缩微复制中心，1988年。

［清］徐松辑，高敏点校：《河南志》，北京：中华书局，1994年。

［宋］杨仲良编：《续资治通鉴长编纪事本末》，北京：北京图书馆出版社，2003年。

［宋］叶梦得撰，宇文绍奕考异，侯忠义点校：《石林燕语》，北京：中华书局，1984年。

[宋]叶适:《习学记言序目》,北京:中华书局,1977年。

[宋]佚名编,司义祖整理:《宋大诏令集》,北京:中华书局,1962年。

[元]佚名撰,汪圣铎点校:《宋史全文》,北京:中华书局,2016年。

[宋]宇文懋昭撰,崔文印校证:《大金国志校证》,北京:中华书局,2016年。

曾枣庄、刘琳主编:《全宋文》,上海:上海辞书出版社、合肥:安徽教育出版社,2006年。

[宋]张邦基撰,孔凡礼点校:《墨庄漫录》,北京:中华书局,2002年。

[宋]张方平:《乐全集》,文渊阁《四库全书》第1104册。

[宋]张耒撰,李逸安等点校:《张耒集》,北京:中华书局,1998年。

[宋]张齐贤撰,俞钢整理:《洛阳搢绅旧闻记》,《全宋笔记》第一编第二册,郑州:大象出版社,2003年。

[宋]章如愚:《群书考索》,北京:书目文献出版社,1992年。

[宋]张师正撰,李裕民辑校:《倦游杂录》,上海:上海古籍出版社,1993年。

[宋]赵汝愚编,北京大学中国中古史研究中心校点整理:《宋朝诸臣奏议》,上海:上海古籍出版社,1999年。

[宋]赵升编,王瑞来点校:《朝野类要》,北京:中华书局,2007年。

[宋]周淙:《乾道临安志》,《宋元方志丛刊》本,北京:中华书局,1990年。

[宋]周南著,傅增湘校:《山房集》,《宋集珍本丛刊》,北京:线装书局,2004年。

[宋]周密撰,范荧整理:《武林旧事》,《全宋笔记》第八编第二册,郑州:大象出版社,2017年。

[宋]周应合:《景定建康志》,《宋元方志丛刊》本,北京:中华书局,1990年。

[宋]朱弁撰,孔凡礼点校:《曲洧旧闻》,北京:中华书局,2002年。

[宋]朱熹撰,朱杰人、严佐之、刘永翔主编:《朱子全书》,上海:上海古

籍出版社、合肥:安徽教育出版社,2002年。

[宋]庄绰撰,萧鲁阳点校:《鸡肋编》,北京:中华书局,1983年。

(二) 今人论著

[美]汉娜·阿伦特著,陈联营译:《责任与判断》,上海:上海人民出版社,2011年。

包伟民:《传统国家与社会(960—1279年)》,北京:商务印书馆,2009年。

包伟民:《宋代城市研究》,北京:中华书局,2014年。

包伟民:《宋代地方财政史研究》,北京:中国人民大学出版社,2011年。

[加]曹星原:《同舟共济:〈清明上河图〉与北宋社会的冲突妥协》,杭州:浙江大学出版社,2012年。

陈国灿:《宋代江南城市研究》,北京:中华书局,2002年。

陈国灿:《中国古代江南城市化研究》,北京:人民出版社,2010年。

陈国灿主编:《江南城镇通史》,上海:上海人民出版社,2017年。

陈恒等:《西方城市史学》,北京:商务印书馆,2017年。

陈桥驿主编:《中国运河开发史》,北京:中华书局,2008年。

陈学文:《明清时期太湖流域的商品经济与市场网络》,杭州:浙江人民出版社,2000年。

陈勇勤:《中国经济思想史》,郑州:河南人民出版社,2008年。

陈朝云:《南北宋陵》,北京:中国青年出版社,2004年。

陈振:《宋史》,上海:上海人民出版社,2003年。

程龙:《北宋粮食筹措与边防——以华北战区为例》,北京:商务印书馆,2012年。

程民生:《宋代地域经济》,开封:河南大学出版社,1992年。

程民生:《宋代物价研究》,北京:人民出版社,2008年。

程民生:《中国北方经济史——以经济重心的转移为主线》,北京:人民出版社,2004年。

程子良、李清银主编:《开封城市史》,北京:社会科学文献出版社,1993年。

成一农:《古代城市形态研究方法新探》,北京:社会科学文献出版社,2009年。

戴顺祥:《唐宋时期城乡经济关系研究》,北京:人民出版社,2013年。

戴裔煊:《宋代钞盐制度研究》,北京:中华书局,1981年。

丁海斌:《中国古代陪都史》,北京:中国社会科学出版社,2012年。

董煜宇:《两宋水旱灾害技术应对措施研究》,上海:上海交通大学出版社,2016年。

杜文玉:《五代十国经济史》,北京:学苑出版社,2011年。

杜瑜:《中国经济重心南移——唐宋间经济发展的地区差异》,台北:五南图书出版股份有限公司,2005年。

杜正贤:《南宋都城临安研究——以考古为中心》,上海:上海古籍出版社,2016年。

樊树志:《江南市镇:传统的变革》,上海:复旦大学出版社,2005年。

范学辉:《宋代三衙管军制度研究》,北京:中华书局,2015年。

方诚峰:《北宋晚期的政治体制与政治文化》,北京:北京大学出版社,2015年。

傅崇兰:《中国运河城市发展史》,成都:四川人民出版社,1985年。

傅宗文:《宋代草市镇研究》,福州:福建人民出版社,1989年。

葛金芳:《两宋社会经济研究》,天津:天津古籍出版社,2010年。

葛金芳:《宋辽夏金经济研析》,武汉:武汉出版社,1991年。

宫大中:《洛都美术史迹》,武汉:湖北美术出版社,1991年。

龚延明编著:《宋代官制辞典》,北京:中华书局,1997年。

巩义市文物和旅游局编著,赵玉安、赵延利、康孝本主编:《解读宋陵》,郑州:河南科学技术出版社,2013年。

国家图书馆善本金石组编:《宋代石刻文献全编》,北京:国家图书馆出版社,2003年。

郭正忠:《两宋城乡商品货币经济考略》,北京:经济管理出版社,1997年。

郭正忠:《宋代盐业经济史》,北京:人民出版社,1990年。

何辉:《宋代消费史:消费与一个王朝的盛衰》,北京:中华书局,2010年。

何一民:《中国城市史》,武汉:武汉大学出版社,2012年。

何忠礼:《南宋政治史》,北京:人民出版社,2008年。

河南省文物考古研究所编:《北宋皇陵》,郑州:中州古籍出版社,1997年。

韩光辉:《宋辽金元建制城市研究》,北京:北京大学出版社,2011年。

韩茂莉:《宋代农业地理》,太原:山西古籍出版社,1993年。

韩茂莉:《中国历史农业地理》,北京:北京大学出版社,2012年。

黄纯艳:《宋代财政史》,昆明:云南大学出版社,2013年。

黄纯艳:《宋代朝贡体系研究》,北京:商务印书馆,2014年。

黄纯艳:《宋代海外贸易》,北京:社会科学文献出版社,2003年。

黄纯艳:《造船业视域下的宋代社会》,上海:上海人民出版社,2017年。

黄凤祝:《城市与社会》,上海:同济大学出版社,2009年。

[日]吉冈义信著,薛华译:《宋代黄河史研究》,郑州:黄河水利出版社,2013年。

冀朝鼎著,朱诗鳌译:《中国历史上的基本经济区与水利事业的发展》,北京:中国社会科学出版社,1981年。

[日]加藤繁著,吴杰译:《中国经济史考证》,北京:中华书局,2012年。

贾玉英:《唐宋时期地方政治制度变迁史》,北京:人民出版社,2016年。

[美]贾志扬著,赵冬梅译:《天潢贵胄:宋代宗室史》,南京:江苏人民出版社,2005年。

姜锡东:《宋代商人和商业资本》,北京:中华书局,2002年。

[日]久保田和男著,郭万平译,董科校译:《宋代开封研究》,上海:上海古籍出版社,2010年。

康鹏:《辽代五京体制研究》,北京:中国社会科学出版社,2023年。

李碧妍:《危机与重构:唐帝国及其地方诸侯》,北京:北京师范大学出版社,2015年。

李伯重:《多视角看江南经济史研究(1250—1850)》,北京:生活·读书·新知三联书店,2003年。

李伯重:《江南的早期工业化(1550—1850)》,北京:社会科学文献出版社,2000年。

李伯重:《理论、方法、发展、趋势:中国经济史研究新探》,杭州:浙江大学出版社,2013年。

李伯重、周生春主编:《江南的城市工业与地方文化(960—1850)》,北京:清华大学出版社,2004年。

李昌宪:《宋代安抚使考》,济南:齐鲁书社,1997年。

李昌宪:《中国行政区划通史·宋西夏卷》,上海:复旦大学出版社,2007年。

李华瑞:《宋代酒的生产和征榷》,保定:河北大学出版社,2001年。

李华瑞:《宋代救荒史稿》,天津:天津古籍出版社,2014年。

李华瑞:《宋夏关系史》,北京:中国人民大学出版社,2010年。

李华瑞:《王安石变法研究史》,北京:人民出版社,2004年。

李华瑞主编:《"唐宋变革"论的由来与发展》,天津:天津古籍出版社,2010年。

李华瑞主编:《中国传统经济的再认识》,北京:科学出版社,2017年。

李天石等编著:《南京通史(隋唐五代宋元卷)》,南京:南京出版社,2016年。

李晓:《宋朝政府购买制度研究》,上海:上海人民出版社,2007年。

李晓:《宋代茶业经济研究》,北京:中国政法大学出版社,2008年。

李孝聪:《中国城市的历史空间》,北京:北京大学出版社,2015年。

李孝聪:《中国区域历史地理》,北京:北京大学出版社,2004年。

李勇先:《宋代添差官制度研究》,成都:天地出版社,2000年。

李之亮:《宋河北河东大郡守臣易替考》,成都:巴蜀书社,2001年。

梁方仲编著:《中国历代户口、田地、田赋统计》,上海:上海人民出版社,1980年。

梁庚尧:《南宋的农村经济》,北京:新星出版社,2006年。

梁庚尧、刘淑芬主编:《城市与乡村》,北京:中国大百科全书出版社,2005年。

辽宁省博物馆编:《〈清明上河图〉研究文献汇编》,沈阳:万卷出版公司,2007年。

林鹄:《南望:辽前期政治史》,北京:生活·读书·新知三联书店,2018年。

林文勋:《宋代四川商品经济史研究》,昆明:云南大学出版社,1994年。

林正秋《南宋都城临安》,杭州:西泠印社,1986年。

刘方:《宋代两京都市文化与文学》,北京:中国社会科学出版社,2016年。

刘浦江:《松漠之间——辽金契丹女真史研究》,北京:中华书局,2008年。

[美]刘易斯·芒福德著,宋俊岭、倪文彦译:《城市发展史——起源、演变和前景》,北京:中国建筑工业出版社,1989年。

龙登高:《中国传统市场发展史》,北京:人民出版社,1997年。

鲁西奇:《中国历史的空间结构》,桂林:广西师范大学出版社,2014年。

陆敏珍:《唐宋时期明州区域社会经济研究》,上海:上海古籍出版社,2007年。

[德]马克思·韦伯著,阎克文译:《城市(非正当性支配)》,南京:江苏凤凰教育出版社,2014年。

[美]马润潮著,马德程译:《宋代的商业与城市》,台北:中国文化大学出版社,1985年。

毛汉光:《中国中古政治史论》,上海:上海书店出版社,2002年。

[日]梅原郁撰,何忠礼译:《南宋的临安》,收入杭州市社会科学院南宋

史研究中心编:《南宋史研究论丛》(下册),杭州:杭州出版社,2008年。

孟繁清主编,邢铁、王文涛:《中国古代环渤海地区与其他经济区比较研究》,石家庄:河北人民出版社,2004年。

缪坤和:《宋代信用票据研究》,昆明:云南大学出版社,2002年。

宁欣:《唐宋都城社会结构研究——对城市经济与社会的关注》,北京:商务印书馆,2009年。

[美]彭慕兰著,马俊亚译:《腹地的构建——华北内地的国家、社会和经济(1853—1937)》,上海:上海人民出版社,2017年。

漆侠:《宋代经济史》,北京:中华书局,2009年。

[英]乔纳森·S.戴维斯、[美]戴维·L.英布罗肖主编,何艳玲译:《城市政治学理论前沿》,上海:上海人民出版社,2013年。

全汉昇:《唐宋帝国与运河》,上海:商务印书馆,1944年。

全汉昇:《中国经济史论丛》,北京:中华书局,2012年。

[美]施坚雅主编,叶光庭等译:《中华帝国晚期的城市》,北京:中华书局,2000年。

史继刚:《宋代军用物资保障研究》,成都:西南财经大学出版社,2000年。

史念海:《史念海全集》,北京:人民出版社,2013年。

[日]斯波义信著,布和译:《中国都市史》,北京:北京大学出版社,2013年。

[日]斯波义信著,方健、何忠礼译:《宋代江南经济史研究》,南京:江苏人民出版社,2011年。

[日]斯波义信著,庄景辉译:《宋代商业史研究》,台北:稻禾出版社,1997年。

粟品孝等:《南宋军事史》,上海:上海古籍出版社,2008年。

孙洪升:《唐宋茶业经济》,北京:社会科学文献出版社,2001年。

谭其骧主编:《中国历史地图集》,北京:中国地图出版社,1982年。

谭天星、陈关龙:《未能归一的路——中西城市发展的比较》,南昌:江西人民出版社,1991年。

陶晋生:《宋辽关系史研究》,台北:联经出版事业公司,1984年。

田银生:《走向开放的城市:宋代东京街市研究》,北京:生活·读书·新知三联书店,2011年。

[美]王国斌著,李伯重、连玲玲译:《转变的中国——历史变迁与欧洲经验的局限》,南京:江苏人民出版社,2010年。

[美]王国斌、[美]罗森塔尔著,周琳译,[美]王国斌、张萌审校:《大分流之外:中国和欧洲经济变迁的政治》,南京:江苏人民出版社,2018年。

汪圣铎:《两宋财政史》,北京:中华书局,1995年。

汪圣铎:《宋代政教关系研究》,北京:人民出版社,2010年。

王菱菱:《宋代矿冶业研究》,保定:河北大学出版社,2005年。

王明德:《从黄河时代到运河时代:中国古都变迁研究》,成都:巴蜀书社,2008年。

王书林:《北宋西京城市考古研究》,北京:文物出版社,2020年。

王卫平:《明清时期江南城市史研究:以苏州为中心》,北京:人民出版社,1999年。

王星光等:《生态环境变迁与社会嬗变互动——以夏代至北宋时期黄河中下游地区为中心》,北京:人民出版社,2016年。

王曾瑜:《涓埃编》,保定:河北大学出版社,2008年。

王曾瑜:《宋朝阶级结构(增订版)》,北京:中国人民大学出版社,2010年。

王曾瑜:《宋朝军制初探(增订本)》,北京:中华书局,2011年。

王曾瑜:《锱铢编》,保定:河北大学出版社,2006年。

魏华仙:《宋代四类物品的生产和消费研究》,成都:四川科学技术出版社,2006年。

魏天安:《宋代官营经济史》,北京:人民出版社,2011年。

魏天安:《宋代行会制度史》,北京:东方出版社,1997年。

吴承明:《经济史:历史观与方法论》,上海:上海财经大学出版社,

2006年。

吴承明著,刘兰兮整理:《经济史理论与实证》,杭州:浙江大学出版社,2012年。

吴洪泽、尹波主编:《宋人年谱丛刊》,成都:四川大学出版社,2002年。

吴涛:《北宋都城东京》,郑州:河南人民出版社,1984年。

吴晓亮主编:《宋代经济史研究》,昆明:云南大学出版社,1994年。

许宏:《何以中国:公元前2000年的中原图景》,北京:生活·读书·新知三联书店,2016年。

许宏:《先秦城市考古学研究》,北京:北京燕山出版社,2000年。

许檀:《明清时期山东商品经济的发展》,北京:中国社会科学出版社,2007年。

徐吉军:《南宋都城临安》,杭州:杭州出版社,2008年。

薛凤旋:《中国城市及其文明的演变》,北京:世界图书出版公司,2015年。

严耕望:《唐代交通图考》,上海:上海古籍出版社,2007年。

闫建飞:《走出五代:十世纪藩镇研究》,成都:四川人民出版社,2023年。

[日]岩井茂树著,付勇译:《中国近代财政史研究》,北京:社会科学文献出版社,2011年。

杨芳:《宋代仓廪制度研究》,上海:上海古籍出版社,2019年。

杨宽:《中国古代都城制度史》,上海:上海人民出版社,2006年。

杨鹏:《通道经济:区域经济发展的新兴模式》,北京:中国经济出版社,2012年。

杨若薇:《契丹王朝政治军事制度研究》,北京:中国社会科学出版社,1991年。

杨小敏:《蔡京、蔡卞与北宋晚期政局研究》,北京:中国社会科学出版社,2012年。

杨雨舒、蒋戎:《唐代渤海国五京研究》,香港:香港亚洲出版社,

2008年。

杨振红、[日]井上彻编:《中日学者论中国古代城市社会》,西安:三秦出版社,2007年。

杨作龙、韩石萍主编,洛阳师范学院河洛文化国际研究中心编:《洛阳考古集成(补编)》,北京:北京图书馆出版社,2007年。

杨作龙、韩石萍主编,洛阳师范学院河洛文化国际研究中心编:《洛阳考古集成(隋唐五代宋卷)》,北京:北京图书馆出版社,2005年。

姚汉源:《京杭运河史》,北京:中国水利水电出版社,1998年。

姚汉源:《黄河水利史研究》,郑州:黄河水利出版社,2003年。

游彪:《宋代寺院经济史稿》,保定:河北大学出版社,2003年。

袁琳:《宋代城市形态和官署建筑制度研究》,北京:中国建筑工业出版社,2013年。

曾瑞龙:《经略幽燕:宋辽战争军事灾难的战略分析》,香港:香港中文大学出版社,2003年。

曾雄生:《中国农业通史(宋辽夏金元卷)》,北京:中国农业出版社,2014年。

[美]张光直:《考古学专题六讲》,北京:文物出版社,1986年。

张国刚:《唐代藩镇研究(增订版)》,北京:中国人民大学出版社,2010年。

张其凡:《五代禁军初探》,广州:暨南大学出版社,1993年。

张全明:《两宋生态环境变迁史》,北京:中华书局,2015年。

张文:《宋朝社会救济研究》,重庆:西南师范大学出版社,2001年。

张希清等主编:《澶渊之盟新论》,上海:上海人民出版社,2007年。

张显运:《十至十三世纪生态环境变迁与宋代畜牧业发展响应》,北京:科学出版社,2015年。

张祥云:《北宋西京河南府研究》,郑州:河南大学出版社,2012年。

张驭寰:《中国城池史》,北京:中国友谊出版公司,2009年。

赵冈:《中国城市发展史论集》,台北:联经出版事业公司,1995年。

赵晓耕:《宋代官商及其法律调整》,北京:中国人民大学出版社,
2001年。

赵永春:《金宋关系史》,北京:人民出版社,2005年。

郑连第:《古代城市水利》,北京:水利电力出版社,1985年。

郑寿彭:《宋代开封府研究》,台北:"国立"编译馆中华丛书编审委员会,1980年。

郑学檬:《中国古代经济重心南移和唐宋江南经济研究》,长沙:岳麓书社,2003年。

郑肇经:《中国水利史》,北京:商务印书馆,1993年。

[日]中村圭尔、辛德勇编:《中日古代城市研究》,北京:中国社会科学出版社,2004年。

周宝珠:《后乐斋集》,保定:河北大学出版社,2012年。

周宝珠:《〈清明上河图〉与清明上河学》,开封:河南大学出版社,1997年。

周宝珠:《宋代东京研究》,开封:河南大学出版社,1992年。

周勋初主编:《宋人轶事汇编》,上海:上海古籍出版社,2014年。

周卓怀:《宋代河患探原》,香港:奔流出版社,1990年。

朱明:《欧洲中世纪城市的结构与空间》,北京:商务印书馆,2019年。

朱瑞熙等:《辽宋西夏金社会生活史》,北京:中国社会科学出版社,2005年。

(三) 学术论文

白茹冰:《宋州在唐代中后期的地位与作用》,《商丘师范学院学报》2011年第7期。

包伟民:《宋代财政复合单位考释》,《史学月刊》2024年第9期。

包伟民:《行都的意义:南宋临安城研究再思考》,《江西社会科学》2022年第5期。

包伟民:《以历史思维看唐宋城市史》,《光明日报》2017年6月11日,

第 7 版。

包伟民:《意象与现实:宋代城市等级刍议》,《史学月刊》2010 年第 1 期。

鲍成志:《区域经济变迁与中国古代城市体系的演化》,《四川大学学报》(哲学社会科学版)2014 年第 1 期。

曹尔琴:《宋代行政区划的设置与分布》,《中国历史地理论丛》1992 年第 3 辑。

陈峰:《北宋御辽战略的演变与"澶渊之盟"的产生及影响》,《史学集刊》2007 年第 3 期。

陈峰:《从定都开封说北宋国防政策的演变及其失败》,《陕西师大学报》(哲学社会科学版)1991 年第 2 期。

陈峰:《试论唐宋时期漕运的沿革与变迁》,《中国经济史研究》1999 年第 3 期。

陈国灿:《转型与调整:宋代都市文明的演变》,《探索与争鸣》2010 年第 3 期。

陈恒:《他山之石,可以攻玉——西方城市史研究的历史与现状》,《上海师范大学学报》(哲学社会科学版)2007 年第 3 期。

陈乐素:《南宋定都临安的原因》,《思想与时代》1948 年第 47 期。

陈丽、杨晓敏:《冷兵器时代战争对经济发展的影响——以唐、五代时期华北平原为考察中心》,《军事历史》2007 年第 1 期。

陈凌:《宋代府、州衙署建筑原则及差异探析》,收入姜锡东主编:《宋史研究论丛》第 17 辑,保定:河北大学出版社,2015 年。

陈倩:《从韦伯到施坚雅的中国城市研究》,《重庆大学学报》(社会科学版)2007 年第 3 期。

陈伟:《城市与西方现代资本主义的兴起——马克斯·韦伯的城市观论析》,《北京行政学院学报》2004 年第 2 期。

陈曦:《宋代地方水利秩序的构建与传承——以崇阳县白泉陂与乖崖祠为中心》,《武汉大学学报》(人文科学版)2011 年第 1 期。

陈希丰:《南宋初年"建都论"中的京湖之议——兼论建炎三年驻跸地之争》,收入纪宗安等主编:《暨南史学》第 18 辑,广州:暨南大学出版社,2019 年。

陈晓伟:《捺钵与行国政治中心论——辽初"四楼"问题真相发覆》,《历史研究》2016 年第 6 期。

陈勇勤:《彭慕兰"大分流"对经济史学界提出的警示》,《南都学刊》2012 年第 4 期。

陈瑜:《现实的选择与理想的剪影——南宋词人以临安为中心的帝都书写》,《福建江夏学院学报》2013 年第 6 期。

陈蕴茜:《空间维度下的中国城市史研究》,《学术月刊》2009 年第 10 期。

程民生:《论宋代河北路经济》,《河北大学学报》1990 年第 3 期。

程民生:《宋代兵力部署考察》,《史学集刊》2009 年第 5 期。

程民生:《宋代果品业简论》,《中州学刊》1992 年第 2 期。

程民生:《宋代户数探研》,《河南大学学报》(社会科学版)2003 年第 6 期。

程民生:《宋代洛阳的特点与魅力》,《河南大学学报》(社会科学版)1994 年第 5 期。

程民生:《中国古代北方役重问题研究》,《文史哲》2003 年第 6 期。

程明生:《宋代军队数量考》,《社会科学战线》2009 年第 5 期。

程念祺:《论中国古代经济史中的市场问题》,《史林》1999 年第 4 期。

程郁:《宋代城郊发展的原因与特点》,《上海师范大学学报》(哲学社会科学版)1992 年第 1 期。

戴一峰:《城市史研究的两种视野:内向性与外向性》,《学术月刊》2009 年第 10 期。

邓福秋:《西汉前期的商业经济区和全国性统一市场——读〈史记·货殖列传〉札记》,《中国史研究》1986 年第 4 期。

刁培俊:《宋代乡役人数变化考述》,《中国史研究》2005 年第 1 期。

刁培俊、刘佳佳:《区域社会经济史研究的"说法"和"做法"——〈唐宋时期明州区域社会经济研究〉读后》,《史林》2010 年第 3 期。

丁海斌:《谈中国古代陪都的经济意义》,《辽宁大学学报》(哲学社会科学版)2017 年第 1 期。

丁建军、张婷:《欧阳修与河北》,《河北学刊》2012 年第 6 期。

董作宾:《夏商周三代都制与三代异同》,《大陆杂志》1935 年第 1 期。

杜恂诚、李晋:《"加州学派"与 18 世纪中欧经济史比较研究》,《史林》2009 年第 5 期。

樊树志:《明清江南市镇的"早期工业化"》,《复旦学报》(社会科学版)2005 年第 4 期。

范建文:《宋代坐仓析论》,《中国史研究》2016 年第 1 期。

范建鏋:《权力视角下中国经济史研究的新面相与"政治-经济史"的萌芽——对中国经济史学未来走向及其方法论的一点思考》,《福建论坛》(人文社会科学版)2008 年第 1 期。

范学辉:《两宋三衙诸军都城驻扎考》,《浙江学刊》2015 年第 2 期。

范兆飞:《魏末城民新考》,《中华文史论丛》2014 年第 1 期。

冯兵:《二十世纪以来隋唐五代城市史研究的回顾与思考》,《云梦学刊》2016 年第 5 期。

冯兵、黄俊鹏:《水与城的双向互动:隋唐五代时期运河变迁与城市兴衰》,《学习与实践》2017 年第 2 期。

冯兵、黄俊鹏:《唐代政局与城市兴衰的二重变奏》,《学习与实践》2017 年第 9 期。

冯贤亮:《宋以后大名府地区环境恶化与丝织业的衰落》,《中国农史》2000 年第 4 期。

冯芸、桂立:《宋代行商与坐贾在商品市场活动中由层级关系向平行关系的演进》,《广西社会科学》2015 年第 5 期。

傅林祥:《"京畿者,天下之根本"——中国古代"首都圈"的设置与管理》,《北京日报》2017 年 12 月 11 日。

高聪明:《论南宋财政岁入及其与北宋岁入之差异》,《河北学刊》1996年第1期。

高健:《20世纪中国城市史研究述评》,《湖北经济学院学报》(哲学社会科学版)2010年第6期。

葛金芳:《宋代经济:从传统向现代转变的首次启动》,《中国经济史研究》2005年第1期。

葛金芳、顾蓉:《从原始工业化进程看宋代资本主义萌芽的产生》,《社会学研究》1994年第6期。

葛兆光:《洛阳与汴梁:文化重心与政治重心的分离——关于11世纪80年代理学历史与思想的考察》,《历史研究》2000年第5期。

耿虎:《唐代河北道州县析置及原因》,《厦门大学学报》(哲学社会科学版)2013年第3期。

[日]宫崎市定:《从部曲走向佃户》,收入刘俊文主编,索介然译:《日本学者研究中国史论著选译》第五卷,北京:中华书局,1993年。

弓守奇:《大名府与北宋国防》,《丝绸之路》2012年第10期。

[日]宫泽知之撰,张北译:《北宋的财政与货币经济》,收入刘俊文主编:《日本中青年学者论中国史·宋元明清卷》,上海:上海古籍出版社,1995年。

龚延明:《南宋行在所临安府研究》,《中原文化研究》2018年第3期。

[日]谷川道雄著,牟发松译:《六朝时代城市与农村的对立关系——从山东贵族的居住地问题入手》,收入《魏晋南北朝隋唐史资料》第15辑,武汉:武汉大学出版社,1997年。

关树东:《辽宋金时期的水旱灾害、水利建设与经济重心的转移——以黄淮海地区和东南江淮两浙地区为考察对象》,收入黄正建主编:《隋唐辽宋金元史论丛》第4辑,上海:上海古籍出版社,2014年。

桂士辉:《北宋大名府城市形态探析》,收入中国古都学会编:《中国古都研究》第27辑,西安:三秦出版社,2014年。

郭文佳:《北宋南京应天府士人及文化成就》,《河南社会科学》2004年第 1 期。

郭文佳:《北宋时期应天府文化繁盛论》,《商丘师范学院学报》2003 年第 3 期。

郭文佳:《试论商丘在宋代的历史地位》,《商丘师范学院学报》2010 年第 10 期。

郭正忠:《论两宋乡村产业的专业化分工趋势》,《中国社会经济史研究》1990 年第 2 期。

郭正忠:《宋代城镇的经济结构》,《江淮论坛》1986 年第 4 期。

郭志安、王瑞蕾:《宋代水柜简论》,《兰台世界》2013 年第 6 期。

郭志安、张春生:《略论黄河水患影响下北宋河北地区的人口迁移》,《赤峰学院学报》(汉文哲学社会科学版)2010 年第 2 期。

韩桂华:《宋代发祥地:南京应天府研究——以建制为中心》,《史学汇刊》2015 年第 34 期。

韩桂华:《宋代南京应天府的职官体系》,《史学汇刊》2016 年第 35 期。

韩茂莉、于家明:《军事地理视角下的中国古代历史空间进程》,《军事历史研究》2016 年第 5 期。

韩昇:《南北朝隋唐士族向城市的迁徙与社会变迁》,《历史研究》2003 年第 4 期。

河北省文物保护中心:《河北大名府故城宫殿遗址调查》,《文物春秋》2015 年第 5 期。

河南省文物考古研究院、夏邑县博物馆:《河南商丘汴河济阳镇段考古调查发掘简报》,《华夏考古》2014 年第 1 期。

何艳华:《隋唐大运河商丘南关码头遗址探析》,《文物鉴定与鉴赏》2017 年第 9 期。

何一民:《农业·工业·信息:中国城市历史的三个分期》,《学术月刊》2009 年第 10 期。

何一民:《农业时代中国城市的特征》,《社会科学研究》2003 年第 5 期。

何忠礼:《南宋的历史地位与"宋韵"文化》,《浙江社会科学》2022 年第

1 期。

侯甬坚:《周秦汉隋唐之间:都城的选建与超越》,《唐都学刊》2007 年第 3 期。

胡海峰:《徭役与城市控制:明代北京"铺户"内涵再探》,《学术研究》2014 年第 11 期。

胡建华:《宋代城市住房政策研究》,《史学月刊》1993 年第 5 期。

黄纯艳:《论蔡京茶法改革——兼论宋代茶法演变的基本规律》,《中国经济史研究》2003 年第 1 期。

黄纯艳:《论宋代茶法的地区差异》,《云南社会科学》2001 年第 5 期。

黄纯艳:《论宋代的公用钱》,《云南社会科学》2002 年第 4 期。

黄纯艳:《"汉唐旧疆"话语下的宋神宗开边》,《历史研究》2016 年第 1 期。

黄纯艳:《南宋江防体系的构成及职能》,《河北大学学报》(哲学社会科学版)2016 年第 5 期。

黄纯艳:《宋高宗海上避难研究》,《历史研究》2024 年第 5 期。

黄今言:《论秦汉商品市场发育的几个问题》,《中国经济史研究》2003 年第 3 期。

黄晓巍:《宋徽宗政和年间谋辽复燕史事考论》,《史学月刊》2017 年第 5 期。

贾光、徐泽源:《陪都南京对应天书院建立发展的作用及影响》,《商丘职业技术学院学报》2016 年第 3 期。

贾珺:《北宋洛阳私家园林考录》,《中国建筑史论汇刊》2014 年第 2 期。

贾玉英:《宋代京畿制度变迁论略》,《河北大学学报》(哲学社会科学版)2007 年第 5 期。

贾玉英:《唐宋京畿管理制度变迁初探》,《中州学刊》2007 年第 6 期。

江天健:《宋代地方官廨的修建》,收入《宋史研究集》第 31 辑,台北:兰台出版社,2002 年。

姜锡东:《宋代"和预买绢"制度的性质问题》,《河北学刊》1992 年第

5 期。

蒋福亚:《魏晋南北朝时期的商品经济和传统市场》,《中国经济史研究》2001 年第 3 期。

[日]久保田和男著,郭万平、王曼琳译:《宋都的宫城前空间——关于开封宣德门与御街、御廊的比较都城史考察》,收入苏智良主编:《都市史学》,上海:上海人民出版社,2014 年。

[日]久保田和男著,赵望秦、黄新华译:《五代宋初的洛阳和国都问题》,《中国历史地理论丛》2001 年第 3 辑。

康鹏:《东丹国废罢时间新探》,《北方文物》2010 年第 2 期。

李伯重:《工业发展与城市变化:明中叶至清中叶的苏州(上)》,《清史研究》2001 年第 3 期。

李伯重:《工业发展与城市变化:明中叶至清中叶的苏州(中、下)》,《清史研究》2002 年第 1 期。

李伯重:《中国全国市场的形成,1500—1840 年》,《清华大学学报》(哲学社会科学版)1999 年第 4 期。

李大旗:《宋太祖迁都洛阳之议新探》,《史志学刊》2018 年第 2 期。

李合群:《再论北宋定都开封——兼与宋长安和洛阳之比较》,《河南大学学报》(社会科学版)2010 年第 3 期。

李合群:《再论宋代城门税》,《社会科学》2016 年第 11 期。

李华瑞:《北宋治河与防边》,《宋夏史研究》,天津:天津古籍出版社,2006 年。

李华瑞:《抄劄救荒与宋代赈灾户口的调查统计》,《历史研究》2012 年第 6 期。

李华瑞:《关于宋初先南后北统一方针讨论中的几个问题》,《河北大学学报》(哲学社会科学版)1997 年第 4 期。

李华瑞:《南宋的酒库与军费》,《人文杂志》2016 年第 3 期。

李华瑞:《试论宋代工商业税收中的祖额》,《中国经济史研究》1999 年第 2 期。

李华瑞:《宋代的社会保障与社会稳定》,《探索与争鸣》2016年第3期。

李华瑞:《宋、明税源与财政供养人员规模比较》,《中国经济史研究》2016年第1期。

李天石、王淳航:《北宋东京种植蔬菜土地分布影响因素之分析》,《中国社会经济史研究》2012年第3期。

李孝聪:《〈北道刊误志〉残本及其反映的历史地理问题》,《中国历史地理论丛》1988年第2辑。

李晓:《宋代城市经济功能新见》,《思想战线》2005年第3期。

李晓:《宋朝"寄籴"考论》,《中国史研究》2006年第3期。

李晓芳、李亚:《五代时期的魏州大名府浅析》,《邯郸职业技术学院学报》2010年第4期。

李孝聪:《下鞍进房:马背上的民族与中国都城规划管理》,《文汇报》2017年5月19日,第7版。

李亚:《大名府故城之陪都历史探析——大名府故城考略之一》,《文物春秋》2005年第3期。

李亚:《魏博节度使田氏家族藩镇割据探析——大名府故城考略之二》,《邯郸职业技术学院学报》2004年第2期。

李亚、王书俊:《魏博节度使何氏家族与大名府故城——大名府故城考略之三》,《邯郸职业技术学院学报》2005年第1期。

李裕民:《唐代州制是如何演变为明代府制的——宋代地方行政建置研究》,《中国历史地理论丛》2001年第2辑。

李月红:《北宋时期河北地区的御河》,《中国历史地理论丛》2000年第4辑。

李治安:《两个南北朝与中古以来的历史发展线索》,《文史哲》2009年第6期。

廉鹏、师晓静、张德勋:《守在四边制度与古代都城规划》,《四川建筑》2008年第3期。

梁斐斐、熊瑞笛、毛华松:《宋代官吏城市风景营建研究——以马光祖知建康府时期营建活动为例》,《园林艺术》2019年第5期。

梁洪、蔚芝炳:《北京大名府的历史沿革及其价值所在》,《中国名城》2011年第6期。

梁建国:《日本学者关于宋代东京研究概况》,《中国史研究动态》2007年第4期。

梁元生:《城市史研究的三条进路——以上海、香港、新加坡为例》,《史林》2007年第2期。

廖寅:《空间与权力:环城半程空间与宋代官户的活动展开》,《社会科学战线》2022年第12期。

林天蔚:《宋代公使库、公使钱与公用钱间的关系》,《"史语所"集刊》,1973年。

林正秋:《南宋定都临安原因初探》,《杭州师院学报》(社会科学版)1982年第1期。

刘成群、林锋:《横向里的相似与纵向里的延续:"加州学派"的对比范式》,《北方论丛》2009年第1期。

刘春燕:《释宋代"买茶额"和"产茶额"》,《中州学刊》2001年第2期。

刘连香:《张全义与五代洛阳城》,《洛阳工学院学报》(社会科学版)2002年第2期。

柳平生、葛金芳:《南宋城市化进程与城市类型分析》,《四川师范大学学报》(社会科学版)2014年第6期。

柳平生、葛金芳:《宋代经济成就:工商业文明的快速成长与原始工业化进程的启动》,《求是学刊》2009年第5期。

[日]柳田节子:《宋代都市的户等制》,收入《国际宋史研讨会论文集》,台北:中国文化大学出版部,1988年。

[日]柳田节子:《宋代乡村的户等制》,收入刘俊文主编,索介然译:《日本学者研究中国史论著选译》第五卷,北京:中华书局,1993年。

刘庆柱:《从曹魏都城建设与北方运河开凿看曹操的历史功绩》,《安徽史学》2011年第2期。

刘秋根:《唐宋高利贷资本的发展》,《史学月刊》1992年第4期。

刘秋根、罗文:《宋代东部地区的私人田庄》,收入《宋史研究论丛》第16辑,保定:河北大学出版社,2015年。

刘玉峰:《论唐代市场管理》,《中国经济史研究》2002年第2期。

龙登高:《内涵式发展与边际式变革——以传统市场为中心的中西比较》,《思想战线》2005年第4期。

龙登高:《中国传统市场的整合:11—19世纪的历程》,《中国经济史研究》1997年第2期。

龙登高:《中美首府城市的历史比较与制度分析》,《思想战线》2017年第2期。

龙坡涛:《北宋大名府历史地位论析》,《商丘师范学院学报》2013年第11期。

[美]卢汉超:《从精英到大众:近年美国中国城市史研究的"从上到下"取向》,《史学月刊》2008年第5期。

[美]卢汉超:《美国的中国城市史研究》,《清华大学学报》(哲学社会科学版)2008年第1期。

鲁西奇:《买地券所见宋元时期的城乡区划与组织》,《中国社会经济史研究》2013年第1期。

陆敏珍:《宋代草市镇研究中的定性与定量》,《浙江大学学报》(人文社会科学版)2017年第2期。

罗航:《"适度的分裂":重释欧洲兴起、亚洲衰落与复兴》,《世界经济与政治》2016年第10期。

雒晓辉:《永济渠的兴衰对唐代河北道水利建设的影响》,《邢台学院学报》2017年第1期。

吕苏生:《略论秦汉时期河北城市与商业的发展》,《文物春秋》1999年第2期。

马玉臣:《宋代镇市、草市户口及其有关问题》,《河北大学学报》(哲学社会科学版)2008年第3期。

毛敏:《南宋建康城居住空间布局研究》,《东南文化》2012年第1期。

毛曦:《中国城市史研究:源流、现状与前景》,《社会科学》2011年第1期。

[日]妹尾达彦:《陪京的诞生——6—12世纪东亚复都史再析》,收入《唐宋历史评论》第5辑,北京:社会科学文献出版社,2018年。

孟广森、陈灿:《近百年来欧美学者对中世纪英国城市史的研究》,《贵州社会科学》2011年第3期。

孟泽众:《南宋经济命脉的重建:从发运司到总领所》,《中州学刊》2021年第12期。

苗书梅:《宋代州级公吏制度研究》,《河南大学学报》(社会科学版)2004年第6期。

苗书梅:《宋代州级属官体制初探》,《中国史研究》2002年第3期。

宁欣:《唐初至宋中期城市修建扩建述略——兼论南北地区城市发展之异同》,《扬州大学学报》(人文社会科学版)2006年第2期。

宁欣:《唐宋城市经济社会变迁的思考》,《河南师范大学学报》(哲学社会科学版)2006年第2期。

宁欣、陈涛:《唐宋城市社会变革研究的缘起与思考》,《中国史研究》2010年第1期。

宁欣、陈涛:《"中世纪城市革命"论说的提出和意义——基于"唐宋变革论"的考察》,《史学理论研究》2010年第1期。

牛来颖:《唐代都城规划市区内部形态再探》,《中国经济史研究》2015年第6期。

潘晟:《北宋皇位继承的地理术数"观察"与"预言"》,《中华文史论丛》2016年第4期。

彭南生、严鹏:《技术演化与中西"大分流":重工业角度的重新审视》,《中国经济史研究》2012年第3期。

[韩]朴汉济著,[韩]李椿浩译:《游牧国家与城郭——"坊墙制"的出现及其背景》,收入苏智良主编:《都市史学》,上海:上海人民出版社,2014年。

齐子通:《次赤、次畿县的成立与唐宋府制变迁》,收入《魏晋南北朝隋唐史资料》第 31 辑,上海:上海古籍出版社,2015 年。

齐子通:《如影随形:唐宋之际都城东移与北都转换》,《中国史研究》2020 年第 2 期。

齐子通:《五代都城设置与府县等级升降考》,收入《魏晋南北朝隋唐史资料》第 38 辑,上海:上海古籍出版社,2019 年。

齐子通:《孝道与悖逆之间:唐肃宗设立南京与南京改置》,《中华文史论丛》2015 年第 2 期。

秦明君:《唐前期三河地区的粮食生产》,《湖北大学学报》(哲学社会科学版)1995 年第 3 期。

秦闻一:《宋代镇制考》,《史学月刊》1998 年第 5 期。

曲英杰:《近年来中国古代城市研究的新进展》,《中国史研究动态》1996 年第 2 期。

全汉昇:《北宋汴梁的输出入贸易》,《中国经济史论丛》,北京:中华书局,2012 年。

任崇岳:《论"澶渊之盟"后的宋辽关系》,《历史教学》1984 年第 1 期。

任放:《从历史的视角看中国城市的"墙"》,《武汉大学学报》(人文科学版)2016 年第 3 期。

任敬:《宋代北京大名府的建立及意义》,《邯郸职业技术学院学报》2010 年第 4 期。

任士英:《唐肃宗时期中央政治的二元格局》,《中国史研究》1996 年第 4 期。

申小红:《试论南宋定都临安》,《船山学刊》2011 年第 2 期。

史念海:《中国古代都城的萧条与破坏》,收入中国古都学会编:《中国古都研究》第 7 辑,太原:山西人民出版社,1991 年。

[韩]宋基豪著,[韩]金国荣译:《渤海五京制的渊源与作用》,收入郑永振主编:《渤海史研究(九)》,延吉:延边大学出版社,2002 年。

宋兆麟:《我国古代踏犁考》,《农业考古》1981 年第 1 期。

孙方圆:《试论宋代的"草泽"参政》,《史学集刊》2016 年第 6 期。

孙丽娟、李书谦:《〈考工记〉营国制度与中原地区古代都城布局规划的演变》,《中原文物》2008 年第 6 期。

孙尧奎:《试论大名府的兴衰》,《青海社会科学》2000 年第 4 期。

陶绪:《论宋代私营丝织业的生产形态及地理分布》,《中国经济史研究》1990 年第 2 期。

田冰:《古代邺城的行政建制与城市兴衰》,《地域研究与开发》2013 年第 6 期。

[美]王笛:《中国城市史研究的理论、方法与实践》,收入孙逊、杨剑龙主编:《城市科学与城市学》,上海:上海三联书店,2012 年。

王昊:《环境与作物选择:唐宋时期河北平原的水稻种植》,《中国农史》2016 年第 3 期。

王浩禹:《论宋代城市土地利用税》,《云南社会科学》2015 年第 4 期。

王良田等:《河南商丘汴河济阳镇段考古调查发掘简报》,《华夏考古》2014 年第 1 期。

王琳珂:《宋代水利史研究的回顾与思考》,《华北水利水电大学学报》(社会科学版)2017 年第 1 期。

王路曼、池桢:《再评史瀚波〈乱世中的信任〉——兼论美国的中国城市史研究》,《史林》2016 年第 3 期。

王明德:《试论北宋开封定都》,《开封大学学报》2008 年第 1 期。

王明前:《隋朝国家经济一体化进程与财政体系述略》,《扬州职业大学学报》2015 年第 2 期。

汪圣铎:《宋代西南二京的帝后神御殿》,收入张其凡、陆勇强主编:《宋代历史文化研究》,北京:人民出版社,2000 年。

汪圣铎:《宋代寓于寺院的帝后神御》,收入《宋史研究论丛》第 5 辑,保定:河北大学出版社,2003 年。

王文楚:《北宋东西两京驿路考》,《中华文史论丛》2008 年第 4 期。

王晓如:《宋代乡村第五等户在城市经济发展中的作用》,《唐都学刊》

2013 年第 4 期。

王兴亚:《关于北宋踏犁研究中的几个问题》,《中原文物》1988 年第 2 期。

王旭:《负城地尤良:宋代的负郭田及其与城市的互动》,《中国高校社会科学》2024 年第 6 期。

王颜、杜文玉:《五代十国时期南北水路交通研究》,《中国历史地理论丛》2008 年第 3 辑。

王义康:《唐河北藩镇时期人口问题试探》,《河南社会科学》2005 年第 1 期。

王颖:《试论商丘在中原古都群中的发展定位》,《商丘师范学院学报》2013 年第 8 期。

王永太:《宋初迁都洛阳的考辨及其意义》,《中国史研究》2005 年第 2 期。

王育:《面对城邦与城郭——中西城市发展史的佐读》,《北京城市学院学报》2007 年第 5 期。

王曾瑜:《北宋末开封的陷落、劫难和抗争》,《河北大学学报》(哲学社会科学版)2005 年第 3 期。

王战扬:《20 世纪以来宋代水利史研究述评》,《云南社会科学》2017 年第 4 期。

王志高:《南宋建康府城考》,《金陵科技学院学报》2007 年第 9 期。

魏楚雄:《挑战传统史学观及研究方法——史学理论与中国城市史研究在美国及西方的发展》,《史林》2008 年第 1 期。

魏国忠:《唐代渤海五京制度考》,《博物馆研究》1984 年第 3 期。

魏金玉:《封建经济·自然经济·商品经济》,《中国经济史研究》1988 年第 2 期。

魏明孔:《中国前近代手工业经济的特点》,《文史哲》2004 年第 6 期。

魏天安:《宋代粮食流通政策探析》,《中国农史》1985 年第 4 期。

魏天安、李晓荣:《北宋时期河南的农业开发》,《中州学刊》2001 年第

4期。

魏向东:《论魏晋南北朝时期的"市"》,《江苏社会科学》2004年第5期。

魏孝稷:《"加州学派"与早期现代史研究范式的转换》,《史学理论研究》2015年第2期。

翁建道:《五代行营初探》,《高应科大人文社会科学学报》2008年第5期。

吴红兵:《北宋"防秋"政策刍议》,《河北大学学报》(哲学社会科学版)2018年第2期。

吴朋飞:《商丘古城发展研究——兼析明代商丘城市的历史地理问题》,《商丘师范学院学报》2010年第2期。

吴松弟:《从人口为主要动力看宋代经济发展的限度兼论中西生产力的主要差距》,《人文杂志》2010年第6期。

吴晓亮、王浩禹、赵大光:《先秦至唐宋屋舍之税嬗变研究》,《清华大学学报》(哲学社会科学版)2015年第5期。

[美]西奥多·赫斯伯格著,白华山译:《新城市史:迈向跨学科的城市史》,收入孙逊、杨剑龙主编:《都市文化研究》第2辑,上海:上海三联书店,2006年。

席会东:《营城蓝图——中国古代城市图览要》,《建筑与文化》2015年第8期。

肖红兵、倪洪:《北宋神宗时期居洛士宦家居生活探微——以邵雍和司马光等人为中心》,《洛阳师范学院学报》2014年第1期。

肖建乐:《浅论宋代农村市场与城市市场》,《西南师范大学学报》(人文社会科学版)2002年第5期。

肖建乐:《唐代城市发展动力初探》,《思想战线》2007年第4期。

萧启庆:《中国近世前期南北发展的歧异与统合——以南宋金元时期的经济社会文化为中心》,收入清华大学历史系编:《清华历史讲堂初编》,北京:生活·读书·新知三联书店,2007年。

熊月之、张生:《中国城市史研究综述(1986—2006)》,《史林》2008 年第 1 期。

徐东升:《唐北宋河南地区交通与经济的变迁》,《中国社会经济史研究》2002 年第 1 期。

许宏:《论中国古代都城民居规划与居住习俗的演变》,《民俗研究》1991 年第 1 期。

许慧民:《两宋的农村专业户》,《历史研究》1987 年第 6 期。

许檀:《明清时期的临清商业》,《中国经济史研究》1986 年第 2 期。

许哲娜:《生态视角下的区域兴衰与历史变革——〈跟随黄河改变:河北环境史,1048~1128〉述评》,收入张利民主编:《城市史研究》第 32 辑,北京:社会科学文献出版社,2015 年。

许哲娜:《宋元以前古典田园文学语境中的城市观念》,收入张利民主编:《城市史研究》第 25 辑,天津:天津社会科学院出版社,2009 年。

许倬云:《周代都市的发展与商业的发达》,《许倬云自选集》,上海:上海教育出版社,2002 年。

徐吉军:《论南宋都城临安在中国都城史上的地位》,《浙江学刊》2008 年第 3 期。

徐吉军:《论中原文化对南宋都城临安的重大影响》,《浙江社会科学》2008 年第 9 期。

闫建飞:《方镇为国:后梁建国史研究》,《中山大学学报》(社会科学版)2019 年第 6 期。

[新]杨军:《北宋时期河北城市的军事职能》,收入张利民主编:《城市史研究》第 24 辑,天津:天津社会科学院出版社,2007 年。

杨生民:《中国里的长度演变考》,《中国经济史研究》2005 年第 1 期。

杨小敏:《宋人对辽朝的畏惧心理和"燕云"情结》,《史学集刊》2008 年第 5 期。

姚尚建:《权力稀释与权利萌发——近古以来中国城市的制度转向》,《甘肃社会科学》2017 第 4 期。

姚永辉:《城市史视野下的南宋临安研究(1920—2013)》,《史林》2014年第5期。

叶坦:《宋代工商业发展的历史特征》,《上海社会科学院学术季刊》1991年第2期。

叶坦:《王安石水利思想探微》,《生产力研究》1990年第4期。

叶显恩:《谈社会经济史的区域性研究》,《中国社会经济史研究》1987年第3期。

于宝航、田常楠:《明代运河的通航次序与钞关税收》,《辽宁师范大学学报》(社会科学版)2013年第3期。

余蔚:《两宋政治地理格局比较研究》,《中国社会科学》2006年第6期。

余蔚:《宋代的财政督理型准政区及其行政组织》,《中国历史地理论丛》2005年第3辑。

余蔚:《完整制与分离制:宋代地方行政权力的转移》,《历史研究》2005年第4期。

袁琳、王贵祥:《南宋建康府府廨建筑复原研究及基址规模探讨》,收入《中国建筑史论汇刊》第2辑,北京:清华大学出版社,2009年。

袁一堂:《宋代河北路便籴地域考略》,《河北学刊》1998年第1期。

袁一堂:《宋代市籴制度研究》,《中国经济史研究》1994年第3期。

曾谦:《隋唐洛阳运河体系与漕粮运输》,《农业考古》2013年第1期。

曾祥波:《南宋初年的建都之议及其影响》,《国学学刊》2014年第1期。

曾雄生:《食物的阶级性——以稻米与中国北方人的生活为例》,《中国农史》2016年第1期。

曾雄生:《宋代的城市与农业》,收入姜锡东、李华瑞主编:《宋史研究论丛》第六辑,保定:河北大学出版社,2005年。

张东刚:《近年来中国古代城市研究综述》,《历史教学》1990年第5期。

[美]张光直:《关于中国初期"城市"这个概念》,《文物》1985年第2期。

张鸿雁:《古希腊罗马城邦与先秦城市比较研究——从东西方古代商品

经济关系透视城市本质特点》,《史学理论研究》1993 年第 3 期。

张吉寅:《北宋三京留守司御史台考论》,《首都师范大学学报》(社会科学版)2016 年第 6 期。

张捷:《近二十年来魏晋南北朝城市研究综述》,《淮阴师范学院学报》(哲学社会科学版)2005 年第 4 期。

张锦鹏:《制度变迁与宋朝小农供给行为研究》,《中国社会经济史研究》2003 年第 1 期。

张利民:《城市史视域中的城乡关系》,《学术月刊》2009 年第 10 期。

张亮、蓝勇:《北宋东京禁军军营的再利用与城市空间的重构》,《史林》2015 年第 5 期。

张萍:《古代城市形态研究的两个维度》,《历史研究》2014 年第 6 期。

张萍:《历史商业地理学的理论与方法及其研究意义》,《陕西师范大学学报》(哲学社会科学版)2012 年第 4 期。

张其凡:《五代都城的变迁》,《暨南学报》(哲学社会科学版)1985 年第 4 期。

张腾辉:《从"帝都"到"天下"——"主体空间"视域下的秦汉都城研究》,《都市文化研究》2013 年第 1 期。

张显运:《从政治型都市文化到休闲娱乐型文化的嬗变:北宋洛阳城市文化研究》,《洛阳师范学院学报》2012 年第 7 期。

张勇:《宋代江南东、西路物资转输地理格局的演变》,《武汉大学学报》(人文科学版)2014 年第 5 期。

张勇:《宋代三种物资转输地理格局的分解》,《史林》2016 年第 2 期。

赵鼎新:《加州学派与工业资本主义的兴起》,《学术月刊》2014 年第 7 期。

赵冬梅:《北宋前期边防统兵体制研究》,《文史》2004 年第 3 期。

[美]赵冈:《论中国历史上的市镇》,《中国社会经济研究史》1992 年第 2 期。

赵九洲:《魏州(大名)兴衰初探》,《河北工程大学学报》(社会科学版)

2010年第3期。

赵天改:《论北宋首都定位的地缘政治基础》,《理论界》2010年第1期。

[韩]郑然鹤:《中、韩踏犁小考》,《农业考古》1997年第3期。

郑庆寰:《宋代府州行政机构的衙署布局与运作——以〈景定建康志〉"府廨之图"为例》,《地域文化研究》2024年第1期。

钟维:《大名五礼记碑刍议》,《文物春秋》2004年第6期。

周宝珠:《北宋时期的西京洛阳》,《史学月刊》2001年第4期。

周宝珠:《千仓渠科条碑记与宋代农田水法》,《历史研究》1995年第6期。

周宝珠:《试论草市在宋代城市经济发展中的作用》,《史学月刊》1998年第2期。

周宝珠:《朱梁建都开封及其历史意义》,《开封大学学报》1998年第3期。

周方高、宋惠聪:《略论宋代的农业技术推广》,《中国农史》2007年第1期。

周嘉:《运河城市的空间形态与职能扩张——以明清时期的临清为个案》,《城市史研究》第34辑,北京:社会科学文献出版社,2016年。

周琳:《书写什么样的中国历史？——"加州学派"中国社会经济史研究述评》,《清华大学学报》(哲学社会科学版)2009年第1期。

周曲洋:《概念、过程与文书:宋代两税研究的回顾与展望》,收入包伟民等主编:《唐宋历史评论》第4辑,北京:社会科学文献出版社,2018年。

周迎秋等:《通济渠由水运到陆运交通功能的转型分析》,《安徽师范大学学报》(自然科学版)2004年第2期。

朱大为:《16至18世纪中国远距离贸易和全国性大市场的形成》,《福建论坛》(人文社会科学版)2003年第6期。

朱国兵、黄义军:《再论北宋河北四路安抚司的形成》,《历史地理研究》2024年第1期。

朱明:《城市的空气不一定自由——重新审视西欧中世纪城市的"自

由"》,《史林》2010 年第 2 期。

朱明:《城市与空间——欧洲中世纪城市史研究的新进展》,《史学理论研究》2017 年第 1 期。

朱明:《多元视角下欧洲中世纪城市的形成》,《世界历史评论》2020 年第 1 期。

朱明:《亨利·皮朗之后的中世纪城市史研究》,《史林》2017 年第 4 期。

朱义群:《"绍述"压力下的元祐之政——论北宋元祐年间的政治路线及其合理化论述》,《中国史研究》2017 年第 3 期。

邹逸麟:《历史时期黄河流域的环境变迁与城市兴衰》,《江汉论坛》2006 年第 5 期。

（四）学位论文

艾蓉:《宋朝大名府军事地位研究》,河北大学硕士学位论文,2009 年。

陈俊志:《中晚唐五代洛阳开封地位消长对比研究——以漕运为中心》,山东大学硕士学位论文,2008 年。

都玉晓:《唐宋都城布局变迁研究》,辽宁大学硕士学位论文,2013 年。

范艳敏:《应天府书院研究》,河南大学硕士学位论文,2013 年。

郭晓岚:《范仲淹与应天府书院》,辽宁大学硕士学位论文,2013 年。

郭志安:《北宋黄河中下游治理若干问题研究》,河北大学博士学位论文,2007 年。

何强:《宋朝官员称病研究》,首都师范大学硕士学位论文,2015 年。

孔辉:《试论北宋时期河南地区的农业发展》,华中师范大学硕士学位论文,2006 年。

李橙:《北宋洛阳工商业发展探析》,华中师范大学硕士学位论文,2015 年。

梁耀元:《中国古代行都类型与功能研究》,辽宁大学硕士学位论文,2016 年。

刘冲:《五代宋初军政职官制度与人事变迁研究》,西北大学博士学位论文,2016年。

卢向阳:《北宋东京水运体系研究》,华中师范大学硕士学位论文,2015年。

马继业:《宋代城池防御研究》,山东师范大学硕士学位论文,2005年。

马杰:《南宋建康府军事防御若干问题研究》,河北大学硕士学位论文,2014年。

母敬民:《宋代建康府研究》,河南大学硕士学位论文,2014年。

聂传平:《宋代环境史专题研究》,陕西师范大学博士学位论文,2015年。

任颖卮:《唐代蒲州研究》,山东大学博士学位论文,2014年。

宋姝瑶:《北宋北方地区交通与经济发展研究》,河北大学硕士学位论文,2013年。

孙春芳:《北宋河北路农业研究》,河北大学硕士学位论文,2008年。

王淳航:《宋代蔬菜生产与经营》,南京师范大学博士学位论文,2012年。

王秀红:《北宋大名府文学研究》,沈阳师范大学硕士学位论文,2014年。

熊瑞迪:《南宋马光祖知府建康时期的城市风景营建研究》,重庆大学硕士学位论文,2019年。

杨竹旺:《南宋都城临安府行政管理制度研究》,浙江大学硕士学位论文,2014年。

张春梅:《北京大名府及其知府研究》,河南大学硕士学位论文,2010年。

张涵:《明清商丘古城营建史研究》,华南理工大学博士学位论文,2014年。

张梦遥:《南宋时期江浙地区府州治所建筑规制研究》,北京大学硕士学位论文,2015年。

张庆:《黄河影响下的商丘古城空间格局探微》,郑州大学硕士学位论文,2010年。

张行刚:《南宋初年沿江防御相关问题研究》,西北大学硕士学位论文,2017年。

赵亮:《北宋城市的区域化研究》,西北大学硕士学位论文,2008年。

赵晓华:《商丘历代行政区划沿革研究》,郑州大学硕士学位论文,2009年。

郑辰暐:《江南都城城市形态变迁研究——一种城市历史图学的研究视角》,东南大学博士学位论文,2019年。

周燕来:《南宋两淮地区军事防御体系研究——以宋金和战时期为中心》,西北大学博士学位论文,2010年。

朱舸:《北宋社会经济的再认识——以军事财政与全国性市场为中心》,首都师范大学博士学位论文,2013年。

朱义群:《宋神宗即位初期政治研究(1067—1070)》,首都师范大学硕士学位论文,2013年。

后　　记

　　这本书是由我的博士学位论文修改而来的,南宋的建康府部分是2023年增补的,后来的修订等都还是基本保持了博士学位论文的样子。之所以如此,主要是自己博士毕业后学术兴趣发生了转向,转到了宋夏关系史和宋朝官员称病的相关研究,一个是博士后项目,一个是国家社科基金青年项目,都不敢懈怠。正因如此,修改时也很难有新的思考,尤其是面对某些具体问题时,甚至都疑惑当时怎么会从这个角度去思考。故此,这里"后记"的撰写就成了一大难题,思虑再三后,还是决定把博士学位论文的《后记》原模原样地粘贴在这里,以为"记中记"。

后　　记

　　转眼间,已到而立之年,自己从甘肃小农村一路走来,颇多不易。不过,选择做学问这条道路倒是越来越坚定,从最初的懵懂,到父母的教诲,再到以学术为志业。既然选择了,所有的苦乐自该"一肩承担",不必多言。在此还是想结合博论写作、学习与生活等对各位老师、同学表示感谢。

　　首先,博论的写作花了整整一年,其体量、规模今天能做出来,自己都有点不敢相信。在论文修改完成后,老师说我把宋朝写得有点悲哀,当然能感觉到这不是批评之语。确实,当初意气风发,慷慨激昂,如今审视之,确也略有悔意,不过是则是矣,在这点上是不会改的,也是我而立之年智识水平的一个代表吧。对宋人心理、道德、理性等问题的评论,其实是在写我自己的心境与体悟。

  这里必须要提一点的是我尚不谙世事的小儿,自己每天回家除感受到生命的惊奇外,最大的收获就是我对人性、对于我自己内心道德、善恶的拷问,也即通过我儿使我体悟到了古代儒家的"自省"之道。这使我对历史的认识有所提高,对现实生活有了更深的感悟。明此,之前很多看不太懂的书,或者颇为费解的问题便迎刃而解,在论文的写作中亦能很好地注入我自己的思考。不过,长此以往,我也曾经困顿过,怀疑自己是否陷入了"唯心主义"的泥潭,难道没有太多人生阅历的人就做不好历史研究?历史研究或者历史哲学又如何等同于"人生哲学"呢?那么我们研究历史的意义又在哪里呢?我所谓历史的"多元分析"法,比起马克思等的"线性史观",其进步性在哪里呢?毕竟"线性史观"提供了一种人类历史发展的根本规律,那么我们的境界是不是反而更低了呢?不过转念一想,我所谓的从人生阅历或人生哲学到历史问题的认识,不也正说明了唯物史观中实践与认识的关系吗?论文写完后,在和老师不多的交谈里,我的思想平和了很多。老师说思维与想象世界,之前历史研究中强调得不是很多,现在我认识到了,补上了就很好了。还有一点,就是"知、行"的关系问题,试问自己处于宋朝那样的处境,自己又能做到什么程度呢?这当然也是一个很难回答的问题。我们究竟应该用一种什么价值去理解、评判宋人的思想和行动呢,如何能与古人对话呢?至少就我个人而言,用我一知半解的传统思想文化和西方哲学、思想的知识显然是不够的,也是不中肯与不负责任的,尽管这两个月以来尽量在看这方面的典籍与论著。不过,人生有限,古今中外的思想应该有其相通的一面,西方曾有浩瀚的星空与心中的道德律是最值得探究之论,太史公亦曰"究天人之际",我想我关于历史分析、历史研究的起点与终点在于"人性"方面之论,还是具有一定的正确性。也许真的只有先达到"究天人之际"的思维境界,才能真正"成一家之言"。

其次，就学习方面而言，最感谢的当然是导师李华瑞教授。在学习上，家人不太懂，从来都是自己做主，因此有时候老师的话会格外影响到我。选择来李老师这里读书，就是当年母校西北师大何玉红老师"你想做宋史，就去找李老师"这样一句话。这句话现在也许可以做多样解读，但是当时在我的心里，"唯一""就去"是要加着重号的。非常有幸能在李老师这里读硕士和博士，也感谢答辩老师王曾瑜先生、邓小南老师、包伟民老师以及江湄老师等，也有幸都听过王先生、邓老师、包老师的课。再要感谢的就是首师大及北京浓厚的学术氛围，这些年真是开阔了视野，增长了见识。李老师说当年漆侠先生怎么教他，他就怎么教我们，是采用漆先生的"放养"模式。李老师每每说起他们求学时和漆先生畅谈的情况，内心钦羡之余，又自觉惭愧，我们能和老师交流什么呢？都不太懂啊，李老师这么厉害。相较于课堂，我们学生和李老师在一起聚餐时，几杯酒下肚，大家都比较放松，还勉强能和老师交流几句，在各种闲聊之中，老师所言我倒也每每有几分新的感悟。2018年5月，我、余辉以及台湾的纪晏如学姐去开封考察时，在和田志光、孟泽众等师兄弟聚餐聊起这些事时，我突然有感而发，称和老师聚餐时是我的"第二课堂"，大家当即非常认同，我也就说这是我的"发明"。虽是戏言，但却发自肺腑。

在博士学位论文的写作过程中，老师给了我极大的信任，从2018年2月开始写作，到11月论文草稿完成之前，中间我没有给老师任何的博论文字。从我的角度出发，实在不成体系，确实也没法给老师看。老师当然也担心博论的事，记得有一次一起聚餐回校的路上，老师说他不干涉我的具体写作，这让我能够自由地发挥。这当然不是说，老师没有具体指导，我之前有些不太开窍，上博士后又听了一次老师的课，确实也灌了一些耳音，当时听着也就听着，没有太多触动。但是在博论写到一定程度，脑子里往往会蹦出老师曾说过的一两句话，回想真是至理名言，深为钦佩。在论文的修改阶段，李老师的博学、睿智再一次令我心生敬意，老师说你应该看看某某老师的书，老师对学界的研究掌握非常充分；就博论中的问题，老师也一下就看出了症结。在论文最后定稿前，老师在一份邮件里写到，我的很多意见他赞同,有些意见他能包容,有些错误需要改正。其实最令我欣喜的不是老师赞同我的多少意见,而恰恰是"包容"我的些许意见。在汇报论文和找工作的两次谈话中,老师可能觉得我说得比较多,嘱咐我这样多交流很好,还让我多给同学们宣传,可是还是一点,自己真的没有多少水平,如何同老师对谈呢。自己这几年学习、写作的一些想法要么表达不出来,表达出来的也就那些了。还是想给同门们说,还是努力学习,珍惜和老师学习的时光吧。这方面真的得佩服余辉师弟,博识健谈!

最后,要感谢的是诸位答辩老师及同学们。自己认为读书人应有两个世界,一个"现实世界",一个"思维世界",这是两个相互容摄的世界。就"现实世界"而言,诸位同门既是我学术圈的朋友,又是和我一起生活、学习交流的对象,是我现实人生最重要的过往。自己为兄为弟,有不当的地方都请见谅。在诸位同门中,不得不说的是余辉师弟。我和余辉师弟最集中的交往就是我写博论的这一年,师弟的聪慧与博识往往在学习上给我很多启发与建议。更重要的是,我们常一起谈天说地、纵论古今以及娱乐八卦式地"浪费时间"。我的博论写作过程中,每天高效的写作时间也就早上两小时到两个半小时,剩下的时间就和师弟一起"浪费"掉了。论文写作紧张时,有时候确实有点烦师弟,但还是很愿意和师弟一起出去散步,一起"胡说八道"。人生得一如此倾心相交的"知己",夫复何求。这里还有一点值得说的是我对人的生死哲学的体悟,也使得余辉师弟逐渐戒除了乱闯红灯的习惯,也算是一件事功吧。就"思维世界"而言,包括答辩的诸位老师都是神交已久,都是影响我至深之人。读其书,识其人,是人生一大幸事,更幸运的是还能得到诸位老师的学位论文鉴定,真的非常感谢。

总之,通过博士阶段的学习,我的人生更是经历了一次洗礼,形成了独立思考的能力,养成了完满的道德人性,自觉达到了儒家"学以成己"的要求,充分理解由吾身而及天下的士君子之道,希望通过不懈努力,不辜负支持、关爱我的每一个人,不辜负我们的时代。

2019年5月10日下午草成于花园桥宿舍

选择将博论的《后记》粘在这里,还有一个重要的原因,就是博论与其《后记》精神特质的匹配度。博论及其《后记》,自己现今读起来都能从字里行间感到许多年轻时特有的"意气",这是现今的自己不敢想象的,所以值得铭记。

最后,就是感谢语了。感谢我的家人,感谢兰州大学历史文化学院各位领导与同事,感谢一直关心帮助自己成长进步的师友,谢谢诸位的关爱与支持,才能使我安心学习与成长。

当然,这本书稿的出版,还要尤其感谢杭州社科院"南宋史研究中心"的资助与支持,外审专家的批评与指正,以及上海古籍出版社老师们的辛勤付出。

何 强

2025 年 2 月

图书在版编目（CIP）数据

宋朝陪都及其经济研究 / 何强著 . —上海：上海古籍出版社，2025.6. --（南宋及南宋都城临安研究系列丛书）. -- ISBN 978-7-5732-1674-8

Ⅰ. K928.5；F129.44

中国国家版本馆 CIP 数据核字第 2025BH5801 号

南宋及南宋都城临安研究系列丛书·博士文库
宋朝陪都及其经济研究　　　　何　强　著

责任编辑	黄　芬
出版发行	上海古籍出版社
	地址：上海市闵行区号景路159弄A座5F　邮编：201101
	（1）网址：www.guji.com.cn
	（2）E-mail：gujil@guji.com.cn
	（3）易文网网址：www.ewen.co
印　　刷	上海颛辉印刷厂有限公司
开　　本	787×1092 毫米　1/16
印　　张	26.75
字　　数	384 千
版 印 次	2025年6月第1版　2025年6月第1次印刷
书　　号	ISBN 978-7-5732-1674-8/K·3895
定　　价	138.00 元

版权所有　翻印必究　印装差错　负责调换